KB202919

동성애는 죄인가?

동성애는 죄인가?
— 동성애에 대한 신학적 · 역사적 고찰
(개정증보판)

2019년 5월 31일 초판 1쇄 펴냄
2019년 11월 18일 초판 3쇄 펴냄
2022년 4월 5일 개정증보판 1쇄 펴냄
2024년 12월 6일 개정증보판 2쇄 펴냄

지은이 | 허호익
펴낸이 | 김영호
펴낸곳 | 도서출판 동연
등 록 | 제1-1383호(1992. 6. 12.)
주 소 | 서울시 마포구 월드컵로 163-3
전 화 | 02-335-2630
팩 스 | 02-335-2640
이메일 | yh4321@gmail.com

ISBN 978-89-6447-775-5 03200

| 개정증보판 |

동성애는 죄인가

동성애에 대한 신학적 · 역사적 성찰

허호익 지음

동연

개정증보판 머리말

2017년 6월 대한예수교장로회 통합 총회는 '동성애에 관한 총회의 입장'을 통해 "동성애자를 혐오와 배척의 대상이 아닌 사랑과 변화의 대상으로 여긴다"고 했다. 그럼에도 불구하고 "동성애자 및 동성애 옹호론자들이 교회 직원이나 신학교 교직원이 될 수 없다"는 총회시행 규칙(제26조 2)을 같은 해 9월 총회(102회)에서 통과시켰다. 이는 "동성애자도 하나님의 형상을 지닌 존엄한 존재이므로 혐오하거나 배척하지 말고 도와야 한다"고 거듭 강조한 총회의 공식 입장과 모순되는 처사가 아닐 수 없다.

한국기독교사회문제연구원의 '2020년 주요 사회 현안에 대한 개신교인 인식 조사'에 의하면 "예수님이라면 동성애자를 어떻게 대할 것 같은가"라는 질문에 개신교인은 38.4%(비신자는 63.7%로 훨씬 많다)가 "그의 동성애를 받아들이고 하나님의 자녀로 인정한다"고 답변했음에도 불구하고 2020년 8월 19일 대한예수교장로회(통합) 대전서노회 재판국(국장 심만석 목사)은 "동성애 옹호론자는 교회의 직원이나 신학교 교직원이 될 수 없다"는 총회헌법 시행 규칙(제26조 12)을 위반하였다고 나를 면직 · 출교하였다.

그런데 필자는 2017년 2월에 퇴임한 교수요 2018년 봄에 조기 은퇴한 '은퇴 목사'이기 때문에 헌법(4장 21-23조)에서 규정하는 현직에 있는 '직원'이 아니다. 법적으로 면직 대상이 아닌 것이다. 총회 규정 어디에도 "동성애를 옹호한 자를 출교하라" 명시한 규정이 없으므로 대전서노회의 판결은 불법인 것이 명백하다.

필자는 "세습은 반대하면서 동성애는 옹호한다"는 반동성애 프레임을 만들어 세습을 옹호하기 위해 반동성애 전선을 펼치고 있는 교계의 현실을 여러 차례 비판적으로 분석한 바 있다. 대전서노회 재판국장은 세습을 지지하는 글(「기독공보」 2018. 09. 11.)을 발표한 분이기 때문에, 여러 정황으로 보아 내가 표적이 되어 면직 · 출교를 당한 것으로 짐작된다. 따라서 "학자가 역사적 · 신학적으로 동성애에 관한 쟁점을 조명하는 책을 썼다고 출교하는 교단에 목사로 남아 있는 게 불명예다"라는 입장을 밝혔다. 그리고 언젠가는 예장통합 측에서도 동성애에 관한 입장이 바뀔 것으로 확신한다.

개정증보판을 통해 소돔 사건의 성서적 · 신학적 성찰을 더욱 심화하였다. 롯의 시대에 세상의 폭력배들이 건설하기 시작한 성읍 중 하나였던 소돔 역시 무법천지였고, 도시의 '토착민'들이 "거류민과 나그네를 학대하지 말라"(출 22:21; 레 19:33 등)는 계명을 지키지 않았다. 소돔 사람들은 '거류민인 롯의 가족과 그들을 방문한 나그네'를 학대한 것이 드러나("의인 열 명이 없어", 창 18:32) 멸망하였고, 롯과 그 가족은 "나그네를 환대하여 구원을 받았다"는 것이 소돔 사건의 교훈이다.

그리고 최근에 새롭게 제기되는 프랑스의 철학자 자크 데리다(Jacques Derrida)의 '환대의 철학'과 '환대'는 성서의 핵심 주제 중 하나라고 주장하는 요수아 지프(Joshua W. Jipp), 엘리자베스 뉴먼(Elizabeth Newman), 쾨니히(J. Koenig)의 '환대의 신학'을 보충하였다.

예수께서도 소돔과 고모라가 나그네를 환대하지 않아 멸망한 것(마 10:11-15)이라고 하였다. 그럼에도 불구하고 한국의 보수적인 신앙인들은 1세기 유대 철학자 필로(Philo) 이후 소돔 사건을 '동성애'라는 관점에서 잘못 보아 온 전통을 무비판으로 수용하여 "동성애 때문에 교회도 나라도 망한다"는 오도된 프레임에 갇혀 있다.

그 결과 동성애를 반대하는 활동에 열정적으로 앞장서는 일부 기독교 지도자들의 정치적 의도를 가진 위세(威勢)로 인해 교회가 '무차별적 사랑과 환대의 공동체'가 아니라 '배타적 차별과 혐오의 전위대'라는 오명을 뒤집어쓰고 있다. 예수께서 말씀하신 것처럼 "하루살이는 걸러내고 낙타는 삼키는"(마 23:24) 위선적이고 왜곡된 선택적 정의이다.

아울러 초판 이후 한국 교회에서 벌어진 동성애 옹호 관련된 사건들을 보충하였고, 부록에 나의 면직과 출교 관련 자료들을 모아 역사적 기록으로 남기려고 한다. 이 책이 한국 교회와 한국 사회의 동성애에 관한 전향적 논의에 괜찮은 자료가 되었으면 한다.

끝으로 동연의 김영호 대표님과 편집실 여러분께 깊이 감사드린다.

2022년 2월

허호익

머 리 말

2010년 동성애를 다룬 〈인생은 아름다워〉라는 SBS 드라마가 방영되었을 때, 동성애를 조장한다는 이유로 시청 거부 운동이 일어나는 등 우리나라에서도 동성애가 대중적 관심으로 크게 떠올랐다.

드라마를 시청하면서 불편함도 있었지만, 동성애 관련 논쟁의 핵심은 무엇인지, 스스로 어떤 입장을 취해야 할지 살펴보고 싶었다. 그래서 나름대로 정리한 내용을 "동성애의 핵심 쟁점: 범죄인가, 질병인가, 소수의 성지향인가"[1]라는 제목으로 장로회신학대학교에서 발행하는 「장신논단」 38집(2010)에 게재하였다. 논문을 위해 자료를 정리하고 글을 쓰면서 동성애에 대해 스스로가 무지했고 편견도 있었다는 것을 깨닫게 되었다.

8년이 지난 2018년 5월 17일 '국제 성소수자 반대의 날'을 맞이하여 장로회신학대학교의 한 동아리 회원들이 각기 다른 무지개색 상의를 입고 채플에 참석하고 예배가 끝난 뒤 강단에 올라가 무지개가 그려진 펼침막을 들고 기념 촬영을 하였다. 이 사진이 페이스북을 통해 외부로 알려지자 반동성애 진영에서 장신대 측에 거세게 항의했고, 해당 학생 일부가 징계를 받았다. 이를 계기로 기독교계에서 다시 동성애가 논란으로 떠오르게 되었다.

호남신학대학교는 동성애자의 입학을 불허하는 입시 지침을 발표하였다. 대한예수교장로회(통합) 총회는 2018년 9월에 이단사이비대책위원회의 보고대로 동성애를 옹호하는 글을 쓴 임보라 목사(한국기독교장로회 소속)에 대해

---

1 한국교육학술정보원(https://www.riss.kr)에 수록된 본 논문은 2018년 12월부로 이용 수가 6,000회를 넘겼다.

"비성경적이며 이단성이 매우 높다"고 결의하였다. 오랫동안 예장통합 이단사이비대책위원회 전문위원으로 활동하였고 『한국의 이단기독교』(2016)를 저술한 저자로서는 이러한 예장통합 총회의 결의가 부적절하다는 생각을 떨칠 수 없었다.

동성애 문제가 간단하지 않기 때문에 좀 더 깊은 관심을 두지 않으면 9년 전 동성애에 관한 논문을 쓰기 이전의 저자처럼, 누구나 동성애에 대한 무지와 편견에서 벗어나기 어렵다고 본다. 그래서 동성애와 관련된 여러 주제를 폭넓게 자세히 다룰 필요성을 절감하게 되었다. 이 책의 주요 논지를 요약하면 다음과 같다.

1) 다른 어떤 고대 문서보다 성경은 성 윤리가 엄격했고 '남자가 남자와 교합'(레 20:13)하면 사형에 처하게 하였다. 창세기 19장에 기록된 소돔 사건의 경우 1세기의 필로(Philon) 이후로 동성애로 소돔이 멸망한 것으로 해석되어 왔다. 8세기부터는 소돔 사건에서 유래된 소도미(sodomy)라는 단어가 동성애라는 뜻으로 사용되었다.

최근에는 동성애 관련 성경 구절에 대해 여러 비판적 해석이 다양하게 제시되었고, 소돔 사건은 "동성애 금지가 아니라 나그네를 환대하라"는 교훈을 담고 있다고 해석하기도 한다. 동성애로 소돔이 멸망했다는 것에 대해서도 재검토가 이루어졌다.

가나안 신전의 남녀 사제들은 각각 남창(男娼)과 창기(娼妓)의 역할을 하며 남성신 바알과 여성신 아세라의 성혼(聖婚)을 모방하여 풍요와 다산을 기원하는 제의적 성행위를 행했다. 심지어 예루살렘 성전에서도 바알 종교가 유입되어 남창(男娼)과 창기(娼妓)가 있었던 것이 확실하다. 이러한 성창(聖娼) 제의는 풍요와 다산을 기원하는 남녀 간의 주술적 성행위이므로 동성애는 아니다. 동성 간의 성행위는 생식 행위가 아니므로 다산과 풍요와는 무관하기 때문이다.

그러나 바울이 말한 남색(arsenokoitai)과 탐색(또는 남색[malakos])은 로마 사회에 유행한 부자나 권력자에 의한 미소년에 대한 성적 착취로 행해진 동성애가 분명하다.

성경은 '남자가 남자와 교합'(레 20:13)하는 것은 사형에 처하게 하였고, 모든 형태의 남색(고전 6:9 등)을 명백한 죄(sin)로 규정한다. 그러나 수천 년이 지난 지금 성경이 종교적인 죄(sin)로 규정한 강간, 근친상간, 수간(獸姦)은 여전히 거의 모든 국가에서 형법상의 범죄(crime)로 처벌한다. 하지만 동성애는 예외적으로 비범죄화와 합법화가 이루어지고, 동성애자의 성직 임용까지 허용되는 추세다. 이런 상황에서 동성애를 죄로 규정한 성경 구절에 대한 본문 비평적 해석도 다양하게 제시되었다.

2) 기독교 영향을 받은 서구의 국가들도 오랫동안 '형법상의 범죄'로 처벌하였다. 19세기 이후로 서서히 서구 사회를 중심으로 동성애 해방 운동이 일어났으나 20세기 전반기에 히틀러가 집권하면서 상황은 악화되었다. 나치 정권은 최대 수만 명의 동성애자를 처형하였고, 소련의 스탈린 치하에서도 동성애자 수만 명이 투옥되거나 유배되었다.

3) 제2차 세계대전 이후 인권 보호에 대한 국제적 관심이 높아져 유럽인권보호협약(1953)을 비롯하여 유엔과 국제노동기구(ILO)와 같은 국제단체에서 동성애자를 포함한 탄압 대상이 되어 온 여러 소수자에 대한 인권 보호를 협약하고 차별 금지를 촉구하였다. 그리고 흑인 인권 운동 등 각종 인권 운동과 연대하여 동성애자들도 스스로 자신들의 권리를 주장하였다. 이런 영향으로 1960년대에 접어들어 몇몇 국가에서는 수천 년 동안 유지해 온 동성애 금지법이나 처벌법들을 철폐하였다. 동성애의 합법화 역사가 시작된 것이다.

4) 프로이트를 비롯한 심리학자들은 동성애를 치료가 필요하거나 치료가 가능한 정신질환으로 여겼고 동성애를 이성애로 바꾸려는 다양한 '전환 치료'가 시도되었다. 1952년 이후로 동성애를 정신질환으로 진단해 온 미국정신의학협회(APA)가 1973년에 공식적으로 동성애를 '정신장애' 항목에서 삭제하고 '성

적 지향 장애'로 규정하였다.

1980년에는 APA에 의해 '자아 동질성 동성애'와 '자아 이질성 동성애'(ego-dystonic homosexuality)가 구분되었다. 자신의 동성애적 성 정체성을 불편해하지 않고 커밍아웃하는 '자아 동질성 동성애'는 정신질환 진단 목록에서 완전히 삭제되었다.

1999년 세계보건기구(WHO)는 '동성애'를 '성적 지향'의 한 양식으로 규정하고 '자아 이질적 성적 지향'(ego-dystonic sexual orientation)조차도 사회의 차별과 혐오로 인해 겪는 성 정체성 이질감으로 규정하였다. '동성애'(homosexuality)라는 용어도 '동일성 지향'(same-sex orientation)으로 대체하였다. 비로소 동성애라는 용어 자체가 정신질환 진단 목록에서 완전히 삭제되었다. 아울러 전환치료의 폐지를 촉구했다.

5) 1989년 덴마크가 처음으로 동성 결혼을 허용하여 많은 국가가 뒤를 이었다. 2003년 6월 26일에 미국 연방대법원은 동성애 행위는 헌법상 '자유에 의해 보호'되어야 한다고 판결하여 동성애 합법화의 대세를 이끌었다.

선스타인(Cass R. Sunstine)은 동성애는 ① 제3자에게 해를 끼치지 않는 사적(私的)인 성행위이며, ② 동성애 처벌로 인한 정당한 국가의 이익이 없으며, ③ 더 이상 공공의 지지를 받을 수 없으며, ④ 헌법상의 자유와 평등의 원칙을 위반한 것이기 때문에 동성애 금지는 위헌이라고 하였다.

스토트(J. Sttot) 목사는 "성경 저자들은 동성애와 관련하여 현대 교회가 직면한 문제를 몰랐고 다루고 있지도 않았다"고 한다. 바울조차도 '타고난 동성애 성향'에 대해서 들어 본 바가 없으며, 두 남자가 서로 사랑에 빠질 수 있고 결혼에 비교될 정도로 깊이 사랑하다 안정적인 관계를 발전해 나갈 수 있다고는 상상조차 하지 못했다고 하였다. 이러한 변화된 상황에서 일부 교단에서도 동성 결혼을 허용하기 시작했고, 동성애자도 성직자로 안수하는 교단이 생겨나게 되었다.

6) 우리나라에서는 아직도 동성애에 대한 반대와 혐오가 적지 않은 것

같다. 반동성애 운동을 하는 단체들도 생겨나 동성애가 에이즈(AIDS) 확산, 출산율 저하, 산업 인력 감소, 국가 경제 몰락을 가져오는 가정 · 사회 · 국가 파괴의 주범이라고 주장한다.

이러한 사회적인 배척으로 인해 청소년 성소수자의 자살률이 일반 청소년의 자살률에 비해 5~10배나 많은 것으로 조사되었다. 예전에는 형법의 이름으로 동성애자들을 처형했지만, 지금은 사회와 교회의 반감과 가족의 몰이해로 수많은 청소년 동성애자가 죽음으로 내몰리고 있다. 보다 못해 동성애자 부모들이 모임을 결성하여 청소년 동성애자들이 자살로 내몰리지 않도록 자구책을 강구하는 실정이다.

우리는 모두 인간이다. 인간은 남성과 여성으로 태어나는 것으로 알고 있지만, 실제로는 적지 않은 수의 신생아가 외부 성기로서는 성별 판별이 불가능한 '제3의 성' 또는 간성(inter sex)으로 태어난다. 이처럼 선천적으로 주어지는 성(sex) 이외에도 성전환을 선택하는 등을 통해 성 정체성(gender identity)을 스스로 결정하기도 한다.

무엇보다도 인간의 성적 지향(sexual orientation)은 너무나 다양하다. 이성애, 동성애, 양성애, 무성애(無性愛)에 이어 범성애(凡性愛) 등이 있다. 동일성에 대한 성적 지향 또한 여러 유형이 있다. 일시적 동성애, 잠재적 동성애, 일탈적 동성애, 배타적 동성애 등이 그것이다. 그리고 동성애에 대한 입장도 매우 다양하다.

1. 급진 진보적 입장: 동성애 자체는 이성애처럼 하나님의 형상을 따라 지음 받은 인류의 자연스러운 특성이기에 정죄될 수 없으며 차별해서도 안 된다. 동성 결혼과 동성애자의 성직도 허용해야 한다.
2. 온건 진보적 입장: 동성애 행위는 죄악이긴 하지만, 전쟁이나 경제적 양극화와 같은 더 큰 죄악에 신경을 써야 한다. 동성 결혼은 상관하지 않지만, 동성애자의 성직 허용 여부는 더 많은 신학적 논의가 필요하다.

3. 온건 보수적 입장: 동성애 성향 자체는 죄라고 할 수 없지만, 동성애 행위는 성경에서 분명히 금하고 있는 죄악이다. 동성애자를 혐오해서는 안 되며 동성 결혼 입법화는 말세의 징조로만 이해하되 직접 거부 운동의 압력을 가해서는 안 된다.
4. 강경 보수적 입장: 동성애는 다른 종류의 죄악보다도 특별하게 큰 죄악이며, 동성 결혼이 허용된 국가는 하나님의 징계를 받아 멸망 당할 것이다. 세속 정부에 압력을 가하여 동성 결혼 입법화를 저지해야 한다.

이 책이 우리 사회와 교계에서 갈등의 요인으로 등장한 '동성애 현상'에 대한 신학적 성찰과 역사적 논란의 과정을 포괄적으로 이해하는 데에 조그마한 도움이 되었으면 참 좋겠다.

끝으로 이 책을 잘 편집 · 교정하고 디자인하여 기꺼이 출판해 준 동연의 김영호 대표님과 편집실 여러분께 깊이 감사드린다.

2019년 5월

허호익

차 례

제1부

성서와 동성애

1장
구약성서의 소돔의 죄와 동성애

성서에는 동성애(同姓愛)라는 용어 자체는 등장하지 않는다. 그러나 성서는 동성애를 뜻하는 '남색'(고전 6:9 등)을 죄로 규정하고 있다. '남자가 남자와 교합'(레 20:13)하는 동성애자를 사형에 처하도록 하였다. 수천 년 동안 이러한 성경의 가르침을 따라 서구 기독교 국가에서는 동성애를 종교적인 죄(sin)인 동시에 형법적 범죄(crime)로 규정하고 사형 및 화형에 처하기도 하였다. 때로는 강제적 치료가 필요한 질병으로 취급하기도 하였다.

특히 창세기 19장은 '동성애로 소돔이 멸망한 이야기'로 해석되어 왔다. 이런 배경에서 8세기 영국인 선교사였던 보니페이스(Boniface, 680~755)는 동성 간의 성행위를 '소도미'(sodomy)라 하고, 그런 행위를 하는 사람을 '소돔인'(sodomite)이라 칭했다. 이 용어는 헝가리계 독일인 의사 벤커트(K. M. Benkert)가 1869년에 '동성애'(Homosexualität)라는 단어를 사용하기 전까지 동성애를 지칭하는 공식적인 용어로 사용되었다. 동양에서는 동성애를 남색(男色) 또는 항문성교를 뜻하는 비역(屁役)이나 계간(鷄姦)으로 칭했다.

성소수자(Sexual minority)라는 단어는 스웨덴 정신의학자인 랄스 울레르스탐(Lars Ullerstam)의 저서(*Erotic minority*, 1976)에서 유래한다. LGBT는 성소수자 중 레즈비언(Lesbian), 게이(Gay), 양성애자(Bisexual), 트랜스젠더

(Transgender)를 합하여 부르는 단어다. 최근에는 LGBT 외에 간성(Intersex) 등도 포함하며 LGBTI라는 용어도 사용한다. 성소수자는 성 정체성, 성별, 신체상 성적 특징, 성적 지향 등에서 사회적 소수자의 위치에 있는 모든 이를 말한다. 이들을 퀴어(Queer)라고도 한다. 본래 '이상한, 색다른' 등을 나타내는 단어였지만, 성소수자의 특징을 함축하는 뜻이 있어 현재에는 그들이 자신을 드러낼 때나 그들을 지칭할 때 사용한다.

이 책 2부 2장에서 자세히 다루겠지만 1970년대에 이후 동성애라는 용어 자체가 정신질환 진단 목록에서 완전히 삭제되었다. 1980년대 이후 동성 결혼마저 허용하는 국가들이 늘어나고 있다. 그리고 성소수자들에 대한 차별 금지가 입법화되고 있다. 그러나 여전히 성소수자에 대한 거부와 혐오가 사라지지 않고 있어 사회적 갈등을 유발하고 있다.

이런 상황에서 '근원으로 돌아가서'(*Ad Fontes*) 동성애 금지 구절로 알려져 온 성경 본문들(창 19:1-11; 레 18:22, 20:13; 롬 1:24-32; 고전 6:9; 딤전 1:8-11)을 비판적으로 해석하려는 여러 시도가 있어 왔다. 먼저 성경의 동성애 금지 구절에 대한 해석학적 쟁점들을 하나하나 살펴보려고 한다.

1. 소돔의 죄를 동성애로 해석한 이유

창세기 19장의 소돔 사건을 동성애 사건으로 해석한 그 대표적인 사례 중 하나는 칼뱅의 주석이다. 칼뱅 당시에는 그런 용어가 없었으므로 '동성애'라는 단어를 직접 사용하는 대신 '맹목적 정욕'이라 표현했다. 그러나 칼뱅 시대에는 이미 소돔의 죄는 '동성애의 죄'로 통용되었다. 이는 소돔성의 모든 사람이 공모하여 악마적으로 혼연일체가 되어 범한 가증스러운 범죄이며, 군대처럼 집단으로 몰려온 광포하고 잔인한 자들이 범한 모든 죄가 뒤범벅된 가장 혼동된 무질서라 하였다.

> 여기 한 가지 범죄 가운데서 모세는 소돔에 대한 생생한 묘사를 우리 앞에 제시하고 있다. 그것은 이 묘사에서 사람들이 가증스러운 범죄를 그토록 쉽사리 서슴지 않고 지으려고 공모했으므로 그들이 모든 악한 일들에 얼마나 악마적으로 혼연일체가 되어 행동하고 있는가를 볼 수 있기 때문이다. 그들의 죄악과 방탕이 막대하다는 사실은 하나의 군대처럼 집단이 되어 적군들처럼 몰려와서 롯의 집을 포위하고 에워쌌다는 사실에서 분명하게 나타난다. 그들의 정욕이 얼마나 맹목적이며 격렬한가? 전혀 수치도 모르고 마치 짐승 떼처럼 몰려오고 있지 않은가! 또한 그뿐인가! 그 거룩한 사람(롯)을 책망하듯이 위협하면서 모든 극단적인 방법으로 악한 짓들을 하고 있으니 이 얼마나 광포하며 잔인한 자들인가! 이 사실에서 우리는 또한 그들이 단지 한 가지 악으로 감염된 것이 아니고 모든 범죄의 격렬한 상태에 완전히 빠져 있어서 그들에게는 수치감은 그림자도 찾아볼 수가 없다는 사실을 보게 된다. … 그리고 또한 모든 종류의 죄가 함께 뒤범벅되어 결국은 가장 혼동된 무질서가 야기되는 것이다.[1]

창세기 19장의 소돔 사건에 관한 기록 중에 소돔 사람들이 롯의 집 앞에 모여 그 가정을 방문한 나그네 두 사람을 두고 "우리가 그들을 상관(yadha)하리라(5절)"는 본문이 등장한다. 그리고 소돔 사건과 유사한 '기브아 불량배들의 사건'에서도 "우리가 그와 상관(yadha)하리라"(삿 19:22)는 본문이 나온다.

이 논쟁적인 구절에 나오는 '야다'(yadha)는 문자적으로 '알다, 상관하다'라는 뜻이지만, 때로는 동침으로 번역될 정도로 성관계를 은유한 표현이기도 하다. 실제로 "남자와 동침(mesukah)하지 아니하여 사내를 '알지'(yadha) 못하는 여자들"(민 31:18, 35)이라는 구절처럼, '야다'가 성관계의 완곡한 표

---

[1] J. Calvin, 『구약성경주석』 1 (서울: 신교출판사, 1978), 504-505.

현으로 사용되었다. 예를 들면 창세기 4장의 "아담이 그의 아내 하와와 동침하매"(4:1; 참고17, 25)라는 구절에 나오는 '동침'의 히브리어 원어는 모두 '야다'이다. 창세기 24장 16절의 "남자가 가까이하지 아니한 처녀더라"에 사용된 단어 '가까이하다'도 '야다'다.

1) '번역은 반역'이라는 말이 있다. 선입견으로 번역하거나 해석할 경우 본문의 본래 의미를 왜곡할 수 있기 때문이다. 그렇다면 실제로 창세기 19장 5절의 '야다'(yadha)를 여러 한글 번역본에서는 어떻게 번역했는지 살펴볼 필요가 있다. '디럭스바이블 인터내셔널'을 참고하여 조사해 보니, 직접적인 성관계라는 의미로 번역한 것은 12개의 한글 역본 중 '강간하겠다'로 번역한 현대인성경뿐이다. '재미 보겠다, 욕보이겠다'는 성관계의 간접적, 은유적 표현이라고 할 수 있다. 나머지는 모두 '알리라, 상관하리라'로 번역하였다.

· "우리가 그들을 알리라": 킹제임스 흠정역
· "우리가 그들을 상관하리라": 개역한글, 개역개정, 개역혼용, 개역한자, 개역한글침례
· "우리가 상관해야겠소": 표준새번역
· "우리가 그들과 관계를 가져야겠다": 바른성경
· "우리가 그자들하고 재미 좀 보게 끌어내어라": 공동번역
· "우리가 그들을 강간하겠다": 현대인의 성경
· "우리가 그들을 욕보여야겠다": 우리말성경

영어 번역을 보아도 18개 역본 중 직접적으로 'sex'로 번역한 것은 4개이고, 성관계를 간접적으로 은유한 것은 3개이며, 나머지 11개의 번역본은 모두 '알리라'(know)라고 번역하였다.

· "we can have sex with them": NIV, NLT, GWT, HCSV

· "we may have relations with them": NASV

· "we may know them carnally": NKJV

· "we may take our pleasure with them": BBE

· "we may know them": KJV, KJVS, ASV, RSV, NRSV, YLT, DBY, WEBSTER, WEB, DOUAY, ESV

위에서 살펴본 것처럼 창세기 19장 5절의 '야다'(yadha)를 '성관계'의 뜻으로 번역한 사례는 많지 않다. 원어의 의미 그대로 낯선 나그네를 '알고 싶다'는 호기심의 발동으로 번역한 역본이 훨씬 많다. 그런데 본문의 '상관하다'(yadha)를 성관계의 은유적 표현으로 해석하면 소돔 남자들이 낯선 두 사람에게 동성애를 요구한 것이 된다.

2) 소돔 사건을 동성애로 해석하는 또 다른 근거는 창세기 19장 5절뿐 아니라 이어서 나오는 8절의 롯이 "내게 남자를 가까이(yadah)하지 아니한 두 딸이 있노라"라는 구절이다. 여기에서 사용한 단어도 '야다'인데, 이는 성관계를 의미하는 것이 분명하다. 8절의 '야다'를 번역한 사례를 살펴보면 다음과 같다.

· "남자를 가까이 아니한": 개역한글, 개역개정, 개정혼용, 개역한자, 개역한글침례

· "아직 남자를 모르는": 공동번역, 표준새번역, 키제임스 흠정역

· "시집가지 않은": 현대인의 성경, 우리말성경, 바른성경

· "have not known man": YLT, DBY, DOUAY, KTV, KJVS, NKJV, ASV, NASB, WEBSTER,

· "have never relation with man": NASV

· "have never slept with man": NIV

· "virgin daughters": NLT, WEB.

· "unmarried daughters": BBE

· "have nerver had sex": GWT, HCSB

따라서 창세기 19장 8절의 "남자를 알지(야다) 못하는 두 딸"이 명백히 성관계를 뜻하므로, 직전에 나오는 5절의 "우리가 그들을 알리라(야다)"도 성관계의 은유적 표현으로 해석하여야 한다는 것이다.[2]

· (5절): "우리가 그들을 알리라(야다)"

· (8절): "남자를 알지(야다) 아니한 두 딸"

이처럼 5절의 '야다'를 성관계로 해석할 경우, 비록 소돔과 고모라 사람들이 외부인에 대한 환대의 거부와 집단적 폭력이라는 주된 죄악을 범하였지만, 종합적으로 보면 '동성애의 죄악'도 포함된다고 주장하는 것이다.[3]

그러나 5절과 8절에서 '야다'라는 단어가 동시에 사용되었다 하더라도 다른 뜻을 의미할 수 있다. 창세기 13장과 19장에 이르는 전체 맥락에서 볼 때, 소돔 사건을 동성애 요구 사건으로 보기에는 정황적인 증거가 취약하다는 다양한 반론이 제기되어 왔다.

베일리(D. S. Bailey) 등 여러 학자는 창세기 9장 5절의 경우 '야다'는 소돔의 남자들이 낯선 나그네에게 성관계를 요구하는 한 것이 아니라, 전후 문맥을 재검토에 보면 단순히 낯선 나그네들이 누구인지 '알아보겠다'는 배타

---

2 Robert A. J Gagnon, *The Bible and Homosexual Practice* (Nashville: Abingdon Press, 2001), 73-74; 김진규 "소돔과 고모라 심판, 동성애 때문인가 아닌가," 「뉴스앤조이」 2016. 06. 24.

3 같은 책, 90-91; 김진규 "소돔과 고모라 심판, 동성애 때문인가 아닌가," 「뉴스앤조이」 2016. 06. 24.

적 호기심을 표현한 것이라고 주장한다.[4] 그 이유는 이 동사가 구약성경에 총 948회 나오는데, 그중에서 성관계를 의미하는 경우는 약 10회 정도밖에 되지 않기 때문이다.[5] 더구나 이 중에서 동성 간의 성관계를 의미하는 단어로는 한 번도 사용되지 않았다.[6] 이러한 입장에서 소돔 사건의 여러 정황을 재검토하는 작업이 활발하게 전개되었다.

외부와 차단되어 있던 소돔 도성에 낯선 나그네 두 사람이 방문하였다. 롯이 성문 앞에 앉아 있다가 그 나그네를 보고 먼저 나서서 자신의 집으로 초대한다. 그 현장을 목격한 사람들에 의해 그 소문은 모든 마을 사람의 관심거리로 퍼졌을 것이다. 그날 저녁 낯선 외부인에 대한 불편한 감정을 가진 소돔 마을의 "노소를 막론하고 모든 사람이" 롯의 집 앞에 모여들었다. 그리고 롯에게 "이 저녁에 네게 온 사람이 어디 있느냐 이끌어 내라 우리가 그들과 상관(yadha)하리라"(19:5) 하였다. 즉, 그들이 누구인지 문자 그대로 '알고(know) 싶다' 하는 배타적 적의가 발동하여 밤늦게까지 행패를 부린 것으로 다음과 같이 해석할 여지가 훨씬 많다는 것이다.

> 소돔 사람들은 소돔 성에 머무르는 이방인인 롯이 검증되지도 않은 두 사람의 이방인을 맞아들인 것에 대해 불편한 감정을 가진다. 소돔 사람들은 나그네들이 적대적인 의도를 가졌는지, 얼마나 신뢰할 만한지 잘 모른다. 따라서 과연 이들이 누군지 (폭력을 동원해서라도) 알아봐야겠다는 것이다.[7]

---

4 양형주, "성서적 관점에서 본 동성애: 성경은 동성애에 관해 무엇을 말하고 있는가?," 「성서마당」(2007년 여름호), 145.

5 '야다'가 성관계를 의미하는 본문으로는 창세기 4:1, 17, 25, 19:8, 38:26; 사사기 11:39, 19:25; 사무엘상 1:19; 열왕기상 1:4가 있다.

6 D. S. Bailey, *Human Sexuality And The Western Christian Tradition* (London: Longmans, 1955), 1-28, 53-55.

7 양형주, "성서적 관점에서 본 동성애: 성경은 동성애에 관해 무엇을 말하고 있는가?," 145.

지금도 시골 조그만 마을에서는 여전히 낯선 손님은 마을 사람 모두의 관심거리가 되곤 한다. 심지어 귀농하는 많은 도시인이 농촌의 원주민들의 '지나친 관심'과 텃세로 괴로워하고 있다는 여러 사례가 보도되기도 한다. 귀농 · 귀촌 가구 17%가 원주민의 지나친 관심에서 비롯된 텃세 등으로 인해 다시 도시로 돌아간다는 통계가 있을 정도이다.[8]

3) '야다'를 성관계로 해석하게 된 또 다른 근거는 롯이 "그들과 상관하리라"고 요구한 소돔 사람에게 자신의 두 딸을 내어 주고 "너희 눈에 좋을 대로 그들에게 행하라"(19:8)고 했기 때문이다.

그러나 '야다'를 성관계의 뜻으로 해석할 경우 본문의 상황에 어울리지 않는 여러 사실이 드러난다.

첫째로 본문에는 "소돔 백성들이 노소를 막론하고 원근에서 다 모여 왔다"(19:4)고 했다. 본문에서 '백성 또는 사람들'로 번역된 히브리 원어는 남성형 복수 명사이고, 낯선 '사람들' 역시 남성 복수형 명사이다. 따라서 '노소를 불문하고' 소돔 성의 모든 '남자들'이 롯의 집을 방문한 남성(또는 천사) 둘과 '상관하겠다'고 성관계를 요구한 것이 된다. 이처럼 본문을 동성애 요구로 해석한다면, 소돔 남자들이 노소 가리지 않고 모두 동성애자였다는 것이 된다. 그렇다면 어린이를 포함한 마을 남자 모두가 두 명의 낯선 사람에게 공개적으로 집단적인 동성애를 요구한 것이 되는데, 납득하기 어려운 정황이라는 반론이 충분히 가능하다.[9]

둘째로 전통적인 해석처럼 소돔의 남자들이 나그네인 남자 둘에게 '상관'하자고 요구한 것이 성관계의 은유적 표현이라면, 낯선 남성과의 성관계를 요구한 소돔 남자들은 모두 동성애자가 된다. 따라서 동성애자들인 소돔 남자들

---

8 이정구, "관심이 지나쳐 '텃세' … 귀농인은 괴로워," 「조선일보」 2017. 06. 30.

9 야마구치 사토코/양희매, 『동성애와 성경의 진실』 (서울: 무지개신학연구소, 2018), 51.

에게 이성(異性)인 롯의 딸들이 성적 대상으로서 대안이 될 수 없다. 동성애 요구에는 동성(同姓)이 제공되어야 하기 때문이다. 소돔 사건을 동성애 요구의 관점에서 해석하는 것이 무리라는 또 다른 반론이다.

셋째로 소돔 사건을 좀 더 자세히 분석해 보면 실제로는 동성애 요구만 있었지, 동성애가 실제로 행해지지는 않았다. 롯의 거절과 딸들을 대신 내어 준 것으로 인해 동성 간의 성관계는 실행되지 않았다. 소돔 남자들이 롯의 두 딸을 실제로 취했다면, 집단 윤간 사건이 되는 것이다. 전통적인 해석처럼 소돔 사건을 동성애의 죄와 관련시킨다고 하더라도, 이는 '동성애를 행한 죄'가 아니다. 엄밀히 말하면 '동성애를 요구하다가 집단 윤간을 한 죄'가 되는 것이다. 그러나 소돔 사건은 소돔 사람들이 롯의 두 딸을 어떻게 했는지는 침묵하고 있다.

4) 소돔의 죄를 '동성애 요구의 죄'로 해석하더라도 그것은 현대적 의미에서 개인적, 자발적 동성애가 아니라는 주장도 제기되었다. 소돔 이야기는 소돔 성의 남자들이 노소를 막론하고 모두가 집단적이고 강제적인 동성애를 요구한 사건이므로 '개인적, 자발적 동성애 자체'를 지적한 것이 아니라 '집단적, 폭력적 동성애의 방식'을 지적하고 문제 삼은 것으로 해석해야 한다는 것이다.

이성 간의 성행위라고 할지라도 집단적이고 폭력적으로 이루어지는 것은 가장 잔혹한 범죄이다. 동성애를 허용하는 모든 국가에서도 '강제적 집단적 동성애'는 범죄이다. 이성애이든 동성애이든 집단적 성폭력은 그 자체로서 죄질이 나쁜 범죄라는 것이 '소돔 사건'과 '기브아 사건'이 말하려는 메시지라는 해석도 가능하다.

심리학자 헬미니아크(Daniel Helminiak)는 고대 세계에서는 전쟁에서 승리한 자가 포로로 잡은 적들을 복종시키고 수치감을 주는 방법으로 동성애 강간이 행해졌는데, 남성 전사(戰士)에게 가장 수치스러운 일은 여성처럼 취급받는 것이었기 때문이라고 한다.[10] 그러나 창세기 본문의 방문객은 전쟁에서 패한 적군이 아니기 때문에 집단으로 동성애적 강간을 했다고 보기 어렵다.

5) 소돔 사건의 전 과정을 종합해 보면 여러 가지 집단적 폭력의 죄가 드러난다. 본문을 자세히 살펴보면 소돔 사람들이 롯과 그의 손님에 대해 집단적인 폭행을 저질렀다는 것을 알 수 있다.

· 나그네를 강제로 끌어냄으로써 나그네를 환대하는 관습을 어겼다.
· 나그네를 적대하고 행패를 부린 범죄다.
· 나그네를 보호하려는 롯을 협박한 죄다.
· 롯의 집의 문을 부순 기물 파괴의 죄다.
· 당시의 관습이라 할지라도 자신의 안위를 위해 무고한 딸을 내어 준 죄다.[11]

이러한 집단적인 폭행은 '동성애를 요구한 죄'보다도 더 죄질이 나쁜 것이다. 바빌로니아의 우르 지방에서 가나안 땅으로 이주해 온 롯 가족들 자체가 소돔 원주민들에게는 거류민이요 외부인이다. 롯이라는 외부인 가정에 또 다른 외부인 둘이 방문한 것을 핑계로 외부인에게 배타적이었던 소돔 주민들이 그들 모두에게 온갖 집단적인 행패를 부린 것이 소돔 사건의 본질이라고 할 수 있다. 롯의 시대에 세상의 폭력배들이 건설하기 시작한 성읍 중 하나였던 소돔 역시 무법천지였고 도시의 '토착민'들이 "거류민과 나그네를 학대하지 말라"(출 22:21; 레 19:33 등)는 계명에도 불구하고 '거류민인 롯의 가족과 그들을 방문한 나그네'를 학대한 것이 드러나 결국 "의인

10 Jack Rogers, 『예수, 성경, 동성애』 (서울: 한국기독교연구소, 2015), 143-144.
11 기독교윤리연구소, 『동성애에 대한 기독교적 답변』 (서울: 예영커뮤니케이션, 2015), 84-85.

열 명이 없어"(18:32) 소돔이 멸망하였고, 롯과 그 가족은 나그네를 환대하여 구원을 받은 것이다.

6) 마르코 폴로(1254~1324)의 『동방견문록』에도 "낯선 여행자들에게 기꺼이 아내나 딸을 제공하는 풍습을 지닌 지방들"(59, 115, 117장)에 관한 구체적인 사례들이 기록되어 있다. 고립되어 사는 외딴집에 낯선 방문객이 방문하였을 때, 그 가정의 여성을 취하기 위해 남자들을 살해하는 경우가 많았기 때문에 생겨난 관습이라고 한다.

실제로 아브라함이 이집트로 내려갔을 때 아내 사라를 누이라 하여 파라오가 데려가도록 한 것(창 12:10-20)이나, 그랄 땅으로 갔을 때 아비멜렉왕이 뺏을까 봐 사라를 누이라고 한 것(창 20:1-18)은 "그들이 내 아내로 말미암아 나를 죽일 것"(창 12:12, 20:11)이라는 아브라함의 공포 때문이었다. 아브라함은 자신의 목숨을 부지하기 위하여 아내를 누이라 속이고 그들에게 보낸 것이다. 당시의 가부장적인 문화에서는 여성을 인격의 주체로 보기보다는 남편이나 아버지의 소유로 보았기 때문에 아내나 딸을 내어 주고 자신의 안위를 챙기는 것을 당연히 여겼다는 증거다. 그러나 아브라함이 아내 사라를 내어 준 것은 동성에게 내어 준 것이 아니라 이성(異性)인 파라오에게 내어 준 것이다. 성경에서 동성에게 동성의 가족을 내어 준 사례는 없다.

소돔 사건에서도 롯이 소돔 사람들의 횡포에 못 이겨 자신과 손님들의 안위를 위해 자신의 소유물로 여긴 두 딸을 내어 준 것으로 볼 수 있다. 그렇다면 성서 기자는 왜 소돔 주민들의 행패를 참다못해 롯이 자신과 낯선 손님을 보호하려고 딸들을 대신 내어 준 것을 기록한 것일까? 아마도 남성인 가장이 자신이나 낯선 방문객의 안위를 위해 가족 중 여성을 성적 대상으로 제공하는 당시의 관습을 비판하기 위해 소돔 이야기를 기록했을 가능성도 배제할 수 없다.

2. 소돔의 죄에 대한 재검토: 동성애인가, 환대의 거절인가

루터와 칼뱅이 "성경으로 돌아가자"는 '오직 성서'라는 종교개혁의 원리를 내세웠으나 그들 역시 성경을 교리의 증빙구(proof text)로 사용하였다. 18세기 이후 성서비평학이 등장하여 '성경을 성경 그 자체'로 연구하려는 해석학적 시도가 가능해졌다. 성경의 의미는 해석에 따라 달라질 수 있다는 해석학적 각성이 생겨났다. 새로운 성경 해석 원리와 방법들이 정교하게 가다듬어졌다.

새로운 시대에 맞게 미국 연합장로교회는 '1976년 신앙고백서'에서 성경 해석에 관해 다음과 같은 지침을 제시하였다.

> 하나님은 자신의 영감에 찬 말씀을 다양한 인간들의 기록들을 통해 우리에게 말씀하시기로 선택하셨다. 우리는 가능한 최선의 방법을 사용해, 그 기록된 말씀들이 기록된 역사적이며 문화적 배경과 문학 형태들 속에서 그 말씀들을 이해해야 한다.[12]

성경을 "기록된 역사적이며 문화적 배경과 문학 형태들 속에서" 이해해야 한다는 지침에 따라 동성애 사건으로 알려진 창세기 19장 본문을 문학 형태, 역사적 및 문화적 배경, 전후 문맥에서 살펴 새롭게 해석하려는 다양한 시도가 있었다.

이런 관점에서 저명한 구약학자인 브루거만(W. Brueggemann)은 소돔의 죄가 성적인 것이 아니라 '하나님께 저항하는 사회적 무질서'라고 결론짓는다.

> 성경은 소돔의 죄가 특별히 성적인 것이 아니라, 하나님께 저항하는 사회

---

[12] Jack Rogers, 『예수, 성경, 동성애』, 124.

의 일반적인 무질서임을 증거한다. … 성경 상의 증거는 그 죄를 동성애로 여기는 데는 동의하지 않음을 보여 준다. … 성적인 무질서는 일반적인 무질서의 한 모습일 수 있다.[13]

지프(Joshua W. Jipp)는 『환대와 구원: 혐오 · 배제 · 탐욕 · 공포를 넘어 사랑의 종교로 나아가기』에서 소돔의 무질서는 구체적으로 나그네를 환대하지 않고 학대한 것이라고 한다. 따라서 창세기 19장의 소돔 이야기는 전후 문맥으로 볼 때, '성적 일탈'의 이야기가 아니라 나그네를 환대하면 구원을 받고, 학대하면 하나님께서 심판하신다는 '환대'에 대한 교훈이라고 한다.

많은 기독교인은 자신들이 창세기 19장의 소돔과 고모라 이야기가 정확히 무엇에 관한 이야기인지 알고 있다고 생각할지 모른다. 즉, 이야기가 성적 일탈(sexual deviance)에 관한 이야기라고 생각할 것이다. 그러나 사실 창세기 19장은 아브라함의 환대와 대칭을 이루는 이야기로서, 하나님이 취약한 외인을 학대하는 사회와 개인을 심판하신다는 단순한 요점을 말하고 있다.[14]

이처럼 소돔의 죄를 동성애로 보지 않고 "나그네를 학대하지 말라"는 오랜 규례를 어긴 소돔 사람은 멸망하였고, 나그네를 환대한 아브라함과 그의 조카가 구원을 받았다는 거대 담론이라고 주장하는 이유를 살펴보려고 한다.

1) 우선 '소돔 사건'의 문학 양식이 무엇인지 물어야 한다. 궁켈(H. Gunkel)

---

13 배정훈, "구약성경에 나타난 동성애," 『동성애, 21세기 문명충돌』 (서울: 킹덤북스, 2018), 55.

14 Joshua W. Jipp/송일, 『화해와 구원: 혐오 · 배제 · 탐욕 · 공포를 넘어 사랑의 종교로 나아가기』 (서울: 새물결플러스, 2019), 227.

은 소돔 이야기는 문학 양식이라는 관점에서 볼 때 성경에 종종 등장하는 기원론적 민담이라고 하였다. "왜 이 지역이 소금 성분으로 덮여 있고, 역청 늪이 있는가? 또 왜 이 호수(사해)의 물은 마실 수 없고, 농업과 어업에 사용할 수 없는가 하는 확실한 질문에 답을 주기 위한 민담"[15]이며, 그것도 구약성서에 비교적 늦게 삽입된 '지리적 기원에 관한 민담'이라 하였다. 소돔의 범죄가 먼저 있었고 그 결과로 멸망한 것이 아니라, 다른 도시와 주변과 달리 소돔과 고모라가 황폐하게 된 당시의 상황을 보고 그 기원을 하나님의 심판으로 귀결시킨 민담이라는 것이다.

2) 소돔 이야기가 문학 양식상 지리적 기원에 관한 민담이라면, 이 민담을 창세기에 기록한 전후 문맥을 살펴보아야 한다. 창세기 18-19장을 전후 문맥에서 보면, 아브라함이 '방문한 사람 셋을 환대'하여 100세에 아들의 축복을 받은 이야기(창 18장)와 대비되도록 '방문한 사람 둘을 학대'하여 소돔이 멸망한 사건(창 19장)이 배치되어 있다.

하나님께 순종하여 나그네에게 환대를 실천한 아브라함은 이삭을 통해 자손 대대로 번영하리라는 축복을 받는다.[16] 그와 대조적으로 "나그네를 학대하지 말라"는 율법에도 불구하고 외부인을 집단으로 학대한 소돔 사람들은 하늘에서 내려온 심판의 불로 전면적인 멸망을 스스로 초래했다는 것이 창세기 18-19장의 전후 문맥이 보여 주려는 신앙적 교훈이다.

창세기 18장에는 아브라함이 나그네를 환대한 이야기가 자세히 기록되어 있다. 아브라함과 사라가 태양이 뜨거운 때에 헤브론을 찾아온 세 명의 손님을 환대하는 모습이 자세히 묘사되어 있다. 손님 접대의 관습에 따라

---

15 신득일, "소돔의 죄: 동성애인가? 약자에 대한 냉대인가?," 「성경과 신학」 48(2008), 12.

16 Deryn Guest 외/퀴어성서주석번역출판위원회, 『퀴어 성서 주석』 (서울: 무지개신학연구소, 2021). "유대교, 그리스도교, 이슬람은 모두 아브라함이 낯선 이를 환대한 것을 강조한다. … 낯선 이를 환대하는 것은 하나님을 환대하는 것이다."

아브라함은 손님들에게 먼저 발을 씻을 물을 준 다음, 떡, 기름진 송아지 고기 요리, 치즈, 우유 등의 음식으로 접대하였다.

발을 씻으시고 나무 아래에서 쉬소서. 내가 떡을 조금 가져오리니 당신들의 마음을 상쾌하게 하신 후에 지나가소서. 당신들이 종에게 오셨음이니다. 그들이 이르되 네 말대로 그리하라. 아브라함이 급히 장막으로 가서 사라에게 이르되 속히 고운 가루 세 스아를 가져다가 반죽하여 떡을 만들라 하고, 아브라함이 또 가축 떼 있는 곳으로 달려가서 기름지고 좋은 송아지를 잡아 하인에게 주니 그가 급히 요리한지라. 아브라함이 엉긴 젖과 우유와 하인이 요리한 송아지를 가져다가 그들 앞에 차려 놓고 나무 아래에 모셔 서매 그들이 먹으니라(창 18:4-8).

이러한 환대를 받은 그들은 "내년 이맘때 내가 반드시 네게로 돌아오리니 네 아내 사라에게 아들이 있으리라"(10절)는 축복의 소식을 전해 주고 떠난다.

낯선 나그네들을 귀한 손님으로 모시어 환대의 밥상을 대접하고 있는 아브라함의 모습을 통해서 '환대의 일곱 가지 특징'이 드러난다.

① 아브라함이 외부인을 알아본다.
② 아브라함이 즉시 달려가 외부인에게 인사한다.
③ 아브라함이 외부인들이 환대를 받도록 초청한다.
④ 아브라함이 마실 물과 발 씻을 물을 제공한다.
⑤ 아브라함이 외부인들을 그의 숙소에서 편히 쉬게 한다.
⑥ 아브라함이 음식과 음료를 준다.
⑦ 아브라함이 손님들의 여정을 지연시키지 않기로 약속한다.[17]

---

[17] Joshua W. Jipp/송일, 『화해와 구원: 혐오·배제·탐욕·공포를 넘어 사랑의 종교로 나아가

3) 창세기 19장에 기록된 롯의 나그네 환대는 창세기 18장에 서술된 그의 삼촌 아브라함의 나그네 환대와 다른 바가 없다.

저녁때에 그 두 천사가 소돔에 이르니 마침 롯이 소돔 성문에 앉아 있다가 그들을 보고 일어나 영접하고 땅에 엎드려 절하며 이르되 내 주여 돌이켜 종의 집으로 들어와 발을 씻고 주무시고 일찍이 일어나 갈 길을 가소서 그들이 이르되 아니라 우리가 거리에서 밤을 새우리라 롯이 간청하매 그제서야 돌이켜 그 집으로 들어오는지라 롯이 그들을 위하여 식탁을 베풀고 무교병을 구우니 그들이 먹으니라(창 19:1-3).

창세기 19장의 롯의 환대는 창세기 18장의 그의 삼촌 아브라함이 그들에게 베푼 환대를 상기시킨다.

① 롯은 그 외인들을 보고 일어나 영접하고 땅에 엎드려 절했다.
② 롯은 그들에게 공손히 인사한다.
③ 롯은 그들을 자신의 집으로 초청한다.
④ 롯은 발 씻을 물을 제공한다.
⑤ 롯이 식탁을 베풀고 무교병을 대접한다.
⑥ 롯은 손님들의 여정을 지연시키지 않기로 약속한다.[18]

고대 이스라엘과 중동 유목민의 환대 문화는 생존의 기술이었다. 당시에는 사람들이 이곳저곳으로 옮겨 다닐 때 쉼터나 물 또는 음식을 먹을 수 있는 식료품 가게나 여관이 없었다. 여행은 어렵고 위험했다. 도시에서 찾아오는 방문객들은 그 도시의 거주민이 그들이 환대하지 않는 한, 아무런

기』, 226.
18 같은 책, 228.

권리나 보호를 받을 수 없었다. 소돔 사건은 만일 환대가 없다면 낯선 자들은 학대의 표적이 되었던 상황을 반영한다.[19] 그렇기에 다른 나그네를 대접하는 일은 자신이 여행하게 될 때 똑같이 대접받는다는 뜻이 되는 것이기 때문에 이는 일종의 사회적 규례로 정착되었다.[20]

4) 아브라함의 환대 이야기와 달리, '롯의 환대'와 극명하게 대조되는 '소돔 사람들의 나그네 학대'가 자세히 묘사되어 있다. 소돔 사람들은 롯에게 나그네를 이끌어 내라고 요구하고, 악행을 그만두라고 만류하는 롯에게 너를 더 해치겠다고 협박하고, 롯을 밀치고, 문을 부수고, 마침내 롯의 가족 모두를 성 밖으로 추방하려고 하였다.

그들이 눕기 전에 그 성 사람 곧 소돔 백성들이 노소를 막론하고 원근에서 다 모여 그 집을 에워싸고 롯을 부르고 그에게 이르되 오늘 밤에 네게 온 사람들이 어디 있느냐 이끌어 내라 우리가 그들을 상관하리라. 롯이 문밖의 무리에게로 나가서 뒤로 문을 닫고 이르되 청하노니 내 형제들아 이런 악을 행하지 말라. 내게 남자를 가까이하지 아니한 두 딸이 있노라 청하건대 내가 그들을 너희에게로 이끌어 내리니 너희 눈에 좋을 대로 그들에게 행하고 이 사람들은 내 집에 들어왔은즉 이 사람들에게는 아무 일도 저지르지 말라. 그들이 이르되 너는 물러나라 또 이르되 이 자가 들어와서 거류하면서 우리의 법관이 되려하는 도다. 이제 우리가 그들보다 너를 더 해하리라 하고 롯을 밀치며 가까이 가서 그 문을 부수려고 하는지라. 그 사람들이 손을 내밀어 롯을 집으로 끌어들이고 문을 닫고 문 밖의 무리를 대소를 막론하고 그 눈을 어둡게 하니 그들이 문을 찾느라고 헤매었더라. 그 사람들이 롯에게 이르되 이 외에 네게 속한 자가 또 있느냐 네 사위나 자녀나 성 중에 네게 속한 자들을 다 성 밖으로 이끌어

---

19 John S. Spong/김준년 · 이계준, 『성경의 시대착오적인 폭력들』 (서울: 한국기독교연구소, 2007), 187.

20 정경호, "환대의 밥상, 환대의 신학삶," 「신학과 목회」 34(2010), 191.

내라(창 19:4-12).

5) 소돔 사건과 비슷한 기브아 사건이 사사기 19장에 기록되어 있다. 에브라임 지파(支派) 출신으로 베냐민 지파의 땅인 기브아에 살고 있던 한 노인 집에 가출한 아내를 찾아 나선 한 낯선 레위 지파 사람이 방문한다. 에브라임 지파의 노인은 레위 지파의 낯선 방문객을 환대했다. 기브아 마을에 사는 베냐민 지파 사람 중 일부 불량배들이 레위 지파의 낯선 이에게 행패를 부리자 에브라임 지파의 노인은 첩과 딸을 내어 준다.

이러한 줄거리로 기록된 기브아 사건 역시 소돔 사건과 마찬가지로 낯선 외부인에 대한 환대와 박대의 극명한 대조라는 공통된 주제를 담고 있다. 창세기 19장의 소돔 이야기와 사사기 19장의 기브아 이야기의 공통점은 다음과 같다.

· 성읍 사람들이 '외부인'인 나그네에게 환대를 제공하지 않으려고 한 점.
· 자기 집을 숙소로 제공한 사람은 역시 그 성읍 토박이들에게는 '외부인'인 거류민이라는 점.
· 성읍 사람들이 몰려와 집을 에워싸고 손님을 밖으로 내놓으라고 문을 부수며 폭력을 행사한 점.
· '외부인'인 낯선 손님인 남자를 보호하기 위해 가족인 딸을 대신 내어 줄 것을 제안하거나 내어 주어 욕을 보여 죽게 한 점.

야마구치 사토코(山口 沙都子)는 "이 두 이야기의 집단 폭력 근저에 있는 것은 동성애가 아니다. 외부인 공포증과 객지에 있는 사람들의 도움과 환대 없이는 생명의 위험마저 겪어야 하는 불리한 입장에 있는 사람(외부인)을 공격하는 것과 같은 잔인함이다"[21]라고 하였다.

6) 소돔 이야기와 달리 기브아 이야기는 단순히 낯선 사람에 대한 롯과 소돔 사람의 태도를 비교한 것이 아니다. '레위 지파의 낯선 나그네'를 환대한 '에브라임 지파의 노인(거류민)'과 그를 적대한 '베냐민 지파의 불량배(원주민)'를 대조시킨다. 외부인인 나그네 및 거류민과 내부인인 원주민 사이의 관계 그리고 동시에 세 지파에 소속된 이들 사이의 관계가 설정되어 있다. 외부인인 에브라임 지파의 노인은 같은 처지의 레위 지파의 나그네를 환대했지만, 내부인인 베냐민 지파의 불량배들은 다른 지파에 속한 이들을 학대했다는 것이다. 이는 각기 다른 열두 지파로 구성된 이스라엘 내에서 서로 다른 지파들이 섞여서 살다 보니 불가피하게 서로 갈등이 있었음을 반영한다. "이스라엘이 친족의 한계를 넘어 국가를 유지하기 위한 기제"[22]로서 자기 지파 지역에 거주하는 다른 지파 사람들을 적대하지 말고 환대하는 것이 절실하였을 것이다.

이집트를 탈출한 이스라엘 12지파가 세겜에서 지파 동맹을 맺고 결성한 초기 이스라엘 공동체는 왕을 세워 중앙 집권적인 통일 국가를 세우는 대신 12지파의 지방 분권적인 사사 제도를 도입하였다. 그때는 왕이 없는 사사 시대였기 때문에 이스라엘 12지파의 결속이 절실히 요청되었다. 이스라엘 사람들이 각기 자기 지파와 친족 간의 자연스러운 결속력만 앞세웠다면, 시초부터 부족 간의 연합을 바탕으로 결속된 이스라엘의 평화가 유지되기 어려웠을 것이다. '기브아 이야기'는 이런 배경에서 읽어야 한다.

지금 우리나라도 지역감정 해소가 국가적 당면 과제 중 하나라는 사실에 비추어 보면 '기브아 사건'의 메시지는 분명하다. 이스라엘 12지파의 결속을 위해 '다른 지파 사람들을 학대하지 말고 환대'하라는 것이다. '동성애 금지'는 핵심 메시지가 아닐 수 있다.

---

21 야마구치 사토코(山口 沙都子)/양희매, 『동성애와 성경의 진실』, 56.

22 유선명, "동성애 관련 구약본문의 핵심논점," 15.

7) 아브라함이나 롯이 환대한 대상이 천사인가 낯선 사람인가 하는 문제도 살펴보아야 한다. 아브라함은 "날이 뜨거울 때 그가 장막 문에 앉아 있다가 눈을 들어 본즉 사람 셋이 맞은편에 서" 있어서 그에게 절하고 집으로 영접했다고 한다. 그들이 천사라는 언급은 없고 "여호와께서 마므레의 상수리나무들이 있는 곳에서 아브라함에게 나타나셨다"(19:1)고 한다. 그래서 여호와 하나님이 세 사람으로 나타나는 이 본문을 삼위일체의 흔적으로 해석하여 온 것이다.

반면에 롯은 '저녁 때 그 두 천사'를 성문에서 보고 그에게 절하고 집으로 영접했는데, 알고 보니 그들은 낯선 두 사람이라고 한다. 그래서 롯은 "이 사람들은 내 집에 들어왔은즉 이 사람들에게는 아무 일도 저지르지 말라"(19:8)고 하였다.

아브라함이 환대한 '여호와 · 세 천사 · 세 사람'은 동일한 대상이고, 이들 중 '두 사람 · 두 천사'가 소돔으로 방문했고, 롯이 그들을 환대한 것이다. 지프에 따르면, "우리에게는 낯설지만 신적 존재, 즉 '신 · 천사 · 예언자'가 인간의 경건을 시험하기 위해 외인으로 변장할 수도 있다는 믿음은 고대 세계에서는 아주 흔했다."[23] 실제로 '신에 대한 환대'(theoxenia)를 주제로 한 이러한 이야기는 성서 문헌뿐 아니라 비성서 문헌 모두에서 찾아볼 수 있다. 이들이 방문한 목적은 인간의 환대와 냉대를 시험하여 복을 주거나 벌을 주기 위함이다.

① 신적 존재는 인간의 경건을 시험하기 위해 여러 가지 모습으로 변장하여 인간을 방문한다.

② 인간은 그들을 환대 또는 냉대로 반응한다.

---

23 Joshua W. Jipp/송일, 『화해와 구원: 혐오 · 배제 · 탐욕 · 공포를 넘어 사랑의 종교로 나아가기』, 223.

③ 신적 존재는 인간의 환대 여부에 근거하여 복을 주거나 벌을 준다.[24]

이 외에도 사사 기드온(삿 6:11-23)과 사사 삼손의 아버지 마노아(삿 13:2-20)도 각각 나그네들을 정성껏 대접한 후 그들이 천사인 것을 알게 되고 그들로부터 좋은 소식을 듣거나 큰 도움을 받은 적이 있다.

히브리서 저자는 이런 사례들을 상기시키듯 "손님 대접하기를 잊지 말라 이로써 부지중에 천사를 대접한 이들이 있었느니라"(히 13:2)고 하였다. 이는 나그네를 천사 대접하듯 하라는 교훈이다. 그리고 소돔 이야기도 이런 교훈을 담고 있다. 여기서 '손님 대접'으로 번역한 '필로넥시아'(philonexia)는 '환대'(hospitality)라는 뜻이 있다. 탈무드에는 "나그네를 대접하는 일은 천사를 맞이하는 것보다 더 큰 일"이라는 유대인의 격언을 기록하고 있다. 무엇보다 예수께서도 "나그네를 보고 영접(환대)하는 것"이 곧 "나를 영접(환대)하는 것"(마 25:38)이라고 하였다. 영접으로 번역한 '시나고'(synago) 역시 '환대'의 뜻이 있다.

낯선 사람들을 초청하여 대접하는 아브라함의 모습은 아무런 생각 없이 무조건 환대하는 것이 아니라 낯선 그들을 하나님의 선물로 여기고 그들에게 신적인 환대로, 지극정성으로 섬기고 봉사하는 것이다. 성서는 그들 중 한 사람을 하나님의 현현(顯現)으로 묘사하고 있다. 아브라함은 환대의 밥상으로 낯설고 생소한 사람들을 하나님을 섬기듯 섬기고 봉사한 것이었으나, 이는 결국 하나님을 섬기며 봉사한 결과가 된 것이다.[25] 이러한 성서적 배경으로부터 '신적 환대'라는 신학적 개념이 발전하였다. 이에 대한 자세한 내용은 이 책 제1부 1장 3절 "아브라함과 롯의 나그네 환대와 환대의 신학"에서 자세히 다룬다.

---

24 같은 책, 223.

25 정경호, "낯선 손님을 대접하는 아브라함과 사라의 환대의 밥상," 「기독교사상」(2013. 9.), 87.

8) 성경 개역개정판에는 나그네라는 말이 48번 나온다. 구약에 29번 나오고, 신약에 19번 나온다. 거류민(居留民)이라는 단어도 신구약 통틀어 22번 나오며, 같은 의미에서 '우거(寓居)하는 자'도 구약에만 6번 등장한다. '본토인'이라는 단어도 9번 나온다.

이처럼 성서 시대의 한 도성에는 토박이 '본토인'과 잠시 몸 붙여 머물러 '우거(寓居)하는 객'인 거류민과 일시적으로 방문한 떠돌이 나그네가 있었다. 혈연관계를 맺고 있는 성읍 내의 원주민은 본토인으로서 '내부인'이었다면, 거류민(居留民)은 타향에 잠시 몸 붙여 살면서 토착민의 한시적 보호를 받으며 주로 품꾼 노릇을 하는 '잠정적 내부인'이었다. 따라서 소돔 사건에서도 보듯이 본토인이 언제라도 '거류민'을 학대하고 해칠 수 있었다. 소돔 사람들이 낯선 손님을 내놓으라는 것을 롯이 만류하자, 그들은 "이 자(롯)가 들어와서 거류하면서 우리의 법관이 되려 하는 도다. 이제 우리가 그들보다 너(롯)를 더 해하리라"(창 19:8)고 협박한 것으로 알 수 있다.

반면에 나그네는 아무런 혈연관계도 없는 '외부인'이기 때문에, 자신의 땅도 없고 일자리도 없고 어떤 법적인 보호도 받을 수 없는 외롭고 소외되기 쉬운 대상이다. 그래서 성서는 고아와 과부와 같은 처지에 있는 약자로서 떠돌이 이방인이나 나그네와 우거하는 거류민을 돌보라는 말씀이 자주 나오는 것이다. 고아와 과부의 경우는 내부인이지만, 나그네와 거류민은 외부인이라는 점에서 우선적인 배려와 환대가 필요한 계층이다. 따라서 구약성서에는 이방인이나 나그네뿐 아니라 거류민이나 우거하는 객을 학대하지 말라고 하였다.

- 너는 이방 '나그네'를 압제하지 말며 그들을 학대하지 말라. 너희도 애굽 땅에서 나그네였음이라(출 22:21, 23:9; 레 19:33, 24:22).
- '거류민'이 너희의 땅에 거류하여 함께 있거든 너희는 그를 학대하지 말고(레 19:33 등)

· 곤궁하고 빈한한 품꾼은 너희 형제든지 네 땅 성문 안에 '우거하는 객'이든지 그를 학대하지 말며(신 24:14, 28:43; 삼하 4:3; 왕상 17:1, 20; 왕하 8:2)
· 거류민에게든지 '본토인'에게든지 그 법을 동일하게 할 것은 나는 너희의 하나님 여호와임이니라(레 24:22 등)

이러한 배경에서 볼 때 롯의 가족은 소돔 도성에 잠시 우거하는 객으로서 거류민이었다. 소돔 사람들 편에서 보면 자기들 도성에 잠시 몸 붙여 사는 바빌로니아 출신 롯이라는 거류민 가정에 낯선 외부인 나그네 둘이 방문한 것이다. 소돔의 본토민들은 '실제로는 한시적 거류민인 롯의 가정을 방문한 떠돌이 나그네'라는 외부인들에 대한 배타적 적개심과 낯선 이에 대한 호기심에 사로잡혀 그들 모두에게 행패를 부리고 학대한 것이다. 소돔 사람들은 아브라함이나 롯과 달리 "나그네와 우거하는 거류민을 학대하지 말라"는 율법을 범한 것이다. 따라서 소돔 사건의 핵심은 '외부인(거류민) 가족과 그 가정을 방문한 외부인(나그네)에 대한 내부인의 집단적 학대'라고 보아야 할 것이다.

소돔 이야기를 문학 양식, 전후 문맥, 핵심 메시지, 문화적 배경, 역사적 배경이라는 관점에서 재검토해 볼 때, "본토민은 외부인인 거류민이나 나그네를 학대하지 말고 환대하라"는 교훈이 본문의 핵심 메시지라는 결론에 이르게 된다.

9) 무엇보다도 예수께서는 소돔의 죄에 대하여 "나그네를 학대하지 말라"(출 22:21 등)는 계명을 어기고, 제자들을 영접하지 않는 '냉대와 냉담의 죄'(마 10:5-15)로 이해하였다.[26] 예수께서 12제자를 택하여 부르시고 그들을

---

26 신득일, "소돔의 죄: 동성애인가? 약자에 대한 냉대인가?," 「성경과 신학」 48(2008): 7-36; Daniel A. Helminiak/김강일, 『성서가 말하는 동성애: 신이 허락하고 인간이 금지한 사랑』 (서울: 해울, 2003), 40, 49.

양육하고 파송하면서 '어떤 성이나 마을'에서 '누구든지 너희를 영접하지도 아니하고, 너희 말을 듣지도 아니하는' 등, '너희를 냉대하거나 복음에 냉담한 성이나 마을이나 집'이 있다면, 그들은 '소돔과 고모라의 심판을 받을 것'이라고 하였기 때문이다.

> 어떤 성이나 마을에 들어가든지 그중에 합당한 자를 찾아내어 너희가 떠나기까지 거기서 머물라. 또 그 집에 들어가면서 평안하기를 빌라. 그 집이 이에 합당하면 너희가 빈 평안이 거기 임할 것이요 만일 합당하지 아니하면 그 평안이 너희에게 돌아올 것이니라. 누구든지 너희를 영접하지도 아니하고 너희 말을 듣지도 아니하거든 그 집이나 성에서 나가 너희 발의 먼지를 떨어 버리라. 내가 진실로 너희에게 이르노니 심판 날에 소돔과 고모라 땅이 그 성보다 견디기 쉬우리라(마 10:11-15).

요약해서 말하면 아직도 많은 기독교인은 앞에서 열거한 비판적 해석을 알지 못하거나 전통적 가르침에 대한 무비판으로 수용하는 편견에 젖어 있어, 소돔 사건을 여전히 '동성애 사건'으로 이해하는 실정이다.

3. 아브라함과 롯의 나그네 환대와 '환대의 철학' 및 '환대의 신학'

최근에는 '환대'라는 주제가 현대 철학과 기독교 신학의 주요한 주제로 새롭게 주목받고 있다.[27]

1) 프랑스의 철학자 자크 데리다(Jacques Derrida)는 그의 저서 『환대에

---

[27] 우리나라에 소개된 대표적인 저서를 든다면 다음과 같다. Jacques Derrida/남수인, 『환대에 대하여』 (서울: 동문서현대신서, 2004); John Koenig/김기영 옮김, 『환대의 신학』 (서울: 한국장로교출판사, 2002); Joshua W. Jipp, 『환대와 구원: 혐오·배제·탐욕·공포를 넘어 사랑의 종교로 나아가기』 (서울: 새물결플러스, 2019).

대하여』를 통해 고대 세계에서 이방인에 대한 환대를 거부한 사례들을 집중적으로 분석한다. 고대적 관점에서 특정 정치 공동체에 들어온 소통 불가능한 익명의 낯선 방문자는 외국인 혹은 이방인(xenos)이 아니라 야만인(barbaros)으로 표현하며 환대를 거부한다. 이러한 야만인성은 절대적인 것이 아니라 특정 집단들 간의 법체제 바깥에 위치한 존재에게 부과된 억압적 이름 혹은 배타적인 차별의 논리일 뿐이다.[28]

데리다는 소크라테스조차도 도시의 권위적 규범에 대항하고 젊은이들을 타락시켰다고 아테네에서 추방당할 위기에 처하자 자신에 대한 차별을 무마하기 위해 자신 역시 환대의 대상임을 변명하여야 했다는 역사적 사례를 분석한다. 그러나 아테네의 법체계는 소크라테스가 도시의 법적 경계를 일탈한 죄를 묻는다. 소크라테스에게 가해진 제도적 폭력 자체가 '차별과 환대'의 갈림길에 처한 본질적 문제로 드러나는 지점이다.[29]

한 걸음 더 들어가서 데리다는 환대를 무조건적, 절대적 환대와 조건적, 상대적 환대를 개념화하였다. 여기에 반해서 조건적 환대는 주인의 입장에서 나를 전적으로 개방하지 않고 마땅히 지켜야 할 권리와 의무 그리고 구체적인 상황에 따라 환대할 것인지 말 것인지를 결정하는 것이 전제된다.

데리다에게 순수한 환대나 무조건적 환대는 초청을 받은 사람이 초청자의 언어, 전통, 기억이나 그가 속한 영토의 법률과 규범들에 순응하는 조건에서 이루어지는 것이 아니다. 심지어 상대방의 출신을 질문하는 유혹조차 배제하는 것이라고 하였다.

> 우리는 절대적이고 과장적이고 무조건적인 환대란 언어를 정지시키는 것으로, … 어디 사람인지 등을 묻고 싶은 유혹조차 억제해야 하지 않을까?

---

28 이상원, "데리다의 환대 개념의 정치적 긴장성," 「한국정치학회보」 51/4(2017. 09.), 12.
29 같은 글, 10.

그러한 질문들은 환대에 필요한 조건들을, 그러니까 결국 환대의 한계를 통고하는 것이고, 그리하여 환대를 권리와 의무에 구속하고 폐쇄하는 것이니 말이다.[30]

데리다의 무조건적 환대란 "기대되지도 초대되지도 않은 모든 자에게, 절대적으로 낯선 방문자로서 도착한 모든 자(일어난 모든 것)에게, 신원을 확인할 수 없고 예견할 수 없는 새로운 도착자에게" 아무 조건 없이 개방적으로 이루어진다는 사실에서 색다른 개념이다.[31]

반면에 조건적 환대는 선별하고 선택하거나, 배제하고 폭력을 사용하는 것으로 발현된다. 무조건적 환대와 대조되는 조건적 환대의 약점을 다음과 같이 제시한다.

· 조건적 환대는 주권을 보호하고자 하므로 '자기 집'을 보호하기 위한 명목으로 이방인 거부자 혹은 혐오자가 될 잠재적 위험성을 내포한다.
· 조건적 환대의 대상은 신원 확인에 응하고 계약의 주체로 나설 수 있는 타자에 한정되고, 그 외에는 야만족 타자로 취급되어 배제된다.
· 조건적 환대는 이방인에게 주인의 언어, 문화, 법률을 강요하고, 고유한 정체성을 포기하도록 요구한다.[32]

조건적 환대(hospitality) 안에는 환대에 내재한 타락 가능성으로서 약간의 적대감(hostility)이 존재한다. 데리다는 이것을 '환대-적대' 혹은 '환적'(歡敵, hostipitality)이라는 새로운 개념으로 설명한다.[33]

---

30 Jacques Derrida/남수인, 『환대에 대하여』, 141.

31 김진, "데리다의 환대의 철학과 정치신학," 77.

32 서윤호, "이주사회에서 환대의 권리," 「비교문화연구」 제56집(2019. 09.): 79-80.

33 Jacques Derrida/남수인, 『환대에 대하여』, 84.

데리다는 성서에 나오는 소돔 사건과 기브아 사건을 '무조건적인 환대의 사례'로 제시하였다. 당시에는 환대의 법이 자신의 근친이나 가족이나 딸과 관련된 윤리적 의무보다 중요하게 여기는 시기였다고 그는 말한다.

> 그래서 롯 자신도 소돔인들의 지방에 체류하기 위해 온 이방인이지만, 무슨 수를 써서라도 자기 집에 묵고 있는 손님들을 보호하려는 일념으로 그는 가장으로서, 전권을 가진 아버지로서 소돔의 남자들에게 동정녀인 두 딸을 제의한다.[34]

데리다의 이런 분석을 통해 롯의 '자신의 손해를 감수하는', 무조건적인 받음이나 절대적인 환대와 소돔 사람들의 환적이 극명하게 드러난다.[35]

데리다는 "이방인에 대한 문제는 인간에 대한 문제일 뿐 다른 것이 아니다"라고 하였다. 다시 말해 우리는 모두 이방인이다. 인간들 사이에 근원적으로 존재하는 메워질 수 없는 심연(深淵)의 간극인 타자성은 내가 타인에게, 심지어는 나 자신에게조차 낯선 이방인으로 남게 한다. 우리는 동일자의 이해 지평에서 파악될 수 없는 환원 불가능한 타자성을 지녔다는 점에서 '모두가 이방인'이라는 점을 강조한다.[36]

2) 엘리자베스 뉴먼(Elizabeth Newman)은 환대의 양태를 다음과 같이 다섯 가지로 세분화하였다. 성서가 가르치는 하나님을 영접하고 낯선 이웃을 환대하는 것을 무조건적이고 절대적인 '신적 환대'라고 하였다.[37]

---

34 같은 책, 『환대에 대하여』, 151-152.

35 같은 책, 71-72; 김진, "데리다의 환대의 철학과 정치신학," 「철학연구」 95(2011. 12.): 59-93.

36 최샘 · 정채연, "데리다의 환대 윤리에 대한 법철학적 성찰," 「중앙법학」 22/1(2020. 03.), 58.

37 같은 글, 223.

① 감상적인 환대(a sentimental hospitality): 서로 사이가 좋은 사람들이나 혹은 약간 낯선 사람들 사이의 환대

② 사유화된 환대(a privatized hospitality): 외모를 아름답게 꾸미고 옷을 잘 차려입고, 함께 모여 즐거운 마음으로 개인적인 친목을 나누는 환대

③ 시장식 환대(hospitality as mode of marketing): 백화점이나 시장 등에서 친절한 모습으로 자신의 이익을 남기고자 하는 환대

④ 포용적인 환대(mere hospitality as inclusively):자신과 다른 지역, 문화, 성(性), 인종 등 다양성을 지닌 사람들을 단순히 받아들이고 조건적으로 수용하는 환대

⑤ 집을 잃어버린 자들을 맞이하는 환대(homeless hospitality): 하나님께서는 고향을 잃어버린 우리들을 불러 모으시고 우리들을 위해 준비해 놓으시고 자신의 아들을 우리를 위해 십자가의 희생을 통해 구원의 길로 이끄신 하나님의 환대로서 "신적(神的)인 환대"

뉴먼이 말한 마지막 다섯 번째의 '신적 환대'는 신론적 의미와 구원론적 의미를 지닌다. 신적인 환대라는 무조건적인 환대는 무조건적인 환대를 넘어 지극히 작고 소외된 자, 가난한 자, 각종 장애우, 인종과 성별의 차이로 차별과 냉대를 받는 자, 나아가서 사회, 정치, 경제, 문화적으로 심지어 종교적으로 배제당하여 신음하며 절규하는 자들을 향해 따뜻하게 베풀고 감싸며 그들을 향해 하나님의 신적인 사랑을 나누는 것이다. 또한 신적인 환대란 하나님이 그리시는 아름다운 세상을 향해 반(反)신적이며 비(非)신앙적인 뒤틀린 삶을 살아가는 모든 인간의 구원을 향한 사랑의 환대이기도 하다.[38]

3) 지프는 『환대와 구원: 혐오 · 배제 · 탐욕 · 공포를 넘어 사랑의 종교

---

38 정경호, "환대의 밥상, 환대의 신학삶," 「신학과 목회」 34(2010), 183

로 나아가기』에서 단순하고 명백하게 '환대의 구원론'을 주장한다. 1세기의 말엽(95~97)의 저작으로 알려진 『클레멘스 1서』는 성서의 영웅 중에 아브라함과 롯과 라합은 환대를 통해 구원을 받은 사례로 제시했다고 한다.

> 아브라함은 그의 믿음과 환대로 인해 그의 노년에 아들이 주어졌다(10:6-7). … 롯은 그의 환대와 경건으로 인해 소돔 전역이 불과 유황으로 심판 받았을 때 소돔에서 구출되었다(11:1).[39]

구약의 하나님은 이처럼 나그네를 환대하는 이들에게는 복을 주고, 나그네를 학대하는 이들에게 벌을 내리시는 분으로 묘사된다. 따라서 지프는 소돔 이야기도 성적 일탈의 이야기가 아니라 나그네를 학대하면 하나님께서 심판하신다는 교훈이라고 한다.

> 많은 기독교인은 자신들이 창세기 19장의 소돔과 고모라 이야기가 정확히 무엇에 관한 이야기인지 알고 있다고 생각할지 모른다. 즉, 이야기가 성적 일탈(sexual deviance)에 관한 이야기라고 생각할 것이다. 그러나 사실 창세기 19장은 아브라함의 환대와 대칭을 이루는 이야기로서, 하나님이 취약한 외인을 학대하는 사회와 개인을 심판하신다는 단순한 요점을 말하고 있다.[40]

지프는 이집트에서 이스라엘 자손들이 고된 노동을 탄식하며 '부르짖었

---

39 Joshua W. Jipp, 『환대와 구원: 혐오 · 배제 · 탐욕 · 공포를 넘어 사랑의 종교로 나아가기』, 25. 『클레메스 1서』는 여호수아가 정탐꾼들 여리고에 보냈을 때 그들을 환대한 라합을 환대로 구원받은 세 번째 인물이라고 한다. "그녀의 믿음과 환대로 인해 기생 라합은 구원을 받았다(12:1)"는 것이다.

40 같은 책, 227.

고' 하나님은 그 압제와 학대를 하감(下鑑)하시고 모세를 보내 그들을 구출하듯이, 소돔과 고모라에서도 그러한 '부르짖음'이 있었다는 것에 주목한다.

> 소돔과 고모라에 대한 '**부르짖음**'이 크고 죄악이 심히 무거우니 내가 이제 내려가서 그 모든 것이 과연 내게 들린 '**부르짖음**'과 같은 그렇지 않은지, 내가 보고 알려 하노라(창 18:20-21).

'부르짖음'이라는 단어는 주로 백성들이 사악한 압제 상황에서 하나님께 하소연하는 '비명(悲鳴)이나 신음(呻吟)'을 가리키며, 구약성경에 49번이나 나오는 중요한 개념이다. 이집트에서 강제노동의 압제를 겪고 있던 이스라엘 백성의 부르짖음을 들으시고 모세를 보내어 그들을 구원하신 출애굽의 사건을 연상시킨다(출 2:23-25, 3:7). 소돔 사건과 관련해서 '부르짖음'이라는 단어가 모두 세 번(18:12, 21, 19:13)이나 등장한다. 소돔의 도시의 악함에 대한 사람들의 부르짖음에 대해서 하나님이 직접 알아보기 위해 천사를 보내어 소돔을 방문하게 하였고, 실제로 낯선 방문객에게 소돔 사람들은 집단적인 행패를 부린 것이 드러났다.

지프는 소돔의 중요한 죄는 이스라엘 백성이 이집트에서 당했던 '압제'와 같은 모종의 사회적인 불의였을 것이라고 한다. 그리고 하나님이 학대받는 백성들의 부르짖음에 응답하여 크고 놀라운 구원을 베푸시는 것이 바로 하나님의 환대라고 본다. 따라서 소돔 사건 전후의 줄거리는 창세기 13장에서 19장에 이르기까지 복잡한 거대 담론이지만, 하나님의 대응은 다음과 같이 단순하다고 지프는 요약한다.

> 친절한 롯은 천사에게 환대를 베풀었기 때문에 자기 가족과 함께 구원을 받는다(19:12-17). 반면에 불친절한 소돔은 그들에 대한 하나님의 부르짖음이 크므로 '멸망 당한다'(19:13, 24-25).[41]

지프는 이러한 하나님의 환대를 받은 백성들이 다른 사람들에게 환대를 베풀기를 원하여서 "나그네를 학대하지 말고 환대하라"(출 22:21 등)는 수많은 '환대법'[42]이 성경에 기록되어 있음을 자세히 제시하면서 하나님은 환대의 하나님이라는 점을 강조한다.

> 성서의 하나님은 환대의 하나님, 곧 자기 백성에게 환대를 베푸실 뿐만 아니라 자기 백성이 다른 이들에게 환대를 베풀도록 요구하는 하나님이라고 명확히 주장한다. 간단히 말해서, 우리에 대한 하나님의 환대는 우리가 서로를 환대하는 토대이다.[43]

지프는 하나님께서 이스라엘을 자기 백성으로 삼은 것 자체가 타자에 대한 하나님의 환대라고 본다. 그리고 다시 신약성서에 눈을 돌려 "예수의 사역은 주 하나님의 환대를 시행"[44]이라는 관점에서 재조명한다. 특별히 예수의 죄인과의 식탁 교제를 대표적인 환대의 사역으로 해석한다. 예수의 식탁 교제에서 가장 중요한 것은 "모든 사람에게 차별 없고, 비계산적인 환대를 베푸는 것"[45]이다. 예수는 세리, 죄 많은 여인, 가난한 자, 부정한 자, 심지어 바리새인들과 식사 자리를 함께했다. 다른 이들이 죄인이라고 손가락질하는 사람들과 함께 식사한 것이다.

지프에 의하면 인간의 몸을 입고 구원자로 세상에 오신 예수는 '환대'를 성취하기 위한 메시아적 존재다. 예수는 식탁 교제를 통해 외인들이 하나님의 친구로 바뀌고 그들도 하나님의 임재를 경험할 수 있는 환대의 공간을

---

41 같은 책, 230.

42 같은 책, 239.

43 같은 책, 21.

44 같은 책, 51.

45 같은 책, 54.

만들었다. 실제로 그의 생애는 죄인들, 즉 세리, 매춘부, 장애인, 이방인, 가난한 자들을 초청해서 식탁 잔치를 배설한 다음 그들과 더불어 먹고 마시며 메시아적 잔치의 무차별적 식탁 교제를 통해 무조건적 환대를 시연한 삶이었다.

지프는 초대교회가 성령의 역사로 인해 급속도로 발전한 것은 사실이지만, 그 이면에는 환대의 신앙이 있었기에 가능했다고 한다. 도처에 가정교회를 세워 가던 사도들의 선교 사역도 예수의 환대의 사역 연장이며, 그래서 외인들에 대한 환대를 권면하는 사도들의 여러 가르침(롬 12:13; 히 13:2-3; 딤전 3:2; 딛 1:8; 벧전 4:9)이 기록되어 있으며, 여행자와 나그네에 대해 식사와 숙소를 제공하는 환대의 전통은 교회 공동체의 근간으로 굳건히 자리 잡았다고 설명한다. 그 이유는 "초기 교회가 스스로 **하나님의 환대를 받은 자**이고, 따라서 서로에게 환대를 베푸는 주체로 이해"[46]했기 때문이라는 것이다.

지프는 "교회의 사명은 이를 통해 하나님으로부터 소외되고 서로 간에도 소외된 인간에게 생명과 구속을 베푸는 하나님의 환대에 참여하는 것이다"[47]라고 하였다. 유대인과 이방인, 토착민과 나그네가 상호적인 열린 공간에서 함께하는 '열린 환대의 장'을 통해 교회는 '환대의 공동체'로서 자리매김해야 한다는 주장이다.[48] 따라서 오늘날의 교회가, 그가 인용한 나우웬(H. Nouwen)의 말처럼, "우리의 적의가 환대로 바뀔 수 있는 자유롭고 두려움 없는 공간"이 되어야 한다.

4) 쾨이니그(J. Koenig)는 『환대의 신학』에서 예수의 무차별적 환대를 베푸는 식탁 교제를 자세히 다룬 후 초대교회는 이러한 예수의 식탁 교제의 모범을 따르는 환대의 공동체라고 분석한다. 무엇보다도 처음 교회는 살아

---

46 같은 책, 23.

47 같은 책, 154.

48 이영미, "공정한 환대에 대한 구약성서 신학적 성찰," 「신학연구」 55/2(2018), 137.

있는 환대가 이루어지는 가정교회로 출발하였다는 것이다.[49]

날마다 마음을 같이하여 성전에 모이기를 힘쓰고 집에서 떡을 떼며 기쁨과 순전한 마음으로 음식을 먹고 하나님을 찬미하며 또 온 백성에게 칭송을 받으니 주께서 구원받는 사람을 날마다 더하게 하시니라(행 2:46-47).

특별히 1세기 사회 속에서 점점 늘어나는 소외된 사람 중에서 남자의 도움 없이 살아가는 유대인 여자들, 어느 정도 부를 소유했지만 여전히 비난을 받는 해방된 노예들에게 로마제국의 비난을 받고 박해도 받았지만 '기독교인 집단의 친밀함'은 하나님의 잔인한 세계로부터의 '환영받는 피난처'였다는 것이다.[50]

바울은 그리스도의 교회를 '믿음의 가정'(갈 6:10)이라고 했다. 실제로 그는 로마에 압송되었을 때 2년 동안 "자기 셋집에 머물면서 자기에게 오는 사람을 다 영접하였다"(행 28:30)고 한다. 바울은 "유대인으로서 이방인과 교제하며 가까이하는 것이 위법인 줄"은 알았으나 "하나님께서 내게 지시하사 아무도 속되다 하거나 깨끗하지 않다"고 하셨다고 하였다. 따라서 쾨이니그는 "무엇보다도 교회는 적대적 환경에 처해 있는 자들의 은신처"[51]였으며, 누구라도 이 믿음의 가정에 들어가면 무차별적으로 환대를 받은 것이 분명하다고 주장한다.

5) 영성 신학에서도 환대의 영성이 주장된다. 특히 "방문하는 모든 손님을 그리스도처럼 맞이할 것이다"라는 영성 수칙을 마련한 베네딕도 영성

---

49 John Koenig, 『환대의 신학』, 175-176.

50 같은 책, 108.

51 같은 책, 175. 구체적인 사례는 다음 구절 참고. 눅 1:39-55, 10:30-37, 16:4-5; 행 12:12-17, 17:5-9, 18:7.

전통에서 환대의 영성이 매우 두드러지게 드러나 있다는 것이 새로운 신학적 조명을 받고 있다. 선교학에도 환대는 '이주와 난민 신학'의 메타포로서 환대적 선교의 실천[52]의 근거로 제시된다. 이주민이야말로 환대를 받아야 하는 성서에 나오는 이방인이기 때문이다.[53] 따라서 '환대'란 주제는 단순히 윤리적 영역에 국한되는 것이 아니라 기독교의 신론, 기독론, 구원론 등을 재구성할 수 있는 코어 역할을 수행한다.

6) 요약하면 구약성서에는 아브라함의 환대, 롯의 환대, 기브아 노인의 환대, 기생 라합의 환대 등 환대가 주제가 되는 여러 사건이 기록되어 있고, 율법에는 '나그네를 학대하는 것이 심각한 죄'라는 것을 거듭 강조한다. 욥은 자신의 결백과 의로움을 주장하면서 나그네를 환대한 것을 강조하였다.

실상은 나그네가 거리에서 자지 아니하도록 나는 행인에게 내 문을 열어 주었노라(욥 31:32).

율법에는 나그네를 구체적으로 환대하는 방식을 규정한 '환대법'도 다양하게 기록되어 있다. 신약성서에서도 다양한 양태로 환대라는 주제가 등장한다. 이 모든 환대와 관련된 성서 본문을 근거로 '환대의 신학'이 주장되고 있다.

구약성경의 하나님은 환대받는 손님이면서도(창 19:1, 24:1-61) 광야의 이스라엘 백성을 만나와 메추라기로 양육하며 환대하는 주인의 모습으로도(출 16:8) 그려진다. 예수 또한 구약성경의 하나님처럼 '손님이면서도 주인의 모습'으로 나타난다. 하나님 나라의 선포를 위해 끊임없이 길 위에서 여행하셨던 예수(마 8:20)는 다른 이들의 환대를 받은 손님이었으며(마 9:10; 막

---

52 현한나, "'이주와 난민 신학' 기반 세우기: 그루디(Daniel G. Groody)의 신학과 메타포로서 '환대적' 선교," 「선교신학」 55(2019): 428-458.

53 김영선, "이주민 환대의 당위성: 우리도 이방인이었다!," 「신학전망」 205(2019. 06.): 157-199.

14:3; 눅 14; 요 12) 다른 이들을 환대하는 주인(막 6:41-5; 요 13:17)이기도 하였다. 그는 예수의 모든 사역을 하나님 환대의 나라를 향한 나눔의 사역이며, 예수로 말미암아 새로운 사람이 된 사람들의 삶을 영접과 환대로 이해한 바울 그리고 손님들과 주인들이 함께하는 환대의 신앙을 강조한 누가에 역점을 두어 환대의 신학을 시도하고 있다.[54]

무엇보다는 예수는 스스로 '세리와 죄인'을 친구로 환대하였고, 예수의 제자들이 전도 과정에서 환대를 받지 못하는 적대적 환경에 있는 것을 보고 "너희를 영접하는 자는 나를 영접하는 것이요 나를 영접하는 자는 나를 보내신 이를 영접하는 것이니라"(마 10:4)고 하였다. 하나님을 환대하는 자는 예수를 환대할 것이고, 예수를 환대하는 사람은 이웃을 환대해야 한다는 의미이기도 하다. 따라서 "하나님을 사랑하고 이웃을 사랑하라"는 율법의 골자는 "하나님을 영접하고 이웃을 환대하라"는 의미로 재해석된다. 그리고 바울은 "헬라인이나 유대인이나 할례파나 무할례파나 야만인이나 스구디아인이나 종이나 자유인이 차별이 있을 수 없다"(골 3:11)고 했으니 민족 차별, 종교적 차별, 인종차별, 노예 차별의 철폐를 과감히 선언한 것이다.

예수께서도 소돔과 고모라가 나그네를 환대하지 않아 멸망한 것(마 10:11-15)이라고 하였다. 그럼에도 불구하고 한국 보수적인 신앙인들은 1세기 유대 철학자 필로(Philo) 이후 소돔 사건을 '동성애'라는 관점에서 잘못 보아온 전통을 무비판적으로 수용하여 "동성애 때문에 교회도 나라도 망한다"는 잘못된 프레임에 갇혀 있다. 그 결과 교회를 '무차별적 사랑'이 아니라 '배타적 차별과 혐오의 전위대'로 위세(威勢)하려고 한다.

---

54 Kevin Godfrey/Michael Downey (ed.), "Hospitaly," in *The New Dictonary of Catholic Spirtuality* (Colegvile(MN): Michael Glazier Book, 1993), 510-516; 김용수, "최전선으로 파견됨: 이냐시오 영성 전통에서 바라본 환대의 영성," 「신학과 철학」 33(2018), 42.

2장
소돔의 멸망과 동성애

소돔의 죄가 동성애라는 해석과 더불어 소돔이 동성애 때문에 멸망했다는 주장이 이어져 왔다. 13세기의 토마스 아퀴나스는 동성 간의 성행위는 지진, 가뭄, 기근 등의 여러 가지 자연재해의 원인이라고 믿었다.[1] 1755년 리스본 대지진이 일어나자 동성애와 같은 '자연에 반하는 악행'이 유행한 탓이라고 여겨졌다.[2]

우리나라에서도 김홍도 목사가 2005년 9월 11일 금란교회 주일예배에서 "미국의 샌프란시스코, 애틀랜타, 뉴올리언스 등 세 지역은 동성애자들이 모여 사는 곳"이라며, "뉴올리언스의 동성애자 축제가 올해는 역대 축제 중 가장 큰 규모로 치러질 예정이었으나 행사 이틀 전 허리케인 카트리나로 뉴올리언스를 쓸어버렸다"고 했다.[3] 카트리나 사태는 동성애에 대한 하나님의 심판이라고 한 것이다.

소돔의 멸망을 동성애로 해석하는 성서적 근거는 창세기 19장이다. 유

---

1 윤가현, 『동성애의 심리학』 (서울: 학지사, 1997), 87 재인용.

2 Norah Carlin & Collin Wilson/이승민 · 이진화, 『동성애 혐오의 원인과 해방의 전망』 (서울: 책갈피, 2016), 63.

3 이승규, "김홍도, '카트리나는 동성애자에 대한 심판'," 「뉴스앤조이」 2005. 09. 17.

다서 1장의 "다른 육체를 따르는 것"과 베드로후서 2장의 "무법한 자의 방탕한 행동"도 동성애로 해석하여 왔다. 이 세 본문과 관련된 논쟁 중 우선 창세기 19장을 살펴보려고 한다. 신약 본문은 이 책 1부 4장에서 다룰 것이다.

1. 창세기 19장의 소돔 멸망은 동성애 때문인가

과연 소돔은 동성애로 인해 멸망한 것일까? 이에 대해 존 보스웰(John Boswell)은 창세기 19장의 소돔과 고모라 멸망의 원인에 대한 여러 가지 해석을 네 가지로 정리하였다.

① 소돔 사람들이 전체적으로 사악하였기 때문에 멸망하였다.
② 소돔 사람들이 천사들을 강제로 범하려 하였기 때문에 멸망하였다.
③ 소돔 사람들이 동성애를 요구하였기 때문에 멸망하였다.
④ 소돔 사람들이 주님이 보낸 손님들을 환대하지 않았기 때문에 멸망하였다.[4]

성경은 일단 전후 문맥에서 이해해야 한다. 이것이 성서 해석의 대원칙이다. 소돔 사건에 대한 성서 본문은 멸망의 원인을 자세히 보여주는 것이 아니라 멸망 직전의 마지막 모습과 멸망 이후의 상황만을 기록하고 있다. 그러나 소돔 사건의 전체 맥락을 이해하려면 창세기 13장부터 21장까지의 거대 서사 담론의 줄거리를 전후 문맥에서 전체적으로 살펴보아야 한다.

· 13장: 아브라함과 롯의 목자들의 다툼으로 아브라함은 헤브론으로, 롯은 소

---

[4] John Boswell, *Christianity, Social Tolerance, and Homosexuality: Gay People in Western Europe from the Beginning in the Christian Era to the Fourteenth Century* (Chicago: The University of Chicago Press, 1980), 93; 손호현 "동성애와 신학적 인권 - 토마스 아퀴나스의 성(性)의 신학을 중심으로," 『소수자의 신학』 (서울: 한국문화신학회, 1917), 64. 1955년 이후 주석가들이 점증적으로 네 번째 견해의 중요성을 주목하고 있다고 보스웰은 첨언한다.

돔으로 떠났으나 소돔 사람은 "여호와 앞에 악하고 큰 죄인"(13절)이었다.

· 14장: 아브라함이 요단 지역의 왕들에게 사로잡힌 롯의 가족을 구했다.

· 15장: 여호와께서 아브라함과 더불어 언약을 세웠다.

· 16장: 사라에게 아들이 없어 몸종 하갈을 통해 이스마엘이 태어났다.

· 17장: 99세의 아브라함이 언약의 징표로 할례를 받고 하나님으로부터 아들을 주시겠다는 약속을 받다.

· 18장: 아브라함의 환대를 받은 세 사람은 그에게 내년에 아들을 낳을 것이라는 약속을 확인한다. 여호와는 "소돔과 고모라에 대한 부르짖음이 크고 그 죄악이 심히 무거워 내가 이제 내려가서"(20절) 보고 알려고 함을 밝힌다. 이에 아브라함은 "의인과 함께 악인을 멸하려 하시느냐"(23절)고 묻고 여호와께서는 "의인 열 명만 있어도 멸하지 않겠다"고 한다. 이를 확인하려고 아브라함을 방문했던 나그네 셋 중 둘(천사)을 소돔으로 보낸다.

· 19장: 의로운 롯은 그들을 환대했으나 불의한 소돔 사람들은 그들을 학대하여 소돔의 악행이 확인되고, 소돔은 멸망하고, 그들을 환대한 롯의 가족은 천사의 재촉으로 구출함을 받는다.

· 20장: 아브라함이 아내 때문에 자기를 죽일까 두려워 아내를 누이라 하였고, 그랄왕이 사라를 데려갔다.

· 21장: 아브라함의 환대를 받은 세 사람의 약속처럼 100세의 아브라함이 아들 이삭을 얻는다.

1) 이 줄거리는 두 가지 메시지를 담고 있다. 첫째 메시지는 소돔 사건 이전에 이미 소돔은 악한 도시였고, 멸망의 대상이었으며, 이를 확인하기 위해 아브라함을 방문한 세 사람 중 둘이 소돔을 방문하였다는 것이다.

말하자면 "소돔 사람들은 여호와 앞에 악하고 큰 죄인"(창 13:13)이었으며, 이에 여호와는 "소돔과 고모라에 대한 부르짖음이 크고 그 죄악이 심히 무거워"(18:20) 멸망시키기로 했다. 이에 아브라함이 "의인과 함께 악인을 멸하려 하시느냐"(23절)고 묻고, 여호와께서는 "의인 열 명만 있어도 멸하지 않겠다"고 답한다. 이를 확인하기 위해 천사 둘이 소돔을 방문했고, 자신들을 학대하는 소돔의 죄악이 드러나 소돔은 멸망했다는 것이다.

둘째 메시지는 나그네 세 사람을 환대한 99세의 아브라함은 아들을 주시겠다는 축복을 약속받고, 100세의 아브라함은 아들을 얻는다. 마찬가지로 의로운 롯도 아브라함처럼 그들을 환대하여 악인들과 함께 멸망하지 않고 구원을 받는다. 반면에 소돔 사람들은 롯의 가족과 그 가정을 방문한 나그네를 학대한 것이 확인되고, 롯의 가족 8명 외에 더 이상 의인이 없었던 소돔은 '의인 열 명'이 없어 '죄악 중에 멸망'(창 19:15)했다는 것이다.

이처럼 창세기 13-21장 이르는 이 거대한 서사(敍事) 담론(談論)의 전후 맥락을 보면, 결과적으로 나그네를 환대한 아브라함과 롯은 축복을 받고, 나그네를 학대한 소돔은 '의인 열 명이 없어서 유황과 불로 멸망'했다는 교훈을 담고 있다.

2) 성서에는 '소돔'이라는 단어가 총 47번 등장하는데, 이 중 '소돔과 고모라'가 같이 언급된 사례는 23번이다. 소돔과 고모라는 '죄악된 도시'이며, 동시에 '하나님이 심판한 도시'의 원형으로 묘사 인용된다.[5]

첫째로 소돔과 고모라의 죄는 주로 이스라엘 백성이나 예루살렘의 죄를 경고하기 위해 언급하였다. 모세는 신명기 32장의 고별사에서 자신이 죽은 뒤에 이스라엘 백성이 여호와 목전에서 악을 행하여 소돔과 고모라처럼 재앙을 당할 것이라고 경고하였다.

나는 압니다. 내가 죽은 뒤에 당신들은 스스로 부패하여, 내가 지시하는 길에서 벗어날

5 Jene E. Green, *Jude And 2 Peter: Baker Exegetical Commentary on the New Testament* (Grand Rapids, Mich.: Baker Academic, 2008), 65.

것이오. 당신들이 주님 앞에서 악한 일을 하고, 당신들이 손대는 온갖 일로 주님을 노엽게 하다가, 마침내 훗날에 당신들이 재앙을 받게 될 것이오(신 31:29).

그들[이스라엘]의 포도는 소돔의 포도나무에서 온 것이며, 고모라의 밭에서 온 것이다. 그들의 포도에는 독이 있어서, 송이마다 쓰디쓰다(신 32:32).

아모스는 이스라엘 백성이 제물은 열심히 바치면서 가난한 자를 억압한 죄를 들어 소돔과 고모라처럼 심판을 내려 교훈하였지만, 여전히 회개하지 않았다는 하나님의 경고를 말씀하였다.

"나 하나님이 옛날에 소돔과 고모라를 뒤엎은 것처럼, 너희의 성읍들을 뒤엎었다. 그때에 너희는 불 속에서 끄집어낸 나뭇조각처럼 되었다. 그런데도 너희는 나에게로 돌아오지 않았다." 주님께서 하신 말씀이다(암 4:1-11).

에스겔 역시 이스라엘 백성들의 죄는 교만하여 자신들은 풍족하게 살면서 가난한 이를 돕지 않은 소돔의 죄를 지었다고 하였다.

나 주 하나님의 말이다. 내가 나의 삶을 두고 맹세한다. 네 동생 소돔 곧 그와 그 딸들은 너와 네 딸들처럼 행동하지는 않았다. 너와 네 동생 소돔의 죄악은 이러하다. 소돔과 그의 딸들은 교만하였다. 또 양식이 많아서 배부르고 한가하여 평안하게 살면서도, 가난하고 못 사는 사람들의 손을 붙잡아 주지 않았다(겔 16: 48-50).

예수께서도 회개하지 않는 고라신과 베세다와 더불어 가버나움을 언급하면서 "내가 너희에게 이르노니 심판 날에 소돔 땅이 너희보다 견디기 쉬우리라"(마 11:15) 하였다.

둘째로 이사야는 바빌론과 에돔, 모압과 암몬 같은 도시들도 소돔과 고모라 같은 운명에 처할 것이라고 하였다. 이사야(1:9-10, 3:9, 13:19-22)는 바빌론도 그들의 뻔뻔한 죄로 인해 소돔과 고모라처럼 끝날 것이라고 하였다. 예레미야(렘 23:14, 49:17-18, 50:39-40; 애 4:6)는 소돔과 고모라의 죄를 간음과 거짓말과 연관시키고, 사해 남쪽의 에돔과 바빌론도 똑같은 운명에 처할 것이라고 예언하였다. 스바냐(2:9)는 사해의 남동쪽과 북동쪽에 있는 모압과 암몬에게 그들이 소돔과 고모라처럼 끝날 것이라고 하였다. 그리고 에스드라 2서(2:8-9)는 하나님께서 아시리아를 '불의하고 악한 나라' 소돔과 고모라와 같은 심판을 받을 것이라고 경고하였다.

셋째로 소돔의 죄악 중에 구체적으로 음란이 포함된 구절은 다음과 같다.

> **내가 예루살렘 선지자들 가운데도 가증한 일을 보았나니 그들은 '간음'을 행하며 거짓을 말하며 악을 행하는 자의 손을 강하게 하여 사람으로 그 악에서 돌이킴이 없게 하였은즉 그들은 다 내 앞에서 소돔과 다름이 없고 그 주민은 고모라와 다름이 없느니라 (렘** 23:14).

구약성서가 소돔과 고모라의 죄로 구체적으로 지목한 것은 거짓말, 악행 유도, 교만, 빈부 격차 방임, 불경건, 간음과 음란함 등이다. '동성끼리 동침'(레 18:22, 20:13)한 것이 소돔의 죄라고 명시한 구절은 전혀 없다.

> 그들의 주된 죄악들은 간음, 거짓말, 악행 유도, 교만, 빈부 격차 방임, 불경건, 음란함 등이었습니다. 따라서 소돔의 죄를 동성애에만 집착하는 것은 일종의 편견이라고 할 수 있습니다.[6]

이러한 범죄는 도성이 건설되면서 구조적으로 벌어지는 고대 도시의

---

6 최창균, "소돔멸망과 동성애의 상관성에 대한 성경본문 고찰," 「당당뉴스」 2019. 06. 12.

빈부 격차의 일반적인 죄악들이다. 이러한 가난한 자에 대한 압제와 무관심은 '소돔과 고모라와 그 이웃 도시들'(유 1:7)인 '아드마, 스보임, 소알'(창 19:20-22)뿐 아니라 예루살렘, 에돔, 모압, 암몬, 바빌론과 같은 고대 도시의 보편적 현상이었다. 예레미아서에서 간음과 같은 성범죄가 명시되어 있지만, 레위기에 나오는 '동성 간의 동침'(레 18:22, 20:13)을 특정한 것이라고 볼 수 없다.[7]

3) 소돔에서는 소위 동성애 사건이 있었다 하더라도, 고모라에서는 그런 사건이 있었다는 기록은 없다. 다만 소돔과 고모라 같은 도시의 통치자들은 전적으로 '무법한 자들'이었고, 초기의 성읍들은 구조상 일반적으로 의인 열 명조차 존재하지 않는 '무법천지'였을 것이다. 따라서 롯의 가족처럼 극소수의 의인들이 고통받는 도시였다. 그래서 "그들 가운데서 살면서, 보고 듣는 그들의 불의한 행실 때문에 날마다 그의 의로운 영혼에 고통"(벧후 2:7)을 받고 있던 롯을 그곳에서 구원하고 두 성을 잿더미로 만들어 후세의 교훈을 삼았다는 것이 창세기 19장 소돔 사건 본문의 핵심 메시지이다.

동성 결혼이 합법화되는 지금도 동성애자는 극소수에 지나지 않는다. 통계학적으로 소규모의 혈연 중심의 반유목 사회의 도성에서 집단적인 동성애가 자행되었다고 추정하기는 어려울 것이다.

2. 필로가 최초로 주장한 동성애로 인한 소돔 멸망설

소돔의 죄를 동성애의 죄라고 명시하고 동성애로 소돔이 멸망한 것으로 해석한 최초의 인물은 알렉산드리아서 활동했던 유대인 철학자 필로(Philo, 기원전 35~서기 45)이다. 그는 동성애가 하나님이 정하신 창조의 질서에 어긋나는 이유를 다음과 같이 제시하였다.

---

7 야마구치 사토코/양희매, 『동성애와 성경의 진실』, 46.

① 그러한 "성교는 자녀 출생과 상관없고,"

② 그것은 "상호보완적이지 않은" 두 성적 존재가 교합함으로써, 하나님께서 정해 놓으신 남성과 여성이라는 유형을 대놓고 모욕하며,

③ 동성 간의 성적 욕망은 지나친 연정이며,

④ 동성 교합은 동물들도 행하지 않는 것이기 때문이다.[8]

그는 레위기 20장 13절을 언급하면서, 그가 살던 로마 시대의 남색과 소돔의 멸망을 연결시켰다. 이상하고 불법적인 동성애적 교합을 증오하여 하나님께서 "그들을 진멸시켰다"고 하였다. 그리고 그는 창세기 19장 27-28절의 소돔의 멸망과 관련하여 소돔 사람들이 "성의 본성에 대한 존중이 없이" 남색을 행하여 영혼을 타락시키고 인류 전체를 타락시켜 그 도시가 사람이 살 수 없는 사막이 되었다고 하였다.

(소돔 사람들은) 자신들의 목에서 자연의 율법을 던지고, 독한 술을 취하도록 마시고 음식을 탐하며 금지된 성관계에 몰입하였다. 여성을 향한 광적인 욕망으로 이웃의 결혼을 범하였을 뿐 아니라, 능동적인 파트너가 수동적인 파트너와 나누는 성의 본성에 대한 존중 없이 **남자가 남자를 올라탔다.** … 출산할 수 없음을 발견하였음에도 점차로 그들은 본성에 따라 남자였던 이들이 여자 역할을 하는 것에 익숙해졌고, 여성 질병이라는 끔찍한 질병을 그들에게 떠 얹었다. 그들은 자신들의 육체를 사치와 관능으로 여성화시켰을 뿐 아니라, 나아가 그들의 영혼을 타락시키며 인류 전체를 더럽히고 있었다. 확실히 헬라인들과 야만인들이 이러한 결합에 영향을 받는데 합류했고, 마치 전염병에 의해 모든 사람이 죽듯이 도시가 차례로 사막화되었다.[9]

---

[8] W. Swartley/김복기, 『동성애: 성서적 해석과 윤리적 고찰』, 54.

요세푸스(Josephus, 37~100)도 유대교의 "결혼법은 단지 본성을 따르는 성교만 언급하며, 자녀를 생산하는 남자와 여자의 성교"만을 인정한다고 하였다. 그는 그리스인들이 남성끼리 교합하며 자신들의 동성애적 욕망을 신의 탓으로 돌리고 "본성에 반대되고 역겨운 쾌락을 고안했다"(Ant. 1, 200)고 비판하였다.[10] 소돔 사람들이 아름다운 소년들과 즐기려고 결심한 것이므로 소돔 사건을 동성애라는 관점에서 해석한 것이다.

> 하나님께서 소돔 사람들 중에 의인이 없다고 대답하셨을 때, 그들 중에 의인이 열 명만 있어도, 그들 중 누구도 그 죄에 대해 벌하지 않을 것이라고 하였다. 아브라함은 안심하였다. 그리고 천사들이 소돔 성으로 왔고 롯은 그들을 그와 함께 유숙(留宿)하도록 데려왔다. 롯은 매우 관대하고 환대하는 사람(a very generous and hospitable man)이며, 아브라함의 선함을 본받아 배운 사람이었다. 소돔 사람들은 그 젊은이들의 얼굴이 특출한 정도로 아름다운 것과 그들이 롯의 집에 유숙하는 것을 보고, 폭력적이고 강압적으로 그 아름다운 소년들과 즐기기로 결심하였다(Ant. 1, 201).

그 외에도 중간기 문학에서 소돔의 죄를 '사악함'(T. Naph. 4:1; Sir. 16:8-10) 또는 '환대하지 않은 죄'(Wis. 19:4; 참고 마 10:14-15)라고 하였다. 요세푸스는 '나그네 학대'(JW. 48.4, Ant. 1, 11.1)도 포함시켰다. 그러나 보편적인 '성적 죄'라고 언급한 곳(T. Levi. 14:6; T. Banj. 9.1; Jub. 16, 5-9. 10, 5-6; 참고 벧후 2:7)도 없지 않으나 동성애로 특정하여 명시한 곳은 없다.[11]

2세기에 기록된 탈무드에도 소돔 사건에 대해 명시적으로 자연을 거스른 문란한 성행위라고 언급한 구절이 나온다.[12]

---

9 Philo, *De Abr.* 26:134-136; 김근주, 『네 이웃을 네 몸과 같이』 (서울: NICS, 2020), 87-88.

10 같은 책, 53.

11 Jene E. Green, *Jude And 2 Peter: Baker Exegetical Commentary on the New Testament*, 71.

너희는 자연의 질서를 거슬러 소돔처럼 되지 말라. 그와 마찬가지로 그 천사들도 자연의 질서를 거스른 탓에 하나님이 홍수로 그들에게 저주를 내렸다(『12족장 유언서』 중 납달리서 3장 5절).

그린(Jene E. Green)은 "랍비 문학의 영향으로 소돔과 고모라의 성적인 죄를 강조하다 보니, 성경 전반에 나타나는 소돔과 고모라의 죄의 사회적 측면이 간과되었다"고 평가하였다.[13]

초대교회의 대표적인 신학자 아우구스티누스(354~430)는 『고백록』에서 '소돔 사람의 범죄'는 처벌받아 마땅한 창조된 본성이 정욕의 도착으로 오염된 것이라 하였다.

8세기 영국인 선교사였던 보니페이스(Boniface, 680~755)는 동성 간의 성행위를 '소도미'(sodomy)라 하고, 그런 행위를 하는 사람을 '소돔인'(sodomite)이라 칭했다. 17세기 초 영어 흠정역에서는 신명기(23:17)와 열왕기상(12:24)에 나오는 '신전 남창'을 '소돔 사람'(sodomite)이라고 번역하여, 소돔 사건은 동성 성교 사건으로 공식화되었다.[14] 이 용어는 헝가리계 독일인 의사 벤커트(K. M. Benkert)가 1869년에 '동성애'(Homosexualität)라는 단어를 사용하기 전까지 동성애를 지칭하는 공식적인 용어로 사용되었다.

특히 11세기의 주교이자 추기경이었던 피에르 다미엥은 『고모라의 서』에서 하나님이 동성 간의 성교 때문에 소돔 사람들을 유황불로 멸하셨다고 주장하였다. 그는 이 책을 교황 레오 9세에게 바치면서 남색 혐의가 있는 모든 성직자의 해임을 요구했다. 이런 배경에서 12세기 제3차 라테란 공의회에서는 남색의 죄를 다음과 같이 규정하였다.

---

12 Kevin Deyoung/조계광, 『성경이 동성애에 대한 답이다』 (서울: 지평서원, 2017), 47.

13 Jene E. Green, *Jude And 2 Peter: Baker Exegetical Commentary on the New Testament*, 258.

14 박경미, 『성서, 퀴어를 옹호하다』 (서울: 도서출판 한티제, 2020), 216.

누구든 자연을 거스르는 방탕을 저지른 자, 그로 인해 하나님의 분노가 타락한 자손들에게 임하고 다섯 도시가 화염에 불타게 만든 방탕을 저지른 자는, 그가 성직자라면 직무에서 배제하여 수도원에 갇혀 회개해야 하고, 파문하고 신자들의 공동체로부터 쫓아내야 한다.[15]

이러한 견해는 아퀴나스나 칼뱅을 통해 더욱 굳어졌다. 이런 과정을 통해 소돔이 동성애로 인해 멸망했다는 전통적인 견해가 확고하게 자리를 잡게 된 것이다.[16] 이런 배경에서 동성 간의 성교를 하는 자를 '소돔 사람'(sodomite)이라고 부르게 되었다.

결론적으로 창세기의 전후 문맥으로 보면 소돔의 멸망의 직접적인 원인이 소돔 사람들의 '동성애 요구'라고 단정하기는 어렵다. 신구약 성경을 통틀어서 소돔의 멸망 원인이 동성애라는 언급은 없다. 필로 이후부터 소돔 멸망 원인이 동성애라는 해석이 생겨나고 전승된 것이다. 그럼에도 불구하고 "동성애로 인해 소돔이 멸망했다"는 구호는 여전히 큰 위력을 발휘하고 있다.

최근에도 이와 비슷한 주장이 있었다. 우크라이나 정교회의 키예프 총대주교인 필라레트 데니센코(91세)가 2020년 3월 방송에서 코로나 팬데믹에 대해 "인간의 죄에 대한 신의 형벌"이며 "나는 무엇보다도 동성 결혼 때문이라고 본다"고 하였다. 이후 그는 코로나 양성 확진 판단을 받고 병원에 입원 중인 것으로 보도되었다.[17]

---

15 같은 책, 215.

16 이에 관한 자세한 내용은 이 책 1부 1장 1절 "동성애와 기독교"에서 자세히 다룬다.

17 이옥진, "벌 받으셨네요… '코로나는 동성애에 대한 신의 형벌' 종교 지도자 확진," 「조선일보」 2020. 09. 10.

3장
구약성서의 성결 법전과 동성애

'소돔 사건'은 동성애와 직접적인 관련이 없다거나 소돔과 고모라가 동성애로 멸망한 것이 아니라는 다양한 비판적인 해석에도 불구하고, 구약성서는 동성애를 사형에 해당하는 죄로 규정한다. 명시적으로 "남자가 여인과 눕듯이 남자와 눕는 일"은 가증한 일이며, 죽어야 마땅한 죄(레 18:22, 20:13)라고 한다. 신약성서에도 바울이 명시적으로 '남색하는 자'(arsenokoitai)는 하나님의 나라를 유업으로 받을 수 없으며(고전 6:9; 딤후 1:10), "남자가 남자로 더불어 부끄러운 일을 행하면"(롬 1:27) 상당한 보응을 받는다고 하였다.

레위기와 고린도전서를 비롯한 여러 반동성애적 구절에 대해서도 전통적인 해석을 비판하는 새로운 해석들도 시도되었다.

1. 레위기의 남자와 남자의 동침 금지는 남창과 다르지 않은가

레위기 18장과 20장에는 남자들은 여자와 교합하듯이 남자와 교합하지 말라는 구절이 나온다.

나는 여호와니라 너는 여자와 교합(동침)함 같이 남자와 교합하지 말라 이는 가증한 일이니라(레 18:22).

그 누구든지 여인과 교합하듯 남자와 교합(동침)하면 둘 다 가증한 일을 행함인즉 반드시 죽일지니(레 20:13).

개역한글에서 교합이라는 번역한 단어가 6번 나오는데, 원어는 '눕다'라는 뜻이다. 개역개정판에서는 사람이 '짐승과 눕는 것'만 교합(交合)으로 번역하고, 동성이든 이성이든 근친이든 사람 간의 성관계를 뜻하는 단어는 모두 동침으로 번역하였다. 이 두 구절 역시 '소돔 이야기'를 해석하였던 것과 같은 해석학적 방법을 적용하여 살펴보려고 한다.

1) 두 본문은 문학 양식상 고대 이스라엘의 종교적 규범을 제시한 '성결법전'에 속한다. 레위기 17-26장에 나오는 성결 법전에는 ① 동물 제사, 식사 정결 의식, 성관계 법, 제사장 관련 법(17-22장), ② 거룩하게 지켜야 할 절기에 관한 법(23-24장), ③ 안식년과 희년에 대한 법조문(25-26장) 등이 담겨 있다.

이 가운데 동성애 금지를 규정한 구절(13절)이 포함된 레위기 18장의 전체 제목을 표준새번역에서는 "성관계에 관한 규례"라 하였다. 레위기 18장 6-18절에는 친족 관계에서 행해지는 근친상간을 구체적으로 망라하고 있다. 친모, 계모, 의붓형제, 손녀나 외손녀, 고모, 이모, 백모나 숙모, 며느리, 형수나 제수, 여인과 여인의 딸을 함께 동침하는 것, 여인의 손녀나 외손녀를 함께 동침하는 것, 아내가 살았을 때 처제를 함께 동침하는 것 등이다. 21-23절에는 자녀를 몰렉신에 제물로 바치는 것, 여자와 동침하는 것과 같이 남자가 남자와 동침하는 것, 짐승과 교합하는 것은 모두 하나님을 욕되게 하는 것이며, 가증한 일이며, 문란한 일이라고 규정하였다.

동성애를 사형에 처하도록 규정한 22절이 포함된 레위기 20장의 제목을 표준새번역은 "사형에 해당하는 죄"라고 하였다. 성결 법전 중에서도 전형적인 절대 금지율(apodeictic law)에 해당한다. 사형에 처할 정도로 종교적으로나 윤리적으로 절대 금기(taboo)에 속하는 극악한 중죄라는 뜻이다.

자식을 몰렉 신에게 주는 자(2-4절), 몰렉 신을 음란하게 섬기는 자(5절), 접신한 자나 박수무당을 음란하게 따르는 자(6절), 부모를 저주하는 자(9절), 남의 아내와 간음한 간부와 음부(10절), 아버지의 아내와 동침한 자(11절), 며느리와 동침한 자(12절), 여자와 동침하듯 남자와 동침한 당사자(13절), 아내와 장모를 함께 범한 자(14절), 짐승과 교합한 남자나 여자(15-16절), 자매의 하체를 범한 자(17절), 접신하거나 박수무당이 된 자(27절)는 모두 사형에 해당한다고 하였다.

레위기의 성결 법전은 이처럼 성적으로 부정한 행위를 했을 때 정결하게 할 수 있는 조항이 전혀 없다. 대신에 가장 극단적인 처벌인 사형에 처하게 하였다. 동성애 행위를 단순히 정결법을 어기는 정도가 아닌 중대한 종교적, 도덕적 범죄로 여긴 것이다.[1]

레위기 20장 전체에 나오는 사형에 해당하는 절대 금기의 죄는 크게 셋으로 분류된다.

① 종교적인 죄: 자식을 몰렉 신에게 주는 자(20:2-4), 몰렉 신을 음란하게 섬기는 자(20:5), 접신한 자나 박수무당을 음란하게 따르는 자(20:6), 접신하거나 박수무당이 된 자(20:27), 여호와의 이름을 모독하는 자(24:16).

② 부모 저주와 살인의 죄: 부모를 저주하는 자(20:9), 사람을 죽인 자(24:21).

③ 성적인 죄: 남의 아내와 간음한 간부와 음부(20:10), 아버지의 아내와 동침한 자(20:11), 며느리와 동침한 자(20:12), 여자와 동침하듯 남자와 동침한 당사자(20:13), 아내와 장모를 함께 범한 자(20:14), 짐승과 교합한 남자나 여자(20:15-16), 자매의 하체를 범한 자(20:17), 월경 중인 여인과 성관계를 한 자(2:18).

---

[1] W. Swartley/김복기, 『동성애: 성서적 해석과 윤리적 고찰』 (대전: 대장간, 2014), 92.

2) 이 세 가지 죄는 고대 사회로부터 인류가 보편적으로 지켜온 절대 금기에 해당한다. 당시의 대다수 나라는 자신들만의 신과 종교 제도를 통해 국가를 형성하고 유지해 왔기 때문에 다른 신을 섬기는 우상숭배와 같은 종교적인 죄는 국가의 기반을 무너뜨리는 가장 중대한 범죄에 해당한다. 그리고 프로이트가 말한 것처럼 살인과 근친상간과 같은 성적인 죄는 인류의 가장 오래된 타부(taboo)이다. 살인은 공동체를 해치는 일이고, 근친상간은 가족의 질서를 해체하는 것이기 때문이다.

레위기 18장의 전후 문맥을 살펴보면, 몰렉 신에게 자녀를 제물로 바치는 우상숭배를 금지한 구절(21절) 다음에 동성애 금지 구절(22절)이 나온다.

레위기 18장에서 성범죄에 관한 규례 중 모든 종류의 근친상간을 구체적으로 나열한 것은, 그러한 근친상간이 가족과 친족의 질서를 무너뜨리는 것으로 보았기 때문이다. 특히 직계 가족 간의 성관계를 다른 친척과의 성관계와 구분하여 사형에 처하도록 한 것은 그러한 성관계로 태어난 아이는 가족 관계의 혼란을 일으키기 때문이다. 어머니와 성관계를 가져서 자녀가 생길 경우, 그 아이가 아들인지 동생인지를 규정할 수가 없게 된다.

친족 간의 근친상간 외에도 사형에 해당하는 세 가지 성관계가 추가되어 있다. 여자와 동침하듯 남자와 동침한 당사자(레 20:13), 짐승과 교합한 남자나 여자(20:15-16), 월경 중인 여인과 동침한 자(20:18)이다. 월경 중의 여인과 성관계 금지는 월경과 산모의 피를 부정하게 보았던 당시의 관습에 따른 것이지만, 위생과 건강을 고려한 조치로 보인다. 짐승과의 교합을 금지한 것은 그로 인해 태어나는 생명이 있게 된다면 그것은 인간인지 동물인지 구분할 수 없으며, 신화에 나오는 반인반수(半人半獸)가 될지도 모른다는 두려움 때문이었다. 이는 하나님이 창조하신 생명의 질서를 혼란으로 몰아넣는 일이라고 보았을 것이다.

3) 레위기 20장에는 "몰렉을 섬기며 음란한 짓을 하는 자"(5절)라는 말

씀과 더불어 “남자와 동침하는 것은 가증한 것이니”(13절)라는 내용이 나온다. 그런데 ‘가증하다’로 번역된 히브리어 ‘토에바’(toebah)는 주로 우상숭배와 관련하여 사용된 특수한 형용사라고 한다. 따라서 레위기 18장과 20장의 동성애 금지 조항은 이방 신전에서 남녀 성전 창기들과 어울려서 행해지는 ‘우상숭배로서의 동성애’를 금지한 것이라고 해석되기도 하였다.

실제로 “네 하나님 여호와께서 네게 주시는 땅에 들어가거든 너는 그 민족들의 가증한 행위를 본받지 말 것이니”(신 18:9)라고 한 것처럼 이스라엘 백성들이 가나안에 정착한 후 이방 종교의 신전을 찾아가 신전의 남녀 창기와 더불어 동성 간의 음란한 행위를 하는 일이 비일비재하였다. 레위기의 동성애 금지는 당시의 문화적 배경으로 볼 때, 오늘날의 성인들의 자발적인 동성애가 아니라 이방 신전의 창기들을 대상으로 한 우상숭배 의식으로서의 동성애라는 주장이다. 이런 주장에 대한 반론도 만만치 않다.

첫째로 고대 근동 문헌에도 우상숭배의 종교 행위로서 동성애가 아닌 일반적인 동성애를 죄로 규정한 사례들이 나온다는 것이다. 아시리아 시대의 법전에도 동성애 금지 조항이 있다. 상대방에게 동성애자라고 소문을 내고 이를 입증하지 못하면 사람들이 소문낸 자를 막대기로 50대 때리고, 그의 머리를 자르며, 한 달 동안 왕을 섬기게 하고, 피해자에게 납 3,600세겔을 내게 하였다. 반면에 소문대로 동성애를 행한 것이 확인되면 동성애자를 거세하게 하였다. 이집트의 『사자의 서』에서도 “나는 소년과 성관계를 가진 적이 없습니다”라고 자신의 결백을 오시리스 신에게 호소하는 내용이 기록되어 있다.[2]

둘째로 구약성서에 140회 정도 등장하는 ‘토에바’라는 단어가 우상숭배와 관련되서만 사용된 것이 아니라는 반론이다. 이 단어는 우상숭배와 무관한 일에도 폭넓게 쓰였다. 간통이나 근친상간도 가증한 일로 여겼다(겔 22:11).

[2] 신득일, “소돔의 죄: 동성애인가? 약자에 대한 냉대인가,” 13-14.

심지어 부정한 동물을 먹는 것(레 11), 다른 종류의 가축을 교배시키는 것, 씨를 섞어 뿌리고, 옷감을 짤 때 실을 섞어 찌는 것(레 19:19)도 모두 부정하고 가증한 것으로 여겼다. 잠언 6장 16-17절에서 20번 반복해서 쓰인 '토에바'는 모두 윤리적인 죄와 관련되어 있다는 반론이다.[3]

당시에도 신전 창기와 제의적 동성애 외에 일반적으로 서로 좋아하는 동성끼리의 자발적인 동성애도 없지 않았을 것이다. 그리고 신전 창기 중에는 이성애자도 있었고 동성애자도 있었을 것이며, 이방인의 신전에 가서 동성애를 행하는 사례도 없지 않았을 것이다. 따라서 이스라엘 백성이 신전 창기 제도를 이용하여 동성애를 행한 것이라면, 이방 신을 섬기는 제의에 참석한 '우상숭배라는 가증한 종교적 죄'인 동시에 '동성끼리 음란한 행위를 한 율법적인 죄'가 될 것이다. 어떤 경우든 레위기가 동성 간의 성행위를 가증한 윤리적, 성적 죄로 금지한 것은 분명하다.

4) 레위기 20장 13절의 동성 간의 성행위 금지 구절의 전후 문맥을 살펴보면 여덟 가지 방식의 근친상간 목록 중간에 들어 있다는 것을 확인할 수 있다.

> 며느리와 동침한 자(20:12), 여자와 동침하듯 남자와 동침한 당사자(20:13), 아내와 장모를 함께 범한 자(20:14)

이 순서에 착안하여 일부 학자들은 레위기 20장은 '근친상간으로서의 동성애'를 금지한 것이라는 주장을 편다. 근친상간의 한 유형으로서 동성애를 금지한 것이지, 근친이 아닌 동성과의 성행위하는 '자발적인 동성애 자체'를 금지한 것으로 단언할 수 없다는 유보적 주장이 제기되었다.

---

3 신득일, "레위기의 동성애 법," 『동성애, 21세기 문명충돌』 (서울: 킹덤북스, 2018), 88.

성결 법전이 범죄에 해당하는 다양한 종류의 성관계를 모두 나열할 정도로 성범죄를 엄격하게 금지하였는데, '친족 간의 동성애는 사형에 처하고 친족이 아닌 동성 상대와의 성관계는 허용'한 것일지도 모른다는 유보적인 해석은 이치에 맞지 않아 보인다.

5) 동성애 금지 조항이 가부장적 남성 문화의 맥락에서 이해해야 한다는 주장도 제기되었다. "여자와 교합하듯이 남자와 교합하지 말라"는 표현은 당시의 가부장적 남성 우위 문화를 반영하며, 동성애 관계에서 한 남성이 여성의 역할을 하는 것은 '성 역할의 혼돈'을 가져오기 때문이라는 해석이다. 당시에는 동성애에서 여성 역할을 맡은 남성은 남성의 남성다움이 훼손되고 명예를 잃고 수치를 당한다고 여겼기 때문이라는 것이다.[4]

아울러 레위기의 두 본문에는 "남자가 여자와 교합함 같이 남자와 교합하지 말라" 하였으니, 남성 간의 동성애만 금지하고 여성 간의 동성애는 언급하지 않은 것에 대해서도 당시의 가부장적인 남성 위주의 성 의식의 반영이라고 볼 수 있을지 모른다.

그러나 동성 간의 성행위가 단순히 '성 역할의 혼돈'이라는 가부장적 가치관을 이유로 극단적인 처벌인 사형에 처하도록 했다는 것 역시 이치에 맞지 않는다. 그리고 여성 간의 동성 행위를 언급하지 않은 것은 여성 간의 동성애가 당시에는 사회적 주목을 받는 시대가 아니었을 가능성이 크다. 여성 간의 동성애는 남성 간의 동성애 금지 조항에 준용하여 처벌할 수도 있기에 본질적인 문제는 아닐 것이다.

6) 결론적으로 레위기에서 동성애가 우상숭배의 목록에 속했든 근친상간의 목록에 속했든 그리고 가부장적 성문화의 반영이든 그것이 본질은 아

---

[4] 신득일, "구약의 동성애 법," 「신앙과 학문」 14-2(2009), 136.

니다. 남성 간의 교합이라는 동성애를 사형에 처하도록 한 것은 당시에는 동성애를 우상숭배나 근친상간에 버금가는 살인에 해당하는 가중한 죄로 여겼기 때문이다. 그리고 남녀 간의 간통도 동성애와 동일하게 취급하여 사형에 처했다는 사실을 간과해서는 안 된다. "여인과 동침하듯 남자와 동침하면 둘 다 죽일지니"(레 20:13)라고 했을 뿐 아니라 "그의 이웃의 아내와 간음하는 자는 그 간부와 음부를 반드시 죽일지니라"(레 20:10)고 하였다.

문제는 반동성애자들이 불륜의 죄와 동성애의 죄를 차별한다는 데에 있다. 지금은 간통도 동성애도 사법적 죄로 처벌하지 않는 시대가 되었다. 그런데 유독 동성애 때문에 나라가 망한다고 외치는 까닭은 무엇일까? 그렇다면 "불륜 때문에 나라가 망한다"라고도 외쳐야 공평한 것이 아닐까?

2. 예루살렘 성전에 도입된 가나안 종교의 남창 제도

구약성서에는 이스라엘 땅 이방 신전뿐 아니라 여호와의 성전에도 남녀 창기(娼妓)가 있어서 그들을 내쫓았다는 기록이 6번 정도 등장한다.

· 이스라엘 여자 중에 창기(qadheshah)가 있지 못할 것이요 이스라엘 남자 중에 남창(qadhesh)이 있지 못할지니(신 23:17-18; 참고 왕상 14:24, 15:12, 22:46; 욥 36:14).

· 또 여호와의 성전 가운데 남창(haqadheshim)의 집을 헐었으니 그곳은 여인이 아세라를 위하여 휘장을 짜는 처소였더라(왕하 23:7).

1) 본문에서 남창으로 번역된 '카데시'의 사전적 의미는 '신성한 사람'이라는 뜻이다. 이방 종교의 신전 창기를 지칭하는 전문 용어로 종교적 매춘 행위를 위해 '바쳐진 남자 또는 여자'라는 뜻으로 성창(聖娼)이라 번역할

수 있다. 앞서 언급한 것처럼 17세기 초 영어 흠정역(KJV)에서는 신명기(23:17)와 열왕기상(12:24)에 나오는 '신전 남창'을 소도마이트(sodomite)라고 번역하기도 하였다.[5]

그러나 한글 표준새번역은 '남창'(신 23:17)으로 번역한 단어에 대한 각주의 설명에서 "가나안의 풍요 종교에는 신전 창녀와 신전 남창이 있어서 풍요의 신을 숭배하였다"고 설명한다. 개역개정판은 '남색하는 자' 또는 '남창'으로, 개역한글에는 '미동'(신 23:17; 왕하 23:7)으로도 번역하였다.

2) 문화적 배경으로 보면, 가나안 신전에서 풍요와 다산의 제의로 수행된 '성창(聖娼)의 성혼(聖婚) 의식'이 남창(男娼)의 기원이라고 한다. 제의적 성관계를 통한 바알 숭배의 방식이 바로 중동 지역에서 매우 일반적으로 행해진 '히에로스 가모스'(聖婚) 의식이다.

> 히에로스 가모스(hieros gamos)는 신화와 의식(儀式)에 등장하는 다산(多産)의 신들 간의 성교(性交)이다. 이는 농경에 토대를 둔 사회, 특히 중동 지역의 특징이다. 적어도 1년에 한 번 신인(신들을 대표하는 사람)들은 성교 의식을 집행하는데, 이 의식은 그 땅의 다산, 그 사회의 번성, 우주의 영속을 보증한다. 의식으로 나타난 바에 따르면 히에로스 가모스에는 다음 세 가지 주요 형태가 있다. 남신과 여신의 관계(보편적으로 조각상으로 상징됨), 여신과 사제 왕(신의 역할을 맡음)의 관계, 남신과 여사제(여신의 역할을 맡음)의 관계가 그것이다. 세 가지 형태에는 신의 역할을 맡은 사람들을 결혼식장으로 인도하는 행렬, 예물 교환, 한 쌍을 정결하게 하는 의식, 결혼 잔치, 예식장과 침대 마련, 밤에 이루어지는 은밀한 성교 같은 공통된 요소가 있다.[6]

---

5 박경미, 『성서, 퀴어를 옹호하다』, 216.

가나안의 주요 산업은 목축업이 아니라 농경이었다. 농업 공동체였던 고대 가나안인들의 주신은 풍요와 다산의 신으로 숭배하던 농경신 바알과 그의 아내 아세라(아스다롯)이다. 바알은 폭풍우를 관장하는 신인데, 이는 농작물의 생산과 매우 밀접한 관계를 지닌다. 농사를 시작하며 씨를 뿌릴 때, 상징적인 의미로 남자 농경신인 바알과 여자 농경신인 아세라 신상 앞에서 질펀한 집단 성관계를 가지며 다신과 풍작을 기원했던 주술적 제의를 수행하기 위해 신전 창녀와 신전 남창들이 존재했다.

처음 씨를 뿌릴 때, 풍요를 위한 주술적 제의가 다양하게 행해졌다. 그중 하나가 번식을 기원하는 성행위이다. 남자 사제나 여자 사제가 제사를 집례하고, 남신과 여신의 성교를 흉내 내는 종교 의식을 통해 풍요와 다산을 기원하는 '가상 결혼식'이 행해졌다. 남성 농경신인 바알과 여성 농경신인 아세라 신상 앞에서 남녀 사제들 사이에, 신자들과 사제들 사이에 그리고 신자들 사이에서도 집단적인 성관계를 제의처럼 행한 것으로 여겨진다. 이러한 제의적 성행위로 태어난 아이들을 특별히 영예롭게 생각했다.[7] 이스라엘 백성들이 보기에는 바알 신전의 남녀 사제는 모두 성창(聖娼)으로 여겨졌을 것이다.

3) 역사적으로 보면 반유목 생활을 하던 이스라엘 민족이 가나안 땅에 정착하여 농경을 시작하면서 자연스럽게 가나안 토착민들의 농업 기술과 농경 문화를 도입한 것이 사실이다. 이스라엘의 여호와 종교에서는 여신 자체가 존재할 수 없었다. 그러나 이스라엘 백성들은 가나안 토착민들이 섬기던 농경신인 바알과 그의 배우자 신인 아스타롯(또는 아세라)에 대해 익숙해지고, 마침내 그들의 종교 의식에 동화되어 '여호와를 바알처럼 섬기거

6 "히에로스가모스," 「다음백과사전」 https://archive.fo/nVX7C (2019. 01. 04.).

7 레위기 18장 21절의 몰렉에게 '지나가게 하다'는 표현은 "네 씨를 몰록 우상에게 성별하도록 내주지 않아야 한다"라고도 해석된다.

나 여호와를 버리고 바알을 음란하게 섬기는 일'들이 벌어진 것이다. 사사기는 그러한 역사적 정황을 보여준다.

애굽 땅에서 그들을 인도하여 내신 그들의 조상들의 하나님 여호와를 버리고 다른 신들 곧 그들의 주위에 있는 백성의 신들을 따라 그들에게 절하여 여호와를 진노하시게 하였으되 곧 그들이 여호와를 버리고 바알과 아스다롯을 섬겼으므로(삿 2:12-13).

예루살렘 성전에는 처음부터 여성 사제가 존재하지 않았지만, 가나안 신전의 남녀 사제들이 성행위라는 제의를 행하는 것을 수용하여 이스라엘의 성전에서도 남녀 사제들이 성혼(聖婚) 의식을 행했을 가능성이 높다. 광야에서 엄격하고 절제된 생활을 하던 이스라엘인들은 가나안인들의 이러한 퇴폐적 종교 의식에 강력한 혐오감을 느꼈지만, 시간이 지나면서 그들은 이 '성적 축제'의 유혹을 물리치지 못했다. 이스라엘 백성 가운데서도 신전 창기와의 제의적 성행위를 통해 풍요를 바라는 악습이 생겨난 것이다. 그래서 레위 출신의 사제들은 가나안의 '히에로스 가모스'를 폐지하려 했고, 이러한 음란한 성혼(聖婚) 의식을 행한 가나안 종교의 남녀 사제들을 '남창'과 '창기'로 불렀던 것이다.

4) 예루살렘 성전에서조차 가나안 종교의 성창 제도가 부지불식간에 유입되었던 것으로 보인다. 신명기에는 "이스라엘 '여자 중에 창기'(qadheshah)가 있지 못할 것이요 이스라엘 '남자 중에 남창'(qadhesh)이 있지 못할지니"(신 23:17)라고 경고하였다. 창기와 남창은 르호보암 시대에도 존재하였다(왕상 14:24). 아사왕 시대에 개혁을 통해 남창 일부가 제거되었고(왕상 15:12), 여호사밧왕 때는 아사왕이 뿌리 뽑지 못한 남창을 폐지(왕상 22:46)하였다. 요시야왕 시절에는 "또 여호와의 성전 가운데 남창의 집을 헐었으니 그곳은 여인이 아세라를 위하여 휘장을 짜는 처소였다"(왕하 23:7)고 하였다. 당시까

지 '남창의 집'이 제거되지 않았고 여전히 남아 있었다는 것을 알 수 있다.

'창기의 돈'을 여호와 신전에 바치지 못하게 한 것(신 23:17-18)으로 보아 율법이 금지한 남창을 생업으로 삼은 자들이 있었음을 알 수 있다. 욥기에는 남창의 수명이 짧다(욥 36:14)는 언급이 나오는데, 이는 많은 사람들이 일상의 경험을 통해 남창에 익숙하였고 남창의 생활상까지도 어느 정도 알고 있었다는 것을 보여준다.

5) 고대 바알 종교의 성창 제도의 영향이 이스라엘 백성 사이에도 퍼져 있었고, 이는 명백한 우상숭배요 가증한 행위였으므로 강한 책망의 대상이 되었다(호 4:14; 왕하 23:7). 그러나 남녀 성창(性娼)들이 풍요를 기원하면서 제의적으로 행하는 성행위는 남녀 간의 '성행위이지 동성 간의 성관계'는 아닌 것이 분명하다. 물론 가나안 종교가 성적으로 문란하였기 때문에 신전에서도 매춘이 행해졌을 것이며, 풍요의 제의와 상관없이 동성애가 행해졌을 가능성은 있지만, 남창이 곧 동성애를 뜻하는 것은 아니다. 신전 성창(性娼)으로서 남창(男娼)과 동성애로서 남색(男色)은 전혀 다른 개념이기 때문이다.

4장
신약성서와 동성애

신약성서에서 명시적으로 동성애와 관련된 구절로 제시되는 것은 로마서 1장 26-27절, 고린도전서 6장 9절, 디모데전서 1장 10절이다. 그 외에 동성애와 관련되는 것은 유다서 1장의 "다른 육체를 따르는 것"과 베드로후서 2장의 "무법자들의 방탕한 행동"이 동성애가 아닌가 하는 본문 해석 상의 논쟁이 있어 왔다.

1. 로마서 1장의 역리와 순리: 동성애는 자연의 본성을 거역하는 것인가

바울은 로마서 1장에서 "여성이나 남성이 순리를 쓸 것을 역리로 쓰며 남자가 남자와 더불어 부끄러운 일을 행한 것에는 상당한 보응"이 있을 것이라 하였다. 이 구절은 동성애는 자연과 본성을 거역하는 것이므로 창조질서에 도전하는 죄라는 주장의 성서적 근거로 제시되어 왔다.

저희 여인들도 순리(physikos)대로 쓸 것을 바꾸어 역리로(para physis) 쓰며 이와 같이 남자들도 순리대로 여인 쓰기를 버리고 서로 향하여 음욕이 불일 듯하매 남자가

남자로 더불어 부끄러운 일을 행하여 저희의 그릇됨에 상당한 보응을 그 자신에 받았느니라(롬 1:26-27).

먼저 본문에 사용된 순리로 번역된 '퓌시코스'(physikos)라는 헬라어의 의미를 살펴보자. 이 단어는 영어의 '내추럴'(natural)에 해당하며, '자연적 또는 본성적'이란 뜻이다. 개역성경의 '순리와 역리'를 공동번역에서는 '정상적인 성행위와 비정상적인 것'으로 각각 번역하였다. 자연과 본성을 따르는 것은 정상적이고, 그것을 거역하는 것은 비정상적인 것으로 부끄러운 짓이라는 의미이다.

'순리대로'(physikos)라는 단어가 '성행위의 방법이나 기능'을 본성에 따라 자연스럽게 사용하는 것이라면, 이와 반대로 '역리로'(para physis)라는 것은 어떤 방식이든 '성행위의 방법이나 기능'을 본성에 어긋나게 부자연스럽게 사용하는 것을 뜻한다.

로마서 1장 26-27절에 근거하여 남성이든 여성이든 자연과 본성을 거역하고 동성 간에 부끄러운 짓을 하는 동성애를 바울이 명확히 정죄한 것을 확인할 수 있다. 그래서 동성애는 다른 모든 범죄와 달리 인간의 타고난 본성과 자연적인 순리에 어긋나는 행위로서 창조 질서에 대한 근본적인 도전이라고 주장되는 것이다.

이러한 입장은 아우구스티누스와 아퀴나스를 거쳐 칼뱅을 통해 전승되어 왔다. 아우구스티누스(354~430)는 『고백록』에서 '소돔 사람의 범죄'는 처벌받아 마땅한 창조된 본성이 정욕의 도착으로 오염된 것이라 하였다. 아퀴나스는 "부자연스러운 죄는 생산(generation)이 기능하지 않는 행동을 가리킨다"[1]고 하였다. 자위와 같이 생식이라는 목적을 실현시키지 못하는 성행위는 살인

---

[1] Aqinas, *Summa theologiae*, 2a2ae. Q. 154, art. 11; 손호현, "동성애와 신학적 인권 — 토마스 아퀴나스의 성(性)의 신학을 중심으로," 67.

다음으로 심각한 범죄다. 동성애도 이러한 범주에 속한다. 칼뱅도 동성애는 자연 질서를 전부 뒤집는 행위로서 인간이 짐승보다 못한 존재로 전락하는 것이므로 하나님의 보응이 불가피하다고 보았다.[2]

> 하나님의 보응에 관한 주제로 되돌아가면서 먼저 도착된 성적 욕구라는 끔찍한 죄악을 첫 번째 예로 든다. 이것으로부터 분명한 것은 그들은 자연의 질서 전체를 뒤집어 버렸기 때문에 그들 자신을 '짐승 같은 정욕'에 내맡겼을 뿐만 아니라 '짐승보다 더 못한 존재'가 되어 버렸다.[3]

로마서 본문에 대해서도 이러한 전통적인 해석에 대한 재조명이 여러 방식으로 제시된다.

1) 로마서 1장 26-27절에서 동성애는 우상숭배, 거짓말, 탐욕, 살인, 사기 등과 같은 악덕 목록에 포함되어 있다. 로마서 1장 18절부터 이어 이방인의 악덕을 언급하는 가운데 "경건하지 않음과 불의의 결과로 인하여 하나님께서는 이방인을 마음의 정욕대로 더러움에 내버려 두셨다"(1:18)고 하였다. 동성애가 그리스-로마 세계에서 성행하였기 때문에 유대인들의 입장에서는 동성애를 이방인의 악덕이라 여길 수밖에 없었다는 것이다.[4]

> 1장 27절에 언급되고 있는 동성애 문제는 고대 종교에 있었던 음란한 우상숭배의 문화에 관한 바울의 철저한 경고를 보여주고 있다. 이런 연유로 동성애 문제는 유대인들에게 이교도적인 것으로 비춰졌다.[5]

---

2 기독교윤리연구소 편, 『동성애에 대한 기독교적 답변』, 114.

3 J. Calvin, 『칼뱅주석 로마서』 (서울: 크리스찬다이제스트, 2013), 53.

4 소기천, "동성애와 신약성서," 『동성애에 대한 기독교적 답변』 (서울: 예영커뮤니케이션, 2011), 96.

따라서 바울이 동성애 자체를 거부한 것이라기보다 이방인의 우상숭배와 관련된 동성애를 거부했다는 주장이 제기된다. 그러나 동성애가 단순히 이방인의 악덕이기 때문에 거부했다고 해서 동성애가 악덕이 아닌 것은 아니다. 이방인의 악덕이라도 그것이 순리를 거역하는 것이기 때문에 악덕인 것이다.

구약성서에서는 통상 우상숭배와 성적 타락을 결합시켰다. "우상숭배는 성적 타락으로 인도한다"는 논리는 대개 이방인들에게 적용되었다. 그런데 놀라운 것은 이방인들뿐 아니라 로마교회의 유대인조차도 자연의 순리를 어기고 이방인의 악덕인 동성애를 좇고 있었기 때문에 바울은 이를 경고한 것이다.[6]

2) 본문의 전후 맥락에서 보면 단지 동성애 자체를 반대한 것이 아니라 이성적 본성을 저버린 비이성적 각종 욕정을 경고한 것이라는 주장도 제기되었다. 로마서 본문에는 욕구(1:24), 정욕(1:26), 불길(1:17), 식욕(1:27), 방황(1:17)과 같은 성적 탐욕을 표현할 수 있는 헬라어 단어들이 총망라되어 있다.

전후 문맥으로 보아 본문은 하나님의 법을 위반한 것이 동성애가 아니라 당시의 고린도 사람들이 육욕적인 에로스적 사랑에 불타 '절제를 잃어버린 비참한 상태를 표현한 것'이라는 주장이다. 온갖 육욕에 불타 '하나님을 알면서도 하나님께 영광을 돌리지 않는'(롬 1:21) 이방인들의 부끄러운 정욕 자체를 비난한 것이라는 해석이다.[7]

그러나 욕정 자체가 죄의 본질이 아니다. 욕정에 이끌리어 동성애를 비롯한 온갖 종류의 '음란한 행위를 하는 것'이 본질적인 잘못이요 죄라는 것이 바울의 핵심적인 주장이라고 보아야 할 것이다.

---

5 같은 글, 96.

6 W. Swartley/김복기, 『동성애: 성서적 해석과 윤리적 고찰』, 81.

7 이경직, "로마서에 나타난 동성애," 「기독신학저널」 4(2003), 218.

3) 헬라 철학에서는 '반자연적인 사용'(paraphysus chresis)을 비이성적인 것으로 보아 왔다고 한다. 이성을 배제한 채 욕망을 절제하지 못하는 상태에서 자신의 소유물을 사용하는 것을 부정적으로 보았다. 욕망을 절제하고 '무심한'(diaphora) 상태에서 자기의 소유물을 사용하는 것이 '자연적인 사용'(physike chresis)이며 '바른 사용'(orthe chresis)이라 여겼다는 것이다. 이런 의미에서 남자다운 남자라면 '아내를 사용할 때'도 불타는 열정(passion)을 배제하고 무감정(apatheia)하게 행동하는 것이 자연의 순리대로 이성적으로 유효하게 사용하는 것이다.[8] 따라서 본문은 바울이 '욕정에 사로잡히는 것 자체를 비이성적인 것이고, 비이성적인 것은 자연의 순리에 어긋나는 것'이라 여겨 비판한 것이라는 주장이다.

현대의 관점에서 보면 쌍방이 '열정적인 애정'을 갖고 나누는 성행위가 바람직한 것이고, 무관심에 가까운 마음으로 행하는 성행위는 혐오스러운 짓이 된다. 바울 당시에는 남자가 무심한 마음 상태에서 상대를 '사용'할 경우만이 '자연적인' 성행위라고 여겼다는 것은 현대 많은 사람이 가진 성의식과 전혀 다른 것이 분명하다.[9]

그러나 바울에게 있어서 '자연의 순리'라는 것은 헬라 철학에서 말하는 열정을 버리고 이성적으로 사용하는 것이 아니라 창조주 하나님의 뜻에 따라 하나님의 영광을 위해서 사용하는 것이다. 그래서 바울은 자연의 순리를 거역하는 것은 "불의로 진리를 막는 경건하지 않은 것"(롬 1:18)이며, "서로의 몸을 욕되게 하는 것"(롬 1:24)이라고 규정한 것이다. 헬라 철학에서 자연적인 이성으로 감정을 절제하는 무감정(apatheia)과 바울이 말한 자연스러움을 거역하는 '불의와 치욕'은 전혀 다른 개념인 것이다.

---

8 야마구치 사토코/양희매, 『동성애와 성경의 진실』, 172-174.

9 같은 책, 172-175.

4) 스와틀리(W. Swartley)는 왜 바울이 남색을 반대했는지 그 본질적인 이유를 무시하면서, 바울 시대의 동성애 관행과 우리 시대의 동성애 행태를 비교하고, 용납 가능한 형태와 용납 불가능한 형태의 동성애를 구분하려고 하는 것은 잘못이라고 하였다. 바울은 모든 형태의 동성애는 하나님의 영광을 우상숭배로 바꾸고 진리를 거짓으로 바꾸는 부끄러운 정욕으로 하나님의 버림을 받은 자들의 죄된 행위로 보았다는 것이다.[10] 이것이 바로 바울은 '바꾸었다'는 단어를 2번, "하나님이 내버려 두신 것"이라는 문장을 3번 사용한 이유라고 한다.[11]

결론적으로 결혼의 순결(신 22:13-23)을 강조하는 구약성서는 간음, 근친상간, 수간 등 음란한 풍속에 관한 규례(출 22:16-20; 레 18:1-30)가 아주 엄격하였다. 남성 간의 교합을 사형에 처하게 하였고, 성전의 남창과 창기가 행하는 성창 제도를 거부했다. 신약성서도 예외는 아니다. 예수는 "여자를 보고 음욕을 품는 자마다 마음에 이미 간음한 것"(마 5:28)이라고 하였다. 바울도 명백히 음란과 남색의 악덕을 경고했다.

성서 시대의 문화적 상황에 비추어 동성애 금지 관련 일부 구절의 비판적 재해석이 가능하다고 하여도 시대의 제약을 받은 성서의 전체적인 흐름으로 보아 '성서가 동성애를 죄로 규정하고 있는 것 그 자체'를 부정할 수 없다.[12] 그러나 모든 성서 본문은 해석의 과정을 거쳐야 한다. 그 본문이 당시에는 '무엇을 의미했는지' 그리고 '지금은 무엇을 의미하는지'를 끊임없이 되물어야 하는 것이다. 이러한 과제는 제5장 '성경의 동성애 금지에 대한 본문 비평적 재검토'에서 자세히 다룬다.

---

10 W. Swartley/김복기, 『동성애: 성서적 해석과 윤리적 고찰』, 102-103.

11 같은 책, 78.

12 Greg L. Bahnsen/최희영, "죄악으로서의 동성애," 「상담과 선교」 8-1(2000): 29-65; 김희수, "동성애에 대한 윤리적 고찰: 동성애는 죄인가?," 「기독교사회윤리」 13(2007): 121-142.

2. 바울의 악덕 목록에 포함된 남색 및 탐색

바울은 신앙에 어긋나는 악덕 목록을 나열하면서 '말라코스와 알세노코이타이'라는 단어를 사용하였다.

'음행하는 자'나 우상 숭배하는 자나 '간음하는 자'나 탐색하는 자(malakoi)나 남색하는 자(arsenokoitai)나(고전 6:9, 개역개정).

'음행하는 자'와 남색하는 자(malakoi)와 인신매매를 하는 자와 거짓말하는 자와 거짓 맹세하는 자와 기타 바른 교훈을 거스르는 자를 위함이니(딤전 1:10, 개역개정).

1) 위 두 본문에 언급된 단어 중에서 '음행하는 자'(pornoi)와 '간음하는 자'(moikoi)는 잘 알려진 단어이지만, '탐색'과 '남색'으로 각각 번역된 말라코스(malakos)와 알세노코이타이(arsenokoitai)는 바울이 특수하게 사용한 것이기 때문에, 그 어원과 의미에 대한 여러 논란이 제기되었다.

스와틀리(W. Swartley)는 탐색(耽色)하는 자로 번역된 말라코스(malakos)는 '부드럽다'(malkoi)라는 형용사에서 유래한 단어인데, '동성애 관계에서 보다 순종적인 사람 혹은 여성스러운 사람 또는 생활 양식이 여성스러운 남성'을 뜻한다고 하였다. 반면에 남색으로 번역된 알세노코이타이(arsenokoitai)라는 단어는 칠십인역에서 레위기 18장 22절에 나오는 '남자와 눕는'이라는 히브리어를 헬라어로 직역한 것인데, '남색자 혹은 다른 남자와의 성관계에서 나이 많은 남자'라는 뜻이 있다고 한다.[13]

---

13 W. Swartley/김복기, 『동성애: 성서적 해석과 윤리적 고찰』, 100-101.

야마구치 사토코(山口 沙都子)는 이 두 단어의 어원과 당시의 용례들에 대하여 세밀히 조사한 후 '말라코이'의 원래 뜻은 '여성처럼 남성성과 자제력이 결여된 자'이며, '알세노코이타이'는 '다른 남자를 착취하는 자'라고 하였다.[14]

'말라코스'(malakos)는 부드러운, 달콤한(soft)이라는 뜻이다. 이 단어 역시 '부드러워서 나약한 것'이라는 뜻으로 통용되면서 여성의 수동성을 의미했다. 이런 의미에서 '여자 같은 남자'라는 경멸적인 뜻으로도 사용되었다.[15]

'알세노코이타이'(arsenokotai)는 사기꾼과 도적처럼 '경제적 착취 행위를 행하는 자'라는 뜻으로 통용되었다. 3~4세기에는 성적 착취의 개념으로 확대되어 '소년을 성적인 노리개로 부리는 자'라는 뜻으로도 통했다. '소년성애자'(paiderasti)를 뜻하기도 하였다.[16]

그러나 우리말 성경 대부분은 '말라코스와 알세노코이타이'를 각각 '탐색하는 자나 남색하는 자'로 번역하였다. 그러나 다음과 같은 번역도 등장한다.

· 말라코스(malakos)

여성 노릇을 하는 사람들: 현대인의 성경

여성화된 남자: 킹제임스 흠정역

여색을 탐하는 자: 공동번역

여자를 좋아하는 사람: 표준새번역

남창: 우리말성경

---

14 야마구치 사토코/양희매, 『동성애와 성경의 진실』, 138.

15 같은 책, 157.

16 John R. Stott/양혜원, 『동성애 논쟁』 (서울: 홍성사, 2006), 28.

남성 동성애자: 바른성경

· 알세노코이타이(arsenokoitai)

동성애를 하는 사람들: 현대인의 성경

남자와 더불어 자신을 욕되게 하는 남자: 킹제임스 흠정역

동성 연애자: 표준새번역

동성연애를 하는 사람: 우리말성경

동성 연애하는 자: 바른성경

2) 바울은 디모데전서 1장 10절에서 '남색하는 자(malakoi)와 인신매매를 하는 자(andrapodistais)'를 병렬하였다. '남색하는 자'로 번역된 '알세노코이타이'는 다른 사람의 가난과 취약함을 이용해서 자신의 즐거움과 이득을 취하는 착취자를 뜻하기도 한다. 노예와 창기를 성적으로 착취하는 것도 이 범주에 해당한다.[17]

'남색하는 자'로 번역된 '말라코이'는 여성화된 남성으로, 성적으로 착취당하는 미소년을 뜻한다.[18] 고대 그리스와 로마에서는 남성 성인과 미소년 사이의 동성애가 흔했다. 남성이 미소년을 사랑하는 소년애가 하나의 주류 문화였다. 당시에는 가장 고귀한 사랑은 남자와 남자의 사랑이며, 그 다음이 남자와 여자의 사랑이고, 여자와 여자 간의 사랑은 가장 비천한 것으로 여겼다.[19] 당시의 문헌들에는 이처럼 동성애를 찬양하는 글이 나오긴 하지만, 도덕 철학자들은 동성애에 대하여 점점 의문을 갖기 시작하였다. 1세기의 유명한 철학자이자 정치가였던 세네카는 그의 『도덕서한집』에서 동성애의 방종을 개탄하고 있다.

---

17 야마구치 사토코/양희매, 『동성애와 성경의 진실』, 126-127.

18 이경직, "신약에 나타난 동성애," 「기독교사회윤리」 5(2002): 186-189.

19 "미소년," https://namu.wiki/w/미소년 (2019. 01. 29.).

술 시중을 드는 노예는 여장해야 하고 나이가 든 남자도 소년처럼 행동해야 하는 괴로움이 있다. …그는 마치 여자처럼 수염을 기르지 못하고 머리를 예쁘게 빗어 묶어야 한다. 그는 밤을 새워 가면서 주인이 술에 취해 곯아떨어질 때까지 술 시중을 들면서 주인의 성욕을 충족시키기 위하여 성의 노리개가 되어야만 한다.[20]

로마법은 시민 간의 동성애 관계를 형사 범죄로 규정했지만, 로마 시민이 노예나 외국인처럼 그보다 열등한 사람과 맺는 동성애 관계는 관용했다. 미소년이 눈에 띄면 능력 있는 남성은 그 아버지에게 돈을 주고서 성관계를 맺는 관습도 별다른 규제 없이 성행하였다.[21] 이런 관습 때문에 실제로는 남창이 여성 창기보다 돈을 더 많이 벌었다. 남창의 수가 부족할 때는 미소년들을 잡아서 팔아넘기거나 수출하는 인신매매가 성행했다.[22] 바울이 동성애적 성적 착취를 당하는 미소년을 뜻하는 '남색하는 자(malakos)와 인신매매를 하는 자(andrapodistais)'를 나란히 언급한 것은 이런 맥락에서 이해되어야 한다.

미국 시카고신학교 테드 제닝스 교수는 실제로 바울이 이 구절에서 비판한 것은 로마 지배층 사이에 있었던 공공연한 동성애적 성 착취의 강간문화에 대한 것이라고 하였다. 따라서 오늘날의 자발적인 성소수자를 문제삼은 것이 아니라고 한다.

권력을 가진 사람이 밑에 있는 사람들을 남자든 여자든 원하는 대로 강간

---

20 Seneca, *Moral Epistles* XLVII. "On Master and Slave," 7; 양형주, "성서적 관점에서 본 동성애: 성경은 동성애에 관해 무엇을 말하고 있는가?," 152-153 재인용.

21 윤가현, 『동성애 심리학』, 60.

22 William R. G. Loader 외/양혜원, 『동성애에 대한 두 가지 견해: 성경은 무엇을 말하며 어떻게 적용할 것인가』 (서울: IVP, 2018), 127.

하는 일들을 문제 삼은 것이죠. 당시 로마의 철학자나 현자들이 이 문화를 지적하는 내용은 역사 기록으로 흔하게 찾을 수 있습니다. 바울이 권력자들을 비판한 본문이 아이러니하게도 주변인인 성소수자들을 저주하는 본문으로 완전히 거꾸로 해석되고 있는 겁니다.[23]

3) 바울은 '음행하는 자'(pornoi)와 '간음하는 자'(moikhoi)에 대해서도 언급하였다. 포르노스(pornos)는 '팔다'(pernemi)라는 뜻에서 유래했으니 매춘(고전 5:9)을 지칭하고, 간음(moikhos)은 간통을 뜻한다.

당시 로마의 큰 도시마다 공중목욕탕 근처에 '루파나리아'(lufanaria)로 불리는 공식적인 매춘 업소인 창관(娼館)이 있었다. 고객의 기호를 맞추기 위해 창기(娼妓)와 남창(男娼)이 대기하고 있었다. 로마는 남아선호사상으로 인해 여아가 태어나면 제거하기도 했기 때문에, 전쟁에 나가 남성이 많이 죽었음에도 불구하고 여성 인구가 남성 인구보다 17%나 적었다. 젊은 남자 외에도 군인이나 선원, 옥수수 상인, 정육업자, 기름 상인과 같은 소규모 사업가들이 창관(娼館)의 주요 고객이었다.[24]

바울과 동시대의 칼리굴라 황제(37~41 재위) 시대에는 로마 인구가 백만 명 이상으로 늘어나면서 창관에 세금을 부과할 정도로 매춘업이 성행하였다.[25] 비교적 규모가 큰 도시인 고린도는 당시 항구 도시의 특성상 이방 신전에서 행해지는 매춘 행위가 더욱 심했다. 로마제국에서 창녀를 부르는 흔한 이름 중에 '고린도 여자'가 있었을 정도였다.[26] 대다수의 고린도 사람들이 매춘을 대수롭지 않게 여기는 풍토 속에서 살았다. 결혼 이후에도 남편들은 오직 출산을 목적으로 아내와 성관계를 맺도록 장려되었고 성적 욕구 해소

---

23 "노신학자의 예언 '기독교 없는 사회 올 것'," 「한겨레신문」 2018. 08. 30.

24 Otto Kiefer/정성호, 『로마의 성풍속 I』 (서울: 산수야, 1995), 106.

25 같은 책, 107.

26 Jack Rogers, 『예수, 성경, 동성애』 (서울: 한국기독교연구소, 2015), 155.

를 위해서는 다른 출구를 찾도록 했다. 노예와 창기와의 성관계는 이러한 방침에 대한 실제적 '도덕적 대안'으로 용인되었다.[27]

1세기 사회에서 성매매와 '성 노예'를 구분하는 것은 어렵다. 대다수 창기가 노예이거나 노예 출신이었기 때문이다. 성매매 대부분은 자신의 몸이나 자녀의 몸을 팔 수밖에 없는 경제적 절박함 때문이거나 아니면 '인신매매를 하는 자'(andrapodistais)에 의해 팔려 와 강제적으로 매춘에 종사해야 하는 경우였다.[28]

4) 본문은 '악덕 목록'이라는 문학 양식으로 되어 있다. 고린도전서 6장 9-10절의 악덕 목록은 고린도전서 5장 10-11절의 악덕 목록을 확대한 것이다. 그런데 바울이 제시한 악덕 목록에는 동성애가 우상숭배와 함께 포함되어 있어서 '우상숭배로서의 동성애'를 악덕으로 본 것이라는 주장이 제기되었다.[29]

로마 시대의 한 작가는 이시스 신의 여사제들은 단지 매춘부였으며 "모든 신전을 매춘굴로 만들었다"고 한다. "이시스 숭배는 성적 행위였으며", "신전은 남자와 여자들이 사랑의 모험을 추구하는 곳"이었다는 것이다.[30] 이시스 신전뿐 아니라 상당히 많은 사원에서 그런 일이 다반사로 벌어졌다.

이시스 신화에 의하면 그녀의 남편 오시리스는 죽임을 당한 후 시신이 열두 조각으로 잘려 여러 곳에 버려졌다. 그녀가 그 모든 시체를 찾아서 꿰매고 성기를 다시 살려 아들을 낳았다. 이런 배경에서 이시스 신전에서는 신전의 사제와 득남을 기원하는 일반 여성 사이의 매춘적 성행위가 득남

---

27 William R. G. Loader 외/양혜원, 『동성애에 대한 두 가지 견해: 성경은 무엇을 말하며 어떻게 적용할 것인가』, 126.

28 같은 책, 125.

29 김지철, 『성서주석고린도전서』 (서울: 대한기독교서회, 1999), 253-254.

30 같은 책, 218.

의식으로 행해진 것이다.

요세푸스는 티베라우스 황제가 이시스 신전 중 하나를 파괴했으며, 이시스 여신의 형상을 티베르강에 던져 버린 사건을 기록하였다. "사제들이 그곳에서 점잖은 부녀자들을 수치스럽게 하는 의식을 치렀기 때문"이라고 적고 있다.[31]

로마 시대에 신전에서 행해진 매춘이 득남이나 다산과 풍요를 기원하는 목적으로 행해졌기 때문에 대부분은 이성 간의 성행위였다고 보아야 한다. 동성 간의 성행위는 풍요와 다산의 상징이나 매개가 될 수 없기 때문이다. 다만 바울은 이방 신전에서 행해지는 이성 간의 매춘 행위 자체를 우상숭배와 관련시켜 비판했을 가능성은 없지 않다.

그러나 바울이 열거한 악덕들은 다음과 같이 구분된다. 첫째는 성적인 범죄로서 음행, 간음, 탐색, 남색이고, 둘째는 소유물에 대한 도적, 탐욕, 탐람하는 것이고, 셋째는 일반적으로 흔히 볼 수 있는 죄로서 우상숭배와 술 취하는 것이다. 따라서 음행, 간음, 남색만이 우상숭배와 관련된 것으로 지목하기는 어렵다.

5) 고대 그리스 일부 지역에서 남색이 흥했고, 남색은 보통 한 세대 정도 나이 차이가 나는 남성 사이에서 이뤄졌다. 부와 권력이 있는 나이 든 남자는 '미소년의 성적 착취자'(arsenokoitai)였다. 일부 학자들은 바울이 당시 로마에서 성행한 미소년과의 성관계 관습을 비판한 것은 오늘날의 자발적 동성애와 다르다고 주장한다.

그러나 바울이 "남자가 남자와 더불어 부끄러운 일을 행한다"(롬 1:27)고 한 것으로 보아 단지 당시에 성행했던 '성인 남자와 어린 미소년' 사이의 강요된 동성애만을 악덕으로 본 것이 아니라는 반론이 가능하다. 당시의

---

[31] Jose., *Ant.*, xviii, 65.

동성애가 성인 남성이 어린 소년을 성적으로 착취하거나 매춘하는 것만 있었던 것은 아닐 것이다. '소년 노예'의 경우 자신의 의지와 상관없이 강제적으로 그의 주인에게 쾌락을 제공해야 했다. '소년 남창'의 경우는 자유의지로 쾌락을 제공하고 그 대가로 돈을 받았기 때문이다.[32]

로마서 1장에서는 남성 간의 동성애뿐 아니라 여성 간의 동성애도 언급하고 있다. "여인들도 순리(physikos)대로 쓸 것을 바꾸어 역리로(para physis)"로 사용했다고 책망하였다. 바울이 남성뿐 아니라 여성 간의 동성애를 같이 언급한 것은 어떤 형태의 동성애이든 부끄러운 짓이라는 것을 교훈하기 위함이다.[33]

이방 선교를 위해 부부의 정과 육아의 기쁨과 가정의 행복마저 포기한 바울은 다음과 같이 말한 적이 있다.

> **내가 결혼하지 아니한 자들과 과부들에게 이르노니 나와 같이 그냥 지내는 것이 좋으니라. 만일 절제할 수 없거든 결혼하라 정욕이 불같이 타는 것보다 결혼하는 것이 나으니라(고전 7:7-9).**

스스로 독신의 삶을 선택했고 정욕에 불타는 것마저 절제하려고 했던 바울의 입장에서 볼 때, 고린도라는 대도시의 성적 문란에 경악했을 것이다. 이방 신전에서 다산을 기원하는 우상숭배의 형태로 이뤄지는 성전 창기와의 성행위나, 부와 권력으로 미성년자의 성을 착취하는 동성애나, 금전 거래를 통한 매매춘이나, 남성 간이든 여성 간이든 상호 동의로 이루어지는 자발적

---

32 Robin Scroggs, *The New Testament And Homosexuality* (Philadelphia: Fortress Press, 1983), 32-42; 양형주, "성서적 관점에서 본 동성애: 성경은 동성애에 관해 무엇을 말하고 있는가?," 152.

33 William R. G. Loader 외/양혜원, 『동성애에 대한 두 가지 견해: 성경은 무엇을 말하며 어떻게 적용할 것인가』, 126.

동성애도 신앙의 눈으로 볼 때 모두가 '부끄러운 짓이요, 하나님의 나라의 유업을 받을 수 없는 악덕인 것'을 경고한 것을 부인할 수 없다.[34]

그러나 스토트(J. Sttot) 목사가 말한 것처럼 바울은 우리 시대와 달리 '타고난 동성애 성향'에 대해서 들어 본 바가 없으며, 두 남자끼리 서로 사랑에 빠질 수 있고 결혼에 비교될 정도로 깊이 사랑하다 안정적이고 지속적인 인격적 관계로 발전해 나갈 수 있다고는 상상조차 하지 못했을 것이다.

3. 유다서 1장의 "다른 육체를 따르는 것"은 동성애인가

'번역은 반역'이라는 말이 있다. 선입견으로 번역하거나 해석할 경우 본문의 본래 의미를 왜곡할 수 있다. 유다서 1장 '다른 육체'와 베드로후서 2장의 '무법한 자의의 방탕한 행동'의 번역 역시 소돔 사건을 동성애 요구로 보는 전제를 적용하여 무비판으로 해석한 사례가 무수하다. 따라서 본문 비평을 통해 또 다른 해석이 가능하다는 것을 살펴보려고 한다.

전통적으로 유다서 1장에 소돔과 고모라의 죄로 열거한 내용 중에 '다른 육체를 따르는 것'(sarkos heteras)을 동성애라고 주장되어 왔다. 그러나 이 구절 역시 위에서 언급한 소돔 사건에 등장하는 '야다'(yadha)라는 단어처럼 해석상 논란이 적지 않다.

자기 지위를 지키지 아니하고 자기 처소를 떠난 천사들을 큰 날의 심판까지 영원한 결박으로 흑암에 가두셨으며 소돔과 고모라와 그 이웃 도시들도 그들과 같은 행동으로 음란하며 다른 육체를 따라가다가 영원한 불의 형벌을 받음으로 거울이 되었느니라. 그러한데 꿈꾸는 이 사람들[거짓 교사]도 그와 같이 육체를 더럽히며 권위를 업신여기며 '영광'을 비방하는 도다(유 1:6-8).

---

34 윤가현, 『동성애 심리학』, 60.

본문은 영지주의자로 여겨지는 거짓 교사들에 대한 심판을 선언한 내용이다. 전후 문맥에서 살펴보면 하나님께서 이스라엘 백성을 이집트에서 구원하실 때 '자기 처소를 떠난 천사'를 영원히 결박하여 암흑에 가두었듯이 그리고 소돔과 고모라 사람들처럼 음란하고 '다른 육체'를 따라가다 불의 형벌을 받은 것'처럼, "꿈꾸는 이 사람들"(8절), 즉 거짓 교사들도 '육체를 더럽혀' 심판을 받은 것이라는 경고의 교훈을 담은 것이다.

본문에서 논란이 되는 '다른 육체'의 원어는 '살코스 헤테로스'(sarkos heteras)이다. 우선 해결해야 할 것은 '다른'으로 번역된 단어 '헤테로'(hetero)이다. 이 단어가 여러 성경에서 어떻게 번역되었는지 살펴보자. 문자 그대로 '다른 또는 낯선 육체'를 뜻한다. 한글 번역의 경우 '다른 육체, 딴 육체, 낯선 육체'로 직역한 역본이 4개이다. 반면에 나머지는 이를 의역하여 '다른 색(色), 이상한 색욕, 비정상적 육욕, 온갖 음란한 짓'으로 번역하였다.

· 딴 육체: 표준새번역

· 다른 육체: 개역개정, 바른 성경

· 낯선 육체: 킹제임스흠정역

· 다른 색: 개역한글, 개역혼용, 개역한자, 개역한글침례

· 이상한 색욕: 우리말 성경

· 비정상적 육욕: 공동번역

· 온갖 음란한 짓: 현대인 성경

영어 성경에는 대부분 다른 육체(strange flesh)나 낯선 육체(other flesh)로 번역되었다. '성도착'(sexual perversons)이나 '자연스럽지 못한 욕망'으로 번역한 역본이 각각 3개이고, '동성애'로 번역한 예외적인 경우는 하나뿐이다.

· other flesh: YLT, DBY, DOUAY

· strange flesh: KTV, KJVS, NKJV, ASV, NASB, WEBSTER, WEB, BBE

· sexual perversons: NIV, NLT, HCSB

· unnatural lust(desire): RSV, NRSV, ESV

· homosexualty: GWT

'다른 육체를 따른 것'(7절)을 일부 번역본에서 '다른 색'(개역한글, 개역혼용, 개역한자, 개역한글침례) 등 동성애로 해석했는데, 그 이유는 다음과 같다.

1) 우선은 본문의 전후 문맥에서 볼 때, 먼저 "자기 처소를 떠난 천사"(6절)라는 표현이 나오기 때문에, 소돔 사건을 천사를 동성애 상대로 요구한 것으로 보는 이들은 자연스럽게 '다른 육체를 따른 것'은 동성애라는 결론에 이르게 된다. 이 경우 '자기 처소를 떠난 천사'가 '롯의 집을 방문한 천사'와 같은 천사인가 하는 심각한 문제가 제기된다. 창세기 18장을 자세히 들여다보면 하나님이 세 천사 또는 세 사람으로 아브라함을 방문한 후 그중 둘이 롯의 집을 방문한 것으로 기록되어 있다.

> **여호와께서 또 이르시되 소돔과 고모라에 대한 부르짖음이 크고 그 죄악이 심히 무거우니. 내가 이제 내려가서 그 모든 행한 것이 과연 내게 들린 부르짖음과 같은지 그렇지 않은지 내가 보고 알려 하노라. 그 사람들이 거기서 떠나 소돔으로 향하여 가고 아브라함은 여호와 앞에 그대로 섰더니(창 18:20-22).**

그러므로 '자기 처소에서 떠난 천사'와 '롯의 집을 방문한 천사'는 결코 동일시할 수 없다. 왜냐하면 처소를 떠난 천사는 "하늘에서 번개같이 떨어진 사탄"(눅 10:18)이라는 구절 및 "너 아침의 아들 계명성이여 어찌 그리 하늘에서 떨어졌으며"(사 14:12)라는 구절과 관련시켜 타락한 천사, 곧 사탄으로 해석되어 왔기 때문이다.[35] 반면에 아브라함과 롯을 방문하여 환대를 받은 천사는 여호와 하나님 자신이거나 여호와께서 친히 보낸 사자로서 천사이기 때문이다.

2) 다른 한편으로 '자기 처소를 떠난 천사'(에녹1서)와 '사람의 딸들을 아내로 취한 천사'(창 6장)를 동일시하여 소돔 사람들이 그 천사와의 동성애를 한 것으로 해석하기도 한다. 이러한 해석은 다음과 같은 여러 해석 과정을 거쳐서 나온 후기 유대교의 민간신앙을 반영한 것이다.

첫째로 '자기 처소를 떠난 천사'를 사탄으로 해석하고, 이 사탄을 다시금 욥기 1장에 나오는 '하나님의 아들'과 동일시하였다.

하나님의 아들들이 와서 여호와 앞에 섰고 사탄도 그들 가운데 왔다(욥 1:6).

위의 본문에서처럼 여호와 앞에 같이 섰다는 이유로 처소를 떠난 사탄이 곧 하나님의 아들들이라고 동일하게 본 것이다.

둘째로 사탄과 동일시된 '하나님의 아들들'이 바로 창세기 6장에 나오는 '사람들의 딸들을 취한 자'들이라고 해석한다.

하나님의 아들들이 사람의 딸들의 아름다움을 보고 자기들이 좋아하는 모든 여자를

---

35 "How art thou fallen from heaven, O Lucifer, son of the morning" (사 14:12, 킹제임스역). 계명성(새벽별)을 베드로후서 1장 19절에 나오는 '샛별'과 관련시켜 라틴어 신조어 '루시퍼'라는 단어가 생겨난 것이다. '샛별'은 그리스어로 '포스포로스'(Φωσφόρος)인데, 이는 '빛을 가져온 자'라는 뜻이다. 이를 라틴어로 번역한 것이 '빛을 가져오는 자'(*lucis+ ferre*), 즉 '루시퍼'(*Lucifer*)다.
70인역에서 '계명성'을 헬라어 '포스포로스'(Φωσφόρος)로 번역하였고, 킹제임스역이 이를 다시 '루시퍼'(Lucifer)로 번역하면서 타락한 천사의 이름으로 확고하여졌다. 이어서 "미가엘 천사를 대적한 하늘에서 있을 곳을 얻지 못한 용"(계 12:7-9)과 루시퍼와 관련시켜 타락한 천사 루시퍼가 지상에 떨어진 사탄으로 알려지게 되었다.
테르툴리아누스(Contra Marrionem, v. 11, 17)와 오리게네스(Ezekiel Opera, iii. 356) 등이 이와 비슷한 주장을 하였기 때문에 타락 천사 루시퍼 교리가 여전히 통용되고 있다.

아내로 삼는지라. … 당시에 땅에는 네피림이 있었고 그 후에도 하나님의 아들들이 사람의 딸들에게로 들어와 자식을 낳았으니 그들은 용사라 고대에 명성이 있는 사람들이었더라(창 6:1-4).

처소를 떠나 타락한 천사인 사탄이 곧 '하나님의 아들들'이고, 이들이 "자기들이 좋아하는 모든 여자를 아내로 삼았다"(창 6:1)는 것이다.

셋째로 위경(僞經)인 '에녹1서'에는 더욱 자세하게 타락한 천사는 '영적이고 거룩한 자이며 영생하도록 되어 있는 몸'임에도 불구하고 여자들을 상대로 하여 몸을 더럽히고 취한 결과 죽을 운명에 처한 사실과 그들 사이에 태어난 자들이 네피림이고 이들로 인해 '온 땅은 유혈과 포학으로 충만'하였다고 한다. 그리고 네피림의 후손 중 대표적인 자가 골리앗이고, 출애굽하여 가나안으로 들어갈 때 가나안 거주민 중 기골이 장대한 거인들이 네피림의 후손이라고 한다.[36] 그 내용을 인용해 보자.

그 무렵 사람의 자손이 계속 번성하여 아주 아름다운 미인의 딸들이 태어났다. 이것을 본 천사들, 즉 하늘의 아들들은 그 여자들에게 미혹되어 "자, 저 사람의 딸들 중에서 각자 아내를 택하여 아들을 낳기로 하자"라고 서로 말하였다(에녹1서 6장).

쫓겨난 천사가 낳은 아이를 인간 가운데에서 없애 버려라. 그자들을 끌어내어 서로 싸움을 벌이게 하면 서로 죽이며 자멸할 것이다. … "그들은 사람의 딸들과 어울려 다니며 그 여자들과 동침하고 몸을 더럽히며 그 여자들에게 무수히 많은 죄를 밝혔습니다. 여자들은 거인을 낳고 이리하여 온 땅은 유혈과 포학으로 충만하였습니다"(에녹1서 10장).

---

36 https://www.fmkorea.com/20364061 (2021. 01. 18.).

너희는 영적이고 거룩한 자이며 영생하는 존재(you were spiritual. Holy, living an eternal life)입에도 불구하고 여자들을 상대로 하여 자신을 더럽히고 육적인 피에 의하여 자식을 낳고 인간의 피로서 욕정에 불타 인간이 하고 있는 것과 똑같이 혈육(의 자식)을 낳았으나 이것은 마침내 죽어 없어지도록 정해져 있는 것이다(에녹1서 15장).

유다서의 '처소를 떠난 천사'가 바로 위에서 언급한 에녹1서의 '쫓겨난 천사'이다. 이들이 사람의 딸을 아내로 취한 것처럼 유다서의 '다른 육체'를 따르는 것은 소돔 사람들이 '다른 육체'를 지닌 천사와의 동성애 한 것을 의미한다고 해석하였다.

3) 그러나 '다른 육체'를 천사라고 해석하여 소돔 사건은 천사와의 동성애 요구라고 해석하는 것 역시 여러 허점이 드러난다.

첫째로 에녹1서의 경우 하나님의 아들인 천사가 사람의 딸을 아내로 삼아 악한 자손을 낳아 멸망한 사례를 든 것이다. "영적이고 거룩한 자이며 영생하도록 되어 있는 몸임에도 불구하고 여자들을 상대로 하여 몸을 더럽힌" 천사들의 멸망을 예고한 것이다. 다시 말하면 하나님의 아들들로서 '영적인 몸'을 지닌 천사들이 타락하여 '육적인 몸'을 지닌 사람의 딸과 더불어 아들을 낳음으로 그들의 '영적인 몸을 더럽혔다'는 것이 에녹1서의 핵심 논지이다. 에녹1서에서는 '남성인 천사가 여성인 사람'을 성적 대상으로 삼았으므로 '동성애적 관계'라고 볼 수 없다.

둘째로 에녹1서의 기록은 남성 천사가 여성인 사람의 딸을 취하여 아들을 낳은 사건이므로 영적인 존재인 천사가 사람의 딸을 취하여 영적인 몸을 더럽힌 '이성(異姓) 간의 성관계'에 대한 사례이다. 반면 소돔 사건의 경우는 소돔의 남자들이 낯선 남자 둘을 요구한 '동성(同性) 관계'의 사건이다.

왜냐하면 소돔 사람들은 롯의 집을 방문한 나그네가 천사라는 사실을 알지 못했다. 그들은 롯을 방문하러 온 '두 사람'을 데리고 나오라고 요구한 것이지 '두 천사'를 요구한 것은 아니다. 롯이 그들을 천사로 식별했다는 것도 분명하지 않다. 그들은 발을 씻고 먹고 마시는 사람(창 18:2, 16, 22, 19:1, 5, 8, 10, 12, 16)으로 묘사되어 있다. 따라서 소돔 사람들과 롯의 집을 방문한 낯선 두 사람 사이는 '사람과 천사'의 관계가 아니라 '사람과 사람'의 관계로 밖에 볼 수 없다. 따라서 소돔 사건은 '다른 육체를 지닌 천사를 따르는 것'이 아니다. 본문의 '다른 육체'를 천사와 동일시할 수 없는 것이다.[37]

셋째로 에녹1서에도 천사는 "영적이고 거룩한 자이며 영생하는 존재"(you were spiritual. Holy, living an eternal life)라고 했다. 천사는 '영적 존재'이므로 '다른 육체', 즉 '육체'(sarkos)로 표현할 수 없으며, 따라서 '다른 육체를 따르는 것'을 천사와의 동성애로 해석할 수 없다.

4) '다른 육체(sarkos heteras)를 따른 것'을 동성애로 해석할 경우 용어상 또 다른 문제가 제기된다. 이성애(異性愛)를 '헤테로섹스'(heterosex)라고 하고 서로 다른 성(the opposite gender)을 가진 자에게 성적 끌림을 갖는 것이라고 한다. 반면에 동성애(homosex)는 같은 성을 가진 자에게 끌리는 것(same-sex attraction)을 말한다. 따라서 다른 육체(sarkos heteras)를 따라간다는 것은 서로 다른 성에 이끌리는 이성애적(heterosexual) 경향이라는 주장도 제기된다.[38] 만약에 유다가 본문에서 소돔 사건을 동성애를 경향을 의미하려고 했다면 '같은 육체'(sarkos homois)를 따라갔다고 서술해야 한다.

5) '다른 육체'를 "육체는 다 같은 육체가 아니니 하나는 사람의 육체요 하나는 짐승의 육체요"(고전 15:39)라는 구절과 관련시켜 소돔과 고모라와

---

[37] https://www.gotquestions.org/strange-flesh.html (2021. 01. 25.).

[38] https://www.gotquestions.org/strange-flesh.html (2021. 01. 20.).

이웃 도시 사람들이 '다른 육체', 즉 '짐승의 육체'를 따라 '수간'(獸姦)한 것을 은유로 표현한 것이라는 해석이 나오기도 하였다.[39] 수간으로 해석하더라도 명시적으로 동성애를 부정하는 본문으로 들 수는 없게 된다.

6) '다른 육체를 따르는 것'을 동성애로 특정한 것으로 볼 수 없다고 주장하는 또 다른 이유는 신약 시대에 이미 동성애를 뜻하는 여러 단어가 있었기 때문이다. 동성애를 명백히 지칭하는 남색(arsenokoitai)과 탐색(malakos)이라는 단어들은 이미 고린도전서 6장 9절과 디모데전서 1장 10절에서 여러 악덕 목록과 함께 사용되고 있다.[40] 이 외에도 당시에 특별히 남성-남성 성행위를 언급할 때 사용할 수 있었던 고대 그리스어 단어들(lakkoproktoi, payerasste, pathikos 등)이 있었다고 한다. 따라서 유다서가 동성애를 특정하려고 했다면, '다른 육체를 따르는 것'이라고 표현할 이유가 없다는 것이다.

> 유다서의 저자가 다른 남성과 성관계를 갖는 남성을 언급하려고 했다면 아마도 이 여러 단어 중 하나를 사용했을 것이다. 그가 하지 않았기 때문에 그는 강간과 같은 다른 활동을 언급했을 가능성이 크다.[41]

7) '다른'(heteros)이라는 고대 그리스어 형용사가 사도행전(2:4)에서는 성령에 충만하여 각기 '다른 방언'(other tongues)을 말한 것으로 사용되었으며, 20장 15절에서는 '다음 날'(next day)의 뜻으로도 사용된다. 이러한 용례에서 보면 이 단어는 '다른 종류'라는 개념이나 전적으로 다른 것(something

---

39 야마구치 사토코/양희매, 『동성애와 성경의 진실』, 45.

40 이에 관한 자세한 내용은 이 책 1부 3장 3항 "바울의 악덕 목록과 남색 탐색"에서 다룬다.

41 https://www.gaychristian101.com/what-words-could-paul-have-used-if-he-intended- to-condemn-homosexuality.html (2021. 01. 25.).

entirely different)을 의미하는 것이 아니다. 이 문맥에서는 '다른'(different)이라는 단어는 정상이냐 비정상이냐는 것이 아니라 단지 '또 다른'(another)을 의미한다.[42] 따라서 유다서 본문의 헤테로스가 영어 성경에서는 낯선(strange)으로 번역된 사례가 많고, '또 다른'의 뜻이 있다면 '다른 육체를 따르는 것'을 배우자 외에 '또 다른 (사람의) 육체를 따르는', 간음과 같은 의미로 해석할 수도 있다는 것이다.

8) '주 예수 그리스도를 부인'(4절)하는 거짓 교사들이 "소돔과 고모라와 그 이웃 도시들도 그들과 같은 행동으로 '음란'하였다"고 하였다. '소돔과 고모라'는 성경 전체를 통해 23번이나 쌍을 이루어 등장하는 죄와 반역을 대표하는 도시다. 그 이웃 도시인 아드마, 스보임, 소알과 같은 평지의 도시들(창 19:20-22)도 소돔과 고모라와 다름없이 음란하고 다른 육체를 따랐다고 한다. 따라서 음란과 '다른 육체를 따르는 것'이 도시 성읍들의 보편적 현상인 것을 알 수 있다.

최초로 도시를 건설한 자들은 무법자들이었고, 최초의 도시는 무법천지였을 것으로 짐작된다. 당시 도시화가 시작되면서 수많은 사람이 정착하여 살게 됨으로써 '소돔과 고모라와 그 이웃 도시'에서는 반유목민들이 경험하지 못하였던 온갖 범죄가 발생하였다. 창세기 19장 소돔 사건이 있기 이전에 이미 창세기 13장에 보면 "소돔 사람들은 악하였으며, 주님을 거슬러서, '온갖 죄'를 짓고 있었다"(13절)고 하였다.

유다서 본문 4절에 '음란'으로 번역된 그리스어 원어는 '간음'을 뜻하는 복수형이다. 소돔의 이 '온갖 죄'에서 두드러지는 것은 도시의 지배자들이 주민들의 딸들을 마음대로 취하는 등 자행된 '온갖 성범죄'였을 것이다.

---

42 https://hermeneutics.stackexchange.com/questions/19854/jude-7-what-does-strange-flesh-mean (2021. 01. 25.).

소돔을 비롯한 여러 고대 도시에 동성애가 성행하였다고 볼 수 없다는 주장도 제기된다. 왜냐하면 동성애는 현대에서 많이 커밍아웃되었지만, 고대 사회에서는 아주 은밀하게 극소수에 의해 예외적으로 행해진 것이라는 것이 대체적인 견해이기 때문이다. 실제로 우리나라의 경우 2015년 질병관리본부의 〈전국 성 의식 조사〉에 의하면 한국의 경우 '동성애 경험이 한 번이라도 있다고 답한 사람'은 0.3%라고 하였다. 따라서 소돔과 같은 도시에서 노소 불문 모든 남자를 동성애자로 볼 수 없다.

유다서가 말하는 소돔과 여러 도시의 죄는 고대 도시에 있었던 음란한 여러 성적 문란을 통칭한 것이지, 어느 날 밤 소돔의 남자들이 관여하여 일어난(창 19:4) 단번의 사건을 특정하여 언급한 것으로 볼 수 없다는 것이다.

9) 모든 성경 해석이 그러하듯이 본문의 전후 맥락을 먼저 살펴보아야 한다. 유다서 본문의 전후에는 여러 범죄로 인해 멸망한 과거의 대표적인 사례를 들어 당시의 거짓 교사를 경고하려는 목적이 분명하다.

· 주께서 백성을 애굽에서 구원하시고, 믿지 아니한 자를 멸하셨다(5절).
· '자기 지위를 지키지 아니하고 처소를 떠난 천사'를 흑암에 가두셨다(6절).
· '소돔과 고모라' 그리고 그 이웃 도시들'도 그들[소돔과 고모라]과 같은 행동으로 '음란'하며 '다른 육체'를 따라가다가 영원한 불의 형벌을 받았다(7절).
· 꿈꾸는 이 사람들[거짓 교사]도 그와 같이 소돔처럼 육체를 더럽히고 권위를 업신여기고 영광을 비방하며(8절), 무엇이든 알지 못하면서 비방하면 멸망할 것이다(10절).
· 모세의 시체를 두고 미가엘과 다툰 마귀에게 미가엘이 주의 책망을 선언하였다(9절).

유다서의 목적은 성경의 주를 대적하고 비방한 여러 사례를 들면서 거짓 선생들도 이 범주에 포함된다는 것을 경고한 것이다. 오직 '동성애'를 특정하여 경고한 본문으로 해석하는 것은 전후 문맥을 무시한 예단이 아닐 수 없다.

4. 베드로후서 2장의 "무법자들의 방탕한 행동"은 동성애인가

베드로후서에는 소돔 멸망 사건을 '무법한 자들의 방탕한 행동' 때문에 괴로움을 겪던 '의로운 사람 롯을 구한 사건'이라고 설명한다. 그래서 '무법한 자들의 방탕한 행동'을 동성애로 해석하기도 한다.

그리고 소돔과 고모라 두 성을 잿더미로 만들어 후세에 경건하지 않은 자들에게 본보기로 삼으셨습니다. 그러나 '무법한 자들(athesmos)의 방탕한(aselges) 행동(anastorphe)' 때문에 괴로움(kataponeo)을 겪던 의로운 사람 롯을 구하여 내셨습니다. 그 의인은 그들 가운데서 살면서, 보고 듣는 그들의 불의한(anomois) 행실(ergon) 때문에 날마다 그의 의로운 영혼에 고통(basanizo)을 느끼고 있었던 것입니다(벧후 2:6-8, 표준새번역).

베드로후서 2장 본문의 전후를 살펴보면 거짓 선생인 이단을 경고한 말씀인데, 그들이 주를 부인하고 **호색**하며 탐심으로 지은 말로 이득을 취하는 멸망 받은 자라고 하였다(1-3절). 그리고 하나님이 **범죄한 천사들**을 지옥에 던지시고, 옛 세상에 홍수를 내리시면서 노아와 일곱 식구를 보호하시고, 소돔과 고모라 성을 멸하면서 "의로운 롯을 건지셨듯이 경건한 자는 시험에서 건지시고, 불의한 자는 형벌 아래 둔다"는 교훈을 담고 있다.

본문에 나오는 '무법한 자들의 방탕한 행동'으로 말미암아 고통당하는 롯을 건지셨다(7절)는 것을 언급한 것은 불의한 자를 벌하고 의로운 자를 구한 성서의 여러 사례 중 하나로 제시된 것이다. 그런데 거짓 교사들이

‘호색’을 따랐다(2절)는 구절과 ‘범죄한 천사들을 지옥에 던지셨다’(4절)는 구절을 연결시켜 ‘무법한 자(athesmos)들의 방탕한(aselges) 행동(anastorphe)’이 동성애로 해석됐다. 따라서 이 본문 역시 정교하게 재검토할 필요가 있다.

1) 우선 ‘무법한 자’(athesmos)가 누구인가 질문해야 한다. 본문에서 얻을 수 있는 힌트는 노아 시대에 홍수 심판의 대상이었던 세상의 불의한 자들이었고, 그 무법한 자들이 ‘**날마다** 저지른 불법한 행실로 롯의 심령이 크게 상했다’(8절)는 언급이다. 그렇다면 노아 시대에 홍수를 자초한 불의한 자들은 누구이며, 날마다 불법을 저지르는 사람은 누구인지 질문해야 한다. 롯의 집을 방문한 나그네에게 행패를 부린 소돔의 사건은 ‘날마다 저지른 불법’이 아니다. 소돔 사건은 ‘한날 저녁’ 우발적으로 발생한 사건이기 때문이다. 본문 전후에서 보면 무법한 자들은 도시를 건설하여 날마다 온갖 불법을 일삼는 도시의 지배자들이라고 보아야 한다. 이들 도시의 폭군들이 노아 시대의 홍수 심판을 자초한 장본인이기 때문이다. 노아 시대의 홍수 심판 배경에서 드러나는 것처럼 도시가 건설되면서 “세상이 사람의 죄악으로 가득 차고 사람마다 못된 생각만 하는”(창 6:5) 무법천지인 것으로 묘사한다. 정착 생활을 하면서 성읍이 점차 비대해지자 온 도시가 구조적으로 악행이 가득 차게 된 상황을 지적한 것이다.[43] 이런 상황에서 ‘하나님의 아들들’이 사람의 딸들을 마음대로 취하는 폭력이 자행되었다고 한다.

당시에 땅에 네피림이 있었고 그 후에도 하나님의 아들들이 사람의 딸들을 취하여 자식을 낳았으니 그들이 용사라. 고대에 유명한 사람이었더라(창 6:4).

창세기 6장에 나오는 ‘하나님의 아들들’(sons of Elohim)이 누구를 지칭

---

43 허호익, 『야웨 하나님』 (서울: 동연, 2014), 248-249.

하느냐는 것도 여러 가지로 논의되었다. 여기서 말하는 엘로힘을 고유명사로 보면 '하나님의 아들'을 뜻하지만, 보통명사로 보면 '신들의 아들'로 번역된다.[44] 이집트에서는 제4 왕조(기원전 2,600년경) 때부터 왕은 태양신 '라의 아들'[45]로 여겨졌고, 성경에도 왕을 '하나님의 아들'(삼하 7:14; 시 2:7, 82:6)로 표현한 구절이 자주 등장한다. 그러므로 몰트만은 본문에 등장하는 '하나님의 아들들'은 스스로 '신들의 아들'(天子)로 자처하며 등장한 도시의 지배자인 군주들이었고, 이들이 바로 '세계의 폭력자들'이라고 한다.[46] 이들은 중세기의 성주(城主)가 성내의 결혼하는 모든 신부와 먼저 잠자리를 하는 초야권(初夜權)을 행사하듯 도시의 여인들을 마음대로 취한 것이다.

2) 창세기 6장 본문 전후 문맥에서 보면 '그들이 용사'라 하였고, 외경에는 네피림을 '몸집이 크고 전쟁에 능한 자'(바룩 3:26, 공동번역)라고 하였다. 이들이 바로 '라멕'의 뒤를 이어 약탈과 전쟁을 통해 도시를 건설한 무법자들에 해당하는 '폭력적인 통치자'라고 볼 수 있다.[47]

에녹1서는 이들이 쫓겨난 천사들이며, 사람들의 딸에게 온갖 성적 죄를 지었고, 그들 사이에 태어난 아들들로 인해 온 땅에 유혈과 포악이 충만하였다고 한다.

> **이들은 사람의 딸들과 어울려 다니며 그 여자들과 동침하고 몸을 더럽히며 그 여자들에게 무수히 많은 죄를 밝혔습니다. 여자들은 거인을 낳고 이리하여 온 땅은 유혈과 포학으로 충만하였습니다(에녹1서 10장).**

---

44 Augustine, *City of God*, IV, XV, 23.

45 B. W. Schmidt, 『역사로 본 구약성서』 (서울: 나눔사, 1988), 272-273.

46 J. Moltmann/김균진, 『오시는 하나님』 (서울: 대한기독교서회, 1996), 175-176.

47 김지찬, "창 6장의 '하나님의 아들들'," 「신학지남」 304(2010), 68

최초로 성읍을 건설한 자들은 골리앗같이 기골이 장대한 무사 출신의 '용사'(창 6:4)라 불리는 무법자들이었고, 이들을 곧 소돔과 고모라 같은 도시를 건설하여 날마다 온갖 불법을 일삼는 도시의 폭군들이라고 보아야 한다. 이들로 인해 세상이 죄악이 가득하자 하나님은 홍수로 자신이 창조한 세상을 쓸어버린 결심을 하게 된 것이다(창 6:5-6).

소돔과 고모라 이야기는 도시화가 시작되면서 수많은 사람이 정착하여 살게 된 상황을 반영한다. '소돔과 고모라와 그 이웃 도시'에서는 반유목민들이 경험하지 못하였던 온갖 범죄가 발생하였음을 알 수 있다. 따라서 본문이 말하는 '날마다 불법을 저지르는 무법한 자들'을 '어느 날 저녁 단 한 번 롯의 집을 방문한 나그네에게 행한 행패를 부린 소돔의 주민'과 동일시 할 수 없다.

3) 유다서 본문 7절에 나오는 '무법한 자들(athesmos)의 방탕한(aselges) 행동(anastorphe)'을 8절에서는 '그들의 불의한(anomois) 행실(ergon)'이라고 하였다. 방탕한으로 번역된 '아셀게스'(aselges)라는 단어는 '무절제하고 방종한, 뻔뻔하고 오만한, 부정하고 불의한'이라는 뜻도 있다. 따라서 성적인 모티브만 강조할 수 없는 단어이다. 그러나 대부분의 한글 번역본에서는 '음란한'으로 번역하였고, 예외적으로 공동번역은 '방종'으로 번역하였다.

'에셀게스'를 성적인 '음란이나 방탕'으로 번역하여 소돔 사람들의 동성애 요구라고 해석할 경우, 이어서 언급된 "무법한 자들의 방탕한 행동 때문에 괴로움을 겪던 의로운 사람 롯은 구하여 내셨습니다. 그 의인은 그들 가운데서 살면서, 보고 듣는 그들의 불의한 행실 때문에 날마다 그의 의로운 영혼에 고통을 느끼고 있었던 것입니다"(벧후 2:6-8, 표준새번역)라는 말씀과 모순된다. 소돔 사람들이 롯에게 직접 방탕한 행동, 즉 동성애 요구를 한 것도 아니고, 그런 요구가 날마다 있어서 의인 롯이 그것을 보고 듣는 것이 괴로웠던 것이라고 보기도 어렵기 때문이다.

4) 행동(anastorphe)과 행실(ergon)이라는 단어는 '동의어 반복 용법'이라고 볼 수 있다. 행동(갈 1:13; 히 13:7)과 행실(벧전 1:15, 18, 2:12, 3:1-2; 벧후 1:17)은 둘 다 '삶의 방식'(way of life)을 뜻한다고 한다.[48] 무법한 자들의 '방탕한 행동과 불의한 행실'은 도시를 건설하여 무법천지로 도시의 통치자들이 날마다 자행한 온갖 불의한 '유혈과 포악'(에녹1서 10장)을 일삼는 폭압적인 통치 방식이다. 따라서 소돔 성읍에서 어느 날 저녁에 롯의 집을 방문한 나그네를 소돔 사람들이 학대한 (동성애적) 사건으로 한정할 수 없는 이유다.

5) 본문에는 "고통을 당하는 롯을 건지셨고"(7절), "보고 듣는 그들의 불의한 행실 때문에 날마다 그의 의로운 영혼에 고통(kataponeo)을 느꼈다"(8절)고 하였다. 7절의 '고통'으로 번역된 헬라어 카파포네오(kataponeo)는 압제를 당했다(oppressed)는 뜻이다.[49] 심령의 '고통'으로 번역된 바사니조(basanizo)는 고문과 같은 고통을 뜻한다.

창세기 19장의 소돔 사건이 있기 이전에 이미 창세기 13장에 보면 "소돔 사람들은 악하였으며, 주님을 거슬러서, 온갖 죄를 짓고 있었다"(13절)고 하였다. 창세기 18장에는 소돔과 고모라에 대한 부르짖음이 크고 죄악이 무거웠다고 한다.

> **소돔과 고모라에 대한 '부르짖음'이 크고 그 죄악이 심히 무거우니 내가 이제 내려가서 그 모든 것이 과연 내게 들린 '부르짖음'과 같은지 그렇지 않은지, 내가 보고 알려 하노라(창 18:20-21).**

소돔 사건과 관련해서 '부르짖음'이라는 단어가 모두 3번(18:12, 21, 19:13)

---

48 Jene E. Green, *Jude And 2 Peter: Baker Exegetical Commentary on the New Testament* (Grand Rapids, Mich.: Baker Academic, 2008), 257.

49 같은 책, 257.

이나 등장한다. '부르짖음'이라는 단어는 주로 백성들이 사악한 '압제' 상황에서 하나님께 하소연하는 '비명(悲鳴)이나 신음(呻吟)'을 가리키며, 구약성경에 모두 49번이나 나오는 중요한 개념이다.

이스라엘 자손들이 이집트에서 강제노동과 인종적 차별 등의 '압제'를 당하자 하나님께 '부르짖었고' 하나님은 파라오의 압제와 학대를 하감(下鑑)하시고 그들을 구출하였듯이, 소돔과 고모라에서도 그러한 도시의 지배자가 날마다 가하는 '압제로 인한 부르짖음'이 있었다는 것에 주목해야 한다. 동성애 요구 사건 때문에 생긴 고통에서 비롯된 부르짖음이 아니라는 뜻이다.

6) 이집트의 지배자 파라오의 도시 건설에 동원되어 강제노동의 압제를 겪고 있던 이스라엘 백성의 부르짖음을 들으시고 모세를 보내어 그들을 구원하신 것처럼(출 2:23-25, 3:7), 소돔과 고모라에서도 도시 지배자들의 온갖 압제가 만연하여 하나님을 향한 부르짖음이 하늘에 닿은 것이다. 물론 폭군들의 '무절제한 행동' 가운데는 성적인 폭력도 포함되었겠지만, 동성애를 특정한 것이라고 볼 수 없다.

소돔과 고모라 역시 고대 성읍의 무자비하고 총체적인 불의로 인해 의인 열 명도 없는 무법천지가 되었기 때문에 하나님의 심판의 대상이 된 것이고, 의로운 롯의 가족은 구원을 받았다는 것이 본문 핵심 내용이다. 따라서 베드로후서 2장의 본문의 교훈은 하나님께서는 "압제의 부르짖음을 들으시고 경건한 자와 의로운 자는 건지시고, 불의한 압제자는 자는 심판하신다"는 교훈을 담고 있다. 동성애로 인한 부르짖음을 듣고 롯을 구했다고 해석할 여지가 없다고 보는 이유이다. 이런 이유로 그린(Jene E. Green)은 "랍비 문학의 영향으로 소돔과 고모라의 성적인 죄를 강조하다 보니, 성경 전반에 나타나는 소돔과 고모라의 죄의 사회적 측면이 간과되었다"고 평가하였다.[50]

---

50 Jene E. Green, *Jude And 2 Peter: Baker Exegetical Commentary on the New Testament*, 258.

5장
성경의 동성애 금지에 대한 본문 비평적 재검토

성서는 분명히 동성애를 죄로 규정하고 있다. 한국 교계에서도 동성애를 반대하는 목소리가 높은데, 그 논리는 크게 다음과 같다.

- 동성애나 성전환의 문제는 다르다. 남성으로 태어났으면서 여성이 되고자 하거나 남자와 남자끼리 성관계를 갖고자 하는 성적 취향은 일반인들과 단순히 '다른(different) 취향'이 아니라 창조주의 창조 질서를 거스르는 '틀린(wrong) 취향'이다.[1]
- 인권은 창조주가 부여한 것이기 때문에 '절대적인' 동시에, 창조주가 부여하신 권리 내에서만 누릴 수 있으므로 '제한적'이다. 마치 태초에 아담과 하와에게 선악과를 따 먹을 수 있는 권리가 주어지지 않았던 것처럼, 하나님은 인간에게 동성애를 허용하신 일이 없다. 따라서 동성애는 인권의 문제가 아니라 타락의 문제다.[2]

---

1 이태희, 『세계관 전쟁』 (서울: 두란노, 2016), 72.

2 같은 책, 76.

· 동성애자들이 동성애로부터 벗어나게끔 도와주는 것이야말로 그들의 인권을 위한 최고의 헌신이다. 사탄은 인권이란 이름의 가시 방패로 동성애를 지킴으로써 오히려 동성애자들의 삶을 파괴하고 이 땅 하나님의 창조 질서를 파괴하고 있다.[3]

또 다른 반대 논리는 동성애 옹호 운동이 사탄의 전략이고 '젠더 이데올로기'는 인류와 교회를 파멸로 몰고 갈 가장 '진화된 이데올로기'이므로 동성애 반대 운동은 교회와 나라를 살리는 영적 전쟁이라는 것이다.

사탄은 마르크스-레닌주의를 앞세워 공산주의를 등장시켜 사람들을 다시 도탄에 빠지게 하고 죄의 지배를 받게 하는 전략을 취했다. 종교개혁의 영성이 감소되고 타락하는 천박한 자본주의는 이들의 먹잇감이 되었다. 중국의 마오이즘과 문화 혁명이라는 6,500만을 학살한 인류 역사에서 가장 악랄한 이데올로기가 출현한다. 음란한 세대가 이것을 복음으로 받아들여 68혁명이라는 최악의 문화 혁명을 유럽을 중심으로 전개한다. 이것이 결국 GM(Gay Movement)이라는 전략으로 체계화되어 UN을 점령하기에 이르렀다.
체제를 전복시키고 소비에트를 세우는 방식이 아니라 청년들의 양심과 도덕을 해체시켜 죄의 본성을 향해 돌진하는 죽음의 길을 '인권'으로 포장하고 '인간의 존엄성'에서 추론한 거룩한 하나님이 주신 법을 폐기하고 스스로 개와 돼지만도 못한 존재로 인간을 나락에 빠뜨린 것을 인간 스스로 자축하고 있다. 전 인류를 파멸로 몰고 갈 가장 강력한 무기가 개발된 것이다. 이 '젠더 이데올로기'는 기존의 좌파 이데올로기 중 가장 진화한 것으로 종교개혁의 전통이 살아있던 유럽의 교회들을 획기적으로 파괴하

---

3 같은 책, 77.

> 는 데 성공했다. 길고 긴 진지전에서 승리를 목격한 좌파들은 고무되었다. 북미와 어렵게 버티던 나라들이 점령당하면서 이 엄청난 쓰나미가 우리를 향해 오고 있다.[4]

2017년에는 '반동성애기독시민연대'(www.antihomo.net)가 창립되었는데 "동성애 옹호와 퀴어축제 개최, 포괄적 차별금지법 제정, 군형법 92조 6의 폐지, 동성애 · 동성 결혼 포함 헌법 개정 시도 등을 반대"하는 운동을 전개한다고 밝혔다.[5]

성경이 동성애를 죄로 규정하고 동성애에 대한 반대 논리도 다양함에도 불구하고 오늘날 상황에서 동성애 문제를 새로운 관점에서 해석하고 다루어야 하는 이유를 존 스토트는 다음 두 가지로 설명하였다.

첫째, 성경의 저자들은 자신의 상황과 연관된 질문을 다루고 있으며, 그것은 우리의 질문과는 매우 다르다. 소돔과 기브아 사건은 손 대접의 환대와 적대 문제를, 레위기는 고대의 신전 창기의 다산 의식을, 바울은 헬라의 남색 선호를 특이한 성적 문제로 다루고 있으며, 전부가 너무도 예전 이야기다.

둘째, 성경 저자들이 '우리'의 문제를 다루고 있지 않다는 것이다. 성경의 가르침만 문제가 되는 것이 아니라 성경이 침묵하고 있는 부분도 문제가 된다. 바울조차도 '타고난 동성애 성향'에 대해서 들어 본 바가 없으며, 두 남자끼리 서로 사랑에 빠질 수 있고 결혼에 비교될 정도로 깊이 사랑하다 안정적이고 지속적인 인격적 관계를 발전해 나갈 수 있다고는 상상조차 하지 못했다.[6]

성서가 죄로 지목한 동성애가 기독교 2,000년 역사 동안 여전히 사형이나 화형에 해당하는 범죄로 처벌되었고, 동성애 금지법이 여러 나라의 법률

---

4 이정훈, 『교회 해체와 젠더 이데올로기』 (서울: 킹덤북스, 2018), 229-300.

5 https://www.antihomo.net/vision (2018. 12. 24.).

6 John R. Stott/양혜원, 『동성애 논쟁』, 42-43.

로 정해졌지만, 오늘날에는 오면서 범죄와 질병 항목에서 삭제되어 왔을 뿐 아니라 동성 결혼까지 허용하는 나라들과 동성애자의 성직 임명을 허용하는 교단이 늘어나고 있는 실정이다.

우리나라도 한국기독교사회문제연구원의 〈2020년 주요 사회 현안에 대한 개신교인 인식 조사〉에 의하면 "예수님이라면 동성애자를 어떻게 대할 것 같은가"라는 질문에 '그의 동성애를 받아들이고 하나님의 자녀로 인정한다'는 항목을 개신교인은 38.4%만 선택한 반면 비신자는 63.7%가 선택했다.[7]

이처럼 성경이 동성애를 죄라고 규정한 것으로 배워 왔음에도 불구하고 40%에 가까운 개신교인들이 '동성애자를 하나님의 자녀'로 받아들여야 한다고 믿는 배경에는 동성애에 관한 성서 본문에 대한 문자적 해석을 뛰어넘어 성경 전체의 정신에 비추어 동성애 금지에 관한 성서 분문의 성서적 그리고 신학적 재검토가 시도되었기 때문이다.

1. 성서 본문을 문자적으로만 해석할 것인가

종교개혁자들은 "성서로 돌아가자"고 했지만, 성경은 본문을 어떻게 선택하고 어떻게 해석하느냐에 따라 그 의미가 천차만별하게 달라진다. 성경의 진리 역시 바른 해석에 달려 있기 때문이다. 무엇보다도 종교개혁자들은 "성경이 성경을 해석한다"는 원리를 제시하였다. 어느 특정 구절에 근거해서 "성경은 동성애를 반대한다"라고 단정하는 것은, 어느 특정 구절을 근거로 해서 "성경은 노예제를 지지한다"는 성경을 문자적으로 해석해 온 역사적 과오를 반복하는 문제가 야기된다. 선택적 문자주의의 폐단인 것이다.

---

7 권종술, "개신교인 42% 차별금지법 찬성, 반대는 38%… 보수적 개신교 여론 변화," 「민중의 소리」 2020. 11. 15.

따라서 동성애 문제든 노예제도 문제든 "성경이 성경을 해석한다"는 원리에 따라 성경 전체의 중요하고 본질적인 정신, 즉 '하나님 사랑과 이웃 사랑'의 강령을 해석학적 원리로 삼아 해석해야 한다. 최소한 이웃 사랑의 원리로 보면 사랑하는 이웃을 노예로 부릴 수 없기 때문이다.

그래서 현대의 신학자들은 성서를 새롭게 바르게 해석할 수 있는 성서해석학에 관심을 집중한다. 구약학자 스텐달(K. Stendal)은 좀 더 포괄적인 의미에서 성서 해석은 "본문이 무엇을 의미했는가?"(What it meant?)와 "본문은 무엇을 의미하는가?"(What it means?)를 종합하는 것이라고 하였다.[8] 이는 본문의 역사적 상황에서 본래 의미를 묻고 이를 다시 현재의 역사적 상황에 적용하여야 한다는 것이다.

세군도(Juan L. Segundo)는 성경 본문을 문자적으로 해석하여 오늘의 남미 상황에 적용하는 것은 본문의 정신을 살리지 못한다고 보았다. 그는 그 일례로서 "돼지고기 먹지 말라"(신 14:8)는 말씀이 '당시의 중동지역에서는 무엇을 의미했는지' 그리고 '오늘날 남미의 빈곤한 상황에는 무엇을 의미하는지'에 대하여 해석학적 종합을 시도하였다.[9]

신명기에서는 굽은 갈라졌으나 새김질을 못 하는 부정한 동물이기 때문에 "돼지고기를 먹지 말라"고 하였다. 중동 지방 사람들에게 돼지고기를 먹지 못하게 한 것은 위생학적 이유 때문이라고 해석한다. 돼지는 잡식성이어서 소금에 절이지 않고는 초식동물처럼 고기를 말려서 보관하기가 쉽지 않다. 따라서 소금이 귀했던 당시 아열대 지방에서 돼지고기는 쉽게 부패하는 아주 비위생적인 식품이 되는 셈이다. 냉장고가 없던 시절 우리나라에서도 "여름 돼지고기는 잘 먹어야 본전"이라는 말이 있을 정도였다.

---

[8] Krister Stendahl, "Biblical Theology, Contemporary," *Interpreters Dictionary of the Bible*, Vol. 1 (New York and Nashville: Abingdon, 1962), 419.

[9] Juan Luis Segundo, *Liberation of theology*, John Drury (tr.) (Maryknoll, N.Y.: Orbis Books, 1976), 7-9.

따라서 “돼지가 부정한 동물이니 먹지 말라”고 직관적인 경구로 제시된 본문의 의도는 “건강과 위생을 위해서 먹지 말라”는 의미이다. 위생을 위해서라는 전제 조건에 근거하여 돼지고기를 먹지 말라고 한 것이다. 의무적이고, “돼지고기를 먹지 말라”는 문자적, 절대적 법조문이 아니라는 것이다. 돼지고기를 먹느냐 마느냐는 비본질적인 율법 조문이고, 건강과 위생을 위하라는 것이 본질적인 영적 의미라고 할 수 있다.

세군도는 3,000여 년 전 중동의 아열대 상황에서 “건강과 위생을 위해서 돼지고기를 먹지 말라”는 율법 조문의 정신을 현재의 브라질의 영양 결핍에 시달리는 가난한 민중들에게 적용하여 해석하면, “건강과 영양 공급을 위해서는 돼지고기를 먹으라”는 의미로 해석해야 한다고 하였다. 남미의 영양실조에 허덕이는 가난한 빈민들에게는 돼지고기보다 값싸고 쉽게 구할 수 있는 고단백질 영양 공급원이 없기 때문이다.

이처럼 성서 본문이 그 당시 독자에게 무엇을 의미했느냐 하는 본래 성격의 의미를 찾아 그 본래 성격의 의미를 현재 상황에 적용하면, 문자적인 의미의 한계를 벗어나서 “돼지고기 먹지 말라”는 말씀이 전혀 반대되는 뜻인 “돼지고기 먹으라”는 말씀으로 해석될 수 있다. 이는 예수의 말씀처럼 “율법을 폐기하는 것이 아니라 율법을 완성하는 것”(마 5:17-20)이라 할 수 있다.

모든 법은 ‘법 정신’에 따라 ‘법조문’을 만든 것이다. 율법의 조문을 문자적으로만 해석하는 것은 율법의 정신을 죽이는 것이 된다. 그래서 바울은 “율법 조문은 죽이는 것이요 영은 살리는 것”(고후 3:6)이라고 하였다.

이런 관점에서 20세기에 접어들어서 동성애를 죄로 규정한 성서의 본문들을 “성서가 성서를 해석한다”는 원리와 오늘날의 변화된 사회 상황에 비추어 ‘본문이 지금 우리에게 무엇을 의미하는지’에 대한 새롭고 비평적인 여러 해석이 다양한 방식으로 제기되어 왔음을 살펴보려고 한다.

2. 남성과 여성 외에 제3의 성이 있지 않는가

동성애 반대자들은 하나님은 자신의 형상에 따라 남자와 여자를 창조하시고 생육하고 번성하라(창 1:27-28) 하셨으며, 예수께서도 '남자와 여자 이 둘이 한 몸'을 이루도록 명하셨는데(마 19:6), 동성애자들이 이러한 '자연의 순리를 역리로 바꾸는 것'(롬 1:26)은 하나님의 창조 질서에 어긋나는 것이라고 주장한다.

일찍이 플라톤은 인간의 원래 본성을 말하면서, 원래 인간에게는 남성, 여성, 남녀 혼성(aphorodite)의 세 가지 성이 있었다고 하였다.[10] 고대 그리스 아테네의 대표적 희극 작가 아리스토파네스(기원전 446~385)는 원초적인 상태에 있어서 인간은 세 가지 성(性)을 가지고 있었다고 하였다. 즉, 남성과 여성 그리고 남성과 여성을 모두 가지고 있는 제3의 성 또는 남녀성이 바로 그것이다. 양성은 고대 그리스어로 '안드로구노스'(anthrogunos)인데, 이것은 '아네르'(남성)와 '구네'(여성)의 복합어이다. 남성은 태양의 자손이었고, 여성은 땅의 자손이었으며, 양성은 달의 자손이었다고 한다.[11]

우리나라에서도 1462년 세조 시절 사방지(舍方知)라는 자가 이의(二儀, 남녀 한 몸)인 것이 밝혀진 기록이 있다. 사헌부는 여장을 하고 이순지의 딸이자 김구석의 아내인 이 씨와 간통한 사방지를 취조하였는데, 승정원에서 확인한 결과 그가 '요도 밑 열림증'으로 이의(二儀, 兩性)인 것이 밝혀지자 병자로 여겨 파직하였다. 1467년 같은 사례가 드러나자 세조는 "이 사람은 인류(人類, 인간의 종류)가 아니다. 마땅히 모든 원예(遠裔, 먼 후손의 자녀)와 떨어지고 나라 안에서 함께 할 수가 없다"고 하였다.[12]

---

10 Plato, *Symposium,* 189de, 190bc, 191ade.

11 김진, "동성애의 철학적 담론," https://blog.naver.com/kosfamil/40004973646 (2004. 08. 13.).

12 『세조실록』 42권 13년 (1467. 04. 05.).

인간이 남성과 여성으로 태어나는 것으로 알고 있지만, 실제로는 적지 않은 수의 신생아가 외부 성기로서는 성별 판별이 불가능한 '제3의 성' 또는 간성(inter-sex)로 태어난다는 사실은 놀라운 일이 아닐 수 없다. 생식기, 생식샘, 성호르몬, 염색체 구조와 같은 신체적 특성이 남자나 여자라는 이분법적 구조에 들어맞지 않는 간성의 사람들이 엄연히 존재한다. 난소와 고환을 한 몸에 지니고 태어나는 아기들도 있으며, 생식기를 포함해서 외모는 여자인데 염색체는 XY라는 남성 염색체를 지니고 태어난 사람들도 있다.[13]

유엔에 따르면 이처럼 특이한 간성의 사람들은 전 세계 인구의 0.05~1.7%인 것으로 추정된다고 한다. 이러한 현실을 반영하여 유엔인권최고대표사무소는 간성을 다음과 같이 정의한다.

> 간성은 생식기나 생식샘, 성호르몬이나 염색체 구조와 같은 신체적 특징이 남성과 여성의 이분법적 구분에 들어맞지 않는 사람들을 말한다. 생물학적 특징에 대한 개념으로, 개인의 성적 지향이나 젠더 정체성(사회적 성별)과 구분되는 개념이다. 간성은 동성애자, 이성애자, 양성애자, 무성애자일 수 있다. 스스로 남성이나 여성으로 인식할 수도, 그 어떤 쪽에 속하지 않는다고 여길 수도 있다.[14]

유엔은 양쪽 성의 특질이 모두 있으나 한쪽 성으로 규정된 아이들이 강제 불임이나 생식기 수술 등의 고통을 받는다고 지적한 바 있다. 성전환을 시술하는 사례도 적지 않다.

많은 성소수자 단체는 오랫동안 남녀 이분법적인 성별 관념을 타파해야 한다고 주장했다. 생물학적인 남성과 여성 외에도 성별을 전환한 남성 혹은

---

13 이준우, "성소수자들에 대한 혐오, 교회가 치러야 할 대가," 「당당뉴스」 2020. 12. 29.

14 심윤지, "독일, 남성 · 여성 아닌 '제3의 성' 인정," 「경향신문」 2019. 01. 11.

여성이나 자신의 성별 정체성을 지정하지 않은 논 바이너리 트랜스젠더 등 다양한 성소수자가 존재한다는 이유에서다. 해외에서도 공문서에 남성(M), 여성(F) 외에도 제3의 성(X)을 표기하도록 변화하는 추세다.[15]

독일 연방정부의 헌법재판소는 2017년 11월 제3의 성을 인정하는 판결을 내렸다. 염색체 분석에서 간성으로 분류된 독일인 8만여 명뿐 아니라 트랜스젠더를 비롯해 남 · 여 한쪽의 성적 정체성을 거부하는 이들도 제3의 성으로 등록될 수 있을 것으로 보인다. 독일 연방 헌법재판소는 "개인의 정체성에 아주 중요한 역할을 하고, 다른 사람들이 그 사람을 인식하는 데도 일반적으로 중요한 역할을 한다"고 밝혔다. 연방 헌재는 개인의 기본권과 차별받지 않을 권리라는 헌법 조항이 판결 근거라고 설명했다.[16]

미국 뉴욕시는 2019년 1월 1일부터 출생신고서 작성 시 남성을 의미하는 'M'과 여성을 의미하는 'F' 대신 'X'로 표시되는 제3의 성을 사용할 수 있도록 했다. 블라지오 시장은 "새로운 법안이 출생신고서에 자신의 정체성을 더욱 잘 반영할 수 있도록 함으로써, 모든 뉴욕 시민, 특별히 트랜스젠더와 제3의 성을 가진 주민들은 더욱 힘있게 될 것이다. 또 뉴욕시는 LGBTQ(레즈비언, 게이, 양성애자, 트랜스젠더, 퀴어) 공동체의 권리를 보호하는 데 더욱 최선을 다할 것"이라는 글을 남겼다.[17]

2019년 현재 미국의 몇 개 주와 독일, 캐나다, 호주, 뉴질랜드, 인도, 파키스탄, 방글라데시, 네팔, 몰타, 캘리포니아, 뉴욕 등지에서는 이런 간성의 사람들이 정부 공식 문서에 엄연히 "제3의 성"으로 인정을 받고 있다.[18]

우리나라에서도 국가인권위원회의 진정서 양식에 제3의 성을 공식적으로 사용할 수 있도록 진정서 양식을 바꾼다. 성별 정체성이 남성 혹은 여성

---

15 이보라, "인권위, 국내 최초 공문서에 '제3의 성' 인정," 「경향신문」 2019. 03. 29.

16 이본영, "독일, 남 · 여 아닌 '제3의 성' 공식 인정," 「한겨레신문」 2017. 11. 09.

17 강혜진, "뉴욕시, 남성 · 여성 아닌 '제3의 성' 공식 인정," 「크리스챤투데이」 2018. 10. 01.

18 심윤지, "독일, 남성 · 여성 아닌 '제3의 성' 인정," 「경향신문」 2019. 01. 11.

으로 정해지지 않는 '논바이너리'(Non-binary), 트랜스젠더 등 다양한 성소수자를 포용하겠다는 취지의 결정이다. 공공기관 공문서에 지정되지 않은 성별의 기입란을 만드는 것은 인권위가 처음이다.[19]

최근 보수 신앙을 가진 목사의 간성으로 태어난 아이에 관한 다큐멘터리[20]가 방송되기도 하였다. 이상범 목사는 한 인터뷰에서 다음과 같이 그 심경을 토로했다.

> 처음 우리 아이에게 문제가 있다는 사실을 확인했을 때 많이 당황스러웠다. 시간이 지나면서 '하나님이 왜 우리 가정에 이 아이를 허락하셨나', '하나님이 원하시는 게 뭘까' 질문하게 되더라. 사실 나는 성소수자나 동성애 이슈에 별 관심이 없었다. 성경에서 동성애를 죄악시하고 있고, 일반적으로도 혐오 대상이라 생각했다. 나와 전혀 관계가 없었으니까.
>
> 남성도 아니고 여성도 아닌, 염색체상으로는 남성이지만 성기가 발현되지 않은 상태로 태어난 우리 아이를 만나고 난 뒤, '동성애자나 트랜스젠더 같은 성소수자가 되는 데는 이유가 있겠구나' 생각했다. 아이를 통해 성소수자에 대해 알아 가는 과정에서 '하나님이 우리 가정과 교회 케이스를 통해 복음이 필요한 현장을 보게 하시는구나' 하는 생각이 들었다.[21]

이처럼 제3의 성이 현존하는 현실을 부정할 수 없다. 그리고 남녀 간의 이성애뿐 아니라 동성애와 양성애, 무성애[22]와 범성애[23]를 지향하는 성소수

---

19 이보라, "인권위, 국내 최초 공문서에 '제3의 성' 인정," 「경향신문」 2019. 03. 29.

20 EBS 다큐잇it, "가족사진" 편, 2020. 08. 27.

21 여운송, "보수 신앙 가진 목사, 간성으로 태어난 아이," 「뉴스앤조이」 2020. 09. 18.

22 무성애(無性愛, Asexuality)는 타인에게 성적인 끌림을 느끼지 않거나 성행위에 대한 관심이 적거나 부재한 지향성을 일컫는 단어다.

23 범성애(汎性愛, Pansexulity)는 남성, 여성을 구분 짓지 않는 사랑을 말한다. 남녀 이원론의 입장에서 성별을 구분하는 양성애와는 전혀 다른 개념이다. 사람을 여성 또는 남성으로 구

자가 있는 것을 현실로 받아들이는 추세다.

3. 창조 질서를 거역하는 죄는 동성애뿐인가

동성애가 하나님의 창조 질서를 거역하는 것이며, 소돔 사건이 말해주듯이 하나님의 진노를 불러일으켜 인간 사회를 멸망시킬 수 있는 모든 범죄 중 죄질이 가장 나쁜 죄악이라는 이유로 반동성애를 주장하는 이들도 있다.

오늘날 관점에서 보면 성적 사용의 역리만이 자연 질서를 거역하는 것은 아니다. 더욱 광범위하게 창조 질서에 도전하는 불신앙은 대량 학살과 전쟁이다. 창세기는 "사람은 하나님의 형상대로 지음을 받았으니, 누구든지 사람을 죽인 자는 죽임을 당할 것이다"(창 9:6)라고 하였다. 십계명에도 "살인하지 말라"고 명하였다. 제1차 세계대전과 제2차 세계대전은 수천만 명을 대량 학살하여 창조 질서에 도전하는 범죄를 저지른 것이 된다. 동성애가 대량 학살보다 더 창조 질서에 도전하는 가중한 죄라고 볼 수 없다는 주장이다.

최근에는 '창조의 보전'이라는 생태 신학의 관점에서 보면 자연을 착취하고 훼손하여 결과적으로 생태계를 파괴하고 서식지가 사라지게 하여 무수한 동식물의 종이 지구에서 멸종하는 비극을 초래한 것에 대한 여러 통계가 제시되고 있다. 2017년 7월 멕시코 국립자치대학과 미국 스탠퍼드대학 공동 연구팀은 서식지의 축소로 멸종 위기 동물이 급증하는 연구 결과를 보고했다.

> 연구팀이 177종의 포유류를 정밀 분석해 보니, 모든 종에서 1900년부터 2015년 사이에 30% 이상의 서식 면적이 줄어든 것으로 조사됐다. 80% 이상의 서식 면적이 줄어든 종도 절반 가까이나 됐다. 개체 수와 서식 면적의 감소는 멸종위기종이 아닌 동물들에서도 일어났다. 예로 10~20년 전

분하지 않고 정체성 또한 신경 쓰지 않으며 사람 그 자체를 사랑하는 것을 말한다.

멸종 위기가 아니었던 몇몇 종들은 이제는 멸종위기종에 포함됐다. 2016년 현재 치타는 7천 마리밖에 남지 않았고, 보르네오와 수마트라 오랑우탄은 5천 마리가 채 남지 않았다. 아프리카 사자 수는 1993년의 43%에 불과하고, 천산갑은 거의 멸종했다. 기린은 1985년 11만 5천 마리에서 2015년 9만 7천여 마리로 줄었다.[24]

21세기 말에는 지구상의 인구가 100억에 육박할 것으로 예상한다. 생육하고 번영하여 인구가 과밀할 경우 대량 생산과 대량 소비, 인간의 탐욕으로 "서식 환경 축소, 남획, 인공미생물, 공해, 독성물질, 기후변화 등"을 초래하여, 결과적으로 하나님께서 창조한 동식물의 멸종을 불러일으킨다면, 이 역시 동성애 못지않은 창조 질서에 대한 엄청난 도전에 해당한다는 것이다.[25]

이런 까닭에 1983년부터 세계기독교교회협의회(WCC)에서는 현대에 와서 새롭게 부각된 생태계의 파괴와 멸종의 문제를 신학적으로 수용하여 '창조의 보전'을 주요한 신학적 주제로 삼아 논의하였다. 그리하여 '정의, 평화, 창조의 보전'(Justice, Peace and Integrity of Creation)이라는 주제로 1986년과 1990년에 2차 신학자대회를 개최하였다.[26]

4. 성의 목적은 오직 출산을 위한 수단인가

아퀴나스는 로마서 본문(1:27)에 언급된 자연을 거역하는 "부자연스러운(unnatural) 죄는 생식(generation)이 기능하지 않는 행동을 가리킨다"[27]고 하

---

24 이본영, "인류 제6의 대멸종 예상보다 심각하다," 「한겨레신문」 2017. 07. 12.

25 J. S. Spong, 『성경과 폭력』 (서울: 한국기독교연구소, 2007), 63-77.

26 한국기독교사회문제연구원 편, 『정의, 평화, 창조 질서의 보전 세계대회자료집』 (서울: 민중사), 1990.

27 Aqinas, *Summa theologiae,* 2a2ae. Q. 154, art. 11; 손호현, "동성애와 신학적 인권 — 토마스 아퀴나스의 성(性)의 신학을 중심으로," 67.

였다. 그는 설정(泄精)이나 자위처럼 생식이라는 목적을 실현시키지 못하는 성행위는 '살인 다음으로 심각한 범죄'라고 보았다. 지금도 동성애를 거부하는 기독교인들이 내세우는 강력한 논리 중 하나는 동성애가 창조의 질서를 거역하는 것이며 출산과 무관한 성행위라는 것이다.

그러나 아퀴나스는 출산이 성행위의 유일한 목적은 아니며 출산을 가져오지 않는 성관계 그 자체가 죄는 아니라는 것도 최소한 인정했다. 성관계의 목적은 생물학적 생식과 출산 외에도 사회적 측면에서 동반자와의 친밀한 관계의 강화 혹은 외로움의 극복 등을 포함할 수 있다. 창세기 2장 18절은 하나님이 동반자를 주신 이유가 반드시 출산해야 하기 때문이라기보다는 홀로 존재하는 독거의 외로움을 가엽게 여기셨기 때문이라고 한다.[28]

이런 점에서 프리틀란터(Benedict Friedläender, 1866~1908)는 동성애도 사랑의 한 방식이라고 주장한다. 그는 사랑을 세 종류로 나누었다. 생식을 위한 사랑, 가족을 구성하는 사랑, 사회를 구성하는 사랑인데, 동성애는 '사회를 구성하는 제3의 사랑'이라는 것이다.

> 인간의 가장 중요한 특징은 생식과 가족이 아니다. 사회성이다. 인간이 결속하지 않으면 자연에 대한 지배도, 생산력의 발전도, 정신적인 힘의 고양도 이루어지지 않는다. 창조력은 온전히 사회성의 소산인 것이다. 인간을 인간답게 만들어 주는 것은 "제3의 사랑"인 것이다.[29]

국내에서도 2015년에 동성 결혼과 관련하여 출산과 양육의 문제가 제기되었다. '동성애허용법안반대국민연합'은 "동성 부부는 출산과 양육이 불가능하며, 동성애가 저출산을 확산시킨다"고 주장하였다. 이에 대해 '차별 없

---

28 같은 글, 68.

29 김학이, 『나치즘과 동성애: 독일의 동성애 담론과 문화』 (서울: 문학과지성사, 2013), 112.

는 세상을 위한 기독인연대'는 "생물학적으로 동성 부부간의 출산은 불가능한 것이 사실"이지만, 출산에 도움이 되지 않는 관계가 모두 부정되어야 한다면, 이와 관련된 장애인 간의 사랑과 결혼이나 혼인 이후에도 다양한 이유로 행해질 수 있는 일절 피임 역시 사회적으로 비난받아야만 한다는 모순을 지적하며 "사랑은 다만 사랑 그 자체로 인정되어야 한다"고 주장했다. 그리고 현재 한국 사회에서 우려하고 있는 저출산 문제는 동성애 외에도 "급진적으로 진행된 산업화, 출산 · 육아에 있어 마땅히 제공해야 할 사회 제도적 장치의 부족, 비정규직 및 실업의 증가로 인해 양육 능력 상실 등의 다양한 원인에서 기인"한다고 반박했다.[30]

5. 인간과 동물 세계에도 동성애는 자연스러운 현상이 아닌가

동성애는 자연의 순리가 아니며 그것은 자연적인 현상에 반하는 행태이므로 자연의 순리에 따라야 한다고 주장되어 왔다. 그러나 현대에 접어들면서 동성애가 반자연적인 현상인가 하는 논의 역시 다양하게 제기되었다.

킨제이는 5,300명의 남성을 대상으로 조사한 『남성의 성생활』(1948)에 이어 5,940명의 여성을 상대로 조사한 『여성의 성행동』(1953)을 발표하였다. 킨제이에 의하면 배타적인 동성애는 남성의 4%와 여성의 2%에 불과하지만, 모든 유형의 남성 동성애자를 합하면 54%이고, 모든 유형의 여성 동성애를 합하면 18%가 된다고 하였다.[31]

포드(Clellan Ford)와 비치(Frank Beach)는 『성행동의 형태』(1951)라는 공저에서 76개의 사회를 연구한 결과 49개의 사회에서 동성애 활동이 규범화되고 사회적으로 수용되는 것을 발견했다.[32]

---

30 "'인생은 아름다워' 드라마 둘러싼 동성애 논박, 수면 위로," 「가톨릭뉴스 지금여기」 2010. 06. 09.

31 Alfred C. Kinsey, *Sexual Behaviour in the Human Male* (Philadelphia: Saunders, 1948), 650-651.

1963년 영국에 있는 친우회의 한 위원회는 "동성애 그 자체는 선으로도 악으로도 사용될 수도 있는 매우 자연스럽고 도덕적으로 중립적인 상태이고 왼손잡이보다 더 슬퍼해야 할 필요가 없는 상태"[33]라고 주장했다.

그동안 동물들의 짝짓기는 오로지 '종족 번식'만을 위한 행위로 알려져 왔다. 2008년 노르웨이와 미국의 공동연구팀은 "동물들의 동성애 현상은 매우 광범위하고 흔한 것"이라는 내용의 논문을 과학 저널 「네이처」에 발표했다. 펭귄, 돌고래, 벌레, 개구리, 연어 등 무려 1,500종이 넘는 동물 종에서 동성애가 이뤄진다는 사실을 확인했다고 한다.[34]

동성애가, 소수이긴 하지만, 인간뿐 아니라 동물들 간에서 흔히 발견되는 본성적 특질이라는 것이다. 동성애가 자연적 본성의 순리를 거역하는 죄(롬 1:26)로 여겨져 온 전통적인 관점을 뒤집는 연구 결과를 접한 동성애자들은 동성애가 자연에서 일어나는 보편적인 현상이라 주장할 수 있게 되었다. 그러나 동성애가 인간뿐 아니라 동물 사이에도 자연적인 현상이라는 주장에 대한 반론도 없지 않다.

첫째로 동물들의 동성애는 암컷과 수컷의 성비가 불균형일 때 성적 갈등을 해결하고자 일어나는 성적 행동으로 이해해야 한다는 반론이 제기되었다.[35] 따라서 동성애가 자연의 순리에 어긋나는 행위라는 주장은 설득력을 잃게 되었다고 볼 수 있지만, 여전히 인간과 동물의 동성애를 동일시할 수 없다는 것이다. 동성애에 대한 성적 욕구가 이들의 주장처럼 자연스러운 것이라 할지라도 인간의 또 다른 여러 욕구와의 조화를 이루어야 하는데, 동성애에서는 이러한 다양한 욕구를 충족하기 어렵다는 비판도 제기된다.

---

32 박노권, "동성애에 대한 목회상담학적 접근," 「한국기독교신학논총」 28(2003), 254.

33 Marion L. Soard, *Scripture and Homosexuality*, 43.

34 "동물 세계에서는 동성애가 흔하다," 「한겨레신문」 2018. 05.

35 박성환, "동성애(Homosexuality) 논쟁: John R. W. Stott의 목회적 대안," 「복음과 실천신학」 46(2018), 142.

인간의 자연적인 욕구와 충동이 모두 정당한 것은 아니기 때문이다.[36]

둘째로 동성애 옹호자들은 선택의 여지가 없는 동성애는 자연적인 것이고 자신의 본성을 따르는 성적 지향은 죄가 아니라는 논리를 편다. 이를 반대하는 일부 신학자들은 성서가 말하는 "죄는 자연을 거역하는 것이 아니라 하나님의 뜻을 거역하는 것"이라고 반론한다.[37] 그렇다면 오늘날 동성애자를 차별하거나 혐오하지 않고 그들을 있는 그대로 환대하고 그들의 인권을 보호해 주는 것을 과연 "이웃을 사랑하라"는 하나님의 뜻에 어긋나는 것일까 하는 근원적인 문제로 되돌아간다.

미국 성공회 총회에서 여자 신부로서는 최초로 캐서린 제퍼츠(Katharine Jefferts)가 2006년에 주교로 선출되었다. 그녀는 "동성애는 하나님의 선물이기 때문에 죄가 아니다"라고 선언했다. 네바다주의 감독인 그녀는 CNN과의 인터뷰에서도 동성애가 죄냐는 질문에 대해 "하나님이 인간을 창조하실 때 각기 다른 선물들을 주셨기 때문에 동성애는 죄가 될 수 없다. 우리는 하나님이 즐기라고 주신 여러 가지 선물 중에서 선택할 수 있다. 어떤 사람은 다른 이성에 대해서 매력을 느낄 수 있고, 어떤 사람은 동성에 대해서 매력을 느낄 수 있다"고 대답했다.[38]

호주 연합 교단의 내부 문건에서는 "과학적 연구는 일반적으로 사람들이 같은 동성임에도 매력을 갖게 하는 요소를 가지고 태어난다는 것을 뒷받침해 주고 있다"고 하였다. 그리고 "이러한 지식은 동성애 간의 성적 매력 또한 하나님의 선하심의 한 부분으로 그리고 자연스러운 것이 아니라는 표현보다는 다양한 창조 섭리로 이해될 수 있다고 볼 수 있음을 지지한다"고 밝히고 있다.[39]

---

36 박노권, "동성애에 대한 목회상담학적 접근," 255.

37 위의 글, 230.

38 기독교윤리연구소 편, 『동성애에 대한 기독교적 답변』, 125.

39 "호주연합교회 동성애 결혼 받아들이는 것으로," 「예장뉴스」 2018. 07. 16.

6. 구약의 어떤 율법은 당시에만 타당한 한시적 규범이 아닌가

구약의 율법 중 일부는 당시의 시대상을 반영한 것이므로 '한시적으로만 타당'할 뿐 우리 시대에도 적용할 수 있는 '항구적인 법'이 아니라는 주장이다.

구약성서에는 크게 3대 법전이 있는데, 시내산 계약 법전(출 20-30장)과 신명기 법전(신 12-26장)과 성결 법전(레 17-26장)이다. 이 법전들에는 주로 제사(출 20:24-26)나 유월절 등 각종 절기(신 23:1-44)에 관한 의식법, 사법제도에 관한 시민법(신 17:8-13, 19:15-21), 제사장(레 21:1-4)이나 산모(레 12장)의 정결법, 먹을 수 없는 부정한 짐승 목록(레 11장; 신 14장) 등이 있다. 그러나 지금은 이 모든 율법이 폐기되었다.

정한 음식과 부정한 음식에 관한 규정이나 식사 전 손 씻기 등 정결례는 예수에 의해 거부되었다(마 15:18-20). 제사장과 제사에 관한 규정 등도 예루살렘 멸망 이후의 신약성서 시대에 이미 사라졌다. 신약 시대에 스데반에게 시행된 투석형이나 바울이 당한 '40에 하나 감한 매질'과 같은 시민법도 근대의 법 정신에 따라 모두 폐기되었다.

성서를 문자적으로만 해석하면 "제사장 아론의 자손 중에 흠이 있는 자는 나와 여호와께 화제를 드리지 못할지니"(레 21:21)라고 하였으며, "여성은 교회에서 잠잠하라"(고전 14:34) 했으니 장애인과 여성은 목회자가 될 수 없다. 그러나 오늘날 대부분 교단에서는 장애인과 여성에게도 목사 안수를 부여한다. 동성 결혼까지 허용하는 국가들이 늘어나는 상황에서 성경이 '동성애를 죄'로 규정한 것을 문자적으로 적용해서는 안 된다는 주장이 제기된 것이다.

그러나 십계명에 나오는 우상숭배, 살인, 도적질, 거짓말하는 것을 금지한 것은 현대에도 여전히 유효하므로 동성애도 여기에 포함시켜야 한다는 반론이 제기된다.[40] 동성애는 시대의 변화와 상관없이 유효한 신앙 지침인지에 대한 논쟁이 생기는 것이다.

7. 죄에 대한 기준도 시대와 문화에 따라 다르지 않은가

죄는 사회 문화적 산물이므로 죄에 대한 규정은 사회 문화적 배경에서 이해되어야 한다. 구약성서에는 당시의 사회 문화적인 특수성을 반영하여 일부다처제나 시행제결혼법(신 25:5-10)을 합법화하였다. 반면에 오난의 설정(창 38:9)이나 생리 기간의 여성과 성관계(레 15:19-24, 18:19)는 금지하였다. 심지어 결혼한 여성이 처녀가 아닌 것으로 드러나면 돌에 맞아 죽어야 했다(신 22:13-21). 지금은 일부다처제나 시형제결혼제는 모든 불법으로 여기며, 반면 설정(泄精)이나 생리 중 성관계는 죄악시하지 않는다. 혼전 순결 여부에 따라 사형으로 처벌하지도 않는다.[41]

지혜서인 잠언에는 "자식을 채찍으로 훈계하라"는 내용(잠 23:13-14, 참조 잠 22:15, 29:15)이 여러 번 나온다. 우리나라에서도 전통적인 유교식 교육 방식인 회초리와 채찍을 사용하는 것, 즉 초달(楚撻)과 교편(教鞭)을 지도편달(指導鞭撻)로 정당화하여 온 것이다. 그러나 이러한 부모와 교사들에 의해 '사랑의 매'로 미화된 교육적 체벌조차도 1970년대에 들어와서는 여러 선진국에서 폭력에 해당하는 불법으로 처벌하도록 규정하였다.[42] 자녀나 학생이 잘못했을 때 '사랑의 매'를 가할 수 있다면, 부모나 교사가 잘못했을 때는 자녀와 학생이 그들에게 '사랑의 매'를 사용할 수 있어야 한다. 따라서 '사랑의 매'는 신체적 징벌로서 비인도적일 뿐 아니라 강자의 일방적인 권리이므로 공정하지 못한 힘의 부당한 사용이요 폭력이라는 것이다. 구약시대에는 부모에게 훈계를 위한 체벌을 권하였지만, 현재는 어떤 형태의

---

40 신득일, 『구약의 동성애 법』, 151.

41 곽분이, "동성애에 대한 성서의 입장," 「한국여성신학」 27(1996, 가을): 52-63.

42 J. S. Spong, 『성경과 폭력』 (서울: 한국기독교연구소, 2007), 205-213, 217.

체벌이든 그것은 가정폭력으로 간주되는 상황 변화가 일어난 것이다.

우리나라도 2011년 '가정폭력범죄의 처벌 등에 관한 특례법'이 제정되었고, 이 법에서 "가정폭력이란 가정 구성원 사이의 신체적, 정신적 또는 재산상 피해를 수반하는 행위를 말한다"고 정하고 있다. 이처럼 '아동 폭력'이 사회적 문제가 되고 있으며, '아동 학대'에 대해서는 가중 처벌을 하고 있다.

예수께서는 산상수훈에서 "너희들도 들은 것처럼 옛사람은… 라고 명한다. 그러나 나는 너희에게 이르노라"라고 다섯 번이나 거듭해서 말하고 있다(마 5:21-22, 27-28, 33-34, 38-39, 43-44). 구약성서의 계명을 새로운 시대의 상황 속에서 새롭게 해석한 전례로 볼 수 있다.

십계명에도 명시되어 있는 살인이나 도적질이나 거짓 증거는 수천 년 전이나 지금이나 여전히 종교적으로나 사법적으로 범죄로 규정되고 있다. 이와 달리 동성애는 수천 년 동안 범죄로 여겨져 사형과 화형에 처하기도 하였으나, 1960년대 이후 미국을 비롯한 여러 나라에서 동성애 처벌법은 모두 철폐되었다.

이 책 2부 2장 "근대 이후 동성애 합법화의 역사"에서 자세히 다루겠지만, 동성애는 예외적으로 시대의 변화에 따라, 현대에 와서 비범죄화의 과정을 **거쳐왔다는 특수성**을 인정해야 한다. 이 책 제5부에서 말하듯이 이제는 일부 교회이긴 하지만 동성 결혼과 동성애자 성직 안수를 허용하기에 이르렀다.

성서 시대에는 동성애가 죄로 규정되었지만, 현시대에 맞게 재검토되어야 한다. 2003년 6월 26일에 동성애 행위는 헌법상 '자유에 의해 보호'되어야 한다고 판시했을 때[43] 선스타인(Cass R. Sunstine)은 동성애 금지법을 폐지하고 동성애를 법적으로 허용해야 하는 근거를 다음 네 가지로 제시하였다.[44]

---

43 최희경, "미국의 동성애에 관한 연방대법원판례," 「법학논집」 8-1(2003): 33-54; 서현진, "미국의 소수자 권리보호에 관한 연구," 「국제정치논총」 43-4(2003. 12.): 279-280; 허순철, "미국헌법상 동성애," 「공법학연구」 9-1(2008. 2.), 128.

① 동성애자의 자기결정권을 존중해야 하며, 동성애는 제3자에게 해를 끼치지 않는 사적(私的)인 성행위이다.

② 동성애 처벌로 인해 정당한 국가의 이익이 없기 때문에 동성애에 대한 형법상 금지는 위헌이다.

③ 형법이 공공의 지지를 상실할 경우 실효적으로 적용될 수 없으므로 동성애 금지법의 위헌이다.

④ 동성애 금지법은 헌법상의 자유와 평등의 원칙을 위반한 것이기 때문에 위헌이다.

요약하자면 성서 시대에는 동성애를 죄로 규정하였지만, 현대 사회에서는 동성애를 죄로 규정할 근거와 사회적 합의가 사라졌다는 것이다.

8. 종교적인 죄와 형법적인 범죄에 대한 기준이 다르지 않은가

십계명에는 "간음하지 말라", "남의 아내를 탐내지 마라"라는 규정이 있고, 간음한 남녀 모두 돌로 쳐 죽이도록 했다(레 20:10, 24:16; 신 22:20-24; 요 8:3-5). 구약성경은 일관되게 간음을 사형에 해당하는 중죄로 규정한다.

현대에 와서 대부분의 나라에서는 간음을 형법상의 범죄로 규정하거나 처벌하지는 않는다. 우리나라 경우도 최근까지 형법 제241조(간통)에 따라 "배우자 있는 자가 간통한 때에는 2년 이하의 징역에 처한다"고 하였으나, 사적인 영역의 일에 형법이 개입하는 것은 위헌이라는 의견이 꾸준히 제기되어 왔다. 마침내 대법원은 "간통은 윤리적 비난 대상일 뿐 죄가 아니다. 간통에 대한 처벌은 배우자와의 애정이 깨진 다음에도 결혼생활을 유지토록 강요함으로써 인간의 존엄성을 침해한다"는 다수 의견이 반영되어 "형

---

44 허순철, "미국헌법상 동성애," 124.

법 241조(간통)는 헌법에 위반된다"고 결정하였다. 2016년 1월 6일 형법에서 간통제가 삭제되었다. 1953년부터 62년간 이어온 간통죄가 폐지된 것이다. 이로써 간통은 더 이상 형사상의 범죄가 아니라 민사상 손해배상청구의 대상으로만 남게 되었다.

구약의 율법에는 실제로 "간통한 자를 투석형"으로 처벌하도록 했지만, 예수는 "여자를 보고 음욕을 품는 자마다 마음에 이미 간음"한 것(마 5:28)이라고 하였다. 이 가르침을 문자적으로 지키기 위해 지금도 가톨릭교회의 수도사들은 절대 청빈과 절대 순결을 서약하고 이를 지켜오고 있다. 이러한 수도 규칙을 그대로 사법적으로 적용할 수는 없을 것이다. 그러나 간통죄 폐지로 인해 '음욕을 품는 것'은 종교적으로 죄(sin)이지만, 더 이상 형법상의 범죄(crime)가 되는 것은 아니다.

반면에 강간과 근친상간과 수간은 성경이 말하는 종교적인 죄인 동시에 여전히 대다수 국가에서는 여전히 형법상 범죄로 규정한다. 따라서 죄를 종교적인 죄(sin), 도덕적인 잘못(immoral), 형법적인 죄(crime)로 구분해서 봐야 한다는 것이다.

김근주는 성경이 규탄하는 죄는 근본적으로 '관계의 파괴'라고 했다. 그는 권력관계 안에서 일어나는 약자에 대한 유린이나 사회 안에 가득한 성차별 구조, 다수가 소수를 모욕하고 반대하는 것이 관계를 파괴하는 본질적인 죄라고 본다. 따라서 "서로 사랑하는 남자와 남자, 여자와 여자가 함께하고자 할 때 두 사람이 대체 무슨 관계를 파괴하는가. 지금 우리가 만나는 동성애자들은 단지 이성애자들처럼 소박하게 서로 사랑하고 데이트하며 함께 살고 싶어" 하는데 그들을 죄인으로 매도할 수 있는가 반문한다.[45]

---

45 여운송, "성경은 정말 동성애를 반대하나 — 김근주 교수 '성경 저자들은 동성애 개념 알지 못해… 고대 텍스트 곧바로 현대에 적용하니 문제'," 「뉴스앤조이」 2020. 06. 17.

9. 동성애보다 죄질이 나쁜 죄가 얼마나 많은가

한국 교회는 그동안 '술 마시는 것과 담배 피우는 것'과 같은 것을 심각한 죄로 규정하여 왔다. 그러나 성경에 술에 관한 구절을 모두 조사해 보면 "술을 먹으라"[46]는 것과 "술을 먹지 말라"[47]는 것이 반반으로 나온다. 그러나 '담배'에 대한 언급은 없다. 그 대신 "하나님은 뇌물을 받지 않는다"(신 10:17 등), "뇌물을 주지도 받지도 말라"(신 16:19 등), "뇌물을 받고 불의한 재판을 하지 말라"(삼상 8:3 등)는 등 뇌물이라는 단어가 30번 나온다.

전직 대통령 두 분이 뇌물수수 등으로 수감되었다. 2021년 1월 14일 대법원에서 박근혜 전 대통령에게 징역 22년을 확정했다. 2020년 10월 29일에는 대법원에서 이명박 전 대통령에게 징역 17년을 확정했다. 전직 대통령 두 명을 감옥에 동시에 가둔 전무후무할 일이 우리나라에서 벌어진 것이다. 그만큼 우리나라에 뇌물수수가 일상화되었다는 뜻일 것이다.

평생 교회를 다니면서 뇌물에 관한 설교는 거의 들어 보지 못했다. 예수 믿고 개인 건강을 해치는 "술이나 담배를 끊었다"는 간증은 많이 들었으나, 부정부패의 온상이요 적폐의 뿌리이며 두 전직 대통령을 감옥으로 가게 만든 "뇌물을 주거나 받는 것을 끊었다"는 간증은 들어 보지 못했다. 한국 교회가 '술과 담배'의 죄를 지나치게 강조하고 '뇌물과 불의'의 죄는 간과하였기 때문에 수많은 총대가 교단 총회장 선거 동안 수억 원의 뇌물을 주고받아 왔다. 그리고 고위직 기독교인들이 뇌물수수나 횡령 등으로 감옥에 가기도 했다. 신앙의 우선순위가 전도된 것이다.

---

46 "독주는 죽을 사람에게나 주어라. 포도주는 상심한 사람에게나 주어라"(잠 31:6); "이제는 물만 마시지 말고 위장을 위해서나 자주 앓는 그대의 병을 위해서 포도주를 좀 마시도록 하시오"(딤전 5:23).

47 "잔에 따른 술 빛깔이 아무리 빨갛고 고와도 거들떠보지 말아라"(잠 23:31); "술 취하지 말라 이는 방탕한 것이니"(엡 5:18).

마찬가지로 앞에서 살펴본 것처럼 명시적으로 '동성애를 금지'한 성경 구절은 5번(레 18:22, 20:13; 고전 6:9; 딤후 1:10; 롬 1:27)뿐이지만, '뇌물 금지'는 30번이나 된다. 성서가 강조하는 우상(권력, 물질, 명예)숭배, 살인, 간음, 도둑질, 거짓 증거, 탐욕, 뇌물수수 같은 죄는 공동체에 파급되는 부정적인 측면이 실제로는 '동성애'라는 개인적 행위보다 비교할 수 없을 정도로 심대하기 때문이다.

성경도 이 점은 분명히 하고 있다. 소돔 사람들의 죄보다 더 큰 죄에 대한 언급이 여러 차례 등장한다. 예레미야는 "예전에는 저 소돔 성이 사람이 손을 대지 않아도 순식간에 무너지더니, 내 백성의 도성이 지은 죄가 소돔이 지은 죄보다 크구나"(애가 4:6)라고 탄식하였다.

예수는 12제자를 천국 복음을 전파하도록 파송하면서 "너희를 영접하지도 아니하고 너희 말을 듣지 아니하는" 집이나 성은 "심판 날에는 소돔과 고모라 땅이 그 고을보다는 견디기가 쉬울 것이다"(마 11:20-22; 눅 10:10-13)라고 하였다. 나그네인 제자들을 영접하지 않고 복음에 냉담한 것을 더 큰 죄로 여긴 것이다. 그리고 예수께서 가장 많은 권능을 행한 가버나움이 회개하지 않는 것을 보고 소돔보다 더한 잘못이라고 책망하였다(마 11:23-24). 회개하지 않는 죄가 더 크고 무겁다는 것이다.

'동성애의 죄'를 선택적으로 극단화함으로써 신앙의 우선순위가 전도될 수 있다. 실제로 우리 사회에 만연해 있는 간음과 강간과 같은 성적 문란이나 성폭력에 둔감해져서 성 문제로 사임하는 목회자가 적지 않다. 동성애가 죄라고 외치는 교회의 목소리가 높아지면 높아질수록 동성애자가 줄어들기는커녕 교회의 여러 비리로 인한 교회에 대한 반감만 늘어난다. 그리고 교회가 동성애를 죄라고 강조하다 보니 동성애에 대한 혐오와 증오는 교회를 통해 더욱 증폭된다.[48]

---

48 박종원, "로잔운동을 통한 동성애 이해와 선교적 고찰," 「복음과 선교」 33(2016): 33-34.

세상에는 동성애보다 더욱 심각한 사회적 죄악과 적폐가 많음에도 불구하고 '동성애만 죽을죄'인 것처럼 분노하는 것은 예수께서 말씀하신 것처럼 "하루살이는 걸러내고 낙타는 삼키는"(마 23:24) 위선적이고 왜곡된 선택적 정의이다.

10. 동성애 때문에 교회와 나라가 망하는 것일까

이 책 1부 2장에서 자세히 다룬 것처럼 예수께서는 소돔의 죄를 '동성애'가 아니라 "나그네를 학대하지 말라"(출 22:21 등)는 계명을 어긴 것으로 보았다. 12제자를 파송하면서 "너희를 영접하지도 아니하는 성이나 마을이나 집"이 있다면 그들은 "소돔과 고모라의 심판을 받을 것"(마 10:5-15)이라고 하였다.[49]

동성애 때문에 나라와 교회가 망한다는 생각을 가진 교계 지도자들이 열성적인 반동성애 활동을 벌이고 있다. 그러나 2015년 질병관리본부의 '전국 성의식 조사'에 의하면 한국의 경우 '동성애 경험이 한 번이라도 있다고 답한 사람'은 0.3%였다. 0.3% 동성애자 때문에 교회가 해체되지는 않는다.

'가나안 신자'가 교회를 떠난 것이 동성애 때문일까? 아니다. 권위적이고, 세속적이고, 시대에 뒤떨어진, 상식조차 통하지 않는 일부 교회 지도자들 때문일 것이다. 진화론, 공산주의, 이슬람 등 외부 세력 때문에 기독교가 망하는 게 아니다. 중세 교회의 부패상에서 보듯이 로마 박해에도 살아남은 기독교의 적은 항상 내부에 있었다.

그럼에도 불구하고 1세기의 유대 철학자 필로(Philo)가 처음으로 소돔의 멸망 원인을 동성애로 지목한 이래 아우구스티누스와 아퀴나스와 칼뱅이

---

49 신득일, "소돔의 죄: 동성애인가? 약자에 대한 냉대인가?," 「성경과 신학」 48(2008): 7-36; Daniel A. Helminiak/김강일, 『성서가 말하는 동성애: 신이 허락하고 인간이 금지한 사랑』 (서울: 해울, 2003), 40, 49.

같은 주장을 반복하여 '동성애 소돔 멸망설'이 전혀 비판 없이 계승되어 왔다. 그 영향으로 동성애 반대자들은 소돔처럼 '동성애 때문에 교회와 나라가 망할 것'이라는 잘못된 프레임에 갇혀 있다.[50]

지난 2,000년 동안 언제나 알게 모르게 존재해 왔던 성소수자 때문에 망한 교회나 나라는 없었다. 반면에 성소수자를 강제수용하고 학살한 나치 정권이 망했다. 동성애 반대 활동에 열정적으로 앞장서는 일부 기독교 지도자들의 정치적 의도를 가진 위세(威勢)로 인해 교회가 '무차별적 사랑과 환대의 공동체'가 아니라 '배타적 차별과 혐오의 전위대'라는 오명을 뒤집어 쓰고 있는 것이다.

11. 이단이라도 동성애만 비판하면 정통 신앙이 되는가

최근 한국의 주요 교단이 이단으로 규정한 변승우는 노골적으로 앞장서서 "동성애를 옹호하는 자가 진짜 이단들"이며, 동성애 "차별금지법은 공산화 전략"이라는 설교를 비롯하여 동성애를 비판하는 주제의 설교 수십 편을 유튜브에 게재하였다. 『동성애 쓰나미』(2018)라는 책을 통해 동성애는 이단이라고 주장한다. 예장고신, 합신, 통합, 합동정통, 합동 등 다섯 개 교단은 지난 2009년 9월 총회에서 사랑하는교회(구 큰믿음교회)의 변승우의 가르침은 이단성이 있다며 '참여 및 교류 금지'를 결의한 바 있다.[51]

변승우 측은 '동성애동성혼개헌반대국민연합'을 주도하고 있는 부산대학교 "길원평 교수님의 '긴급 호소 문자'를 보고 1억 원을 지원토록 했습니다. 나라의 영적 위기입니다. 이제라도 정신 차리고 목사와 신자들이 일어나야 합니다"라고 하였다.[52] 이단으로 규정된 변승우 측으로부터 1억 원의

---

50 이 책 1부 2장 2절, "필로가 최초로 주장한 동성애로 인한 소돔 멸망설"을 참고할 것.

51 허호익, 『한국의 이단기독교』 (서울: 동연, 2016), 385-422. 변승우 집단의 이단성에 관해서는 제10장 "변승우 집단의 교리와 예언 및 신유사역"을 참고할 것.

반동성애 활동 후원금을 받은 것이 문제가 되자, 길 교수는 "오해의 소지가 있다고 판단하여 1억 원을 돌려줬다"고 밝혔다.

세습을 반대하는 자들이 동성애를 옹호한다는 프레임처럼 동성애 반대 운동에는 불순한 동기가 개입한 소지가 많다. 빨갱이 프레임으로 적대 세력을 만들어 탄압하듯이 역사적으로 독재자나 반공주의자, 비리가 있는 종교 지도자들 혹은 이단들이 동성애 반대 운동에 앞장서 왔다.

따라서 동성애의 옹호와 반대를 기준으로 신앙의 유무를 판단하는 단순한 이원론은 경계해야 한다는 것이다. 동성애를 반대한다고 경건한 신앙인이거나 정통 교리를 지닌 증거가 되는 것은 아니다. 동성애가 '절대 악'이 아니듯이 반동성애가 '절대선'이 아닌 것이다.

12. 동성애 반대의 배후에는 정치적 의도가 있는 것이 아닌가

한국 개신교 반동성애 혐오 동맹 광풍이 본격적으로 시작한 것은 '기독자유당' 창당 시점인 2016년 4.13 총선 무렵이다. 보수 개신교회가 '반공주의'를 전략적으로 사용해 왔으나 4.13 총선에서 우파의 새누리당(현 국민의힘)은 급속도로 약화되었다. 이런 상황에서 한국 교회의 반동성애 운동은 제도적 정치권에 진입하려고 시도해 온 기독교 정당주의자들의 '정치적 전략'으로 채택된 것이라는 주장이 제기되었다.

> 실제로 차별금지법, 학생 인권조례 등의 제정을 가로막으며 반동성애 담론을 형성해 온 교회 내 반동성애 조직이 든든한 지지 기반을 제공하는 것처럼 보였고, 미국 개신교 극우주의가 혐오주의를 앞세워 승승장구했

52 김철영, "변승우 목사 동성애 반대 후원 1억 반환," 「뉴스파워」 2017. 08. 19. 이 글은 다음카페에 개설된 '사랑하는교회'에 지난 10일 올라온 내용을 강 씨가 트윗한 것이다.

던 기억까지 더해져 기독교 정당주의자들의 꿈을 부풀렸다. 기독교 정당주의자들은 보수 분열 틈바구니에서 성소수자를 향한 대중의 뿌리 깊은 혐오를 바탕으로 강력한 정치적 지지 기반을 형성할 수 있을 것으로 기대했다. 한마디로 반동성애 운동은 애초에 진리에 대한 확고부동한 신념이 아닌 정치적, 전략적 선택의 말로일 뿐이었다는 것이다.[53]

2017년 9월 28일 서울 종로 한국기독교회관 에이레네홀에서 "한국 교회의 동성애 혐오를 경계하다"라는 주제로 열린 긴급간담회에서 다음과 같은 분석이 제시되었다.

> 한국 기독교계가 보수적인 신자들을 결집하기 위해 과거에 사용하던 '반공'이라는 기치를 '반동성애'로 전환했습니다.[54]

과거에는 반공주의가 가장 잘 드는 칼이었다면, 이제 그 칼이 무뎌지니 들고 나온 게 반동성애이고, 장차 반이슬람주의도 본격화할 것이라고 예측한 것이다.

실제로 동성애 반대 운동에 앞장서고 있는 이정훈은 우리나라에서도 "동성애라는 '젠더 이데올로기'는 기존의 좌파 이데올로기 중 가장 진화한 것으로 종교개혁의 전통이 살아있던 유럽의 교회들을 획기적으로 파괴하는 데 성공했으며, … 이 엄청난 쓰나미가 우리를 향해 오고 있다"고 주장하였다.[55]

비교적 진보적인 예장통합 측에서 동성애 이슈가 불거진 배경에는 명성교회 세습 문제라는 교회 정치적 이슈와 관계가 있다는 분석도 가능하다. 실제로 2017년 5월 17일 '국제 성소수자혐오반대의 날'을 맞아 장신대의 한 동아리 회원들이 무지개의 각기 다른 색 상의를 입고 채플에 참석, 예배가

---

53 여운송, "반동성애 운동, 진리에 대한 신념 아닌 '정치적 전략'," 「뉴스앤조이」 2020. 10. 23.

54 "빨갱이 대신 동성애 혐오로 교회 결집," 「단비뉴스」 2017. 09. 30.

55 이정훈, 『교회 해체와 젠더 이데올로기』, 229-300.

끝난 뒤 강단에 올라가 무지개가 그려진 현수막을 들고 기념 촬영을 했다. 소위 이 '무지개 사건'으로 동성애 이슈가 불거졌다. 그런데 무지개 사건이 있기 전에 교수 60명과 재학생들이 명성교회 세습 반대 성명을 내고 집회를 계속하고 있었다. 두 달 뒤인 7월에 통합 교단 장로 수련회가 열렸는데 참여한 장로 중 절반이 못 되는 2,000여 명이 "동성애 옹호하는 총장 파면하라, 교수 징계하라"라는 성명서에 사인한 것이다. 이즈음 "세습은 반대하면서, 동성애는 옹호한다"는 프레임이 생겼고, '동성애를 이단이라 규정'하라는 청원에 따라 9월 총회에서 기장 소속 임보라 목사를 '동성애를 옹호한' 이단으로 규정하였다.

이런 배경에서 '세습을 반대하는 자들은 동성애 옹호자'라는 프레임이 생겨난 것이다. 심지어 "교회 세습 선동은 동성애, 이슬람 합법화를 위한 좌파들의 전략"이라는 청와대 국민청원(2018. 09. 04.)까지 등장하였으나 참여 인원은 14명에 불과하였다.[56] 세습 반대 의견을 여러 차례 피력한 저자도 이러한 프레임의 표적이 되어 본서를 저술하여 동성애를 옹호하였다고 교단에서 출교 당한 것으로 짐작하고 있다.[57]

2020년 지방선거를 앞두고 전주에서는 기독자유당이 내건 '동성애 이슬람 없는 청정 국가'라는 현수막이 물의를 빚기도 하였다.[58] 이처럼 동성애 반대는 때때로 정치적 적대적 교리 논쟁에 이용될 수 있다. 그동안 서구에서도 독재자나 비리가 있는 종교 지도자 그리고 골수 반공주의자들이 한목소리로 동성애를 좌파 운동과 관련시켜 반동성애 운동에 앞장섰다.

반동성애 운동을 하는 단체들도 여럿 생겨나 동성애가 에이즈(AIDS) 확산, 출산율 저하, 산업인력 감소, 국가 경제 몰락을 가져오는 가정 · 사회 · 국가 파괴의 주범이라고 주장한다. 이러한 취지의 주장을 하는 자들은 '가

---

56 https://www1.president.go.kr/petitions/365626.

57 이에 관한 자세한 내용은 부록에서 다룬다.

58 조성은, "'동성애 · 이슬람 없는 청정국가'? 혐오 현수막 논란," 「프레시안」 2020. 03. 13.

짜뉴스 유포자', '범법자'라는 비판을 받았고, 그러한 비판이 인격권 침해가 아니라는 법원의 판결도 있었다.[59]

13. 예수라면 동성애자를 어떻게 대했을까

동성애에 대하여 우호적인 기독교인들은 "예수라면 동성애자들을 어떻게 대할까?"라고 질문한다. 예수는 당시 유대인들이 죄인 중의 죄인으로 여긴 세리와 창녀를 환대하고 즐거이 식탁 교제(눅 5:30)를 하였다. 그리고 예수는 두 아들의 비유에서도 예상을 깨는 놀라운 선언을 하였다.

나는 분명히 말한다. 세리와 창녀들이 너희보다 먼저 하느님의 나라에 들어가고 있다 (마 21:31, 공동번역).

'세리'는 당시의 열심당을 비롯한 민족주의자들의 시각에서 볼 때는 가장 불의한 자로 취급되었다. 마찬가지로 '창녀'는 바리새파를 비롯한 율법주의자들의 입장에서는 가장 불의한 죄인으로 취급받았다. 안식일 규정(레 23:3; 출 35:2)을 범했다고 비난을 받았을 때 예수는 "안식일은 사람을 위하여 정해졌다. 사람이 안식일을 위하여 있는 것이 아니다"(막 2:27 병행)라고 하셨다.

이처럼 사회적으로 죄인으로 취급받는 '세리와 창녀'가 회개와 상관없이 하나님의 나라에 먼저 들어간다는 예수의 선언은 신성모독에 해당하는 것이었다. 당시의 민중을 경악하게 하고 바리새인들을 격분하게 하기에 족한 파격적인 행동이었다. 이런 예수라면 오늘날 죄인으로 취급받는 차별과 적대로 인해 자살로 내몰리는 동성애자를 환대하였을 것이라는 주장이다.

---

59 최승현, "법원, 반동성애 운동가를 '가짜 뉴스 유포자', '악질 포비아 유튜버' 표현한 것, 인격권 침해 아냐," 「뉴스앤조이」 2020. 08. 24.

한국기독교사회문제연구원의 '2020년 주요 사회 현안에 대한 개신교인 인식 조사'에 의하면 "예수님이라면 동성애자를 어떻게 대할 것 같은가"라는 질문에 '그의 동성애를 받아들이고 하나님의 자녀로 인정한다'는 항목을 개신교인은 38.4%만 선택한 반면 비신자는 63.7%가 선택했다.[60] 비신자들이 오히려 예수의 무차별적 사랑의 정신을 더 잘 인식하고 있는 것으로 보인다.

14. 형법상 범죄도 병리학적 질병도 아닌데 혐오하고 차별해야 하는가

성서와 기독교 전통에서는 종교적인 죄를 정죄하는 것이 중요하게 여겨졌기 때문에 이방 종교의 관습에서 일상화되어 있는 동성애를 우상숭배에 버금가는 가중한 죄로 규정하고 사형에 처한 것이 사실이다. 심지어 히틀러 치하에서 수만 명의 성소수자들에게 '분홍빛 역삼각형'(pink triangle) 표식을 가슴에 달게 하고, 이들을 유대인과 같이 차별하며 투옥 또는 학살하였다.

그러나 20세기에 들어오면서 여러 나라에서 동성애자 처벌법이 폐지되었다. 이 내용은 2부 "동성애는 범죄인가"에서 자세히 다룬다.

한편으로 동성애는 오랫동안 질병으로 여겨져 왔다. 1952년 이후로 동성애를 정신질환으로 진단해 온 미국정신의학협회(APA)가 1973년에 공식적으로 동성애를 '정신장애' 항목에서 삭제하고 '성적 지향 장애'로 규정하였다. 1999년 세계보건기구(WHO)은 '동성애'를 '성적 지향'의 한 양식으로 규정하였다. '동성애'라는 용어도 '동일성 지향'(same-sex orientation)으로 대체하였다. 아울러 전환 치료의 폐지를 촉구했다. 이 내용은 이 책 제3부 "동성애는 질병인가"와 제4부 "동성애는 소수의 성지향인가"에서 자세

---

60 권종술, "개신교인 42% 차별금지법 찬성, 반대는 38%… 보수적 개신교 여론 변화," 「민중의 소리」 2020. 11. 15.

히 다룬다.

이런 배경에서 동성애는 더 이상 범죄도 질병도 아닌 상황에서 성소수자를 차별해서는 안 된다는 인권 조례들이 이어졌다. 2000년 12월 유럽연합(RU회의)이 〈권리장전〉 21조를 통해 "성별, 인종, 민족, 유전적 형태, 언어, 종교 또는 신앙, 정치적 혹은 기타 견해, 소수자, 재산, 출생, 무능력, 나이 또는 성적 지향성에 의한 모든 차별을 금지한다"는 규정을 명문화하였다.[61]

2011년 6월 17일 유엔 인권이사회에서는 "인권, 성적 지향과 성별 정체성"이라는 성소수자 권리를 인정하는 첫 번째 결의안을 통해 증오범죄, 동성애 불법, 차별 등 성소수자 인권 침해를 문서화했다. 유엔 인권위원회는 이를 근거로 성소수자 권리를 보호하는 법을 시행하지 않은 국가에게 관련 법규를 제정할 것을 촉구했다.[62]

우리나라도 2004년 이후 계속된 유엔 인권위원회의 권고에 따라 2016년 2월 3일 국가인권위원회법 제2조 3항을 통해 합리적인 이유 없이 '성적 지향'을 포함한 20여 개 항목에 대해 차별할 수 없도록 하였다. 이에 관한 자세한 내용은 이 책 6부 2장 "한국 사회와 동성애 관련 논란"에서 다룬다.

동성애 반대 활동에 열정적으로 앞장서는 일부 기독교 지도자들로 인해 기독교는 '사랑과 환대의 종교'가 아니라 '차별과 혐오의 종교'라는 인식만 심어주고 있다.

15. 동성애 혐오하는 것 회개해야 하지 않는가

동성애 문제가 그리스도인에게는 딜레마이자 복잡하고 고통스러운 것

---

61 조철옥, "포스트모더니즘 범죄이론에 의한 동성애 합법화 연구," 「한국공안행정학회보」 27(2007), 224.

62 장서연(책임 연구), "성적지향·성별정체성에 따른 차별 실태조사," 〈국가인권위원회 연구용역보고서〉 (2014), 227.

은 사실이지만, 동성애자에게 관용을 베푸는 것과 동성애를 용인한 것은 별개의 문제라고 전제한 스토트는 그의 책 『동성애 논쟁』 마지막 문단에서 다음과 같은 결론을 제시했다.

> 예수 그리스도는 그들에게 (실로 우리 모두에게) 믿음, 소망, 사랑을 주신다. 예수님의 기준과 이를 지탱하는 은혜를 받아들일 수 있는 믿음, 현재의 고통을 넘어 미래의 영광을 볼 수 있는 소망, 지지할 수 있는 사랑을 주신다. 그중에 제일은 사랑이다.[63]

이 말씀이 주는 교훈은 "계명이 사람을 살리는 것이 안 되는 일임에 직면했을 때 우리가 선택해야 하는 것은 계명을 붙잡고 사람을 죽이는 것이 아니라 계명을 버리더라도 사람을 살리는 일, 생명을 선택해야 한다"라는 것이다. 이런 태도야말로 예수가 말씀과 실천으로 보여주신 삶을 준수하는 일이다.[64]

제4부 1장에서 다루겠지만 외국뿐 아니라 우리나라에서도 청소년 성소수자의 자살 시도율이 일반 청소년에 비해 5~10배나 많은 것으로 조사되었다.

> 청소년 성소수자 77.4%가 자살을 생각하고, 47.4%가 자살을 시도한 경험이 있습니다. 이는 전체 청소년 가운데 자해행위나 자살을 기도한 경험이 있는 청소년이 10% 정도인 것에 비해 거의 다섯 배가 높은 수준입니다('청소년 성소수자의 생활실태조사', 한국청소년개발원, 2006).

19세기 이전에는 동성애 처벌법의 사형 및 화형 조항으로 인해 동성애

---

63 같은 책, 85-86.

64 N. Carlin & C. Willson/이승민 · 이진화, 『동성애 혐오의 원인과 해방의 전망』, 93.

자들이 죽음으로 내몰렸다면, 지금은 부모를 비롯한 가족과 주위의 차별과 혐오로 인해 청소년 성소수자들이 자살로 내몰리는 것이다. 예전에는 법의 이름으로 동성애자들을 처형했지만, 지금은 법률적으로 죄가 아님에도 불구하고 성소수자들이 사회적 적대와 혐오로 죽음으로 내몰리고 있다. 동성애자 혐오가 간접적인 살인이 될 수 있다는 지적이 있을 정도이다.

리처드 러블레이스는 동성애 문제와 관련하여 '이중의 회개'를 요청하였다. "게이 그리스도인이 동성애 행위를 적극적으로 하는 생활 양식을 버릴 것"과 "이성애자 그리스도인들이 동성애 혐오(homo-phobia)를 버릴 것" 둘 다 요청하였다.

한국기독교교회협의회는 "민족의 통일과 평화에 대한 한국기독교회선언"(88선언)에서 분단 체제 안에서 상대방에 대하여 깊고 오랜 증오와 적개심을 품어 왔던 일이 죄임을 하나님과 민족 앞에서 다음과 같이 고백하였다.

> 우리는 갈라진 조국 때문에 같은 피를 나눈 동족을 미워하고 속이고 살인하였고, 그 죄악을 정치와 이념의 이름으로 오히려 정당화하는 이중의 죄를 범하여 왔다.

특히 "남한의 그리스도인들은 반공 이데올로기를 종교적인 신념처럼 우상화하여 북한 공산정권을 적대시한 나머지 북한 동포들과 우리와 이념을 달리하는 동포들을 저주하기까지 하는 죄(요 13:14-15, 4:20-21)"를 범한 것과 "분단에 의하여 고통받았고 또 아직도 고통받고 있는 이웃에 대하여 무관심한 죄이며, 그들의 아픔을 그리스도의 사랑으로 치유하지 못한 죄(요 13:17)"를 고백한 바 있다.

마찬가지로 "언젠가는 한국 교회가 민족 앞에 2020년을 전후하여 성소수자를 혐오하고, 차별금지법을 반대하고, 동성애 옹호자를 정죄한 범죄를 저질렀다는 죄책을 회개하고 고백할 날이 올 것이라고 본다"고 하였다.

제2부

동성애는 범죄인가?

1장
기독교와 서구 국가의 동성애 범죄화의 역사

1. 기독교와 동성애

동성애(homosexuality)라는 용어는 1869년에 헝가리계 독일인 의사 카를 마리아 벤케르트(Karl Maria Benkert)에 의해 처음으로 사용되었지만, 동성 간의 남다른 애정이나 성관계는 선사 시대의 예술 작품, 고대의 그림문자나 아시리아, 이집트의 법전 등에서 분명히 드러난다. 동성애에 관한 반응이 문화권마다 다르며, 이는 크게 세 방식으로 나눌 수 있다.[1]

첫째, 동성과의 성관계에 대한 언급이 전혀 없는 문화권이다. 기독교 영향을 받기 이전의 멜라네시아 문화권이나 미국 본토의 원주민들이다. 그들에게는 동성 간의 성관계를 묘사하는 단어 자체가 없었다.

둘째, 동성과의 성관계를 매우 긍정적으로 이해한 문화권이다. 대표적인 예가 고대 그리스의 황금시대(golden age)이다. 그 시절에는 특히 남성들 간의 사랑은 남녀 간의 사랑보다도 더 순수하고, 아름답고, 가치 있고, 차원 높은 것으로 인정받았다.

---

[1] 윤가현, 『동성애 심리학』 (서울: 학지사, 1997), 53-54.

셋째, 동성들 간에 표현되는 사랑이나 성행동에 관하여 부정적인 태도를 보이는 문화권이다. 북미, 중남미, 유럽 등의 기독교 문화권, 회교 문화권, 우리나라 등이 여기에 속한다.

기독교 문화권에 속하는 서구 국가들이 동성애를 범죄시하여 처벌한 것은 기독교 경전인 성경의 영향이 크다. 제1부 "성서와 동성애"에서 살펴본 것처럼 다른 어떤 고대 문서보다 성경에서 남성 간의 교합이나 남색이나 남창을 금지한 언급이 가장 많이 등장한다. 특히 창세기 19장의 유명한 소돔의 이야기는 동성애를 요구한 사건으로 해석되어 왔다. 7세기부터는 소돔 사건(창 19:1-11)에서 유래된 소도미(sodomy)라는 단어가 남색(男色)하는 자라는 뜻으로 사용되었을 정도이다.

신약 시대 이후 초기 기독교의 여러 자료 역시 동성애에 대해 동일한 부정적인 평가를 내리고 있다. 초기 기독교 시기의 신학자인 알렉산드리아의 클레멘스(150~215)는 "자식을 낳는 것 외에 다른 목적으로 성관계를 하는 것은 모두 자연을 더럽히는 것"이라고 주장했다. '자연의 이치에 따른' 성교를 신이 정한 질서로 여기고 숭고한 모범으로 보았다. 남녀 간 구강성교, 항문성교, 피임, 낙태 등을 모두 죄악시했다.[2]

엘비라(305~306)와 앙카라(314) 공의회에서는 동성애 행위를 단념할 때까지 세례와 교리문답의 자격이 거부되었다.

기독교가 공인된 후(314) 콘스탄티우스 2세가 처음으로 동성애자 처벌법을 만들었고, 카이사리아의 바질(375)은 동성애 행위를 한 신자들이 성만찬에 참여하기 위해서는 15년간의 참회 기간을 가져야 한다고 하였다.[3]

4세기 중엽의 크리소스톰(349~470)은 로마서 1장 26-27절에 대한 긴 주석에서 성의 부당한 사용, 곧 '순리로 쓸 것을 역리로 쓰는 행위'에 대해

---

2 Norah Carlin & Collin Wilson/이승민 · 이진화, 『동성애 혐오의 원인과 해방의 전망』 (서울: 책갈피, 2016), 36.

3 기독교윤리연구소 편, 『동성애에 대한 기독교적 답변』 (서울: 예영컴뮤니티, 2015), 21.

창조 질서를 범하는 엄중한 범죄로 규정하고 강력하게 경고하였다. 성의 도착은 용납할 수 없는 비열한 행위였다. 이는 남자끼리의 미친 욕망이며, 영혼이 죄 가운데서 고통당하고 무질서한 병든 육체의 소욕이라고 하였다.[4]

아우구스티누스(354~430)는 동성애는 인간을 하나님으로부터 추방시킨 음탕한 행위로 여겼다. 그는 동성애는 죄악이며, 불결하고, 위법한 행위이며, 자신의 성을 있는 그대로 사용하여 범한 죄인 간통이나 간음보다 더 악마적이라고 하였다.[5] 그는 『고백록』에서 '소돔 사람의 범죄'는 창조된 본성이 정욕의 도착으로 오염된 것으로 처벌받아 마땅하다고 하였다.

> 그리므로 본성에 위배되는 행위는 언제 어디서나 미움을 받을 것이며 처벌받아 마땅하다. 가령 소돔 사람들의 범죄가 바로 그런 것이다. 그리고 모든 나라들이 그런 죄를 범한다 해도 이러한 행위를 범하는 자들은 하나님의 법에 따라 모두 똑같은 심판을 받아야 하오니 하나님의 법은 사람들이 저런 식으로 서로 속이도록 지음 받지 않았다. 이는 하나님께서 창조하신 본성이 정욕의 도착으로 말미암아 오염될 때마다 하나님과 우리 사이에 있어야 할 교제가 훼손을 당하기 때문이다(『고백록』 3권 8장 15항).

로마의 유스티니아누스 황제는 로마법과 기독교 도덕을 융합하여 538년 제정한 법률(Justinian Novella)에서 동성애를 '자연에 반하는 행위'로 규정하고 이를 사형에 준하는 범죄행위로 여겨 처벌 방법의 하나로 거세(去勢)를 명시하고 있다.[6]

570년부터 1010년까지 서구 기독교 세계에 널리 보급되었던 〈고해규정

---

4 이상규, "동성애 문제의 교회사적 고찰," 『동성애에 대한 기독교적 답변』, 246.

5 Briar Whitehead/이혜진, 『나는 사랑받고 싶다: 관계중독. 동성애 그리고 치유하시는 하나님』 (원주: 웰스프링, 2007), 36.

6 이상규, "동성애 문제의 교회사적 고찰," 247.

서〉는 동성애적 행위에 대한 참회 기간 지침을 제시하고 있다. 단순한 동성 간의 키스는 8일간의 특별 단식, 처음으로 상호 자위행위를 한 자는 20일에서 40일간의 참회, 습관적인 구강성교와 남색은 7년간의 참회를 하도록 하였다.[7]

567년 승인된 베네딕트 수도회 규정 22장에는 "수도사들은 어떻게 잠을 자야 하는가"에 대해 규정해 두었다.

> 각 사람은 각각의 침대에서 잘 것이다. 침구는 수도 생활의 방식에 맞게 자기 수도원장(아파스)이 분배하는 대로 받을 것이다. … 등불은 아침까지 계속 밝혀 둘 것이다.[8]

수도사들은 한 침대에서 둘이 잘 수 없으며 밤새도록 불을 끄지 않게 했던 것은 수도사들의 동성애를 방지하기 위한 조치였다. 몇 세기 후에는 동일한 규정이 수녀들에게도 적용되었다.

영국인 선교사였던 보니페이스(Boniface, 680~755)는 처음으로 근친상간, 혼음, 간통, 수녀와의 성관계 등은 모두 정액을 잘못 실어 나르는 부적절한 통로이기 때문에 '동성애를 요구한 소돔 사건'에 빗대어 소도미적 성욕이라고 규정했다. 이후 소도미(sodomy)라는 말은 남색의 죄악을 표현하는 용어로 사용되기 시작했다.[9]

693년에 모인 톨레도 공의회에서는 스페인에서 소도미가 일상화되어 있다는 점을 지적하고, 자연에 반하는 이러한 행위를 하는 자가 있다면 감

---

7 기독교윤리연구소 편, 『동성애에 대한 기독교적 답변』, 126; Marion L. Sorads, *Scripture and Homosexuality: Biblical Authority and the Church Today* (Louisvile, Kentucky: Westminster John Knox Press, 1995), 37-38.

8 이상규, "동성애 문제의 교회사적 고찰," 251.

9 Norah Carlin & Collin Wilson/이승민 · 이진화, 『동성애 혐오의 원인과 해방의 전망』, 43.

독, 사제 그리고 부제의 교직 등급에 따른 차등 처벌을 부과해야 한다고 결정했다.

영국 가톨릭교회의 교회 박사였던 성 베다(St. Beda, 673~735)는 남성 간의 성행위자에 대해서는 4년간 단식을, 여성 간의 성행위에 대해서는 3년간, 수녀가 동성애를 한 경우에는 7년간 고행하도록 요구했다.

교황 그레고리우스 3세(731~741 재위) 치하에서 제정된 '속죄규정'에도 비슷한 내용이 나온다. 여성 동성애 행위에 대해서는 160일간 고행의 벌을 가하고, 남성 동성애 행위는 1년 미만 동안 속죄 고행을 하게 했다.[10]

이탈리아 출신 추기경이었던 성 다미아니(St. Damiani)는 1048년에서 1054년 어간에 저술한 『고모라서(書)』을 통해 동성애자와 동성애 성직자를 교회에서 추방할 것을 당시 교황 레오 9세(1049~1054)에게 요청하였다. 그는 육체를 오염시키고, 욕망을 부추기며, 영혼을 파멸시키는 동성애는 모든 악을 능가하는 것이라고 하였다.

> 이 악(동성애)은 모든 악의 크기를 능가한다는 점에서 다른 어떤 악과도 비교되지 않는다. 이 악은 육체를 죽음으로 이끌고 영혼을 파멸시킨다. 그것은 육체를 오염시키고 정신의 빛을 소멸한다. 그것은 사람의 마음의 전(顚)에서 성령을 내어 쫓고 육체의 욕망을 부추기는 마왕을 끌어들인다. … 그것은 지옥의 문을 열고 천국의 문을 닫아버린다.[11]

가톨릭교회의 경우 1179년 제3차 라테란 공의회에서 동성애 행위에 대한 파문과 추방을 규정하였다.

---

10 이상규, "동성애 문제의 교회사적 고찰," 252.

11 Richards Jeffery, 『중세의 소외집단』 (서울: 느티나무, 2003), 276-277.

자연에 어긋나는 이러한 방탕 행위로 유죄가 인정된 자가 성직자일 경우 환속시키거나 수도원에 가두어 속죄 고행을 하게 해야 한다. 만약 그 사람이 비성직자라면 파문하고 신자 세계에서 추방해야 한다.[12]

성 마구누스(1200~1280)는 『피조물대전』이라는 저서에서 '소도미'(sodomy)라는 말을 동성 간의 성행위라는 제한된 의미로 사용한다. 그는 네 가지 이유로 동성애를 자연에 반하는 가장 사악한 죄로 간주했다.

첫째, 동성애 행위는 자연의 질서를 파괴하는 심각한 광란이다.
둘째, 혐오스럽고 불결한 행위이다.
셋째, 동성애 행위는 사악하여 습관적이므로 벗어날 길이 없다.
넷째, 이 행위는 전염된다.[13]

토마스 아퀴나스는 『신학대전』(1265~1273)에서 '비자연적인 성의 죄성'을 4단계로 분류하였다. 그리고 이 모든 비자연적 성행위를 죽을죄(mortal sins)로 규정한다.[14]

첫째, '홀로 짓는 죄', 즉 수음(手淫)이다.
둘째, '잘못된 성기'(wrong vesse) 혹은 '잘못된 체위'로 행하는 이성 간의 성행위로서, 항문성교, 구강성교이다.
셋째, '잘못된 성'(wrong sex)과의 관계, 즉 남색(男色)이다.
넷째, '잘못된 종(種)'과의 성행위, 즉 수간(獸姦)이다.[15]

---

12 이상규, "동성애 문제의 교회사적 고찰," 255.

13 Richards Jeffery, 『중세의 소외집단』, 281.

14 Aquinas, *Summa Theologicae,* II-II, q. 154, a. 12.

15 같은 책, II-II, q. 154, a. 3.

그는 자연을 거역하는 죄 가운데 가장 극악한 것은 수간이고 그다음이 남색(sin of Sodomy)이라고 하였다. "모든 동물에게 자연적인 성관계와 달리 동성 간의 성적 충동은 반자연적 범죄(the unnatural crime)"[16]라고 하였다. 동성애는 자연법에 어긋나는 것이며, 이성에 어긋나는 것이요, 동시에 하나님의 법에 어긋나는 것이라는 철학적, 신학적 근거를 제시한 것이다.[17] 성적 행위가 출산을 목적으로 이루어지는 자연적인 것이라 하더라도 건전한 이성과 갈등을 유발하는 경우에는 부도덕하다. 근친상간(incest), 강간(rape), 유괴(seduction), 간통(adultery) 등이 이에 속한다.[18] 아퀴나스는 소돔과 고모라의 재앙처럼 동성 간의 성행위는 지진, 가뭄, 기근 등의 여러 가지 자연재해의 원인이라고 믿었다.[19]

13세기 유럽의 주요 법전에는 한결같이 소도미나 항문성교를 하면 사형에 처한다고 규정하였다. 13세기 말 잉글랜드의 표준적 관습법에는 방화나 마법, 배교, 영주 부인과의 간통과 더불어 짐승이나 동성과 성관계를 하는 것도 사형에 처하게 하였다.[20]

단테는 『신곡』(1308~1321)에서 지옥을 아홉 개의 층(層)으로 나누었다. 동성애자들을 자살한 자, 신성모독자, 고리대금업자와 함께 지옥 제7층에 배치했다.

바티칸의 문서 중 가장 긴 문서인 309~1311년 사이의 템플기사단 재판기록에 의하면 이단과 우상숭배, 동성애 혐의로 재판을 받아 231명의 기사

---

16 Aquinas, *Summa Theologica*, I-II, q. 94, a. 3.

17 W. Johnson, "Protestantism and Gay and Lesbian Freedom," in B. Berzon (ed.), *Positively Gay* (Berkeley: Celestial Arts, 1992), 142-155; 윤가현, 『동성애의 심리학』, 87 재인용.

18 Aquinas, *Summa Theologica*, II-II, q. 154, a. 12.

19 윤가현, 『동성애의 심리학』, 87 재인용.

20 Norah Carlin & Collin Wilson/이승민 · 이진화, 『동성애 혐오의 원인과 해방의 전망』, 48-49.

가 직위해제 되고 50명이 처형됐다.[21]

14세기 서유럽 대부분 국가에서는 동성애를 소돔의 범죄로 규정하고 동성애자를 화형에 처하였다. 1347년에서 1351년 사이에 흑사병으로 7,500만 명에서 2억 명 사이의 인구가 죽음에 이르게 되었다. 사람들은 흑사병 창궐이 동성애에 대해 하나님이 내린 재앙으로 여겼다.

칸트는 그의 『윤리학 강의』(1780)에서 동성애는 사랑의 대상을 욕망의 대상으로 다루기 때문에 인간의 본성을 훼손한다고 하였다. 그는 수음, 자위행위, 오나니즘 등 성적 능력을 남용하는 행위에 의하여 인격이 동물 이하의 상태로 타락한다고 생각하였으며, 특히 동성 간의 섹스(sexus homogenii)는 인간성의 목적과 너무나 상반된다고 비난하였다.[22] 칸트가 동성애를 부도덕한 성도착이라고 규정한 것은 모든 유형의 혼외정사와 마찬가지로 동성애 역시 다른 인격을 오직 수단으로 사용한다고 생각했기 때문이다. 그는 동성애가 출산을 전제로 하지 않은 비자연적인 성행위이고 그렇기 때문에 부도덕하다는 아퀴나스의 입장을 수용한 것이며, 이는 현대의 동성애 반대론자들에 의하여 그대로 계승되었다.[23]

현대에 와서 가톨릭교회의 동성애에 대한 첫 번째 공식 입장은 1975년 12월 29일 "성 윤리에 관한 특정 질문에 대한 선언"에 드러나 있다. 동성애 또는 이성애 경향이 반드시 성행위를 초래하는 것은 아니며, 개인의 성적 경향은 분명하지 않을 수 있고 심지어 복합적일 수도 있으며 또한 세월이 흐르면 변할 수도 있다고 보았다. 동성애적 성향(homosexual orientation)과 동성 간의 성적 행위(same-gendersexual acts)를 구별하였지만, 둘 다 '본질로 잘못된 것'이라고 하였다.[24]

---

21 "갈릴레이 재판 · 루터 파문 등 세계사 '숨겨진 진실' 엿본다," 「경향신문」 2012. 03. 02.

22 Kant, *Lectures on Ethics*. 170.

23 김진, "동성애의 철학적 담론," https://blog.naver.com/kosfamil/400049736469 (2004. 08. 13.).

이 선언 이후 동성애를 사법적으로 합법화하는 국가들이 생겨나는 등 논란이 일자 "동성애 사목에 관하여 — 가톨릭교회 주교에 보내는 서한"(1986. 10. 1.)에서 가톨릭 신자들에게 "동성 성향은 무질서한 것으로 동성 간의 성 행위는 부도덕한 것"[25]으로 가르치도록 하였다. 동성애 경향이든 동성애 행위이든 둘 다 잘못된 죄라고 하였던 종전의 입장을 바꾸어 선택과 자유의 여지가 없는 동성애 경향이나 동성애 행위는 둘 다 죄(sin)는 아니지만 부도덕한 것(immoral)이라고 하였다.

> 동성애 성향이 어떤 경우에는 고의적 선택의 결과는 아니며, 동성애자가 다른 선택의 여지가 없어 동성애 형태로 행동한다는 사실이 논란되어 오기도 하였다. 그러한 사람에게는 자유가 결여되어 있다면, 동성애 행위를 하였다 하더라도, 그 사람에게 죄가 있는 것은 아니다.[26]

1980년대 후반에 와서 가톨릭교회는 다른 선택의 여지가 없는 동성애 경향이나 동성애 행위를 더 이상 죄로 규정하지 않는다는 공식적인 입장을 마련했다.

개신교의 경우 1970년 이전까지 대다수 교회는 전통적인 입장에 따라 동성애를 죄로 규정하였다. 대표적인 현대 개신교 신학자 칼 바르트(K. Barth, 1886~1968)조차도 동성애를 "인간이 하나님의 명령 타당성을 용인하기를 거절할 때 나타날 수 있는 육체적, 심리적, 사회적 질병, 성도착 현상, 타락과 부패"로 묘사하였다.[27]

---

24 B. Hume, "동성애자에 관한 교회의 가르침," 「사목」 제222호(1997. 07.), 119.

25 Eileen Flynn, "동성애 문제에 대한 가톨릭의 입장과 개인적 제안," 「사목」 제262호(2000. 11.), 103-104.

26 "동성애 사목에 관하여 — 가톨릭교회 주교에 보내는 서한" (1986. 10. 01.).

27 K. Barth, *Church Dogmatics*, III/4, 166.

독일 신학자 판넨베르그(W. Pannenberg, 1988~1993) 역시 "성경은 동성애 행위를 명백하게 거부해야 할 것으로 평가하고 있다"고 주장하면서, 동성애 결합을 결혼과 대등한 것으로 인정하는 교회는 "더 이상 하나의, 거룩한, 보편적, 사도적 교회가 아니다"라고 단언하였다.[28]

영국 성공회의 캔터베리의 대주교인 조지 케어리(George Carey)는 1997년 2월 10일 버지니아신학교에서 행한 연설에서 "성경이든 기독교 전통을 통틀어서든, 결혼 관계 밖에서의 성행위에 대한 그 어떤 정당화도 찾을 수가 없다"고 하였다.[29]

이처럼 최근까지도 기독교 신학자들조차 동성애를 종교적인 죄로 규정하였기 때문에 대표적인 기독교 국가들도 저마다 동성애를 사법적인 범죄로 규정하고 처벌하여 왔다. 주요 국가들의 동성애 범죄화의 역사를 살펴보려고 한다.

2. 영국과 프랑스의 동성애 범죄화의 역사

1) 영국의 동성애 범죄화의 역사

영국의 경우 에드워드 1세(1239~1307)는 헌법과 제도를 정비하면서 동성애자들을 국가적 형벌로 다스려 화형에 처하게 했다.

로마 교황과 결별하고서 영국의 교회(the Church of England)를 설립한 헨리 8세는 1533년 민법을 제정하여 항문성교를 사형에까지 처할 수 있는 중죄로 규정하였다. 이 법에 따라 헝거포드(W. Hungerford) 남작이 1540년 7월 최초로 교수형에 처해졌다. 이 법은 1861년까지 유지되었다.[30] 영국의 영향을 받은

---

28 같은 책, 48.

29 John R. Stott/양혜원, 『동성애 논쟁』 (서울: 홍성사, 2006), 40.

30 이상규, "동성애 문제의 교회사적 고찰," 258.

스코틀랜드는 1885년까지 동성애자를 사형에 처하였다.[31]

17세기 말부터 런던에서는 '몰리하우스'를 중심으로 남성 동성애자 공동체가 형성되고 있었다. 공동체에서 배제된 동성애자들이 어울려 이용하는 단골 모임 장소이자 술집이고 비밀 클럽으로서 자신들만의 하위문화를 만들어 가는 공동체였다.[32] 남성들은 어울려 술 마시며 여장 무도회를 열어 여성의 몸짓과 말투를 흉내 냈다. 그곳에서는 동성애자들이 "마치 바람난 남녀가 뒤엉킨 것처럼 서로 껴안고 입맞춤하고 간지럼 태우느라"고 정신이 없었다고 한다.[33]

1690년대부터 몰리하우스에 대해 언론과 '풍속 개혁'을 외치는 단체가 조직적으로 반대와 탄압을 외쳤고, 이에 편승하여 몰리하우스에 경찰이 현장 급습하여 동성애자들의 체포, 재판, 처벌이 이어졌다. 18세기 초에는 몰리하우스가 더욱 활성화되어 런던에만 수십 개가 있었는데, 이곳에 잔혹한 공격이 가해졌다. 그곳을 드나들던 사람들이 저항했지만, 1725~1726년에 20여 개의 몰리하우스가 습격을 받아 문을 닫았다.[34]

1861년 영국에서는 '남성이나 짐승과의 항문성교'에 대한 사형은 폐지되었지만, 대신에 무기징역으로 처벌하였다. 소도미 시도나 '남성에 대한 추잡한 성추행'은 최고 징역 10년을 선고받았다.[35]

19세기 중반에는 매춘이 크게 유행했다. 1840년대 전후 런던에는 매춘부가 약 8만 명이 있었던 것으로 추정된다. 1885년 매춘에 대한 단속을 강화하고 성관계 동의 연령을 13세에서 16세로 늦추는 개정법이 통과됐다. 이

---

31 조철옥, "포스트모더니즘 범죄이론에 의한 동성애 합법화 연구," 「한국공안행정학회보」 27(2007), 212.

32 Annamarie Jagose/박이은실, 『퀴어 신학』 (서울: 도서출판 여이연, 2017), 25.

33 Norah Carlin & Collin Wilson/이승민 · 이진화, 『동성애 혐오의 원인과 해방의 전망』, 55.

34 같은 책, 148.

35 같은 책, 83.

법으로 동성애자에 대한 억압도 강화되었다.[36]

빅토리아 여왕 시대 가장 성공한 극작가로 뽑히는 오스카 와일드는 동성애자와 사귀면서 동성애자 하위문화를 즐겼다. 결혼하여 두 아이를 둔 그는 1895년 풍기 문란으로 재판을 받았다. 그는 스스로 자신의 동성애를 "감히 그 이름을 부를 수 없는 사랑"(그의 연인 앨프리드 더글라스가 쓴 시의 한 구절이다)이며 "완벽할 만큼 순수하며 영혼 깊숙한 곳에서 우러 나오는 사랑"이라고 변호했다. "이것은 부자연스러운 게 아니다"라고 주장했다. 와일드는 내무부 장관에게 보낸 탄원서에서 동성애는 성적 정신 착란의 일종이므로 '처벌해야 할 범죄가 아니라 치료해야 할 질병'이라고 항변했다.

> 이런 행위[동성애]는 성적 정신 착란의 일종이며, 근대 병리학은 물론 많은 근대 법률도 그렇게 인정하고 있습니다. 특히 프랑스와 오스트리아와 이탈리아는 이런 잘못된 행위에 관한 법률을 폐지했는데, 이 행위가 재판관이 처벌해야 할 범죄가 아니라 의사가 치료해야 할 질병이라고 봤기 때문입니다.[37]

오스카 와일드는 2년 동안 교도소에서 중노동을 해야 했으며 명예는 물론 파산으로 부까지 잃었다.

1921년 영국 하원은 1885년 개정법에 포함된 '추잡한 외설 행위' 조항을 여성에게도 적용한다는 개정안을 통과시켰지만, 상원이 이를 거부했다. 하원은 레즈비언이 중간 계층의 결혼 생활을 위협한다는 공포 때문에 개정안을 통과시켰지만, 상원은 상류 계층 여성의 순수한 우정을 보호하고 괜히 여론이 주목하는 것을 막기 위해 개정안을 거부했다.[38]

---

36 같은 책, 152-153.

37 같은 책, 85.

38 같은 책, 126.

제2차 세계대전이 끝난 후 1950년대의 통계를 보면 소도미를 추잡한 외설 행위로 처벌한 사례가 증가했음을 볼 수 있다. 1952년에는 소도미와 수간에 대한 재판이 1,043건 있었고, 1953년에는 추잡한 성추행을 다룬 재판이 3,305건이나 되었다. 1955년에는 추잡한 외설 행위로 열린 재판이 2,322건이었다.[39]

1950년대에 와서 영국에서도 광신적인 반동성애주의가 전성기를 맞고 있었다. 공산주의, 국가에 대한 반역, 국가안보에 대해 위협 등 '국가를 위해하는 자'들 목록에는 동성애자도 포함되었다. 1951년에는 케임브리지 간첩 사건이 터지면서 가이 버제스와 도널드 맥클린이라는 두 명의 동성애자가 소련을 위해 첩보 활동을 벌인 죄로 체포되기도 하였다.[40]

1950년대에도 동성애자에게 화학적 거세의 형벌을 가한 사례가 있다. 최초의 컴퓨터를 만든 '컴퓨터 과학의 아버지'라 불리는 앨런 튜링(Alan Mathison Turing)이 동성애자로 체포되어 화학적 거세형을 받은 것이다. 1943년 그가 고안한 튜링 머신(최초의 연산 컴퓨터)으로 독일군의 암호를 해독하여 연합군의 승리에 결정적 공헌을 하였다. 그의 활약상은 영화 〈이미테이션 게임〉을 통해서 잘 알려졌다. 그는 1952년 동료의 밀고로 영국 경찰에 체포돼 감옥에 가는 대신 화학적 거세를 받았다. 2년 뒤 그는 청산가리를 넣은 사과를 먹고 자살했다고 전해진다. 스티브 잡스가 애플 컴퓨터의 초기 로그를 '한 입 베어 문 무지개 빛깔의 사과'로 정한 것은 앨런 튜링을 염두에 둔 것이라고 한다. 그의 사후 59년 만인 2013년 12월 24일에 엘리자베스 2세 여왕이 튜링의 동성애 죄를 특별 사면하였다. 2021년 6월 23일부터 유통한 영국의 새 50파운드(약 7만 9천 원) 지폐에 천재 수학자이자 현대 컴퓨터 과학의 아버지로 불리는 앨런 튜링의 사진을 담았다. 컴퓨터 시대를 앞

39 같은 책, 86.

40 Florence Tamagnu/이상빈, 『동성애의 역사』 (서울: 이마고, 2007), 162.

당긴 그의 공로가 재조명받은 것이다.

1954년 영국 상원은 울펀든(John Wolfenden) 경의 책임 아래 동성 간의 성행위에 대해 연구하도록 위임하였다. 연구보고서가 1957년에 제출되었으나 10년이 지난 1967년 성인들이 서로 동의한 상태에서 사적으로 이루어지는 동성애를 범죄에서 제외하기 시작했다. 그렇지만 1992년까지 영국의 게이들은 고위직 공무원이나 외교관으로 임명되지 못했다.[41]

1967년에 제정된 성범죄법(Sexual Offenses Act)은 종교적인 죄(sin)와 형법상의 범죄(crime)를 구분하고 있다. 서로 동의하는 21세 이상의 성인이 사적으로 행한 동성애 행위는 더 이상 범법 행위가 되어서는 안 된다고 규정했다. 동성애의 합법화가 이루어진 것이다.

1970년대 초 동성애자해방전선과 노동계급 투쟁이 동시에 성장했고, 동성애자해방전선이 파견한 대표단도 노동 악법에 반대하는 시위에 참여했다. 1972년 동성애자해방전선 일부는 노동 악법 때문에 구속된 펜톤빌 항만 노동자들의 석방을 요구하는 대규모 시위에 참여했다. 특히 1974년에 벌어진 광원 파업은 마침내 보수당 정부를 끌어내렸다.[42] 동성애자들이 다른 투쟁을 지지했듯이 다른 집단도 동성애자 해방을 위한 투쟁에 연대해 왔다.

1988년 지방정부법 28조는 지방정부가 동성애를 정상적이고 자연스러운 것으로 여기지 못하게 금지했다.[43] 1989년 법원은 한 여성이 이혼하고 8년 동안 자신의 아들과 함께 살았는데도 그 여성이 레즈비언이라는 이유로 9세 아들의 양육권을 박탈했다. 이에 항의하며 동성애자 수만 명이 거리 행진을 벌였다. 1994년에는 런던에서 동성애자들의 '자긍심 행진'에 20만 명이 넘게 참여했다.[44]

---

41 윤가현, 『동성애 심리학』, 88-89.

42 N. Carlin & C. Willson/이승민 · 이진화, 『동성애 혐오의 원인과 해방의 전망』, 181.

43 같은 책, 128-130.

44 같은 책, 126.

1967년 동성애가 합법화되었으나 실제로는 동성애자에 대한 탄압이 사라지지 않았다. 1989년 게이런던감시그룹의 설문조사를 보면 게이의 40%와 레즈비언의 25%가 최근에 폭행당한 적이 있다고 답했다. 1994년 여름 「게이 타임스」에 발표된 한 연구 조사에 따르면 1986년 이후 10년도 안 되는 기간에 영국에서 살해된 게이가 155명이나 되었다.[45]

1994년 2월 영국 보수당 의원뿐 아니라 여러 노동당 의원도 동성애자의 성관계 적법 연령을 이성애자와 똑같이 21세에서 18세로 낮추는 법안에 반대표를 던졌다. 법안이 부결되자 동성애자와 이성애자 수천 명이 항의 시위를 벌였다. 법안이 부결됐기 때문에 16세나 17세의 동성애자들이 성행위를 하다 발각되면 최대 징역 2년을 선고받았다.[46]

2) 프랑스의 동성애 범죄화의 역사

프랑스의 경우 영국의 에드워드 1세(1239~1307)가 동성애자를 화형에 처하게 했듯이, 프랑스 국왕 루이 9세(1214~1270)는 동성애자에 대해서는 엄격하게 다스려 화형에 처하게 했다. 이런 형벌은 유럽의 다른 여러 나라에서도 시행되었다.[47]

미셸 푸코에 의하면 15세기에 남색은 이단으로 기소되기도 하였다고 한다. 마법 및 이단은 신성모독이라는 이유로 유죄가 되었으며, 프랑스에서 동성애를 마지막으로 화형에 처한 것은 1726년 3월 24일이다.

> 남색(男色)의 죄를 수차례 저질러 체포된 한 남성을 처형시키고 그의 재를 바람에 날려 보냈다. 그의 재산을 몰수하여 왕에게 귀속시켰다. 프랑스에

45 같은 책, 132.

46 같은 책, 128.

47 이상규, "동성애 문제의 교회사적 고찰," 258.

서는 이것이 남색(男色) 행위에 대한 마지막 사형선고의 하나였다.[48]

1789년 프랑스 혁명 이후 1791년 9월에 제한 선거와 입헌 군주제를 골자로 한 새로운 헌법이 제정되었다. 프랑스에서는 1791년까지 동성애자를 사형에 처하도록 하였으나[49] 이 헌법의 의해 프랑스에서는 성인의 동성 관계가 법적 처벌 대상에서 제외하였다. 이는 동성애, 이단, 마법, 신성모독 등 모든 '피해자 없는 범죄'를 비범죄화한 것 중 하나로, 피해자가 없으면 범죄도 없다는 개념이다.[50] 그렇다고 법적 제재가 전혀 없었던 것은 아니다. 경찰은 남성 동성애자들의 모임 장소를 주기적으로 급습했다.[51]

프랑스 제2 제정(1852~1870년) 시기에도 동성애자에 대한 고소 · 고발이 줄을 이었다. 1880년대에는 더 억압적인 법을 제정하라는 요구가 있었지만, 국민의회는 타인의 권리를 침해하지 않은 한 시민의 사생활에 간섭할 수 없다고 결정했다.[52]

1981년 미테랑 사회당 정부가 동성애 혐오(homophobie)를 법적으로 금지하면서 동성애자는 음지에서 양지로 나올 수 있었다. 파리 중심가에는 게이바(gay bar)가 즐비하였다. 매년 열리는 '게이 퍼레이드'도 동성애자뿐 아니라 시민 전체가 어울리는 축제로 자리 잡았다. 당시 파리 시장인 베르트랑 들라노에가 게이인 것은 잘 알려진 사실이다.

2012년 실시된 한 설문조사에서 프랑스인의 약 65%가 동성 결혼 합법화에 찬성한다고 답했다.[53]이를 바탕으로 프랑스 정부는 2013년 5월 18일

---

48 Michel Foucault/이규현, 『광기의 역사』 (서울: 나남, 2003), 78.

49 조철옥, "포스트모더니즘 범죄이론에 의한 동성애 합법화 연구," 212.

50 "동성애," https://ko.wikipedia.org/wiki/ (2019. 04. 20.).

51 같은 글, 212.

52 Michel Foucault/이규현, 『광기의 역사』, 89.

53 최현아, "동성애를 보는 프랑스의 두 얼굴," 「시사IN」 2013. 05. 09.

동성 결혼을 합법화했다. 동성 부부의 자녀 입양도 허용했다. 법안이 의결되기 전에도 큰 규모의 반대 시위가 두 차례 있었다. 전날에도 샹젤리제 거리에서 수백 명이 반대 시위를 벌이다 50여 명이 체포됐다. 동성 결혼 합법화에 반대해 온 극우 성향의 역사학자 도미니크 베네(78세)는 5월 21일 노트르담 사원에서 권총으로 스스로 목숨을 끊었다. 반대 시위자들은 동성 결혼에 대한 법적 인정보다는 자녀 입양을 더 문제 삼았다. "아이에게 두 명의 엄마 또는 두 명의 아빠가 있을 수 없다"고 주장했다. 동성 결혼은 관용하지만 동성 부부의 입양은 사회 존립의 문제로 심각하게 여긴 것이다. 당시의 여론조사에서는 70% 이상이 동성 부부의 입양과 대리모 출산에 반대하였다.[54]

3. 미국의 동성애 범죄화의 역사

영국의 식민지였던 미국 동부의 13개 주는 1775년 독립전쟁 전까지 동성애자를 사형에 처하였다.[55]

펜실베이니아주에서는 퀘이커파의 계몽운동이 급성장하던 1682년에 소도미 행위자를 사형에 처하는 법률이 폐지됐지만, 영국의 압력으로 이 법이 부활하여 1700년에는 흑인에게, 1718년에는 남성에게 적용됐다.[56] 독립 후에도 버지니아주에서는 18세기 말까지 동성애자는 사형에 처하였다. 사우스캐롤라이나주에서는 1873년까지 동성애자를 사형에 처했다.

1961년 일리노이주가 처음으로 동성 간의 성행위를 범죄로 여기지 않는다는 결정을 하기 전까지 미국의 모든 주에서는 동성 간이든 이성 간이든

---

54 이상언, "동성 결혼 반대," 「중앙일보」 2013. 05. 28.

55 Norah Carlin, 『동성애자 억압의 사회사』 (서울: 책갈피, 1995); 계정민, "'입 밖에 낼 수 없는 죄악' — 19세기 영국 동성애 담론," 「영어영문학」 51-1(2005), 171.

56 Norah Carlin & Collin Wilson/이승민 · 이진화, 『동성애 혐오의 원인과 해방의 전망』, 60.

구강성교와 항문성교를 금지하는 소위 소도미법이 제정되어 있었다.[57]

미소 냉전기인 1950년에 매카시(John McCarthy) 의원이 주도하여 반공운동을 전개하면서 동성애자들을 공산주의자로 매도하였다. 미국 국무부가 2차 세계대전 이전부터 독일의 협박에 넘어간 한 엘리트 동성애자 손에 좌지우지되고 있었으며, 첩보, 공작, 테러 활동에 능한 동성애자들 명단을 히틀러가 확보하고 있었으며, 6,000명에 가까운 '변태들'이 정부 각 부처에 침투되어 있다고 공공연하게 선동하였다. 동성애자들에 대한 대대적인 숙청, 탄압, 박해의 물결이 미국 전역을 휩쓸던 와중에 수천 명의 공무원이 해고되었다.[58]

1950년 상원 위원회는 동성애자가 공직에 고용되면 안 되는 이유를 다음과 같이 보고했다.

> 성도착 행위에 빠지면 개인의 도덕성이 약해지고… 동성애자 한 사람이 정부 전체를 오염시킬 수 있으며… 감수성 예민한 젊은이들이 성도착자의 영향을 받게 될 위험이 있다.[59]

1953년에 발표된 행정명령(10450호)은 변호사 자격 박탈 사유에 반국가 활동뿐 아니라 '성도착'을 포함시켰다. 이를 빌미로 경찰은 동성애자들을 마음대로 공격했다. 연방수사국(FBI)은 동성애자 술집의 손님 명단을 수집해서 신원을 조회했고, 우체국은 우편물을 염탐했다. 국가 기관의 협박 때문에 마지못해 정보를 제공했지만, 일부 사람들은 협박에 굴하지 않고 이런 만행을 폭로했다. 그러자 정부의 동성애자 탄압을 비판하고 동성애자 정보 제공에 협조하지 않는 행위 자체가 스스로 동성애자임을 드러내는 것이라

---

57 최희경, "미국의 동성애에 관한 연방대법원판례," 「국제정치논총」 43-4(2003. 12.), 주 7.

58 Florence Tamagnu/이상빈, 『동성애의 역사』, 161-162.

59 Norah Carlin & Collin Wilson/이승민 · 이진화, 『동성애 혐오의 원인과 해방의 전망』, 8.

규정하고 비협조자들마저 해고했다.[60]

1950년대와 1960년대에 걸쳐 연방수사국과 주 경찰은 동성애자로 알려진 사람들과 그들이 누리고 있는 제도, 그들의 지인 목록까지 보유하고 있었다. 이를 근거로 게이를 몰아내기 위한 '청소'를 도시 곳곳에 실행하였다. 이성의 옷을 착용하는 것을 금지하고, 대학에서는 동성애자로 의심되는 학생과 교수뿐 아니라 관련된 모든 인원을 내쫓았다. 수천 명의 동성애자는 공개적으로 창피를 당하고, 신체적으로 괴롭힘을 당했으며, 단지 동성애자라는 이유로 교도소에 수감되거나 정신병원에 수용되었다.[61]

당시 미 국무부는 무정부주의자와 공산주의자와 더불어 동성애자들을 반국가적 위험인물 목록에 포함시켰다. 1947년과 1950년 사이에 동성애자들이 신청한 1,700개의 일자리가 거부되었고, 4,380명이 군에서 해임되었으며, 동성애자로 의심받는 420명은 정부의 공직에서 해고당하였다.[62]

1958년까지 코네티컷 주법은 짐승과 성교하는 행위나 남성끼리 성관계를 갖는 행위는 "자연의 질서에 반하는 것"이라며 이 둘을 똑같이 취급했다. 1960년대 초 일부 주에서는 동성애자의 최고 형량을 오히려 늘리기도 하였다.

1961년 일리노이주가 처음으로 동성 간의 성행위를 합법화하였다. 1964년 인종 차별을 금지하는 민권법(Civil Rights Act)이 제정됐고, 1969년 미국 코네티컷주가 연방에서 두 번째로 동성애자 차별 조항을 폐기했다. 1972년에는 오하이오주와 하와이주가 뒤를 잇는 등 많은 주가 여기에 동참하였다.

그럼에도 불구하고 1982년 8월 3일 조지아주 애틀란타시에 거주하는 29세의 하드윅(Michael Hardwick)이 동성애 행위를 했다는 이유로 자신의 침실에서 경찰에게 체포되었다. 하드윅은 동성애자의 권리를 헌법상 보호

---

60 같은 책, 88-89.

61 "스톤월 항쟁," https://ko.wikipedia.org/wiki/ (2018. 12. 10.).

62 제임스 E. 웹 장관은 보고서에 "동성애자들의 다른 성향은 보통 사람들과 차원이 다르며 그것으로 인해 사회적 문제가 커질 것이다"라고 명시하였다.

받고자 주 검찰총장을 상대로 연방지방법원에 소송을 제기했다. 연방지방법원의 제1심에서는 원고의 청구를 기각했으나 항소법원인 연방 제11 순회법원은 하급법원의 판결을 파기했다. 4년 후인 1986년 연방대법원은 '바우어스 대 하드윅 사건'(Bowers vs. Hardwick)의 판결에서 5대 4로 미국 헌법이 동성애자가 소도미 행위를 할 '기본적 권리'까지 부여하고 있지는 않으므로 이를 금지한 조지아 주법은 헌법에 위반되지 않는다고 결정했다.[63]

1993년까지 구강성교나 항문성교가 발각되면 처벌하는 주가 20여 곳이었고, 그 행위로 적발되면 주에 따라 10년 형에서 종신형으로 처벌받았다.[64]

1996년에 연방 '혼인보호법'(DOMA)이 통과되었다. 혼인보호법 2조는 "미 연방의 주(州)들은 다른 주에서 성립된 동성혼을 인정하지 않을 권한이 있다"고 명시하여 주 단위의 동성혼 금지를 가능하게 하였다. 3조는 "모든 연방법, 규정, 규칙 혹은 미 연방정부의 각 기관이나 부처의 해석이나 규제에서 '혼인'이란 한 명의 남성과 한 명의 여성의 결합만을 의미하며, '배우자'란 이성인 남편이나 부인을 일컫는다"라고 정의하였다.

4. 독일과 나치 정부의 동성애자 탄압과 '핑크 홀로코스트'

1532년 신성로마제국 황제 카를 5세는 동성애를 사형에 해당하는 범죄로 규정하는 소도미법(Sodomy law)을 제정하였다.[65]

그 후 300년 가까이 지난 1813년에 와서 바이에른은 소도미에 대한 처벌을 전면 폐지했다. 프로이센은 1851년 형법 제143조를 통해 "두 명의 남성이 혹은

63 류성진, "동성애에 대한 미국 연방대법원의 최근 결정과 시사점," 「공법학연구」, 14-4(2013), 95.

64 윤가현, 『동성애의 심리학』, 89.

65 조철옥, "포스트모더니즘 범죄이론에 의한 동성애 합법화 연구," 212. 스코틀랜드는 1885년까지 동성애자를 사형에 처하였다.

인간이 동물과 행한 반자연적인 성행위는 6개월에서 4년에 이르는 금고형에 처하고 공민권을 박탈한다"고 규정했다. 여성 동성애에 대한 처벌은 명시하지 않았다.

1871년 5월 15일 공포된 독일제국 형법 175조 역시 "두 명의 남성이 혹은 인간이 동물과 행한 반자연적인 성행위는 금고형에 처하며, 공민권을 박탈할 수 있다"고 규정하였다. '반자연적인 성행위'가 구체적으로 무엇을 뜻하는지는 명확하지 않았다. 항문 삽입은 그렇다 쳐도 손을 사용하는 수음이 성교인가? 입을 사용하는 구음은 애무인가 성교인가? 프로이센 대법원은 반자연적 행위를 '성교와 유사한 행위'로 정의했으나 동어반복에 지나지 않았다.

1880년대에 베를린 경찰청 형사경찰국에는 '동성애과'가 별도로 조직되어 있었다. 그곳에서 사진이 첨부된 유죄 판결자 목록은 물론 '장미 리스트'(Rosa List)라고 불린 유죄 여부와 무관한 동성애자 5,000명의 인적 사항과 행적을 적은 목록이 관리되었다. 당시 베를린의 동성애자 수가 약 2만 명으로 추정되므로 전체의 4분의 1이 체계적으로 관리되고 있었던 셈이다.[66]

1897년 5월 마그누스 히르시펠트는 세계 최초의 성소수자 인권 단체인 '과학적 인도주의 위원회'[67]를 결성하였다. 이 단체는 남성 간의 성행위를 금지한 독일 형법 175조의 폐지를 촉구하는 등 성소수자의 법적 처벌을 반대하고 사회적 인정을 주장했다.[68] 1919년에는 세계 최초로 '베를린 성연구소'를 만들어 동성애자 권리를 단호하고 용기 있게 옹호하였다. 1920년 10월 그는 심하게 구타당했고, 1921년에는 습격받아 두개골이 깨진 상태에서 버려졌고, 1923년에는 강연 도중에 총을 맞기도 했다. 1935년 죽을 때까지 동성애자의 권리를 위해 줄기차게 싸웠다.[69]

---

66 김학이, 『나치즘과 동성애: 독일의 동성애 담론과 문화』 (서울: 문학과지성사, 2013), 160-162.

67 Wissenschaftlich-humanitäres Komitee.

68 "동성애," https://ko.wikipedia.org/wiki/ (2019. 04. 20.).

1909년 4월 말에 법무부 장관에게 제출된 보고서, 즉 새로운 형법 초안 250조는 남성 간의 성교는 물론 여성 간 성교 역시 처벌하도록 명시했다(1항). 직무상의 위계를 이용하여 동성애 행위를 강요한 자는 가중 처벌하여 최대 5년 금고형을 선고할 수 있도록 했다(2항). 남성 간의 매춘을 한 자에게도 동일 형량을 부과하도록 규정했다. 동성애 해방 운동이 출범한 지 어언 12년이 지났지만 법적 규제는 오히려 악화된 것이다.[70] 1913년 9월 말 약간 개정된 최종안이 만들어졌으나, 1914년 7월 28일 1차 세계대전 발발로 상원에서의 최종 결의가 무산되었다.

독일 공산당은 1917년 성공한 러시아 혁명의 선례를 따라 동성애자의 완전한 평등을 주장했다.

> 프롤레타리아는… 성생활 문제와 동성애 문제에 편견 없이 접근한다. … 동성 간 성생활에 이성 간 성행위와 똑같은 자유를 요구한다.[71]

1927년 6월 말 바이마르 제국의회에서 형법 개정안에 대한 첫 번째 독회가 있었다. 첫 발언자로 나선 나치당 소속 독일 법학자 겸 정치인 빌헬름 프리크(Wilhelm Frick)는 동성애를 '독일 민족의 몰락을 야기할 죄악'으로 규정하고 '가장 강력하게 처벌'해야 한다고 주장했다. 특히 의사로서 유대인이며 동성애자였던 히르시펠트가 1897년부터 동성애 처벌을 규정한 독일 형법 175조 폐지 청원 운동에 앞장서 왔기 때문에 유대인과 동성애자를 독일 민족을 파괴할 동일범으로 여겼다. 프리크는 "이 문제를 주도하는 자들은 물론 유대인인 마그누스 히르시펠트와 그의 인종 동지들입니다. 유대인의 도덕은 언제나 독일 민족을 파괴할 뿐입니다"라고 하였다.[72]

---

69 N. Carlin & C. Willson/이승민 · 이진화, 『동성애 혐오의 원인과 해방의 전망』, 160.

70 같은 책, 171-172.

71 같은 책, 159.

1928년 6월 말에 출범한 뮐러 내각의 제국의회는 28명의 의원으로 형법위원회를 구성하고 1929년 10월 8일부터 성 관련 형법을 논의했다. 21세를 넘긴 남성들 간의 동성 성교는 합법화하되 직무상의 위계를 이용하거나 남성 간의 매춘을 한 자를 최대 5년간의 금고형으로 처벌할 수 있도록 했다. 이 역시 정변(政變)으로 상원 통과가 또다시 무산되었다.

1930년 7월 의회가 해산되고 9월 14일 선거에서 나치당이 원내 제2당으로 급부상했다. 나치의 공식적인 입장은 명확했다. 그들은 동성애의 합법화에 반대했다. 아돌프 히틀러가 1933년 1월 30일 독일의 총리가 되어 권력을 잡은 이후 동성애자들은 나치당의 여러 박해 대상 중 하나가 되었다. 히틀러는 인구 증가와 도덕성 회복을 고집하던 보수 세력과 함께 집권했기 때문에 반동성애 국가 인권을 펼쳤다. 나치가 강요한 '게르만 가족 계획'에는 일정 기간 내에 결혼하지 못한 미혼 남녀는 정당한 미혼 사유를 제시해야 했다. 이를 어길 경우 처벌을 받았다. 아이를 생산하지 못하는 동성애자들은 나치의 입장에서 독일 민족을 영속하는 데 방해만 되는 '국가의 적'이요 제거의 대상으로 전락했다.[73]

히틀러가 총리에 임명되고 1개월이 채 안 되어 나치 정권의 제2인자였던 헤르만 괴링(Hermann Wilhelm Göring)은 프로이센 경찰에게 훈령을 발동해 "반자연적인 성교를 행하는 자들 혹은 그들이 압도적으로 많이 출입하는 요식업소"를 철저히 감시하고, 그런 자들의 출입을 확인하는 즉시 "영업허가증 취소 절차에 돌입"하라고 지시했다. 모든 동성애 학술 및 대중 저널이 1933년 봄과 여름 사이에 폐간되었다. 경찰은 음란물을 판매하거나 대여해 주는 가판대, 도서 대여점, 서점을 감시하고 음란물을 압수하는 한편 판매 및 대여를 금지했다.

---

72 김학이, 『나치즘과 동성애: 독일의 동성애 담론과 문화』, 229.

73 "동성애의 근현대사 (1) 나치의 동성애자 탄압," https://blog.naver.com/PostView.nhn?blogId=casker_2&logNo=220272709699 (2018. 12. 10.).

이어서 1933년 5월 6일 베를린 체육대학 학생들과 나치 돌격대가 히르시펠트의 성과학연구소를 파괴하고 트럭 두 대 분의 모든 자료를 탈취하여 갔다. 1만 2천 권 이상의 서적과 3만 5천 점 이상의 귀중한 사진들이 베를린 시청에서 공개적으로 소각되었다. 이어서 마르크스주의, 유대주의, 평화주의자들로 규정한 94명의 저자와 저서 목록에 따라서 해당 도서를 모든 도서관과 일반 서점에서 몰수하여 불태웠다. 21개 대학도시에서 2만 5천 권의 책이 화형되었다.[74] 남아 있던 자료들은 결국 복구되지 않았다. 나치의 경찰은 '엘도라도'와 같은 동성애자 술집과 클럽의 문을 닫았고 성소수자들의 잡지인 「우정」 등의 출판을 금지했다.

히틀러는 1933년 말까지 나치 돌격대 사령관인 룀(Ernst Julius Röhm)이 동성애자인 것을 알고도 묵인하다가 1934년 6월에 그를 처형하고 동성애자 처벌 형법을 강화했다. 1935년 6월 28일에 개정 공포된 형법 175조에서 "다른 남자와 성교를 행한 남자 혹은 다른 남자로부터 성교를 허락한 남자는 금고형에 처한다"고 규정하였다. 나치 정부는 형법 175a를 다음과 같이 첨가하여 동성애자에 대한 처벌을 강화하였다.

> 신체와 정신에 폭력을 행사하거나 위협함으로써 동성 성교를 행한 남자, 업무상의 위계를 이용하여 동성에게 성교를 강요한 남자, 21세 미만의 남자를 '유혹'하여 성교를 행한 21세 이상의 남자, 남자와 매매춘을 행한 남자와 남창은 10년 이하의 징역형에 처한다.[75]

1871년에 제정된 형법 175조에 포함된 동성애자의 공민권 박탈은 삭제되었으나 형량이 대폭 늘어난 것이다. 바이마르공화국에서 최저 단 하루의

---

74 김학이, 『나치즘과 동성애: 독일의 동성애 담론과 문화』, 315-317.

75 같은 책, 377-378.

금고형에 처해졌던 동성애자 처벌이 원칙적으로 최저 3개월의 금고형으로 늘어났다. 10년 징역형에 처할 수 있는 가중 처벌 조항도 삽입되었다. 성인 남성이 상대하지 말아야 할 청소년의 나이가 기존의 14세 미만에서 21세 미만으로 상향 조정되었다.

개정된 175조에 따라 유죄 판결을 받은 사람이 1933년 853명, 1934년 948명, 1935년 2,106명으로 폭증했다. 나치 집권 초기에 상당수의 동성애자가 강제수용소에 수감되었으나 그 기록은 남아 있지 않다.

나치 정부는 1933년 7월 14일 '유전병자 출생 방지법'을 제정하였다. 선천적 정신지체자, 정신이상자, 조울증 환자, 유전적 간질 환자, 유전적 헌팅턴 무도병 환자, 유전적 시각 장애자, 유전적 청각 장애자, 유전적 신체 기형 환자에게 출산을 금지했다. 불임 수술을 부과한 것이다. 나치 시대 전체에 걸쳐서 약 20만 명의 남성과 20만 명의 여성이 불임 수술을 받았고, 그들 중에서 약 600명의 남자와 5,000~6,000여 명의 여성이 수술 후유증으로 사망한 것으로 추산한다.[76]

나치 독일은 유대인들을 사회로부터 격리하기 위해서 게토라고 불리는 특정 지역에 격리하고 노란색의 '다윗의 별'을 반드시 달도록 하였다. 마찬가지로 동성애자들을 강제수용하고 남성 동성애자를 '분홍 역삼각형 삼각형'(▽)의 배지를 달게 하였다. 여성 동성애자의 경우는 '검은색 역삼각형'을 부착하였다.

1934년 게슈타포(비밀 경찰)는 지방 경찰에게 동성애자 활동에 참여한 모든 남성의 목록인 '핑크 리스트'를 작성 · 보관하도록 지시했다. 사실상 독일의 많은 지역의 경찰들은 이미 그러한 목록을 가지고 있었다.

나치 정부는 1936년 봄부터 이듬해 4월까지 동성애자 일제 단속 작전을 벌였다. 1936년 10월에는 베를린 형사경찰청에 '동성애 및 낙태 퇴치 본부'

---

76 같은 책, 364-365.

가 설치되었다. 독일 경찰 총감 하인리히 힘러(Heinrich L. Himmler)는 모든 형태의 동성애, 복장 전환, 낙태, 낙태 의료인, 낙태 및 피임 도구의 제조와 판매, 인구 증가에 대한 반대를 업무 영역에 포함했다.[77]

1937년 5월 11일 힘러는 각 지역의 형사경찰지청에 〈동성애와 낙태 퇴치를 위한 지침〉을 하달했다. 남성 동성애자를 국가의 적으로 규정하면서 '청소년에 끌리는 동성애자와 남창을 각별하게 위험한 인물'로 규정했다. 그런 자들은 가차 없이 사회로부터 격리하고, "동성애가 처음이라고 강변해도 절대로 믿지 말라"고 지시하였다. "의심스러운 자는 무조건 체포하여 심문할 것이며, 신문 광고란을 수시로 점검하고, 주민들과 좋은 관계를 유지하며 소문에 귀를 기울이고, 믿을 만한 사람을 프락치로 만들어라. 동성애자로 판명된 자는 즉시 수사하고, 사진 찍고, 지문을 채취하라. 혐의가 입증되지 않아도 절대로 곧바로 석방하지 말고 가택 수색에 돌입할 것이며, 이때 특히 편지 내용을 일일이 점검하라. 심문할 때 제3자를 배제하라"고 하였다. 동성애자 적발 지침은 자세하고 철저하였다.[78]

1937년부터 1939년까지는 동성애자에 대한 나치의 박해가 극에 달했는데, 경찰은 동성애자들의 회합 장소를 더 많이 습격했고, 그들의 주소록을 확보했으며, 밀고자 및 비밀 요원 네트워크를 구축해서 동성애자로 의심되는 사람들을 색출하고 체포했다.

1938년 4월 4일, 게슈타포는 동성애자로 판결을 받은 남성들을 집단 수용소로 보낼 수 있다는 내용의 지령을 내렸다. 1933년부터 1945년 사이에 경찰은 약 10만 명의 남성을 동성애자로 체포했다. 법원에서 판결을 받은 약 5만 명의 남성 대부분은 일반 감옥에 수감되었고, 5천 명에서 1만 5천 명 사이의 사람들은 집단 수용소에 수감되었다.[79]

---

77 같은 책, 409.

78 같은 책, 410-411.

79 "Persecution of homosexuals in Nazi Germany," 「Wikipedia」, https://en.m.wiki

독일의 사회학자 류디거 라우트만(Rüdiger Lautmann)은 1970년대 중반, 나치 희생자들에 관한 한 최대의 자료를 소장하고 있는 '국제적십자사 실종 자청'에서 동성애자에 대한 기록을 조사했다. 라우트만 연구팀은 표본으로 추출해 낸 1,572개의 개인 신상 카드와 나치 수용소 7개의 문서철을 분석하여 나치 수용소에 수감된 동성애자가 대략 1만 명에서 1만 5천 명 사이였다는 결론에 도달했다.[80]

타마그누(F. Tamagnu)는 『동성애의 역사』에서 나치가 집권한 1933년부터 1941년까지 동성애자로 처벌받은 자가 연평균 5,150명이므로 모두 5만 6,350명이라고 한다. 나치 정권에 와서 10배가량 증가한 것이다. 1939년에 20세 이상의 독일인 남성 인구는 2,261만 명이었다. 힘러와 친위 경찰이 동성애자를 국가의 적으로 선포하면서 독일 동성애자가 전체 인구에 10%에 달하는 200만 정도라고 했던 사실을 떠올리면, 저 숫자는 오히려 적은 것이라고 한다.[81] 1933년 히틀러가 집권한 후 동성애자 5만 명을 생매장하고 점령국의 동성애자 4만 명을 처형했다는 주장도 있기 때문이다.[82]

여러 생존자의 증언에 따르면 동성애자들은 수용소에서 가장 심한 학대를 받은 그룹 중 하나였다. 나치 당국은 동성애가 치료가 가능한 질병이라고 믿고 있었기 때문에 동성애자의 '질병'을 수치와 노역으로 '치료'하도록 하는 규정을 만들었다. 실제로 도라-미텔바우의 지하 로켓 공장이나 플로센뷔르크 및 부헨발트의 채석장에서는 주로 동성애자들에게 엄청난 양의 작업을 할당하였다. 또한 나치는 집단 수용소의 동성애자 수감자에 대한 생체 실험을 통해 동성애의 '치료' 방법을 찾고자 했다. 이러한 생체 실험은 질병, 신체 절단, 심지어 사망의 결과를 가져왔다. 동성애자 수감자에 대한 지원

---

pedia.org/wiki/Persecution_of_homosexuals_in_Nazi_Germany

80 같은 책, 417-418.

81 김학이, 『나치즘과 동성애: 독일의 동성애 담론과 문화』, 414.

82 조철옥, "포스트모더니즘 범죄이론에 의한 동성애 합법화 연구," 213.

은 일반 수감자에 비해 형편없었다. 잔혹 행위와 중노동, 학살, 생체 실험으로 인해 그들이 강제수용소에서 생존할 수 있는 확률은 아주 낮았다.[83]나치하의 집단 수용소 수감자 중에 동성애자들의 사망률이 가장 높았으며, 그들 대부분은 그곳에서 죽음을 맞이했다.[84]나치 치하에서 유대인들이 600만 명이 희생된 것을 '홀로코스트'라고 하듯이 10만 명 안팎 동성애자들의 희생을 '핑크 홀로코스트'(Pink Holocaust)라고 한다.[85]

제2차 세계대전 종전 후 10여 년이 지난 1957년 서독 정부는 나치의 희생자에게 보상하는 법안을 제정했다. 희생자 중에는 5만 명에 이르는 동성애자도 있었다. 나치 독일은 패망했지만, 동성애를 범죄로 규정한 독일의 형법은 건재했다. 나치로부터 받은 피해에 대해 보상을 받으려면 자신이 동성애자라는 것을 인정해야만 했다. 처벌을 각오해야 하는 것이다. 실제로 1969년까지 동성애로 인해 유죄 판결을 받은 독일 남성은 무려 6만 명에 달했다.[86]

독일 정부는 1980년대에 이르러서야 히틀러 치하의 동성애자 박해 행위를 인정했다. 1980년대 말부터 네덜란드와 독일 등 일부 국가들은 나치 치하의 학살수용소에서 희생된 동성애자들을 위한 추모식을 허가했다.[87]나치가 동성애자들에게 '역삼각형 분홍 배지'(▽)를 달게 한 것에 항거하여, 희생된 동성애자들을 추모하고 동성애자들의 권리를 회복시킨다는 뜻에서 '바로 세운 분홍 삼각형'(△)이 동성애 지지자들에 의해 사용하기 시작했다.[88] 나치 치하에 희생된 동성애자들을 기리기 위한 여러 활동을 '분홍 삼

83 "Persecution of homosexuals in Nazi Germany,"「Wikipedia」, https://en.m.wikipedia.org/wiki/Persecution_of_homosexuals_in_Nazi_Germany

84 Florence Tamagnu/이상빈, 『동성애의 역사』, 154.

85 Ella Braidwood, "Holocaust Memorial Day: How the pink triangle became a symbol of gay rights," *Pink News* January 26, 2019.

86 박한선, "동성애는 죄악인가? 질병인가?,"「동아사이언스」 2017. 10. 02.

87 Florence Tamagnu/이상빈, 『동성애의 역사』, 206.

각형 프로젝트'(Pink Triangle Projet)라고 한다.

2002년에 와서 독일 정부는 나치 치하의 동성애자 학살에 대해 동성애 단체에 처음으로 공식 사과했다. 2005년 유럽 의회는 홀로코스트 기간 동안 박해를 받은 사람들의 일부로 동성애자를 포함한 결의안을 통과시켰다.

5. 소련의 동성애자 탄압과 중국의 동성애 범죄화의 역사

러시아의 경우 표트르 1세가 통치하던 1706년에 스웨덴 법률을 본떠 군법(軍法)을 제정하는 과정에서 '남색'을 포함하는 '비자연적 음란 행위'를 화형으로 처벌하는 조항이 생겼다. 10년 뒤 표트르 1세가 군법을 개정해 화형을 태형으로 대체했다.

1세기가 훨씬 지난 1832년 황제 니콜라이 1세는 러시아 형법을 제정하면서 남성 간 합의하의 성관계를 처벌하는 조항을 만들었다. 제국 형법 제995조는 동성애자에게 모든 권리와 재산을 몰수하고 4~5년의 시베리아 추방형을 내리도록 규정하였다.

1890년대 들어 일부 학자들이 이 형법을 비판하기 시작했고, 나보코프(Vladimirovich Nabokov)와 같은 법학자, 정치인, 의학자들의 끈질긴 노력에도 불구하고 러시아 제국에서 남색 처벌법은 끝내 폐지되지 않았다.

1905년 러시아 혁명 이후에 잠시 문학 검열도 없어져 게이 문학이 나타나기 시작했다. 동성애자가 자신의 감정을 시나 산문으로 표현할 수 있게 됐다.[89] 1906년 미하일 쿠즈민(1872~1936)이 러시아 문학 최초의 '동성애자 선언문'으로 불리는 『날개』를 출간하여 화제가 되었다.

---

88 Ella Braidwood, "Holocaust Memorial Day: How the pink triangle became a symbol of gay rights," *Pink News* January 26, 2019.

89 게오르기 마나예프, "다시 혐오의 대상, 러시아 反동성애 정서의 뿌리," https://kr.rbth.com/opinion/2013/08/12/42673 (2018. 11. 11.).

1917년 10월 혁명 이후 레닌과 트로츠키가 지도하는 볼셰비키가 혁명 정부를 이끌었다. 권력을 잡은 지 몇 주 만에 볼셰비키는 "결혼 해소에 관한 포고"를 발표하였다. 결혼과 성행위에 관한 낡은 법률을 폐기했다. 1920년에는 낙태도 합법화해 누구든 원하면 무료로 낙태를 할 수 있었다. 트로츠키는 집안에서 여성이 수행하는 다양한 기능을 사회가 책임져야 하고, 오직 그럴 때만 비로소 남성과 여성이 서로 평등한 관계를 맺을 수 있다고 주장하였다. 이러한 주장이 정책에 반영되어 1920년에는 상트페테르부르크시 인구의 90% 이상이, 나라 전체로는 1,200만여 명이 공공 식당에서 식사할 수 있게 되었다.[90]

1917년 10월 혁명 직후 "동성애 처벌 폐지에 관한 포고"도 같이 발표되었다. 동성애는 합법이 됐고 이혼도 쉬워졌다. 실제로 1922년과 1926년 새 형법을 제정할 때 동성애 관련 조항은 없었다. 당시로서는 전 세계적으로 상당히 진보적인 조치였다. 당시의 '세계 성개혁동맹 국제회의'는 러시아를 성 개혁 운동의 모범 사례로 꼽을 정도였다.

당시 러시아 혁명가들은 국가나 종교가 개인의 성에 개입하는 것에 반대했다. 그들은 억압받던 여성의 권리를 가장 중요한 문제 중 하나로 인식했다. 낙태 합법화, 양육비 보조, 어린이 도서 출판, 탁아소, 유치원, 공동 식당, 제노텔(여성부) 설립은 모두 이런 노력의 일환이었다. 이러한 조치는 부르주아 차르 체제에 대한 맹목적 거부가 아니라 혁명 정부의 매우 의식적인 노력의 결과였다.

1923년 볼셰비키 당원 그레고리 밧키스는 새로운 사회주의 사회가 성에 대해 갖는 태도에 대해 국가가 개인의 성 문제에 절대 간섭하지 않을 것이며, 소비에트 법률은 동성애를 '자연스러운' 것으로 간주한다고 선언하였다.

---

90 Norah Carlin & Collin Wilson/이승민 · 이진화, 『동성애 혐오의 원인과 해방의 전망』, 162-163.

소비에트 공화국의 성 관련 법률은 10월 혁명의 작품이다. … 다른 사람에게 해를 끼치지 않고 다른 사람의 이익을 침해하지 않는다면 사회와 국가가 성 문제를 절대 간섭하지 않을 것임을 선언한다. … 유럽의 법률이 사회도덕에 어긋난다고 규정했던 동성애, 소도미 등 성적 만족을 위한 다양한 행위를 소비에트 법률은 '자연스러운' 것으로 간주한다.[91]

1920년대 후반 레닌 사후에 스탈린이 권력 투쟁에서 승리하면서 동성애자들의 운명이 뒤바뀌게 된다. 권력을 장악한 스탈린은 가족의 재건을 정책 목표로 설정했고 혁명적인 성적 자유의 시대는 끝났다. 그는 다음과 같이 썼다.

우리는 사람이 필요하다. 이 나라에서 생명을 파괴하는 낙태는 허용할 수 없다. 소비에트 여성은 남성과 똑같은 권리를 갖지만 자연이 여성에게 준 위대하고 명예로운 의무에서 자유로울 수는 없다. 여성은 아이를 낳고 어머니가 돼야 한다.[92]

스탈린 통치기에는 아이를 여러 명 낳으면 국가가 훈장을 수여했다. 가족의 재건을 실현하기 위해 가족의 해체가 불가피한 동성애자 반대가 불가피했다. 스탈린 정부는 동성애를 '파시스트적 성도착증'이라고 비난했다. "동성애는 부르주아의 도덕적 타락의 산물"이라는 정치 이념적 반동성애 논리가 등장했다.[93] 동성애자 처벌도 되살아났다. 1933년 남성 동성애 처벌법을 부활시켰다. 형법 제154조를 만들어 남성 동성애자에 대해 3~5년 징역을 처하도록 규정했다. 동성애자 수천 명이 체포돼 수용소로 보내졌다. [94]

---

91 같은 책, 163.

92 같은 책, 164-165.

93 Collin Willson & Susan Tyburn/정민, 『동성애 해방운동사』 (서울: 연구사, 1998), 33-36.

구소련의 경우 제2차 세계대전이 끝났지만 1980년대 이전까지 동성애자에 대한 처벌은 달라지지 않았다. 1930년 이후 50년 동안, 학자마다 계산법은 조금 다르지만, 대체로 6만 명에서 최대 25만 명이 '남색' 혐의로 처벌받았다고 추정된다.[95]

1984년 '게이 연구소'는 국제 사회에 소련의 성소수자 상황을 알리고 에이즈 예방 활동을 펼치다가 KGB에 적발되어 정치적 탄압을 받았다. 일부 구성원은 해외 망명을 떠나야 했다. 성소수자들의 저항은 계속됐다. 1980년대 중반이 지나면서 미하일 고르바초프 정권의 '페레스트로이카'(개혁) 및 '글라스노스트'(개방)와 맞물려 동성애 해방 운동이 더욱 활발해진 것이다.

1989년 11월에는 소련 최초의 동성애자 신문 「테마」를 발행할 수 있었다. 1990년 '성소수자 연맹'이 결성되어 동성애 처벌법 폐지 운동을 벌였다. 1991년 5월 로만 칼리닌은 동성애 처벌 문제를 전국적으로 이슈화하기 위해 대통령 선거에 후보로 출마하기도 했다. 1991년 12월 26일 구소련이 해체되면서 러시아 성소수자 인권 운동은 새로운 전환점을 맞이했다. 1993년 5월 27일 남성 동성애 처벌법이 폐지됐기 때문이다.

중국에서는 당나라 시대에 기독교 문화가 유입되며 동성애에 대한 박해 움직임이 시작되었다. 중앙아시아 문화와 불교의 영향으로 사회 전반적으로 성생활을 즐기는 문화가 감퇴했다. 급격한 도시화로 인한 매춘 활성화를 막기 위해 남창을 법적으로 금지하기도 하였으나 제대로 시행된 적이 없었다.

중국의 오랜 역사 동안 국가나 사회 차원에서 동성애 박해가 주류를 이루진 못하였다. 송나라의 왕조는 남첩을 두었다는 공식 기록이 남아 있다. 명나라 시대의 푸젠 지역은 동성 결혼 제도가 있었다는 기록이 있을 정도로 여전히 동성애 관계에 대해서 관용적이었다. 명나라의 황제 정덕제가 하미

---

94 같은 책, 165.

95 종원, "러시아 LGBT 투쟁의 역사와 오늘: 평등과 정의를 꿈꾸는 사람들," 「너 나 우리 '랑'」(행동하는성소수자인권연대 웹진), https://lgbtpride.tistory.com/837 (2018. 12. 24.).

에서 온 이슬람 지도자인 사이드 후세인과 연인 관계였다는 주장이 있다.[96]

송나라 조길(趙佶) 황제(1100~1125 재위)는 "100명의 젊은 남창들을 무거운 대나무로 태형 100대와 5만 전의 벌금을 부과했다"는 기록을 남겼다. 명나라의 주후총(朱厚熜) 황제(1522~1567 재위)는 남성 간 동성애 관계를 금지하는 법률을 제정하였다. 1655년까지 청나라에서는 동성애 항문성교를 뜻하는 비역(屁役)이 언급되었다. 1740년 반동성애법이 공포되어 성인들의 자발적 성행위가 불법으로 규정되었다가 1912년 다시 폐지되었다.[97]

96 "동성애," https://ko.wikipedia.org/wiki/ (2018. 12. 20.).

97 "중화인민공화국의 성소수자 권리," https://ko.wikipedia.org/wiki/ (2018. 12. 24.).

2장
근대 이후 동성애 합법화의 역사

1. 유럽인권협약 등 국제기구의 성소수자 차별 금지 촉구

양차 세계대전을 겪으면서 수천만 명이 희생되었다. 인간의 기본 권리가 여지없이 박탈당하는 참혹한 현실을 겪은 국제 사회는 인간의 기본 권리의 보호가 절실함을 각성하게 된다. 특히 히틀러의 나치 치하에 동성애자들 수만 명이 참혹하게 투옥되거나 처형되었다. 구소련의 경우도 수만 명의 동성애자의 투옥과 유배가 있었다.

이런 배경에서 전후 새로 결성된 유럽 평의회는 '유럽의 인권과 본질적 자유'를 보호하기 위한 국제 조약을 체결하였다. 1950년에 초안을 작성하여 1953년 9월 3일 발효된 〈유럽인권협약〉 전문 56조 중 주목할 것은 8조 1의 '사생활 및 가족생활 존중권'과 14조의 '차별 금지' 조문이다.

제8조 (사생활 및 가족생활을 존중받을 권리): 1. 모든 사람은 그의 사생활, 가정생활, 주거 및 통신을 존중받을 권리를 가진다.

제14조 (차별의 금지): 성, 인종, 피부색, 언어, 종교, 정치적 또는 기타의 의

견, 민족적 또는 사회적 출신, 소수민족에의 소속, 재산, 출생 또는 기타 의 신분 등에 의한 어떠한 차별도 없이 이 협약에 규정된 권리와 자유의 향유가 확보되어야 한다.[1]

정식 명칭으로는 〈인권 및 기본적 자유의 보호에 관한 유럽협약〉이라 불리는 이 〈유럽인권협약〉의 위의 두 조항은 동성애자의 사생활 존중과 차별 금지를 규정한 최초의 국제 조약이라는 점에서 수천 년 동안 범죄로 여겨온 동성애의 합법화에 결정적인 영향을 끼쳤다.[2]

1973년 미국정신의학협회(APA)가 동성애를 정신질환 진단 목록(*DSM-II-R*)에서 삭제한 후 1981년에 와서 비로소 유럽평의회의 의원총회(Parliamentary Assembly)는 LGBT(레즈비언, 게이, 양성애자, 성전환자 등 성소수자를 뜻함)에 포함되는 '동성애자에 대한 차별 금지'(권고 924)에 관한 권고를 채택하였다.

APA에 이어 1999년 세계보건기구(WHO)도 동성애를 국제질병분류목록(*ICD-10*)에서 삭제하였다. 다음 해인 2000년에는 유럽평의회의 의원총회(PA)가 "유럽평의회 회원국 안에서 망명과 이주에 관한 게이 · 레즈비언들과 그들의 파트너의 상황"(권고 1470)과 "유럽평의회 회원국 안에서 레즈비언 · 게이들의 상황"(권고 1474)이라는 권고문을 잇따라 발표하였다.[3] 2003년에는 "스포츠에서의 레즈비언 · 게이들"(권고 1635)에 관한 권고를 발표한 바 있다.

2000년 12월 유럽연합(EU) 역시 〈권리장전〉 21조를 통해 "성별, 인종, 민족, 유전적 형태, 언어, 종교 또는 신앙, 정치적 혹은 기타 견해, 소수자, 재산, 출생, 무능력, 나이 또는 성적 지향성에 의한 모든 차별을 금지한다"

---

1 "인권 및 기본적 자유의 보호에 관한 유럽협약," https://hrlibrary.umn.edu/instree/K-z17euroco.html (2018. 12. 21.)

2 조철옥, "포스트모더니즘 범죄이론에 의한 동성애 합법화 연구," 223.

3 같은 글, 231-232.

는 규정을 명문화하였다. '동성애'라는 용어 대신 '성적 지향'이라 명시하고 이에 대한 차별 금지를 규정한 것이다.

2011년 6월 17일 유엔 인권이사회에서는 "인권, 성적 지향과 성별 정체성"이라는 성소수자(LGBT) 권리를 인정하는 첫 번째 결의안을 통해 증오범죄, 동성애 불법, 차별 등 성소수자 인권 침해의 금지를 문서화했다. 유엔 인권 위원회는 이를 근거로 성소수자 권리를 보호하는 법을 시행하지 않은 국가에게 관련 법규를 제정할 것을 촉구했다.[4] 이를 계기로 더욱 많은 나라에서 동성애 금지법의 철폐와 동성애 차별 금지와 인권 보호에 관한 입법이 확산되었다. 한국 역시 인권이사회 이사국으로서 이 결의안에 찬성했다.

세계노동기구(ILO)는 2012년 4월부터 2014년 12월까지 "성별 정체성과 성적 지향: 직업 세계에서 권리, 다양성, 평등을 증진시키기(PRIDE)"라는 주제의 연구 프로젝트를 진행하였다. 이 연구를 통해 ILO는 성소수자를 위한 "좋은 일자리 의제"(Decent Work Agenda)의 5요소를 다음과 같이 제시하였다. 여기에는 성소수자와 에이즈 환자들의 특수한 어려움을 배려하는 노동조건이 포함되었다.

① 기본원칙과 권리 (법적 틀거리)

② 고용 증진 (좋은 선례의 발굴), 사회 보장 (의료보험, 연금 등이 다른 노동자들과 동일하게 제공되는지)

③ 사회적 대화 (노사정 3자 간 대화와 단체협약 과정에서 LGBT 이슈가 제시될 수 있는지 지식과 역량을 평가)

④ LGBT 노동자가 HIV/AIDS와 관련되어 겪는 특수한 어려움[5]

---

4 장서연(책임 연구), "성적지향·성별정체성에 따른 차별 실태조사," 〈국가인권위원회 연구용역 보고서〉 (2014), 227.

5 같은 글, 231.

2014년 9월 27일 유엔 인권이사회는 "성적 지향과 성별 정체성을 근거로 가해지는 차별적 법률 및 관행 그리고 폭력"[6]이라는 결의안을 채택하였다. 현존하는 국제인권법과 기준을 적용함에 있어 폭력과 차별을 극복하기 위한 방안과 좋은 선례들을 제시한 결의안의 주요 내용은 다음과 같다.

> 성적 지향과 성별 정체성을 이유로 전 세계 전 지역 개인에 대한 폭력행위와 차별에 대해 깊은 우려를 표명하며, 성적 지향과 성별 정체성에 근거한 폭력과 차별에 대항하는 싸움의 국제적, 지역적 그리고 국내적 차원에서의 긍정적인 발전을 환영하며, 인종, 피부색, 성별, 언어, 종교, 정치적 혹은 기타 의견, 국가 혹은 사회적 출신, 재산, 출생 혹은 기타 지위에 따른 폭력이나 차별에 대항한 유엔 인권 최고 대표의 노력을 환영한다.[7]

2013년 7월 26일에는 UN은 LGBT 권리에 관한 글로벌 대중 교육 캠페인 "유엔, 자유와 평등"(UN, Free & Equal)을 시작하고 공식 홈페이지와 트위터 등을 개설하였다.[8]

2017년 유럽평의회의 유럽지방정부의회(47개국, 200,000개의 지방조직을 대표하는 지방정부의 수장 636명으로 구성)는 "LGBT의 표현 · 집회 · 결사의 자유"(권고 211)를 채택하였다. 이 권고에서는 "최근 몇 회원국에서 반동성애적인 사건들을 통하여 LGBT에 대한 체계적인 권리의 침해도 드러나지만, 시민들을 차별로부터 보호할 적극적 의무가 있는 공권력이 오히려 이러한 부정의를 지지하거나 직접적으로 행하고 있는 것을 알 수가 있었다"고 밝혔다. 그리고 지방정부가 LGBT의 표현 · 결사의 자유를 보장하기 위하여 이행하여야 하는 9개의 의무를 제시하였다.

---

6 같은 글, 228.

7 같은 글, 228.

8 같은 글, 229.

동성애자를 사형으로까지 처벌했던 '동성애 처벌법'이 20세기에 들어와서 여러 나라에서 폐지되었고, 마침내 1989년 덴마크가 세계 최초로 동성결혼까지 합법화하는 '동성 커플 등록에 관한 법률'을 제정하기에 이르렀다. 이처럼 동성애가 비범죄화되고 합법화되는 배경에는 몇 가지 요인이 작용하였다.

제2차 세계대전 동안 독일의 히틀러가 수만 명의 동성애자를 투옥 · 처형하였고, 구소련에서도 수천 명을 처벌하였다. 역사적 유례가 없는 동성애자에 대한 대량 처벌과 학살을 겪은 전후(戰後) 세대는 동성애자에 대한 인권 문제를 각성하고 동성애 처벌법 철폐의 필요성을 절감하게 되었다.

오랜 기간 차별과 억압에 대항한 동성애자들의 조직적인 항거 및 소수자를 위한 인권 운동이 큰 계기가 되었다.[9] 바로 1969년 스톤월 항쟁과 1970년 6월 28일 스톤월 항쟁을 기념하며 시작하여 전 세계로 확산되어 매년 열리는 '동성애자 자긍심 행진'(Gay Pride Marches)이다. 국제적으로 50여 개국, 300여 개 이상의 성소수자 조직이 연합하여 설립한 "국제 레즈비언 및 게이 연합"(ILGA)은 1973년 최초로 UN의 공인을 받아 국제적인 연대 활동을 전개하였다.[10]

동성애는 범죄도 질병도 아니며, 동성애자에 대한 차별과 처벌은 소수자에 대한 사회 통제 수단이었다는 미셸 푸코 등의 철학적 통찰과 범죄이론의 영향도 적지 않았다.[11] 미셸 푸코는 『광기의 역사』(1961)에서 동성애가 범죄도 질병도 아니며 사회 권력에 의해 차별 · 배제된 여러 광기의 한 범주에 속한다고 분석한 것이다.

---

9 조철옥, "포스트모더니즘 범죄이론에 의한 동성애 합법화 연구," 215-223. 동성애자 인권 운동의 역사에 관하여 참고할 것.

10 같은 글, 220.

11 같은 글, 209.

> 모든 문화에서 성은 속박 체계와 밀접히 관련되어 왔다. 그러나 오직 우리의 문화에서만, 그것도 비교적 최근의 시기에 성은 이성과 비이성 사이에서 그리고 오래지 않아 당연한 귀결의 길을 따라 건강과 질병, 정상과 비정상 사이에서 그토록 엄정하게 분할되었다.[12]

이어서 『성의 역사』(1976)에서 동성애를 소수집단에 대한 사회 통제를 위한 인위적인 카테고리에 불과하므로 이를 해체하여야 한다고 주장하였다.

1973년 미국정신의학협회(APA)가 동성애를 정신질환 진단 목록에서 삭제한 이후, 1999년 세계보건기구(WHO)는 '동성애'(homosexuality)라는 용어를 '동일성 지향'(same-sex orientation)으로 대체하였다. 비로소 동성애라는 용어 자체가 정신질환 진단 목록에서 완전히 삭제되었다. 아울러 전환치료의 폐지를 촉구했다.

1999년 5월 17일 세계보건기구(WHO)가 동성애를 국제 질병 분류에서 삭제한 것을 기념해 프랑스의 대학 교수이자 동성애자 활동가인 루이 조르주 탱의 제안으로 5월 17일을 "국제성소수자혐오반대의 날"(IDAHOT)로 정하여 지금까지 여러 나라에서 지켜지고 있다.[13]

미국 연방법원의 동성애 처벌법 위헌 판결도 큰 영향을 끼쳤다. 2003년 6월 26일에 미국 연방대법원은 로렌스 판결(Lawrence v. Texas)을 통해 6대 3으로 동성애 행위는 헌법상 '자유에 의해 보호'되어야 하며, 이를 규제하는 텍사스 주법은 위헌이라고 판시했다.[14] 선스타인(Cass R. Sunstine)은 동성애 금지를 위헌으로 결정한 로렌스 판결의 헌법적 의의에 대해 동성애는 제3자에게 해를 끼치지 않는 사적(私的)인 성행위이며, 동성애 처벌로 인한 정당

---

12 Michel Foucault/이규현, 『광기의 역사』, 181.

13 "International Day Against Homophobia, Transphobia and Biphobia"의 약자는 IDAHOT 또는 IDAHOBIT다.

14 최희경, "미국의 동성애에 관한 연방대법원판례," 33-54.

한 국가의 이익이 없으며, 공공의 지지를 받을 수 없으며, 헌법상의 자유와 평등의 원칙을 위반한 것이기 때문에 동성애 금지는 위헌이라고 하였다.[15]

2003년 미국연방대법원이 최초로 동성애 처벌법을 헌법 위반으로 판결한 것은 큰 충격과 파장을 몰고 왔다. 이는 전 세계적으로 동성애를 비범죄화하고 합법화하는 데 결정적인 영향을 끼쳤다.

2. 영국과 프랑스의 동성애 합법화의 역사

1) 영국의 동성애 합법화의 역사

영국의 경우 1957년 월펜던 위원회(Wolfenden Committiee) 보고서를 통해 "사적으로 이루어진 동성애 관계는 무죄"라고 밝혔다. 공공장소에서 이루어진 행위, 특히 매춘에 대해서는 형량을 가중시킴과 동시에 이성애 혹은 동성애 관계를 허용하는 법적 성인 연령을 종전의 16세에서 21세로 상향 조정하여 21세 이상의 동성애 관계를 합법화할 것을 권고했다.[16]

1958년에는 동성애법개혁협회가 설립돼 이런 권고를 이행하라고 압력을 넣었다. 1967년에 동성애에 대한 비범죄화가 이뤄졌지만, 동성애자들의 투지나 의식이 크게 고조되어 생긴 결과는 아니었다. 당시의 동성애 해방 운동은 온건하고, 수세적이었고, 매우 '비정치적'이었다.

1988년 영국 보수당이 동성애자 권리를 공격하자, 이에 항의하며 동성애자 수만 명이 거리 행진을 벌였다. 1992년 처음 게이 프라이드 행진이 열렸으며, 1994년에는 20만 명이 넘게 참여했다.[17] 1998년 성소수자 인권

---

15 허순철, "미국 헌법상 동성애 — Lawrence v. Texas 판결의 헌법적 의의를 중심으로," 「공법학연구」 9-1(2009), 124.

16 Florence Tamagnu/이상빈, 『동성애의 역사』, 182.

17 같은 글, 126.

법이 통과됐다. 2000년에는 군대 내 동성애를 금지하는 정책이 폐기됐다. 이어서 2006년에는 성적 지향, 즉 동성애자에 대한 차별을 불법으로 규정한, 일종의 차별금지법인 평등법이 제정됐다.

영국에서도 동성 간의 '시민 결합'(civil partnership) 제도가 2005년 12월부터 시행되었다. 영국 의회와 정부는 2013년 7월 동성 결혼을 입법하고 영국 여왕의 서명을 받아 잉글랜드와 웨일스는 2014년 3월 13일부터 시행하고 있다. 기존 시민 결합 제도에 포함되어 있던 커플은 자동으로 부부자격을 얻게 된 것이다.[18]

2017년 정부 평등국(Government Equalities Office)은 10만 8천여 명의 응답을 받은 성소수자에 관한 설문조사의 결과를 수용하여 '성소수자 실행계획'(LGBT Action Plan)을 발표했다. 여기에는 동성애 '전환 치료 금지'를 포함하여 영국 사회 의료 · 교육 등 다양한 분야에서 성소수자 차별을 철폐하고 그들의 인권을 증진하기 위한 다음과 같은 방안이 포함돼 있다.

> 교육 현장에서 성소수자 청소년·어린이 괴롭힘 금지, 성소수자 당사자가 집과 공동체에서 안전 느낄 수 있는 방안 마련, 성별 이분법 범주에 들어가지 않는 '간성'(inter-sex)의 이해[19]

2) 프랑스의 동성애 합법화의 역사

프랑스의 경우 프랑스 혁명 이후 1791년 국민의회가 형법을 개정하면서 성인의 성적 행동에 대한 형벌을 모두 폐지했다. 프랑스에게 정복되었거나 프랑스와 동맹했던 지역에서도 동성애가 비범죄화되었던 것이다. 이때는

18 "영국의 동성 결혼," https://ko.wikipedia.org/wiki (2019. 01. 28.).

19 이은혜, "잉글랜드성공회, 동성애 '전환 치료 금지' 지지," 「뉴스앤조이」 2018. 07. 09.

혁명적 낙관주의가 팽배한 시대였고, 자유와 평등과 박애가 이들의 좌우명이었다. 시대에 뒤떨어진 법률과 관습이 일소되면서 잠시 혁명은 '억압받는 사람들의 축제'가 됐다.[20]

제2차 세계대전 중에 나치 독일의 점령하에 있던 비시(Vichy) 체제하에서 나치의 동성애자 탄압의 영향으로 1942년 프랑스는 형법 제333조 1항을 통해 동성애 관계가 가능한 법적 성년 연령을 21세로 재규정했다. 제2차 세계대전이 끝난 이후에도 이 규정은 한동안 폐지되지 않은 채 남아 있었다.[21]

미셸 푸코는 생트-안느 정신병원에 입원해 정신과 치료를 받으면서 정신과 의사들이 단순히 치료하는 일뿐만 아니라 '정신적 경찰관'과 같은 역할을 한다는 느낌을 받게 된다. 그는 자신의 이러한 경험을 바탕으로 사회의 기득권층이 정신병자들을 어떻게 다루었는지를 역사적으로 고찰하여 『광기의 역사』(1961)를 출판하였다. 그는 17~18세기 고전주의 시대 동성애자를 비롯한 성범죄자, 종교적 신성모독 죄인 그리고 자유사상가까지 반이성적이고 비도덕적이라는 이유로 범죄자로 여겨 '철창' 안에 수감한 사례들을 샅샅이 조사하여 발표하였다.

푸코에 의하면 18세기 후반에 가서야 광기는 도덕적 결함이 아닌 질병으로 이해하기 시작했다고 한다. 성적 본능을 정상과 비정상으로 분석하고 모든 성적 행동을 병리학에 편입한다. '질병 환자'로 이해된 광인은 구치소에서 해방되었으나, 내적으로 더욱 정교하고 엄격한 처벌 기제인 '정신 치료'를 받도록 강제했다는 것이다.[22] 이처럼 성적으로 낯선 양상들을 비정상의 범주에 넣고 교정 기술 체계를 작동시켜 왔다. 기득권자들이 자의적 성 담론을 만들어 개인들의 행동을 통제하고 규격화하는 힘을 행사하는데, 그것을 바로 생체 권력(bio-pouvoir), 즉 생명을 관리하는 권력이라고 하였다.[23]

---

20 Florence Tamagnu/이상빈, 『동성애의 역사』, 61.

21 같은 책, 180.

22 이동희, "동성애 철학자, 정신병원을 연구하다," 「시민사회신문」 2009. 10. 14.

푸코는 에이즈로 사망한 동성애자였다. 당시만 해도 정신과 의사들은 동성애를 심각한 질병으로 취급했다. 그는 『성의 역사』(1976)에서 동성애는 범죄도 질병도 아니며 사회 권력에 의해 차별 · 배제된 여러 광기의 한 범주에 속한다고 분석한 것이다. 동성애는 범죄도 질병도 아니며, 동성애자에 대한 차별과 처벌은 소수자에 대한 사회 통제 수단이었다는 미셸 푸코의 철학적 통찰과 범죄 이론은 동성애에 대한 고정 관념을 깨뜨리는 사상적 이정표가 되었다.

1981년 와서 미테랑 사회당 정부가 동성애 혐오(homophobie)를 법적으로 금지하면서 동성애자는 음지에서 양지로 나올 수 있었다. 파리 중심가에는 게이 바가 즐비하다. 매년 열리는 '게이 퍼레이드'도 동성애자뿐 아니라 시민 전체가 어울리는 축제로 자리 잡았다. 파리 시장인 베르트랑 들라노에가 게이 시장임은 익히 알려진 사실이다.[24]

2012년 실시된 한 설문조사에서 프랑스인의 약 65%가 동성 결혼 합법화에 찬성한다고 답했다. 2012년 프랑스 대통령 선거에서 동성 결혼 합법화를 공약으로 내건 프랑스 사회당의 프랑수아 올랑드 대통령이 승리하였다. 동성 결혼 법안은 2012년 11월 발의되어 하원에서 331표를, 상원에서 171표를 받아 통과하였다.

3. 미국의 동성애 합법화의 역사

20세기에 들어와서 미국에서 동성애자의 권리를 주장하며 최초의 대중적 동성애자 인권 운동을 시작한 이는 엠마 골드먼(Emma Goldman)이다. 그녀는 리투아니아 출신으로 1885년에 미국으로 건너간 후 1889년부터 모

---

23 홍은영, "푸코와 생물학적 성 담론," 「철학연구」 제105집(2008), 446

24 최현아, "동성애를 보는 프랑스의 두 얼굴," 「시사IN」 2013. 05. 09.

든 정치권력을 반대하는 무정부주의자 모임에 가입했다. 사회적인 해방이 범죄로 처벌받는 남녀 동성애자에게도 실현되어야 한다는 그녀의 믿음은 심지어 무정부주의자들 사이에서도 사실상 전례가 없었다.

그녀는 동성애 옹호자라는 비난을 받으면서도 수많은 연설과 편지를 통해 기꺼이 동성애자들의 권리를 옹호했다. 독일에서 동성애 처벌법 폐지 운동에 앞장선 마그누스 히르시펠트에게 보낸 한 편지에서 그녀는 "다른 성생활을 하는 사람들이 동성애자에 대한 이해가 거의 없고 성별의 다양성에 너무 무관심한 세계에 사로잡힌 것은 비극이다"라고 하였다. 훗날 히르시펠트는 골드먼을 "대중 앞에서 동성애를 옹호한 최초의 인물"이라 평했다.[25]

1950년 미국 로스앤젤레스에서 동성애자들의 인권을 위한 정치 조직인 '매타친 협회'가 조직되고, 1955년에는 최초의 레즈비언 인권 단체 '빌리스타의 딸들'이 결성되었다. 1950년대 뉴욕에서는 한 번에 한 사람씩 화장실을 사용하게 한다는 조건을 수용해야만 레즈비언 술집을 열 수 있었다.[26] 동성애자들을 위한 술집이 몇몇 생겨났지만 경찰들의 급습이 잦았으며, 네 곳의 게이 클럽은 이미 문을 닫았다.

1961년 일리노이주가 처음으로 동성 간의 성행위를 범죄로 여기지 않기로 결정하기 전까지 미국의 모든 주는 '동성애 금지법'(Sodomy Act)이 제정되어 있었다. 구강성교, 항문성교 그리고 모든 다른 형태의 성행위를 금지하였다.[27]

1960년대 중반부터 미국에서 강력한 인종차별 반대 운동이 일어났다. 1963년에는 약 25만 명이 흑인의 공민권을 요구하며 워싱턴에서 행진했다. 흑인민권운동의 뒤를 이어 1965년에는 소수 동성애자가 반정부 시위를 시

---

25 https://en.wikipedia.org/wiki/Emma_Goldman (2018. 12. 15.).

26 Norah Carlin & Collin Wilson/이승민 · 이진화, 『동성애 혐오의 원인과 해방의 전망』, 87.

27 D. J. West, *Sexual Crime and Confrontation* (1987), 112-113.

작했다. 1966년에 흑표범당의 스토클리 카마이클(Stokely Carmichael)이 '블랙 파워'를 요구한 지 두 달 뒤에 '게이 파워'라는 말이 등장하기 시작했다.

1968년에는 "흑인은 아름답다"라는 구호를 흉내 낸 "게이는 좋다"라는 구호가 처음 등장했다. 베트남전쟁 반대 시위, 학생운동, 여성 해방 운동의 영향으로 동성애자 해방 운동에 동참한 사람들이 급증하였다.[28]

1967년에는 크레이그 로드웰(Craig Rodwell)이 뉴욕의 그리니치빌리지 내에 미국 최초의 게이 서점인 '오스카 와일드 기념 서점'을 개점했다. 같은 해에 컬럼비아대학 내에 '친 동성애 학생연맹'이 공식적으로 인정된 후 코넬 · 스탠퍼드 · 뉴욕대학에도 동성애 서클들이 생겨났다.[29] 이처럼 1960년대 말부터는 동성애 해방 운동이 본 궤도에 올라서기 시작했다.

동성애자들은 자신의 권리를 위해 고군분투하였다. 그 대표적인 사례가 소위 '스톤월 항쟁'(Stonewall riots)이다. 1967년에 개업한 스톤월 주점(Stonewall Inn)은 춤추는 것이 허용된 뉴욕 안의 유일한 게이 바로 남게 되었다.[30] 1969년 6월 28일 토요일 새벽 1시 20분 10여 명의 뉴욕시 경찰이 그리니치빌리지의 크리스토퍼가에 위치한 스톤월 주점을 급습했다. 불법적 주류 유통 단속을 명분 삼았지만, 당시 위법으로 처벌 대상이었던 동성애자를 체포하는 것이 주목적이었다. 주점 내부에는 200여 명의 사람이 있었고, 단속으로 인해 탈출을 시도하는 자가 속출하는 등 혼란이 빚어졌다. 여경은 여성 복장을 한 사람들을 화장실로 데려가 여장 남자를 체포했다.[31] 경찰은 출입문을 봉쇄하고 손님들에게 양해를 구한 후 일일이 신분증을 확인하고 동성애자들을 체포하기 시작했다. 상황을 지켜보던 목격자들과 현장에서 풀려난 사람들이 이에 강력히 항의하면서 충돌이 빚어졌다.

---

28 같은 책, 168.

29 Florence Tamagnu/이상빈, 『동성애의 역사』, 183.

30 맨해튼, 크리스토퍼가 51-53번지에 위치해 있다.

31 "동성애," https://ko.wikipedia.org/wiki/ (2019. 04. 20.).

그때 군중 중 한 사람이 침묵을 깨며 "게이에게 인권을 달라"라고 외치고 〈우리 승리하리〉(We Shall Overcome)라는 저항의 노래를 부르며 시위했다. 경찰은 시위자 13명을 체포하였다. 경찰과의 충돌이 일어나 부상자들이 병원에 후송되기도 했다. 4명의 경찰관도 부상을 입었다. 스톤월 식당 내부의 시설 대부분이 파손되었다.[32]

다음날 「뉴욕 데일리 뉴스」는 1면에 이 사건을 보도했다. 이날 저녁 천여 명의 사람들이 다시 스톤월 주점 앞에 모여 시위했다. 백 명이 넘는 경찰관들은 시위자들을 체포하기 시작했다. 이 사건은 동성애자들의 인권 쟁취를 위한 최초의 항쟁으로 기록되었다. 스톤월 항쟁 몇 주 뒤에 뉴욕의 동성애자들은 '동성애자해방전선'(GLF)을 결성했다.

> 이후 우리는 기존 사회제도가 철폐되기 전에는 아무도 완전한 성 해방을 누릴 수 없다는 각성으로 뭉친 혁명적 집단이다. 우리는 사회가 강요하는 성 역할과 우리의 본성에 대한 규제를 거부한다. … 우리는 우애, 협력, 인간애, 자유로운 성에 기반한 새로운 사회 형태와 관계를 창조할 것이다.[33]

스톤월 항쟁이 일어난 지 6개월이 지나지 않아 운동가들은 「게이」, 「커밍 아웃!」, 「게이파워」라는 제목의 신문들을 연달아 발간하기 시작했다. 이 세 간행물의 독자 수가 2만에서 2만 5천 명에 이를 정도로 빠르게 증가했다.

스톤월 항쟁 1주년이 되는 1970년 6월 28일에 '동성애자 자긍심 행진'(Gay Fride)이 뉴욕, 로스앤젤레스, 샌프란시스코 그리고 시카고에서 열렸다. 뉴욕에서만 적게는 5천 명 많게는 2만 명으로 추산되는 참석자들이 시가행진을 벌였다.[34]

---

32 "스톤월 항쟁," https://ko.wikipedia.org/wiki/ (2018. 12. 15.).

33 Norah Carlin & Collin Wilson/이승민 · 이진화, 『동성애 혐오의 원인과 해방의 전망』, 171.

34 Florence Tamagnu/이상빈, 『동성애의 역사』, 195.

스톤월 항쟁 이후 미시간주의 이스트 랜싱시는 1972년 게이들의 인권을 보호하는 법을 제정하는 최초의 도시가 되었다. 오하이오주와 하와이주가 뒤를 이어 여기에 동참하였다.[35]

1970년대 초 미국의 급진적 흑인 운동 단체 흑표범당의 지도자 휴이 뉴턴은 조직원들에게 동성애자 해방 운동에 협력하고 자신들의 활동에도 동성애자들을 포함시켜야 한다고 주장했다.[36]

뉴욕에서는 1973년 '게이 아카데믹 유니언'(Gay Academic Union)이 설립되었고, 뒤이어 1989년에는 샌프란시스코시립대학에서 '게이학'(Gay Studies) 학과를 신설하였다. '게이와 레즈비언학'(Gay and Lesbian Studies) 관련 프로그램들이 미국의 여러 대학으로 확산되었고, 암스테르담대학 등을 통해 천천히 유럽에 상륙했다.[37]

1977년에는 동성애자인 하비 밀크가 샌프란시스코 시의회 의장으로 선출되었다.[38] 그런데 스톤월 항쟁이 있은 지 10년이 되는 1979년 5월 동성애자 정치인 하비 밀크를 죽인 살인범이 겨우 징역 5년을 선고받는 사건이 일어났다. 동성애자들은 다시 거리로 나와 저항했다. 샌프란시스코에서는 동성애자 수천 명이 시청을 공격하고 경찰차를 불태우면서 폭동을 일으켰다.

1986년 연방대법원은 '바우어스 대 하드윅 사건'의 판결에서 미국 헌법이 동성애자가 소도미 행위를 할 '기본적 권리'(fundamental rights)까지 부여하고 있지는 않으므로, 이를 금지한 조지아 주법은 헌법에 위반되지 않는다고 5대 4로 결정했다.[39] 이에 반대하는 동성애 처벌법 폐지, 동성애 차별금지법 제정,

---

35 윤가현, 『동성애의 심리학』, 89.

36 N. Carlin & C. Willson/이승민 · 이진화, 『동성애 혐오의 원인과 해방의 전망』, 126-127.

37 Florence Tamagnu/이상빈, 『동성애의 역사』, 218-219.

38 같은 책, 198.

39 류성진, "동성애에 대한 미국 연방대법원의 최근 결정과 시사점," 「공법학연구」, 14-4 (2013), 95.

동성 결혼 허용에 관한 판결이 차례로 이뤄졌다.

1) 1996년 동성애자의 평등권 보호(Romer v. Evans 사건)

1996년 콜라라도주의 아스펜시, 볼더시, 덴버시가 주택, 고용, 교육, 공공편의시설, 의료와 복지 서비스 등과 같은 부분에서 성적 지향을 근거로 차별하는 행위를 금지하는 조례들을 제정하였다. 이에 반발한 콜로라도 주민들은 투표를 통해 주 헌법을 수정하게 되었는데, 그 내용은 콜로라도 주정부가 게이, 레즈비언 또는 양성애자들에 대해 입법 · 행정 · 사법적인 보호조치를 취하지 못하도록 하는 것이었다.

연방대법원은 콜로라도주 헌법의 수정 2조가 연방 헌법의 평등 보호 조항에 위반된다고 판시하였다. '로머 대 에반스 사건'(Romer v. Evans)의 판결을 통해 6대 3의 다수 의견으로 동성애자의 평등권 보호를 확인한 것이었다.[40]

2) 2000년 동성 부부의 '시민적 결합' 인정(Baker v. Vermont 사건)

2000년에 접어들어 미국의 여러 주는 동성 간의 혼인을 헌법상의 권리로 인정하고 법제화하여 왔다. 특히 버몬트주의 경우 '베이커 대 버몬트 사건'(Baker v. Vermont)의 판결에서 주 대법원이 동성애자에 대해서도 다른 이성애자 부부와 동일한 혜택과 보호를 부여해야 한다고 결정했다. 동시에 의회에 대해서 동성애자들을 위해서 '시민적 결합'(civil union)이라는 제도를 마련하도록 제안하면서 기존의 결혼제도를 건드리지 않고 남녀의 혼인과 동일한 법적 이익을 부여하도록 하는 대안을 제시함으로써 동성 결혼의 합법화에 대한 결정은 유지될 수 있었다.[41] 뒤를 이어 2004년 5월 매사추세

40 같은 글, 97.

츠주가 동성 결혼을 합법화했고, 2008년 캘리포니아주와 코네티컷주가 잇따라 동성 결혼을 합법화하였다.[42]

3) 2003년 동성애 처벌법 위헌 판결(Lawrence v. Texas 사건)

텍사스주 해리스 카운티에서 총기 난동 신고를 받고 출동한 경찰관들은 로렌스(Lawrence)가 자신의 아파트에서 다른 남성인 가너(Tyron Garner)와 성행위를 하는 것을 목격했다. 이들은 체포되어 "동성인 남성 간에 변태적 성교, 즉 항문성교"를 한 이유로 텍사스주 형법에 따라 유죄 판결을 받았다. 로렌스는 성인 간의 합의에 의한 성관계를 한 것을 처벌하는 것은 '자유와 사생활 보호'라는 차원에서 수정헌법 14조가 규정한 평등 보호를 위반한 것이라며 소송을 제기하였다. 2003년 6월 26일에 연방대법원은 '로렌스 대 텍사스 사건'(Lawrence v. Texas) 판결을 통해 6 대 3으로 동성애 행위는 헌법상 '자유에 의해 보호'되어야 하며, 이를 규제하는 텍사스 주법은 위헌이라고 판시했다.[43] 미국 연방대법원의 이 유명 판례는 미국 여러 주에서의 동성애자 인권 향상과 동성 결혼 합법화, 사생활의 비밀과 자유의 초석이 된 것으로 평가받는다.

4) 2004년 5월 동성 결혼을 합법적 결혼으로 인정

2004년 5월 매사추세츠주 대법원은 동성 커플에게 혼인허가증을 발급

---

41 같은 글, 97.

42 캘리포니아에서는 2008년 11월 주민발의안 8호의 주민투표 통과로 동성 결혼이 다시 금지되었으나 2013년 6월 26일 연방대법원이 캘리포니아의 주민발의안 8호가 위헌이라는 판결을 내리면서 다시 합법화되었다.

43 최희경, "미국의 동성애에 관한 연방대법원판례," 33-54.

하지 않는 것이 주 헌법이 보장하는 평등권과 존엄성에 위반된다고 판결하고 동성 간의 혼인을 '시민 결합'(Baker v. Vermont 사건)이 아닌 '합법적인 혼인'으로 인정하였다.[44] 이후 수많은 주가 동성 결혼 합법화에 동참하여 2014년 말 35개 주와 워싱턴 DC의 36개 지역에서 동성 결혼이 합법화되었다.

5) 2015년 6월 26일 미연방대법원 동성 결혼 합법 결정

미합중국 연방대법원은 2015년 6월 26일 미시건, 오하이오, 켄터키, 테네시주의 동성 결혼 금지법이 주 헌법상 합헌이라는 판결을 뒤집고 "수정헌법 14조에 따라, 두 사람의 동성 결혼은 합법이며, 동성 결혼이 합법이었던 다른 주에서 동성 결혼을 한 사람은 모든 주에도 인정해야 한다"라고 발표했다. 이에 따라 모든 50개 주에서 동성 결혼이 합법적 결합으로 인정받게 되었다. 그날 저녁 백악관이 무지개색 조명을 비췄다.

미국은 군내의 동성애자마저 차별 금지를 규정한 예외적인 국가이다. 1916년 전시법은 제93조(기타 범죄와 위반행위)에 따르면 중범죄에 해당하는 폭행 행위 등에 동성애도 포함되었다. 1919~1920년 사이의 뉴포트(Newport) 해군 훈련 기지에서 동성애 스캔들이 있었다. 조사위원회는 구강 · 항문성교, 이성 복장 착용, 여성적인 행동, 입맞춤 그리고 상호 자위 등의 행위 등에 관한 구체적인 증거를 모아 1919년 3월 24명의 피고인이 비군인적인 행위를 범했다는 이유로 체포하고 군법회의에 회부하였다.

1921년 제정된 군 규율 40-105에 따라 육체적, 정신적 도착을 포함한 의료적 문제나 질병이 있는 자는 징집 대상에서 제외되었다. 평균적 환경과 시민사회에 적응하는 것을 불가능하게 만드는 '성적인 정신병질(sexual psychopathy)과 체질적인 정신병질(constitutional psychopathic)'의 징후를

---

44 윤진숙, "동성애자에 대한 사회적 · 법적 고찰," 「법학연구」 19-2(2009), 288.

보인 경우에도 입대가 거절되었다.[45] 이에 따라 2차대전 동안 1천8백만 명의 미국인이 징집되었는데 그중 5천 명 미만이 동성애로 인하여 징집에서 배제되었다.[46]

클린턴은 1993년 1월 대통령령을 통해 군대 내 게이, 레즈비언, 양성애자의 축출을 종결시키겠다고 발표하였으나 극심한 반대로 연기하였다. 대통령의 지지와 의회 청문을 거쳐 군내 동성애 관련 정책인 '10 USC Section 654'가 제정되었다. '성적 취향'(Sexual Orientation) 자체는 군복무의 개시와 복무의 계속에 방해 사유가 되지 않는다고 하였다. 군 지원자는 그의 성적 취향에 대해 "질문을 받지 않을 것이며, 질문에 대해 답할 의무도 없다"(Don't Ask, Don't Tell)는 불문부답(不問不答)의 원칙도 세워졌다. 그러나 '동성애적 행위'(homosexual conduct) 자체는 군복무의 '방해 사유는 아니지만 저해 사유'라는 것은 인정하였다.[47]

2011년 9월 20일 미국은 군대에서 17년간 유지해 온 "묻지도 답하지도 말라"는 불문부답 정책을 폐지하고 성소수자(LGBT)들이 자신의 성적 정체성을 드러낸 상태로 군에 복무할 수 있도록 허용했다.

바이든 미 대통령 당선인은 2020년 12월 15일(현지 시간) 트위터를 통해 피트 부티지지 전 인디애나주 사우스벤드 시장을 교통부 장관으로 지명한다고 공식 발표했다. 미국에서도 첫 성소수자 장관이 탄생한 것이다.[48]

4. 독일의 동성애 합법화의 역사

독일의 경우 1896년 세계 최초로 아돌프 브란트가 동성애 잡지인 「고유

---

45 이상경, "동성애 군인의 규제에 대한 헌법적 재조명," 「세계헌법연구」 6-2(2010): 276-277.

46 같은 글, 277-278.

47 같은 글, 280.

48 신혜림, "'동성애' 부티지지, 바이든, 美 교통장관 지명," 「매일경제」 2020. 12. 16.

한 남자」를 창간하였다. 그는 1897년 가을 바이마르공화국 제국의회 청원 위원회에 '남성 간 성행위 및 수간(獸姦)'을 범죄화한 독일 형법 175조의 폐지를 집요하게 반대하던 중앙당 소속 리버(Philipp Lieber) 의원을 개 채찍으로 두들겨 패서 1년 형을 선고받고 복역해야 했다. 이런 일련의 사건들로 인해 동성애에 대한 독일 내의 여론이 크게 악화되었다.[49]

뒤를 이어 마그누스 히르시펠트도 동성애 비범죄화 운동에 앞장섰다. 그는 '남성 간 성행위 및 수간(獸姦)'을 범죄화한 독일 형법 175조를 폐지하고자 했다. 이를 위하여 그는 의사들 및 과학자들의 조직을 만들고, 의회에 청원하고 정치가들을 만났으며, 저널을 만들었고, 대중 계몽 활동을 벌였고, 베를린 성 연구소(1911)를 설립하여 학술 활동을 펼쳤고, 이를 국제적인 차원으로 확대했다.[50]

그는 1897년 형법 175조 폐지 운동을 위하여 '과학 인도주의 위원회'를 조직하고 200명 명사의 서명을 받은 청원서를 1897년 1월에 독일 제국의회에 제출했다. 1902년 네 번째 청원서에는 헤르만 헤세, 토마스만, 라이너 마리아 릴케, 막스 셸러, 프란츠 오펜하이머, 알버트 아인슈타인을 포함한 3천여 명이 서명하였다.[51]

청원서는 일반인들의 무지에 대해서도 통탄했다. 그들은 동성애자들이 항문성교와 구강성교에 고착되어 있다고 생각하지만, 그것은 편견이다. 그런 성교는 동성애자들에게서 비교적 드물며 정상적인 성교에서보다도 오히려 적다. 국민은 '어쩔 수 없이', 즉 타고난 형질 때문에 동성에게만 끌리는 사람들이 존재한다는 사실을 모른다. 동성애자가 '미성년자를 유혹한다는 것'도 사실이 아니다. 동성애는 제3자의 권리를 해치지 아니하며, 가끔 공적

49 김학이, 『나치즘과 동성애: 독일의 동성애 담론과 문화』, 166-171.

50 김학이, "성(性) 만드는 사람들 — 마그누스 히르시펠트와 베를린 성과학 연구소, 1896-1933," 「서양사론」 103(2009): 156-157.

51 김학이, 『나치즘과 동성애: 독일의 동성애 담론과 문화』, 152.

인 물의가 일어나는 것은 동성애 때문이 아니라 '동성애자에 대한 경찰의 수사' 때문이라고 주장했다.[52]

마침내 독일 법률가총회가 당시의 형법 전체를 개정하라고 촉구했다. 법무부가 이를 받아들여 1902년 11월에 형법 개정을 위한 전문가위원회를 설치한다. 전문가위원회가 활동하는 기간 동안 독일 정치 일반과 동성애 해방 운동 모두에게 악재로 작용한 사건들이 터져 형법 개정이 무산되었다.

1909년 4월 말 법무부 장관에게 제출된 새로운 형법 초안 250조는 남성 간의 성교는 물론 여성 간 성교 역시 처벌하도록 했고(1항), 직무상의 위계를 이용하여 동성애 행위를 강요한 자는 가중 처벌하여 최대 5년 금고형을 선고할 수 있도록 했다(2항). 남성 간의 매춘을 한 자에게도 동일 형량을 부과하도록 규정했다. 동성애 해방 운동이 출범한 지 어언 12년이 지났지만 법적 규제는 오히려 악화된 것이다.[53] 1913년 9월 말 약간 개정된 최종안이 만들어졌으나, 1914년 7월 28일 제1차 세계대전 발발로 상원에서의 최종 결의가 무산되었다.

1919년 8월 14일 독일 최초의 동성애 잡지 「우정」이 창간되었다. 이를 계기로 스스로 동성애자라고 밝힌 편집진에 의해 동성애를 내용으로 한 동성애자들을 겨냥하여 발간한 저널이 무려 20여 개나 창간되었다. 물론 90%가 발간된 지 2~3년 만에 종간되었다. 5년 이상 발간된 저널은 다섯 개였고, 그중 세 개는 10여 년간 발간되었다.

1차 세계대전이 끝나자마자 1919년 11월 말 제출된 독일 형법 개정안은 1913년 개정안과 유사하였다. 단순 남성 동성애는 처벌하고, 직무상 지위를 이용한 자와 미성년자와 성교를 시도하거나 실행한 자는 가중 처벌하며, 남성 간의 매춘 역시 가중 처벌한다는 것이었다. 이에 항거하기 위해 1920

52 같은 책, 164.

53 같은 책, 171-172.

년 8월 동성애자들의 전국 조직인 '독일 우정연맹'이 결성되었다. 1923년 4월 우정연맹은 '인권동맹'으로 개명했다. 인권동맹의 회원은 10년 만에 5만 명으로 늘어났고 그들이 발간하는 「인권」을 구입한 사람까지 포함하여 회원이 10만 명이나 되었다.[54] 1922년 3월 15일에는 무려 6천 명의 서명이 담긴 청원서를 또 한 번 제국의회 청원위원회에 제출했다.

새로 구성된 비르트(Joseph Wirth) 정부에서 법무부 장관이 된 사민당 소속의 라트브루흐(Gustav Radbruch)가 주도하여 1922년 가을에 완성한 형법 개정안은 남성 동성애에 대한 처벌 조항을 삭제했다. 동성애가 비범죄화된 것이다. 다만 직무상의 지위를 이용하거나, 청소년을 추행하거나, 남성 간의 매춘을 한 자는 강경하게 처벌한다는 조항은 유지되었다.[55]

1928년 6월 말 뮐러 내각이 출범했다. 제국의회는 28명으로 형법위원회를 구성하여 1929년 10월 8일부터 성 관련 형법을 논의했고, 21세를 넘긴 남성들 간의 동성 성교는 합법화하되 직무상의 위계를 이용하거나 남성 간의 매춘을 한 자를 최대 5년간의 금고형으로 처벌할 수 있도록 했다. 이 역시 정변으로 상원 통과가 또 한 차례 무산되고, 1930년 7월 의회가 해산되고, 9월 14일 선거에서 나치당이 원내 제2당으로 급부상했다.

이 책 2부 1장 "기독교와 서구 국가의 동성애 범죄화의 역사"에서 자세히 다룬 것처럼 1933년 히틀러가 집권하자마자 동성애자들을 탄압하기 시작하였다. 나치의 공식적인 입장은 명확했다. 그들은 동성애의 합법화에 반대했다. 히틀러 치하에 동성애자들의 체포, 구금, 처형된 숫자는 엄청났다. 동성애자 5만 명을 생매장하고 점령국의 동성애자 4만 명을 처형했다는 주장이 있을 정도이다.[56]

1969년 미국에서 '스톤월 항쟁'이 있은 다음 1970년대에 들어와서 런던

---

54 같은 책, 206-209.

55 같은 책, 175-177. 그 밖에도 라트브루흐는 사형제를 폐지하는 등 형법을 한결 자유화했다.

56 조철옥, "포스트모더니즘 범죄이론에 의한 동성애 합법화 연구," 213.

에서는 '게이 해방전선'이 탄생하였고, 이어서 서독에서도 여러 '동성애 행동단체'들이 결성되었다.

2차 세계대전이 끝난 후 반세기가 되어가는 1980년대에 이르러 독일 정부는 나치 하의 동성애자 박해 행위를 인정했으며, 1980년대 말부터 나치 치하의 학살수용소에서 희생된 동성애자들을 위한 추모식을 허가했다.[57] 2002년에 와서 비로소 나치 치하의 동성애자 박해를 공식적으로 사과했다.

2001년 8월 1일부터 공식적으로 동성 커플에게도 결혼 제도와 유사하나 상대적으로 매우 적은 법적 권리를 보장해 주는 법안이 효력을 발휘하였다.

2002년 7월 17일 연방헌법재판소는 등록된 동반자 관계인 동성 커플도 이성 부부와 마찬가지로 독일 기본법에 따라 평등한 권리를 누릴 수 있다고 판단했다. 2005년 1월 1일부터 동성 커플도 제한된 입양권과 더불어 이혼 수당과 이혼 절차 등에 있어 이성 부부와 동일한 절차를 거칠 수 있게 되었다.

2009년 10월 22일 독일 연방헌법재판소는 등록된 동반자 관계의 동성 커플도 수당뿐 아니라 모든 분야에 있어 이성 부부와 동일한 혜택과 의무를 받아야 한다고 지시하였다. 2010년 8월 17일 연방헌법재판소는 등록된 동반자 관계의 유산 상속세가 이성 부부의 유산 상속세와 동일해야 한다고 판결을 내렸다. 2013년 2월 18일 연방헌법재판소는 등록된 동반자 관계의 동성 커플의 입양권을 확대하는 결정을 내렸다.

2017년 6월 30일에 동성 결혼을 법제화가 하원을 통과하였다. 7월 20일 독일의 대통령인 프랑크발터 슈타인마이어의 서명을 받아 공식적으로 공포되었고, 2017년 10월 1일부터 동성 결혼이 합법화되었다.

---

57 Florence Tamagnu/이상빈, 『동성애의 역사』, 206.

5. 러시아와 중국의 동성애 합법화의 역사

1) 러시아의 동성애 합법화의 역사

1991년 12월 26일 구소련이 해체되면서 러시아 성소수자 인권 운동은 새로운 전환점을 맞이했다. 2년이 지난 1993년 러시아는 동성애 처벌을 규정한 형사법 121조를 삭제하였다.

'행동하는성소수자인권연대'의 게시물인 "러시아 LGBT 투쟁의 역사와 오늘: 평등과 정의를 꿈꾸는 사람들"에 의하면 1993년 동성애 합법화 이후에도 러시아에서의 성소수자에 대한 편견과 차별은 사라지지 않고 있다는 사실을 다음과 같이 제시한다.[58]

1993년 8월 러시아 27개 성소수자 단체의 연대체인 전국 레즈비언, 게이, 양성애자 연합 '삼각형'이 공식 등록을 시도했지만, 모스크바시 당국은 "사회 정서에 맞지 않는다"는 이유로 단체 등록을 불허했다.

1999년에는 질병 및 관련 건강 문제의 국제 통계 분류(*ICD*) 10차 개정판이 수용되어 동성애가 질병 목록에서 제외됐고, 동성애자들의 군복무도 공식적으로 가능해졌다.

2006년 제1회 게이 프라이드(자긍심 행진)를 조직했으나 모스크바 시청의 허가를 받지 못했다. 행사를 감행했다가 참가자들은 경찰에 연행되고 말았다.

2009년을 구소련 지배에서 동성애자로 처벌받은 수만 명이 복권되지 않아서 '정치 탄압 희생 동성애자 기억의 해'로 선포하기도 했다.

2013년 6월 러시아 연방 차원에서 '비전통적 성관계 선전 금지법'과 같은 반동성애법들이 제정되었다. 러시아 정부에서는 일반 시민을 대상으로

---

58 종원, "러시아 LGBT 투쟁의 역사와 오늘: 평등과 정의를 꿈꾸는 사람들," 「너 나 우리 '랑'」 (행동하는성소수자인권연대 웹진), https://lgbtpride.tistory.com/837 (2018. 12. 24.).

성소수자를 옹호하는 행위, 성소수자가 자긍심을 갖도록 하는 행사 등도 이 법에 위배되는 것으로 보고 퀴어 퍼레이드 및 성소수자 운동을 규제한 것이다.

러시아 동계올림픽이 2014년 2월 소치에서 열렸을 때 유럽에서는 러시아가 성소수자를 차별한다는 이유로 러시아에 항의하기 위해 올림픽 불참 운동을 벌이기도 하였다.[59]

2) 중국의 동성애 합법화의 역사

중국의 경우 오랫동안 동성애가 묵인되었고 대중적인 관심이 별로 없었다. 동성애가 어느 정도 관용된 것으로 문서상 역사적으로 확인된다. 1949년 10월 1일 중화인민공화국이 들어선 후 마오 시대에는 동성애를 일종의 질병으로 관리하였다.

「위키백과」[60]에 따르면 중화인민공화국에서는 1979년부터 '폭력법'을 통해 동성애자를 폭력범에 포함시켜 형사 처벌하도록 하였다. 1997년에 와서 동성애자를 폭력범으로 규정한 조항 폐지를 단행하였다. 2001년 중국정신의학회는 동성애를 정신장애 분류에서 제외하였다.

중화인민공화국은 1980년 9월 10일 5차 전국인민대표회의 세 번째 회의에서 '결혼법'을 통해 결혼을 남녀의 결합으로 정의했다.

2009년 중국 정부는 신분증과 거주지 등록에 적용하기 위해 필요하지만 20세 이상만 가능했던 성전환 등록을 성전환 수술을 할 경우 미성년자도 가능하도록 판결했다. 2014년 산서성은 미성년자가 보호자 신분증의 추가 정보로 성전환 신청을 할 수 있도록 허용하기 시작했다. 이 정책 변화로

---

59 "동성애 선전 금지법," https://ko.wikipedia.org/wiki/ (2018. 12. 24.).

60 "중화인민공화국의 성소수자 권리," https://ko.wikipedia.org/wiki/ (2018. 12. 24.).

성전환자의 결혼이 이성애로 인정되고 합법적인 것으로 간주되었다.

중화인민공화국 헌법에서는 성적 지향과 성 정체성 권리에 대해 명시적으로 다루지 않는다. 중국 노동법에는 성적 지향이나 성 정체성에 따른 차별 금지 조항이 존재하지 않는다. 이 노동법에는 민족성이나 성별, 종교에 따른 차별을 명확하게 금지하고 있다.

중국 정부는 여전히 입양의 요건으로 이성 부부여야 함을 요구한다. 중국 아동을 외국의 성소수자(LGBT) 동반자와 개인이 입양하는 것은 허용되지 않는다.

반면 타이완(중화민국)에서 동성 결혼은 2000년대 초반부터 사회적, 정치적 주요 담론으로 부상하였다. 2017년 5월 24일 중화민국 사법원은 동성 결혼을 금지하는 현재의 민법이 위헌이라며 입법원은 2년 안에 법을 개정해 이를 보완하라고 판결 내렸다. 2018년 주민투표를 거쳐 최종적으로 2019년 5월 24일부터 동성 결혼이 합법화되었다. 이에 중화민국은 아시아 최초로 동성 결혼을 허용한 국가가 되었다.

제3부

동성애는 질병인가?

1장
동성애에 대한 정신의학적 이해

제2부에서 살펴본 것처럼 수천 년 동안 동성애는 범죄로 처벌되었다. 19세기에 접어들면서 동성애에 대한 정신의학적 접근이 시도되어 동성애를 심리적 장애나 정신적 병리 현상으로 인식하기 시작하였다.

크라프트-에빙(Richard von Krafft-Ebing, 1840~1902)은 정신과 의사이자 성과학(sexology)의 창시자 중 한 명이다. 그는 자신의 저서 『성 병리학』(1886)을 통해 동성애 질병설의 옹호자가 되었다. 사디즘, 마조히즘, 동성애를 모두 성 감각 이상에 속하는 '뇌신경증'으로 분류하고 신경쇠약이 동성애의 원인이라고 보았다.[1]

크라프트-에빙은 동성애는 자위행위를 막거나 성생활의 불결한 조건으로부터 생긴 신경증이므로 최면을 통해 치료될 수 있다고 하였다. 그는 동성애가 선천적일 수도 있고 후천적일 수도 있다고 믿었다.[2] 동성애를 선천적으로 '자연의 서자(庶子)'로 타고난 경우와 성장 과정에서 후천적으로 '획득된' 경우로 구분하였다. 후천적 획득의 계기로 성병 감염에 대한 두려움,

---

1 김학이, 『나치즘과 동성애: 독일의 동성애 담론과 문화』 (서울: 문학과지성사, 2013), 34.
2 "성적 지향 전환 시도," https://ko.wikipedia.org/wiki (2018. 12. 11.).

성교의 결과에 대한 두려움, 반대성에 대한 혐오감, 성기 노이로제 등을 꼽았다.[3]

프로이트(1856~1939)는 동성애 현상을 자기 성애, 거세 콤플렉스, 전 오이디푸스 단계의 양성애 이론 등으로 설명하였다. 그는 동성애를 성적 도착이나 일탈로 보았다. 동성애자들 다수는 '매우 건전하고', 그들 중에는 '특별히 뛰어난 사람들'도 있어서 결코 '퇴행'(Degeneration)으로 분류할 수 없다고 했다.[4]

프로이트는 사람은 원래 태어날 때부터 양성애적인 특질을 지니고 있는데, 가족과의 관계에서 동성애로 발전하게 된다고 주장했다. 동성애의 원인에 대해서는 오이디푸스 콤플렉스를 극복하지 못하여 그 단계 이후에도 성적 욕망이 어머니에 고착된 남자가 이를 억압하기 위해 성애의 대상으로 동성을 선택하는 것이라고 설명했다. 그런 남성이 나중에 여성의 생식기를 본다면 이미 잘려진 남근을 연상시키므로 거세 불안을 느껴 이성애를 두려워하고 동성애를 택하게 된다는 것이다.

> 남자아이는 여성이 자신과 같이 페니스를 소유하지 않았다는 사실을 알게 될 때 이를 쉽게 인정하지 않으려 한다. 절대 그럴 리가 없다는 생각이 들면서, 만약 여성이 거세를 당해 버린 것이라면 자신의 페니스도 위험에 처할지 모른다는 공포감과 불안감이 들기 시작한다(Sigmund Freud, *Fetishism*, 29).[5]

프로이트에 의하면 거세 불안은 남근 중심의 남근 권력으로 질서화된

---

3 김학이, "성(性) 만드는 사람들-마그누스 히르시펠트와 베를린 성과학 연구소, 1896-1933," 「서양사론」 103(2009), 165.

4 같은 글, 166.

5 김학이, 『나치즘과 동성애: 독일의 동성애 담론과 문화』, 130-131.

사회에서 남성성 형성의 심리적 과정을 보여준다. 남근을 특권화하는 사회에서 여성은 열등하고 거세의 불안을 환기시키는 존재로 인식된다. 여성을 거세된 존재로 경멸하면서 자신도 여성과 같이 거세될지 모른다는 불안에 시달린다. 이런 심리가 남성으로 하여금 동성애로 빠져들게 한다.

이러한 프로이트의 분석은 여성 동성애자에게는 적용되지 않는다는 비판을 받게 되었다.[6] 그는 「국제정신분석학지」(1920년)에 발표한 "여성 동성애가 되는 심리"라는 논문을 통해 자신을 변호한다. 그는 '한 여성 동성애 환자의 병력'을 임상병리학적으로 분석한 한 사례를 제시하였다. 그녀의 부모는 딸이 "부도덕하고 타락한 인물로 보아야 할지 아니면 정신병에 걸렸다고 봐야 할지" 망설이다가 마침내 프로이트에게 치료를 의뢰했다고 한다.[7]

프로이트는 그녀가 자살을 시도한 적이 있기는 하지만 자신 때문에 괴로워하지도 않았고 또 자신의 처지에 대해 불평하지도 않았으며 단지 부모에게 큰 비탄을 주기 때문에 치료를 받고 싶다고 한 것에 주목하였다.[8] 그는 이 사례를 통해 동성애가 동성애를 정신질환의 일종으로 보고 강하게 고착되기 전에는 정신분석을 통해 치료가 가능하다고 주장하였다.[9]

융(Carl Gustav Jung, 1875~1961)은 동성애를 자신의 특유한 개념인 아니마/아니무스, 개성화/페르조나, 집단무의식에서 작용한 심리적 원형(archetype)의 투사 이론으로 설명한다. 인간은 원형적으로 남성이지만 여성적인 면이 있고, 여성이면서도 남성적인 면이 있다고 하였다. 남성의 무의식 속에 있는 여성적 요소, 즉 남성의 무의식적 여성성을 아니마(Anima)라고 하고, 여성의 무의식 속에 있는 남성적 요소, 즉 여성의 무의식적 남성성을 아니무

6 정승화, "근대 남성 주체와 동성사회적(homosocial) 욕망: 프로이트의 오이디푸스 서사와 멜랑콜리 이론을 중심으로," 연세대학교 대학원 석사학위논문(2002).

7 Sigmund Freud/김명희, 『늑대인간』 (서울: 열린책들, 2003), 349.

8 같은 책, 355.

9 같은 책, 353.

스(Animus)라고 하였다.[10]

융에 의하면 남성이나 여성이 타고난 성에 합당한 '개성화'를 갖추지 못하면 무의식에 존재하는 반대성에 동화하게 되고, 정상적으로 있어야 할 자신의 성 정체성이 무의식적으로 억압됨으로써 동성애에 이르는 계기가 된다. 그는 예술가의 경우처럼 동성애 역시 원초적 인간 유형을 보존하고 있는 한 모든 경우를 병적으로 보거나 부정적으로 판단해서는 안 된다고 주장했다.

유명한 극작가 오스카 와일드는 동성애자로 알려져 1895년 풍기 문란으로 재판을 받았다. 그는 2년 동안 교도소에서 중노동을 하라는 처벌을 받았다. 그는 내무부 장관에게 보낸 탄원서를 통해 동성애는 성적 정신 착란의 일종이므로 '처벌해야 할 범죄가 아니라 치료해야 할 질병'이라고 항변했다.

> 이런 행위[동성애]는 성적 정신 착란의 일종이며, 근대 병리학은 물론 많은 근대 법률도 그렇게 인정하고 있습니다. 특히 프랑스와 오스트리아와 이탈리아는 이런 잘못된 행위에 관한 법률을 폐지했는데, 이 행위가 재판관이 처벌해야 할 범죄가 아니라 의사가 치료해야 할 질병이라고 봤기 때문입니다.[11]

1920년대가 되면서 정신분석학계는 동성애를 일종의 질병으로 단정하여 동성애를 이성애로 바꾸는 전환 치료 방식을 모색한 의사들이 많았다.[12]

1940년대 이후 미국의 여러 주에서는 재판부가 시민권에 관한 일반적 보호 수단을 무시하고 전문가의 심리학적 검증만으로 재판도 없이 동성애

---

10 정재형, "영화의 兩性性(Androgyny) 개념 연구: 칼 구스타프 융(Carl Gustav Jung)의 분석심리학적 해석," 중앙대학교 첨단영상대학원박사학위논문(2001), 14-15.

11 Norah Carlin & Collin Wilson/이승민 · 이진화, 『동성애 혐오의 원인과 해방의 전망』 (서울: 책갈피, 2016), 85.

12 "전환 치료," https://ko.wikipedia.org/wiki (2018. 12. 11.).

자의 치료를 위해 감금할 수 있게 하였다. 이 '치료'에는 전기 충격을 주는 '혐오 요법'과 전두엽 절제술 등이 포함되었다.[13]

1950년대 초 영국에서는 동성애자를 범죄로 여겨 투옥하는 대신 화학적 거세를 선택하게 하였다. 최초의 컴퓨터를 만든 '컴퓨터 과학의 아버지'라 불리는 엘런 튜링은 동성애자였다. 1952년 그는 동료의 밀고로 영국 경찰에 체포된다. 경찰은 그를 감옥에 투옥하는 대신 강제 치료 방식으로 화학적 거세를 받게 하였다. 2년 뒤 그는 청산가리를 넣은 사과를 먹고 자살했다.[14]

버글러(Edmund Bergler) 역시 『동성애: 질병인가 삶의 방식인가』(1956)라는 저서에서 동성애를 질병으로 규정한다. 그는 동성애가 이성애처럼 사회적으로 용인되면 심적 고통을 당하지 않을 것이라는 주장을 반대한다. 그는 "동성애는 일종의 질병이며, 매혹적인 면이 전혀 없으며, 치료가 가능한 것이고, 여러 무의식적 자아 손상과 관련된 장애라는 것"을 분명히 하였다.[15]

정신분석학자 어빙 비버(Irving Bieber, 1909~1991)는 킨제이 보고서의 영향을 받아 임상적 통계 조사를 시행하였다. 그는 10년 동안 8명의 정신분석가를 동원해서 106명의 동성애적 성향을 가진 사람과 100명의 이성애적 성향을 가진 사람들의 가족들을 대상으로 470개의 항목의 설문조사를 분석하고 그 내용을 『동성애: 남성 동성애에 대한 정신분석학적 연구』(1962)라는 저서를 통해 발표하였다. 그는 동성애는 부모와 자녀 관계에서 빚어진 트라우마로 인해 상대방 성에 대해 병적으로 잠재된 공포를 느끼는 '장애'라고 결론지었다.[16]

---

13 Norah Carlin & Collin Wilson/이승민 · 이진화, 『동성애 혐오의 원인과 해방의 전망』, 88.

14 스티브 잡스가 애플의 로그를 한 입 베어 문 무지개 빛깔의 사과로 정한 것은 엘런 튜링을 염두에 둔 것이라는 주장도 있다.

15 "Edmund Bergler," https://en.wikipedia.org/wiki/ (2018. 12. 11.).

16 "Irving Bieber," https://en.wikipedia.org/wiki/ (2018. 12. 11.).

그는 이성에 대한 무의식적인 공포와 불안을 해소시키는 것이 동성애자 치료를 위한 효과적인 방법이라고 보았다. 그가 장기간 치료한 동성애자 중 27%만이 이성애자로 변화되었다고 한다. 그러나 그의 치료 대상 중에는 순수한 동성애자보다 양성애자가 더 많았기 때문에 임상적인 의미가 없다는 비판을 받았다.

1973년 미국정신의학협회(APA)에서 동성애를 정신질환 진단 목록(*DSM-II-R*)에서 제외했다. 이러한 주류 학계의 결정에 반발하며 동성애가 치료 가능하다고 주장하는 세 명의 심리학자가 1992년에 '동성애 연구 및 치료를 위한 전미 협회'(NARTH)를 설립하였다.[17] 동성애 치료의 가능성을 모색하면서 동성애를 이성애로 바꾸려는 '전환 치료' 방법으로 시도된 것은 다음과 같다.

· 외과적 방법: 자궁 절제술, 난소 절제술, 음핵 절제술, 거세, 정관수술, 외음부 신경 절제술, 뇌엽 절제술
· 화학적 방법: 호르몬 치료, 약학적 충격 요법, 성적 자극제와 억제제 사용
· 기타 방법: 혐오 요법, 이성애 혐오 제거, 전기 충격, 집단 치료, 최면, 정신분석[18]

1960년대 말 이미 급진적 친 동성애 활동을 하여 온 프랭크 카메니(F. Kamenie)는 동성애를 이성애로 바꾸려는 것을 '자연적인 검은 피부색을 희게 바꾸려는 시도'라고 비유하면서 동성애 전환 치료를 극구 반대하였다.

> 저는 미국유색인지위향상협회와 인종평등회의(CORE)가 어떤 염색체나 유전자 때문에 검은 피부가 생기는지, 흑인을 희게 만들 가능성은 없는

---

17 "전환 치료," https://ko.wikipedia.org/wiki (2018. 12. 11.).
18 "성적 지향 전환 시도," https://ko.wikipedia.org/wiki (2018. 12. 11.).

지 걱정하는 것을 보지 못했습니다. 브나이 브리스 인종 모독 반대 동맹이 유대인을 기독교로 개종시켜 반유대주의 문제를 해결하려 한다는 얘기도 듣지 못했습니다. … 동성애는 결코 부도덕하지 않습니다. 아니, 성인의 동성애 행위는 (긍정적이고 좋은 의미에서) 도덕적이며, 사회와 개인 모두에게 유익하고 바람직한 행동입니다.[19]

19 Norah Carlin & Collin Wilson/이승민 · 이진화, 『동성애 혐오의 원인과 해방 전망』, 91.

2장
미국정신의학협회(APA)의 동성애 진단의 역사

동성애는 범죄가 아니라 질병이므로 처벌을 하는 대신 치료를 해야 한다는 일대 전환적 대안을 제시한 데에는 미국정신의학협회(American Psychiatric Association)의 진단 지침이 결정적인 공헌을 하였다. 1942년 미국정신의학협회는 동성애를 치료할 수 있는 정신질환이라고 공식적으로 선언하였다.[1]

1) 미국정신의학협회(APA)가 1952년에 출판하여 전 세계적으로 정신과 진단의 표준 지침을 제시한 『정신질환의 진단 및 통계편람 제1판』(*DSM-I*)[2]은 신경증(neurosis)과 구분되는 여러 종류의 인격 장애(personality disturbance)

1 의학자, 정신과의 및 정신과 영역을 전문으로 하는 내과 의사를 회원으로 하는 미국정신의학협회(APA)는 1952년 『정신질환 진단 및 통계 편람』(*DSM-I*)을 출판한 후 *DSM-II* (1968), *DSM-II-6th* (1974), *DSM-III* (1980), *DSM-III-R* (1987), *DSM-IV-TR* (2000), *DSM-V* (2013)로 개정하였다.

2 『정신장애의 진단 및 통계편람 제1판』(*DSM-I*)은 미국정신의학회(APA: American Psychiatric Association)에서 10년마다 출판하는 서적으로, 정신질환과 관련된 모든 정보를 지속 수집하고 정리하여 각종 정신질환의 정의 및 증상을 판단할 수 있는 기준들을 제시한다. 비슷한 목적으로 많이 사용되는 책으로는 WHO에서 20년마다 발행하는 『질병 및 관련 건강 문제의 국제적 통계 분류』(*ICD, International Statistical Classification of Diseases and Related Health Problems*)가 있다. *DSM*은 정신질환에 집중하는 반면 *ICD*는 모든 종류의 질병을 다룬다.

범주에 포함되는 106종류의 정신장애(mental disorder) 목록을 제시하고 있다. 이 가운데서 동성애는 '사회병리학적 인격 장애'(a sociopathic personality disturbance)라는 항목에 속한 것으로 '성적 일탈'(Sexual deviation)의 여러 범주로 분류되는 '정신장애'로 진단하였다. 성적 일탈에 해당하는 목록에는 '정신병적 인격 장애'로 분류되었던 대부분의 정신질환이 포함되어 있다.[3]

2) 1968년에 발간된 『DSM 제2판』 역시 여전히 동성애를 성적 일탈의 범주에 속하는 '정신장애'로 진단하였다. 동성애는 성욕도착증(페티시즘), 의상도착증, 노출증, 관음증, 성피학증 장애, 성가학증 장애와 같은 '정신병이 아닌 기타 정신장애'로 규정한 것이다. '성적 일탈'의 범주를 다음과 같이 설명하였다.

> 성적 일탈의 범주는 주로 이성이 아닌 다른 대상을 향해 성적 관심을 갖거나 시체 성애, 아동 성애, 성적 사디즘과 페티시즘처럼 기괴한 환경에서 행해지는 성교에, 통상적 성교의 형태가 아닌 성적 행동에 관심을 갖는 사람들에 해당한다. 다수의 사람은 자신의 관행에 싫증을 느낀다 해도 정상적인 성행위를 버리고 이런 것을 취하지는 않는다. 정상적인 성적 대상에 접근할 수 없기 때문에 일탈적인 성행위를 하는 사람들에게는 이런 진단을 내리는 게 적절하지 않다.[4]

3) 1969년 동성애를 지지하는 스톤월 항쟁 이후 1970년부터 3년간 APA 학술대회가 열릴 때마다 '전국 게이 기동대' 소속 게이 인권 운동가들이 시위, 위장 입장, 세미나장 난입, 마이크 뺏기, 소란, 전시장 난동 등을

---

3 "APA Diagnostic Classification DSM-I," https://www.behavenet.com/ (2018. 12. 11.).

4 오철우, "'성 정체성 장애' 사라질 듯," 「사이언스 온」 2013. 01. 09.

지속하며 동성애를 '정신장애' 진단 항목에서 삭제해 줄 것을 요청하였다.[5]

APA는 1973년 12월 15일 출간한 『DSM 2판 수정판』(*DSM-II-R*)에서 동성애를 정신장애의 목록에서 삭제하기에 이르렀다.[6] APA는 '동성애적 성적 지향성의 문제'를 하나의 '성생활 형태'로 간주한 것이다. 비록 동성애자가 일정한 정도의 '성적 지향의 장애'를 겪고 있다 할지라도 사회적 문제없이 활동하는 동성애자를 의학적으로 '정신장애'의 범주로 규정할 수 없다고 결정한 것이다. 1973년 발표한 성명서를 통해 APA는 동성애자는 정신적으로나 직업적 능력에 있어서 아무런 장애가 없으므로 그들에 대한 '공적, 사적 차별'을 금지하고, 그들의 '인권을 보호'하고, 동성애를 '범죄시하는 법 조항을 철회'하여 줄 것을 요청하였다.

> 동성애 자체로서는 판단력, 안정성, 신뢰성 또는 직업적 능력에 아무런 장애가 없음에도 불구하고 동성애자들이 구직, 공적 편의, 주택 마련, 자격증 획득 등에 있어서 공적 사적 차별을 받는 것은 우려스러운 일이다. 이들이 판단, 기능, 신뢰도 등에 있어서 문제가 없음을 다른 사람 이상으로 따로 증명 받아야 할 필요 역시 없다. 나아가서는 각 지방 주 연방정부에게 이들의 시민으로서의 권리를 보장하고 보호할 법적 조치를 취해줄 것을 지지하고 촉구한다. 나아가 동성 성인에 의한 사적인 성적 행위에 대해서 범죄시하는 법 조항의 철회를 지지하고 촉구한다(APA 성명서, 1973).[7]

4) 1973년 12월에 APA가 동성애를 '정신장애'에서 '성 지향 장애'로 변경한 『DSM-II판 수정판』이 출판되자, APA가 동성애자들의 압력에 굴복하

---

5 민성길, "동성애, 과연 선천적인가?," 「데일리 대한민국」 2015. 10. 08.

6 윤가현, 『동성애의 심리학』 (서울: 학지사, 1997), 112-115.

7 이영문, "Homosexuality에 대한 정신과적 의견," https://lesliechange.cafe24.com/files/참고자료 2 (2018. 11. 15.).

여 동성애를 정신장애 항목에서 삭제한 것이라는 반대 여론이 일어났다. 이에 호응하여 일부 APA 회원들이 동성애를 '정신장애 목록에서 삭제한 것'에 대한 전체 회원들의 찬반 투표를 요청하였다. 결국 전체 회원의 우편투표를 통하여 동성애를 질병 목록에서 제외할지 여부를 재결정하기로 하였다.

1974년 4월 9일 찬반 투표 결과를 발표하였는데, 총 17,905명의 회원 중 10,555명이 투표에 참석하였다. 동성애를 정신장애 항목에서 삭제한 것에 대한 반대가 3,810명이고 찬성이 5,854명이었다. 찬성한 비율이 참여 회원의 58%로 과반이 넘었지만, 전체 회원 수로 따지면 32.7% 불과했다는 비판도 제기되었다.[8]

5) 4년 후인 1977년에 APA가 1973년 동성애를 정신장애 항목에서 삭제한 것에 대한 우편을 통한 찬반 투표를 다시 하자는 요청이 있었다. 회원 중 정신과 의사 2,500명이 투표에 참여했고 "응답자의 69%가 동성애는 정상적이라는 데 반대하고, 동성애를 일종의 병리적 적응"이라고 하였다. 1978년 2월 「타임지」에 "다시 질병인가? 정신과 의사들의 재투표"라는 헤드라인으로 여러 항목에 대한 투표 결과를 자세히 보도하였다.

· 응답자의 69%가 동성애는 정상적이라는 데 반대하고 하나의 병리적 적응이라 답하였고, 18%가 병적이 아니라 하였고, 13%가 불확실하다고 하였다.
· 73%의 응답자가 동성애자들은 일반적으로 이성애자들보다 더 불행하다고 보았다.
· 60%의 응답자들이 동성애자들이 성숙한 사랑의 관계를 맺는 능력이 부족하다고 말하였다.
· 70%의 정신과 의사들은 동성애자들이 사회의 낙인에 대해 해결하려고 노력

[8] "과거에 정신질환 목록에 있었던 동성애가 왜 갑자기 삭제되었을까?," 「GMW연합」 2016. 03. 22.

하기보다 동성애의 원인이 되는 "자신의 내면의 갈등" 해결을 위해 더 많이 노력해야 한다고 보았다.

· 일부 정신과 의사들은 동성애자들이 적절한 직업을 맡길 만큼 신뢰가 가지 않는다고 하였다.[9]

이 투표에는 18,000명에 가까운 전체 회원 중 2,500명이라는 소수가 참여한 것이었으므로 APA는 그 결과를 공식적으로 수용하지 않았다.[10] 어쨌든 동성애를 질병 목록에서 삭제하는 것을 결정하기 위해 두 차례나 전체 회원 투표를 하는 사태가 벌어진 것이다.

6) 1980년 APA가 출판한 『DSM 제3판』은 처음으로 '동성애로 인해 심적 고통을 받는 집단'과 '동성애로 인한 심리적 고통을 받지 않는 집단'을 구별하였다. 이를 근거로 전자를 '자아 이질적 동성애'(ego-syntonic homosexuality), 후자를 '자아 동질적 동성애'(ego-dystonic homosexuality)로 나누었다.[11]

'성적 지향의 장애나 혼란' 없이 커밍아웃하여 자신이 동성애자라는 것으로 인해 '신체적으로나 정신적으로나 사회적으로 잘 지내'(wellness)는 '자아 동질적 동성애자'를 더 이상 병자 취급할 수 없게 된 것이다.

반면에 자신이 동성애자라는 것으로 인해 잘 지내지 못하며 '성적 지향의 혼란'이라는 고통을 겪고 있는 '자아 이질성 동성애'에 대해서는 '성적 장애'라는 진단 목록에 포함시켰다. 그리고 APA는 이러한 '자아 이질성 동성애'의 특징을 다음과 같이 서술하였다.

---

9 "미국정신의학협회가 동성애를 질병에서 제외하는 과정?," 바른성문화를 위한 국민연합, https://cfms.kr/ (2018. 12. 12.).

10 Stanton L. Jones and Mark A. *Yarhouse, Homosexuality: The Use of Scientific Research in the Church's Moral Debate* (Bethany House Publishers, 2010), 97-98.

11 윤가현, 『동성애의 심리학』, 116.

그 중요한 특징은 이성애적 관계를 맺거나 유지하기 위해서 이성애적 관심을 갖거나 증대하고자 하는 욕구가 있다는 것이다. 분명한 진술 속에 공공연한 동성애적 관심의 지속적 패턴이 나타나느냐는 여기에서 중요하지 않으나 그러한 욕구는 지속적인 고통의 원인이 된다.

어떤 동성애자들의 경우 자신의 동성애적 충동을 처음 인지하고 거기에 적응하는 과정에서 겪는 어려움 때문에 성적 지향의 변화가 짧게 일시적으로 나타날 수 있다. 그런 동성애자들도 이 범주에 해당한다. 이런 장애를 지닌 사람들은 이성애적 관심을 전혀 보이지 않거나 아주 미약하게 보일 수 있다. 전형적으로는 이성애 관계를 시작하거나 유지하려고 했으나 성공하지 못한 전력을 지니고 있다. 일부 사례에서는 성적 반응이 없을 것으로 예상해 이성애 관계를 시도조차 하지 않은 경우도 있다. 다른 사례들에서는 단기간의 이성애 관계를 유지할 수 있었으나 이성애 충동이 너무 미약해 관계를 유지하기 어려웠다고 호소한다. 이런 장애가 어른이 되어 나타나면 대체로 자녀와 가정을 갖고자 하는 강한 욕구로 이어진다.

일반적으로 이런 장애를 지닌 사람들은 동성애 관계를 지니지만, 종종 육체적으로는 만족해도 동성애에 관한 강한 부정적 감정 때문에 정서적 혼란을 함께 겪는 경우도 있다. 일부 사례에서는 부정적 감정이 너무 강해 동성애적 관심이 환상에서만 나타나기도 한다.[12]

아울러 APA는 이러한 자아 이질적 동성애의 특징에 따른 진단 기준을 다음과 같이 제시하였다.

· 이성애적 관심이나 흥분이 지속적으로 결여되었거나 약하다.

· 이성애적 관계를 바라고 있지만 그 관계가 손상되었다.

---

12 우철우, "'성 정체성 장애' 사라질 듯," 「사이언스 온」 2013. 01. 09.

· 동성에 대한 관심과 흥분이 일관성 있게 나타난다.

· 동성애를 원하지 않기 때문에 근심과 걱정이 많다.[13]

이처럼 '동성애로 인해 심적 고통을 받는 자아 이질성 동성애자'가 '동성애적 성적 지향으로 인해 지속적이고 현저한 고통'을 겪고 있을 때만 정신의학적 치료 대상으로 한정한 것이다. 『DSM 제3판』(1980)은 정신의학 역사의 한 분기점이 됐다. '자아 동질적 동성애'를 정신질환의 범주에서 완전히 제외하였기 때문이다.[14]

7) 2008년 미국심리학회(American Psychological Association)는 미국정신의학협회(APA)가 결정한 동성애에 관한 새로운 진단 기준을 의료진과 동성애자들이 적극적으로 수용하여 적용하도록 〈성적 지향에 대한 올바른 치료적 대응〉이라는 보고서를 통해 가이드라인을 제시하였다. 이 보고서는 그동안 학술지에 영어로 발표된 동성애 전환 치료 관련 논문 83편을 체계적으로 검토하고 정리하여 학회 차원에서 동성애 전환 치료가 동성애자의 정신 건강을 악화시킬 수 있다고 결론지었다.

현재 효과가 입증된 동성애 전환 치료는 존재하지 않으며, 성적 지향을 억지로 바꾸려는 치료는 치료 대상자의 우울, 불안, 자살 시도 등을 증가시킬 수 있어 그 치료가 오히려 동성애자의 정신 건강을 악화시킬 수 있다(미국심리학회, 〈성적 지향에 대한 올바른 치료적 대응〉, 2008).

미국심리학회가 제기한 전환 치료의 위험성에 대한 경고는 전 세계의

---

13 윤가현, 『동성애의 심리학』 (서울: 학지사, 1997), 116.

14 같은 책, 117.

전문가 단체들이 공유하였다. 2010년 미국의사협회도 동성애 "전환 치료 사용에 반대한다"는 내용의 성명서를 발표하였다.[15]

8) 미국심리학회는 2011년 또다시 "개인이 이성애나 양성애나 동성애로 성적 지향이 다르게 발달되는 정확한 이유에 관해 과학자들 간의 일치된 의견은 없음"을 명확히 했다. 더 나아가 "성적 지향에 영향을 미칠 수 있는 유전적, 호르몬상 발달 및 사회 문화적 요인에 대한 많은 연구가 수행되어 왔지만, 과학자들이 성적 지향이 특정 요인에 의해 결정된다고 결론지을 수 있는 연구 결과는 나타나지 않았다"고 하였다. 미국심리학회는 결론적으로 동성애의 원인에 관해 "많은 이들이 선천적 요인과 후천적 요인 모두가 복합적인 영향을 미친다고 생각한다"고 밝히며, "대다수의 사람은 자신의 성적 지향을 선택한다는 감각을 느끼지 않거나 아주 약하게 경험한다"는 점을 분명히 하였다.[16] 미국심리학회는 동성애의 요인은 알 수 없으며 그것이 선천적이든 후천적이든 당사자의 선택과 무관하게 피할 수 없이 주어지는 것이라는 것을 공식화하였다.

9) 반면에 동성애가 선천적이든 후천적이든 '질병이거나 장애'라고 보는 의학자나 의사들은 동성애의 성향이 치료를 통해 이성애로 변할 수 있다는 입장을 견지한다.[17] 그들은 동성애 상태가 그 발생 요인에 따라서 개별적으로 전환 가능하며 신념과 가치가 성향을 변화시키는 데 크게 작용한다는 점을 강조한다.[18] 일부 기독교 단체들과 기독교 상담자들은 종교적인 치료

15 김승섭, "동성애, 전환 치료 그리고 HIV/AIDS," 「기독교사상」 (2016년 8월호): 36-37.

16 같은 글, 34.

17 이인식, "동성애 운명인가 선택인가 — 특이한 뇌 구조와 게이 유전자 밝혀져," 「과학동아」 제136호(1997. 04.): 100-105; Gonzague de Larocque, 『동성애: 동성애는 유전자 때문인가』 (서울: 웅진씽크빅, 2007); Francis MacNutt, 『동성애 치유될 수 있는가?』 (서울: 순전한나드, 2006).

프로그램을 통해 동성애 성향에서 이성애로 변할 수 있으며 이성 결혼으로 나아갈 수 있다고 확신한다.[19]

동성애의 전환 치료가 가능하고 필요하다고 주장되어 왔지만, '자아 동질적 동성애'조차도 APA에 의해 1980년에 정신질환 진단 목록에서 완전히 삭제되었다. '자아 동질적 동성애'의 경우 동성애자 자신이 전혀 신체적으로나 정신적으로 전혀 병리적 징후가 없으며 스스로 병식(病識)도 전무하므로 전환 치료를 운운하는 것은 더 이상 무의미하게 된 것이다.

미국 매사추세츠종합병원과 하버드대학교, 영국 케임브리지대학교 등 국제 공동 연구진은 영국과 미국에서 동성 간 성관계를 맺은 적이 있다고 응답한 남성과 여성 47만 7,522명의 유전체를 조사한 결과 동성애와 관련된 특이유전자는 발견되지 않았다고 밝혔다. 다만 동성애와 관련이 있는 것으로 보이는 다섯 개의 염기 변형이 발견됐는데, 이 역시 동성애에 영향을 미칠 확률은 1% 미만인 것으로 나타났다고 한다.[20]

결론적으로 APA가 1952년 이후 1980년까지 정신질환 진단 목록에서 동성애를 분류한 진단명의 변화 과정을 차례대로 요약하면 다음과 같다.

① *DSM-I*(1952): 성적 일탈의 범주에 속하는 정신장애
② *DSM-II*(1968): 성적 일탈의 범주에 속하는 정신장애
③ *DSM-II-R*(1973): 성행동의 정상적 변형에 속하는 '성적 지향 장애'
④ *DSM-II-6th*(1977): 정신장애의 범주에 속하는 '성적 지향 장애'
⑤ *DSM-III*(1980): '자아 동질적 동성애'는 장애가 아니며 '자아 이질적 동성애'만 성적 지향 장애

---

18 John F. Harvey, "Updating Issues Concerning Homosexuality," *The Journal of Pastoral Counseling* 28(1993): 18-19; 박노권, "동성애에 대한 목회상담학적 접근," 258.

19 박노권, "동성애에 대한 목회상담학적 접근," 「한국기독교신학논총」 28(2003), 258.

20 김진영, "동성애 관련 특이 유전자 발견되지 않아," 「크리스챤투데이」 2019. 08. 30.

3장
동성애는 에이즈를 유발하는가?

1. 에이즈 감염의 여러 통로

동성애와 관련하여 여전히 논란이 되는 것이 동성애가 에이즈라는 질병을 확산시키는 요인이라는 주장이다.

에이즈(AIDS, 후천성면역결핍증후군)[1] 환자가 처음 발견된 것은 1981년 6월이었다. 미국 로스앤젤레스의 몇몇 병원에서 다섯 명의 남성 동성애자가 일반인들은 쉽게 걸리지 않는 '폐포자충 폐렴'을 비롯한 여러 기회감염에 걸렸다는 사실이 보고되었다. 그 다섯 명은 공통으로 T-림프구 숫자가 현저히 떨어져 있어 면역력이 약화된 상태였다.

당시에는 바이러스가 원인이라는 것을 몰랐기 때문에 미국 정부는 한동안 이 병의 공식 명칭을 붙이지 않았지만, 언론에서는 남성 동성애자들에게서 흔한 질병이라 해서 '동성애 질환'[2]이라 불렀다. 일부에서는 심지어 '게이 암'이라는 표현을 썼다. 의학적으로 발견된 첫 AIDS 환자는 1981년 미국

---

[1] Acquired Immune Deficiency Syndrome.

[2] Gay-Related Immune Deficiency(GRID).

의 동성애자였지만, 이 병은 다수의 혈우병 환자, 이성애자인 약물 중독자, 아이티 출신 이민자들에게서도 발견되었다. 주요 감염자군의 앞 글자들을 따 4H병이라 불리기도 하였다. 1982년 8월이 되어서야 질병 통제 예방 센터는 이 새로운 질병을 후천성 면역 결핍 증후군, 즉 AIDS(에이즈)라고 공식적으로 명명한다.

에이즈가 발견된 지 2년 후 1983년 에이즈의 원인이 '인간면역결핍 바이러스'(HIV)[3]라는 것을 확인하였다. HIV에 감염되면 면역 세포인 'CD4 양성 T-림프구'가 파괴되어 환자의 면역력이 약화되기 때문에 여러 질병이 발생하게 된다는 것이 밝혀졌다.[4]

HIV의 감염 경로에 대한 광범위한 조사 연구가 축적되었고, 그 결과 HIV는 동성애가 유일한 감염 매개가 아니라는 것도 확인되었다. 동성애자뿐 아니라 이성애자 중에서도 환자들이 속출하였다. 미국과 서유럽의 많은 곳에서는 대다수 에이즈 환자가 게이인 것은 사실이지만, 레즈비언의 감염률은 매우 낮았다. 그러나 HIV에 감염된 이성애자 수도 계속 늘어났고, 한때 영국에서는 HIV 보유자로 새롭게 진단 받은 3명 중 1명은 이성애자였다.[5]

HIV 감염 경로의 '위험군'은 소수의 게이 남성과 그 외에 정맥주사 사용자, 매춘인들 자체가 아니라 실제로는 안전하지 않은 성행위와 주삿바늘 공용과 같은 보편적인 '위험 행위' 때문이라는 사실도 드러났다.[6] 아울러 성관계나 수혈뿐 아니라 분만, 모유 수유 등 다양한 경로를 통해 감염된다는 사실도 밝혀졌다.

이미 1970년대 후반부터 케냐를 비롯한 중앙아프리카 국가에서 성매매 여성을 중심으로 HIV 감염이 널리 퍼지고 있었다는 사실이 알려졌다. 에이

---

3 Human Immunodeficiency Virus.

4 김승섭, "동성애, 전환 치료 그리고 HIV/AIDS," 37.

5 Norah Carlin & Collin Wilson/이승민 · 이진화, 『동성애 혐오의 원인과 해방의 전망』, 136.

6 같은 책, 36.

즈 확산 초기에는 주로 위생 상태가 좋지 않았던 아프리카 지역의 가난한 흑인 동성애자들 사이에서 확산된 것으로 조사되었다.[7] 아프리카 지역에서 에이즈 환자가 급증한 것은 그 지역의 나라들이 막대한 국가 부채에 시달리고 있는 가난한 나라여서 에이즈의 확산을 막을 수 있는 콘돔과 깨끗한 주삿바늘을 제공하지 못했기 때문이었다.[8]

에이즈가 체액이나 혈액, 특히 수혈을 매개로 바이러스에 의해 감염된다는 사실이 알려져서 의학적으로는 에이즈가 '동성애 질환'(GRID)이 아니라는 것이 입증되었다. 여전히 일반인들에게 에이즈 하면 동성애를 연상하는 편견은 사라지지 않고 있다. 동성애자들을 혐오하고 적대하기 위해 "동성애가 에이즈를 확산시킨다"는 슬로건을 내세우는 반동성애 단체들도 생겨났다.

이런 비난에 맞서 게이 단체들은 에이즈의 확산을 막기 위한 투쟁에 앞장서 왔다. 1980년대 초 유급 상근자 9명과 자원봉사자 500명으로 이뤄진 '게이건강위기극복재단'(GMHC)이 뉴욕에서 결성돼 400여 명의 에이즈 환자 치료를 도왔다. 에이즈에 대한 정보를 구하는 사람들의 전화를 매주 1,500회 이상 받았다. 의사와 간호사를 위한 강연을 매달 20차례 열었다. 에이즈 예방 관련 서적 200만 권을 세계 곳곳으로 보내기도 했다. 뉴욕시는 1983년에 에이즈 예방에 겨우 2만 4,500달러를 지출했다. 감염 진단자당 25달러꼴이다. 반면에 '게이 건강위기극복재단'은 자선 공연 등을 통해 뉴욕시 에이즈 예산의 20배 이상의 기부금을 모았다.[9]

1987년에 대통령 레이건은 미국인 2만 849명이 에이즈로 죽자, 그제서야 에이즈에 대한 대응 조치를 하겠다고 공식 언급했다. 에이즈가 혈액을 통해 전염될 수 있다는 것을 알고도 3년이나 지난 1985년 4월에야 비로소

---

7 Annamarie Jagose/박이은실, 『퀴어 신학』 (서울: 도서출판 여이연, 2017), 36.

8 Norah Carlin & Collin Wilson/이승민 · 이진화, 『동성애 혐오의 원인과 해방의 전망』, 135-136.

9 같은 책, 135-136.

HIV 감염 여부를 확인하는 혈액 검사를 시작했다. 이런 뒤늦은 대응 때문에 수혈로 에이즈에 감염될 확률은 늘어났다.

영국 정부도 마찬가지였다. 혈우병 환자들은 피를 응고시키는 혈액응고제를 주사하여야 하는데, 1983년에 미국에서 HIV 바이러스에 감염된 혈액응고제가 수입되자 영국의 혈우병 환자들은 안전장치를 요구했다. 영국 정부는 혈우병 환자 수천 명이 HIV에 감염된 1985년 말이 돼서야 비로소 혈액응고제를 열처리 살균했다.

우리나라에서도 성소수자 인권을 흠집 내기 위해 단골 레퍼토리로 등장하는 혐오 논리는 단연 에이즈다. "동성애 때문에 에이즈가 확산되고 있다"는 주장이 거듭 제기되었다. 특히 2017년 4월 25일 대선 후보 토론회에서 자유한국당 홍준표 후보는 "동성애 때문에 대한민국에 1만 4,000명 이상 에이즈가 창궐했다는 걸 아느냐"고 말했다. 이 발언은 사실이 아님을 여러 언론에서 즉시 '팩트체크'를 통해 2015년 현재 내국인 HIV 감염인 1,018명 중 동성 간 성 접촉이라 답한 사람은 288명이라는 사실을 검증하여 보도한 바 있다.

> 질병관리본부가 2016년 8월 펴낸 "2015 HIV/AIDS 신고 현황"을 보면, 2015년 현재 내국인 HIV 감염인 1,018명 중 감염 경로를 이성 간 성 접촉이라고 답한 이는 364명, 동성 간 성 접촉이라 답한 사람은 288명, 무응답은 366명으로 조사됐다. 이성 간이든 동성 간이든 HIV 감염인과 안전하지 않은 성관계를 맺는 경우 똑같이 HIV에 감염될 수 있다. 질병관리본부에 따르면 한국의 경우 전체 HIV 감염인의 98% 정도가 성관계를 통해 감염된 것으로 파악되므로, 콘돔 등을 사용한다면 HIV는 효과적으로 예방 가능하다.[10]

우리나라에서 동성애 때문에 에이즈가 발생한다는 것은 사실이 아닌 것으

10 전혜원, "[팩트체크] 동성애 때문에 에이즈? 홍준표 주장 틀렸다," 「시사IN」 2017. 05. 01.

로 드러났다. 이성 간이든 동성 간이든 HIV 감염인과 안전하지 않은 성관계 때문에 에이즈에 감염되기 때문이다. 동성애 때문에 대한민국에 1만 4,000명 이상 에이즈가 창궐했다는 것도 정확한 사실이 아니라는 것이 밝혀졌다.

> 현재 국내에서는 매년 1,000여 명이 인체면역결핍바이러스(HIV)에 감염된다. 지난해 내국인 1,018명, 외국인 134명이 감염됐다. 10여 년 전에 비하면 증가한 것은 맞다. 하지만 한국의 HIV 감염자 발생률은 경제협력개발기구(OECD) 평균(0.16%)의 8분의 1인 0.02%에 불과한데도 창궐하고 있다는 홍 후보의 표현은 틀렸다고 할 수 있다. 홍 후보가 적시한 1만 4,000명도 정확하지 않다. 2015년 말 기준으로 HIV 감염자는 1만 502명이다.[11]

반동성애자 운동 단체들은 "동성애가 에이즈를 확산시켜 에이즈 환자 치료비에 수천억 원의 돈이 세금으로 쓰이고 있다"며 동성애자들을 '세금도둑'으로 비난하기도 한다. 정선미 변호사는 2015년 한 심포지엄 발표에서 동성애 옹호자들은 동성 성교가 인권이기 때문에 존중해 달라고 하는데 "국민 건강 측면에서 심대한 문제가 있다"고 지적했다. "한국 교회는 '에이즈 감염자의 대다수가 남성 동성애자며, 매달 300~500만 원 상당의 약값을 국민 세금으로 지원해야 한다'는 사실을 적극적으로 알려 국민 건강을 지키는 데 앞장서야 한다"고 하였다.[12]

하루에도 수십 번씩 삶을 포기하고 싶다고 말하는 감염인들에게 치료제는 생명줄과도 같다. 전체 감염인 수의 10%가 넘는 이들이 기초생활수급자로 살아가고 있고 3개월마다 청구된 약값만 200만 원이 훌쩍 넘는 상황이기에, 개인이 국가의 지원 없이 치료비를 감당할 수 없는 실정이다.[13]

---

11 신성식, "[팩트체크] 에이즈가 동성애 탓? 일부만 맞는 주장," 「중앙일보」 2017. 04. 27.

12 백상기, "동성애 문제에서 헌법 민법 조례의 중요성은?," 「국민일보」 2015. 08. 12.

13 정율, "HIV감염인과 에이즈 환자는 세금도둑? 그 말이 더 해롭다," 「오마이뉴스」 2017. 06. 28.

에이즈 치료약은 개발되었으나 대량생산이 되지 않아 약값이 비싸다. 그래서 국제의약품구매기구(UNITAID)에서 '항공연대기금' 제도를 만들었다. 해외 항공권에 의무 기부금 1,000원을 부과하는 제도다. 한국을 포함해 영국, 프랑스 등 8개국이 참여한다. 이 기금을 항공사가 자국 정부에 주면 정부가 국제의약품구매기구로 보낸다. 매년 국내에서만 200억 원, 프랑스나 영국에서는 1,400억, 800억 원 정도가 걷힌다. 2017년 기준으로 지난 5년 동안 2조 2,000억 원이 모였다. 이는 에이즈, 말라리아, 결핵 퇴치에 쓰이고, 연간 전 세계 100만 명이 혜택을 받는다고 한다.[14]

2. 에이즈는 불치의 병이 아니다

1981년 에이즈가 발견된 초기에는 에이즈는 불치의 병으로 알려졌다. 6년 후 1987년 첫 에이즈 치료제인 지도부딘(zidovudine)이 개발되기 전에는 마땅한 치료제도 없었으니 에이즈는 불치의 병으로 여겨질 수밖에 없었다. 1996년 세 가지 에이즈 치료제를 함께 쓰는, 이른바 '칵테일 요법'이 보편화된 이래 에이즈 사망자 수가 극적으로 줄어들었다.

에이즈 바이러스에 대한 치료제가 개발되어 꾸준히 그 약효를 향상시켜 온 결과, 최근에는 완치가 가능해졌다. 그러나 여전히 에이즈를 불치의 병으로 인식하는 이들이 많아 2016년부터 "미검출 = 감염 불가" (Undetectable= Untransmittable) 캠페인이 벌어지고 있다.

두 단어의 머리말 따 'U=U 캠페인'이라고 한다. 에이즈에 감염된 환자가 6개월 정도 항레트로바이러스 치료를 받아 그 치료 효과로 "혈관 내 HIV 바이러스가 '혈액 1㎖ 200개체 수 미만'으로 줄었을 경우 이 HIV 감염인은 더 이상 감염의 매개가 될 수 없다"는 사실을 널리 알리려는 캠페인이

14 이병희, "빌 게이츠 '지갑 열게 한' 에이즈 최고 전문 한국인," chosun.com, 2017. 10. 19.

다. 이 캠페인을 주도하는 PAC(Prevention Access Campaign)라는 단체는 2016년 관련 성명서를 발표하였다. 2018년에는 한국어 성명서도 공개했는데, 그 전문의 핵심 내용은 다음과 같다.

> 항레트로바이러스 치료를 받고 있어 혈내 바이러스 수치가 미검출인 HIV 감염인을 통한 성 접촉 HIV 감염은 '위험 무시 수준'이다. 사용되는 약에 따라 미검출 수치에 도달하기까지는 최장 6개월이 걸린다. 지속적이고 확실한 바이러스 활동의 억제를 위해선 적합한 치료제 선택과 올바른 치료 준수가 행해져야 한다. 바이러스 활동 억제 경과는 감염인 개인 건강과 공공 보건을 위해 꾸준히 관찰되어야 한다.[15]

2016년 성명서에서 '위험 무시 수준'이란 단어를 사용한 것이 오히려 불필요한 공포를 일으킬 뿐이라는 지적에 따라 2018년 캠페인에서는 "사실상 위험이 없다", "감염될 수 있는 확률이 없다", "감염될 수 없다"라고 강조한다.

이런 캠페인을 하는 이유는 2016년 1,736쌍의 HIV감염인 · 비감염인 커플을 대상으로 한(남성 동성 커플 38쌍, 나머지는 이성 커플) 미국의 연구(HPTN 052) 결과 HIV 감염인이 항레트로바이러스 치료를 빨리 받으면 받을수록 감염 위험을 93%까지 낮출 수 있다는 결론에 도달했기 때문이다.

미국 템플대학(Temple University)과 네브래스카약학대학(Nebraska Medical Center) 연구진은 2019년 7월 3일(현지 시간) 크리스퍼 유전자가위 기술을 적용해 HIV를 제거하는 데 성공했다고 발표했다. HIV 감염 환자에게 표준 치료법인 항레트로바이러스 요법(ART)은 HIV가 복제되는 것을 막을 수 있지만, 인체에서 바이러스를 완전히 제거할 수는 없다. 연구진은 크리스

---

15 "HIV/AIDS 인권팀 세미나 - Undetectable = Untransmittable," 「너 나 우리 '랑'」 (행동하는성소수자인권연대 웹진). https://lgbtpride.tistory.com/837 (2018. 12. 24.).

퍼 유전자가위 기술과 체내에 장기간 작용하는 아트(ART)를 이용해 감염된 쥐 약 30%에서 HIV 유전자를 성공적으로 제거했다고 밝혔다.[16]

우리나라에서도 2015년 한국질병관리본부가 "에이즈는 더는 불치병이 아니고 단순 만성질환일 뿐"이라고 밝혔다. 에이즈는 개인의 안전한 성관계를 통해서, 국가의 안전한 혈액 관리 통해서 예방할 수 있으며, 최신의 치료제와 처방을 통해 치료할 수 있는 질병이다.[17] 이제는 에이즈가 더 이상 예방할 수 없는 질병이 아니며, 치료할 수 없는 질병이 아니라는 것이다.

최근 우리나라에는 가짜 뉴스들이 범람하고 있는데, 그중에 동성애에 관한 내용도 적지 않다. 한겨레신문가짜뉴스피해자모임(한가모)에 따르면 동성애 관련 가짜 뉴스는 다음과 같다.

· 캐나다에서는 항문성교 교육을 한다.
· 남성 동성애-에이즈 연관성에 관한 의학적 근거 나왔다.
· 동성애 하면 에이즈 걸린다.
· 동성애 차별금지법을 위반하면 징역형이다.
· 한국은 에이즈 위험 국가
· 영국 워킹턴에서 목사가 동성애는 죄악이라고 대답하여 체포 구금되었다.
· 동성애자는 수명이 30년 단축된다.
· 기독교 신자인 우간다 대통령 무세베니는 동성애 처벌법을 2014년 서명하였다.
· 메르스와 에이즈가 결합할 경우 슈퍼 바이러스 창궐이 우려된다.
· 동성애 합법화하면 수간도 합법화된다.
· 동성애 케이크 제작 거부 미국인 1억 6천만 원 벌금 폭탄 맞았다.
· 동성애 커플 주례 거부한 목사가 징역형을 받았다.[18]

---

16 온라인뉴스팀, "유전자가위로 에이즈 바이러스(HIV) 제거 성공," 「바이오타임즈」 2019. 07. 09.
17 동성애자인권연대 · 지승호, 『후천성 인권결핍 사회를 아웃팅하다』 (서울: 시대의 창, 2011), 288-289.
18 https://blog.daum.net/hangamo2018/11 (2019. 01. 16.).

'한가모' 블로그에는 위와 같은 동성애 관련 가짜 뉴스라고 지목한 내용에 대한 출처와 자세한 반박 내용의 출처를 상호 비교할 수 있도록 같이 게재하고 있다. 「뉴스앤조이」에서는 '한가모' 블로그 내용을 취재하여 "'한겨레가짜뉴스피해자모임' 동성애 관련 해명 분석"이라는 시리즈 기사를 2018년 10월 5일부터 10월 18일까지 8회에 걸쳐 연재한 바 있는데, 그 제목만 소개하면 다음과 같다.

· '캐나다는 항문성교 가르친다'는 주장의 진실
· '동성애 = 에이즈'라는 혐오 기제의 진실
· '복음 전파'했다고 체포? '공공질서 위반'이 맞다
· 한국은 '에이즈 위험 국가'? 그것도 틀렸다
· '혐오표현규제법'으로 말 바꾸는 반동성애 진영
· '복음 전파'했다고 체포? '공공질서 위반'이 맞다
· "동성애가 수명 30년 단축" 주장한 연구자의 정체
· 동성애만 반대하면 독재자도 '하나님의 사람'인가

동성애를 반대한다면서 상습적으로 왜곡 · 허위 · 과장 정보를 퍼뜨리는 소위 반동성애 운동가들을 '가짜 뉴스 유포자' 또는 '악질 포비아 유튜버' 등으로 표현한 것이 인격권 침해에 해당하지 않는다는 법원 판단이 또 나왔다.

서울중앙지방법원 재판부는 길원평 부산대 교수, 김지연 약사, 백상현 「국민일보」 기자, 염안섭 수동연세요양병원장, 한효관 건강한사회를위한국민연대 대표, 이만석 한국이란인교회 목사, 이정훈 울산대 교수, 최현림 경희대 교수 등 8명이 TBS를 상대로 자신들을 '가짜 뉴스 유포자', '범죄자', '범법 행위자' 등으로 지칭해 인격권을 침해했다고 제기한 손해배상 청구를 2019년 7월 22일 기각했다. 재판부는 "이 방송은 사회 구성원 간 건전한 토론을 방해하고 사회적 갈등을 조장하는 등의 부정적 영향력이 있는 의도

된 허위 조작 정보, 즉 소위 '가짜 뉴스'가 어떻게 생성되고 전파되는지 밝히고 관련 문제점을 공유해, 이에 대한 대중의 인식과 경각심을 일깨우고자 하는 취지의 방송으로서 공공의 이해에 관한 사항"이라고 했다.[19]

3. 에이즈에 대한 신학적, 목회적, 교회적 대응

탈동성애인권교회연합은 2015년 출범선언문에 현재 우리나라에는 서구의 타락한 비윤리적 성 문화인 동성애로 인해 동성애자들은 평균수명이 10~15년 감축되었고, 에이즈를 비롯한 각종 성병과 항문, 괄약근 파괴로 인한 변실금에 걸리고, 자살 및 가정파괴 등의 폐해를 겪고 있다고 한다. 그럼에도 불구하고 이러한 폐해는 감추어진 채 사회 곳곳에서 인권이라는 미명 아래 무분별하게 동성애를 옹호 · 조장 · 확산하는 일들이 자행되고 있다고 주장한다.[20]

저명한 복음주의자 존 스토트 목사는 에이즈에 대한 이러한 무지와 편견과 공포를 극복하기 위한 대안을 다음과 같이 제시하였다.

> 첫째, 에이즈는 쉽게 감염되는 질병이 아니다. 이 바이러스는 오직 체액, 정액, 혈액을 통해서만 감염된다. 가장 흔하게 감염이 되는 경로는 이미 감염된 사람과 성관계를 갖거나, 감염된 피를 수혈하거나, 소독하지 않은 주삿바늘을 공용하는 것이다.
>
> 둘째, 에이즈는 '게이들의 전염병'은 아니다. 1980년대 초에 이러한 부정확한 명칭을 얻게 된 이유는 샌프란시스코와 뉴욕에 있는 동성애 집단에서 처음 발병한 탓이다. 그러나 에이즈에 걸린 사람들은 남성 동성애자만

---

19 최승현, "법원, 반동성애 운동가를 '가짜 뉴스 유포자', '악질 포비아 유튜버' 표현한 것, 인격권 침해 아냐," 「뉴스앤조이」 2020. 08. 24.

20 "탈동성애 인권 교회연합 창립총회," 「크리스찬타임스」 2015. 06. 18.

이 아니다. 여자들과 아기들도 많이 있다.

셋째, 에이즈는 특별히 서구에 두드러진 현상이 아니다. 필요한 자원을 갖춘 미국과 유럽의 병원들이 처음 그 질병을 진단했기 때문이다. 그러나 갈수록 전 세계적인 질병이 되어가고 있다. 동부와 중앙아프리카에서는 거의 역병 수준에 달했다.

넷째, 에이즈는 쉽게 해결될 수 있는 문제가 아니다. 이것은 당분간은 예방 백신이나 치료약도 없는 치료 불가능한 병이다. AZT라고 알려진 약은 에이즈에 걸린 환자의 생명을 일 년 정도 연장하고 고통을 완화할 수는 있지만, 부작용이 심하며 임시방편일 뿐 치료약은 아니다(그러나 현재에는 에이즈 치료제를 통한 완치율이 95% 가까울 정도다).

다섯째, 에이즈는 단지 콘돔 사용만으로는 피할 수가 없다. 다양한 감염 경로가 있기 때문이다.

스토트 목사는 에이즈를 동성애가 확산시키는 질병이라고 정죄할 것이 아니라 에이즈 확산 방지와 효과적 치료를 위해 기독교인들의 관심 촉구하면서, 에이즈에 대한 신학적, 목회적, 교회적 대응이 필요하다고 역설하였다.

첫째, 신학적인 대응이다. 에이즈가 남자 동성애자에게 내려진 하나님의 심판이냐 아니냐는 문제에 대해 스토트는 "그렇다와 아니다 둘 다가 답"이라고 한다. 나면서부터 장님된 자가 자기 조상의 죄가 아니듯이 에이즈도 죄의 결과는 아니지만 에이즈의 희생자 중에는 여성들도 많다는 점인데, 특히 정절을 지킨 기혼 여성들이 부정한 남편을 통해서 감염된 경우도 있으며, 순진한 혈우병 환자나 어린아이도 에이즈에 걸린 경우가 많기 때문이다.

둘째, 기독교적 대응은 목회적인 것이어야 한다. 에이즈에 대해 편견으로 보거나 분노하거나 서로 비난하거나 거부하거나 고립시키고 부당하게 대하거나 정죄하는 일이 있어서는 안 된다. 제롬이라는 한 미국인 에이즈 환자는 말했다. "나를 판단하지 말라. 나 자신에 대한 심판은 이미 스스로 내렸다. 내게 필요한 것은 당신이 내 곁에 있어 주는 것이다"라고 한다.

셋째, 교육적인 것이어야 한다. 어떤 이들의 무지, 편견, 두려움 그리고 문란한 태도와 에이즈의 확산 추세를 되돌리는 가장 인간적이고 기독교인 방법이 예방 교육이기 때문이다. "에이즈의 위기는 우리를 행위와 진리의 모든 신정한 교회, 곧 치유하는 공동체로서의 교회가 되도록 큰 도전을 안겨 주고 있다."[21]

메노나이트 중앙위원회의는 2003년 "에이즈로 고통받는 이들을 위한 기도문"을 발표했다.

자비의 하나님,
에이즈로 인해 고통받는 하나님의 자녀들에게 치유와 평화를 허락해 주십시오.

이해의 하나님,
에이즈로 인해 고통받고 버려진 삶이 어떤 것인지 경험하지 못한 우리들의 생각과 마음을 열어 주십시오.

지식의 하나님,
에이즈의 비극에 대해 열린 마음과 공개적으로 이야기할 수 있도록 도와주십시오. 에이즈에 대하여 다른 사람들에게 배우고 또 가르칠 수 있게, 그리하여 무지와 죽음이 창궐하지 않게 도와주십시오.

은혜의 하나님,
겸손하지만 용감하게 병자를 돌보는 이들과 함께해주십시오.

---

21 John R. Stott/양혜원, 『동성애 논쟁』 (서울: 홍성사, 2006), 65-68.

치유의 하나님,

에이즈를 치료하기 위해 애쓰는 연구원들과 의사들을 인도해 주십시오.

불쌍히 여기시는 하나님,

병자들과 가난한 사람들과 소외된 사람들을 돌봄에 있어 우리가 예수의 모범을 길을 따라 걷도록 가르쳐 주십시오.

용서의 하나님,

에이즈로 인해 고통받는 형제, 자매의 상황을 제대로 알지 못한 채로 정죄하는 우리를 용서해 주십시오.

생명의 하나님,

HIV에 아직 감염되지 않은 사람들이 주님의 돌보심으로 안전하게 자신들을 지킬 수 있도록 도와주십시오.

지혜의 하나님,

에이즈와 씨름하고 있는 상황 속에서 우리의 역할이 무엇인지 알게 하여 주시며, 주님의 부르심을 따르기 위한 용기와 담대함을 갖게 해 주십시오.

아멘(*Common Place*, 2002년 11월호).[22]

---

22 W. Swartley, 『동성애, 성서적 해석과 윤리적 고찰』 (서울: 대장간, 2014), 227-228.

4장
청소년 성소수자의 자살 문제

1. 성소수자 자살 통계

2018년 1월 「미국의사협회지」[1]에 실린 연구에 따르면 미국 전역의 16,000명가량의 청소년을 상대로 조사한 결과, 10대의 성소수자(LGBQ) 25% 정도가 최근 1년 동안 자살을 최소 한 번 이상 시도했다고 답했다. 반면 이성애자 10대의 경우 6% 정도였다. 성소수자의 자살 시도율이 이성애자 자살 시도율의 4배나 높다. 이번 연구의 수석 저자인 샌디에이고 주립대학교의 존 아이어스는 "우리는 성소수자 십 대 자살은 전국적 공공 건강 위기임을 인식하고, 해결을 위해 막대한 자원을 투입해야 한다"고 하였다.[2]

2019년에만 전 세계에서 331명의 트랜스젠더가 살해 당했다. 미국의 트랜스젠더 가운데 50%는 심한 괴롭힘을 당하며, 26%는 직장에서 쫓겨났고, 20%는 부모의 거절로 인해서 노숙자가 되었다(TED 강연, Katina Sawyer, Sunny Miller)고 한다.[3]

---

1 *Journal of the American Medical Association.*

2 "퀴어 청소년 4분의 1이 자살을 시도한다," 「HUFFFOST」 2018. 01. 05.

3 김준우, "성소수자들에 대한 혐오, 교회가 치러야 할 대가," 「당당뉴스」 2020. 12. 29.

최근 우리나라에서도 청소년 성소수자의 자살 시도율이 일반 청소년에 비해 5~10배나 많은 것으로 조사되었다.

> 우리나라 13세 이상 인구의 6.8%가 지난 1년 동안 한 번이라도 자살하고 싶다는 생각을 했다고 답했다. 반면 남성·여성 동성애자를 비롯한 성소수자들 가운데 66.8%가 그런 충동에 시달리고 있다고 응답하였다. 청소년 성소수자의 자살 충동 비율이 일반 청소년보다 열 배가 높은 것으로 나타났다(통계청, 〈사회조사 보고서〉, 2004).[4]

> 청소년 성소수자 77.4%가 자살을 생각하고, 47.4%가 자살을 시도한 경험이 있습니다. 이는 전체 청소년 가운데 자해 행위나 자살을 기도한 경험이 있는 청소년이 10% 정도인 것에 비해 거의 다섯 배가 높은 수준입니다(한국청소년개발원, 〈청소년 성소수자의 생활실태조사〉, 2006).

고려대 김승섭 교수팀이 트랜스젠더 282명의 건강연구를 조사한 결과, "40%가 넘는 이들이 '실제로 자살을 시도한 적이 있다'고 대답"했다(『오롯한 당신』, 2018, 46).[5] 세상에 어느 청소년 집단도 이처럼 높은 비율로 실제로 자살을 시도하는 집단은 결코 없다.

많은 성소수자는 청소년기에 이성애, 양성애, 동성애 사이에서 심각한 성 정체성의 위기를 겪는다. 이 시기에 동성애적 정체성에 대한 부정적인 경험을 하게 된다면 자신의 정체성을 받아들이게 되는 시기가 더욱 늦춰지게 된다. 성소수자 중에서도 청소년 성소수자들의 자살률이 높은 것은 많은 청소년이 초기에 자신들의 성적 감정과 성적 지향에 대해 자각하지만 당시에는

---

4 "성소수자들 66.8% 자살 충동," 「한겨레신문」 2015. 05. 13.

5 김준우, "성소수자들에 대한 혐오, 교회가 치러야 할 대가," 「당당뉴스」 2020. 12. 29.

스스로 이를 자신의 성 정체성으로 받아들이는 일이 쉽지 않기 때문이다.

'질풍노도기'라고 일컬어지는 10대의 청소년기에는 성소수자가 아니더라도 '정체성의 위기'를 겪게 되는데, 자아가 확립되기 이전의 청소년 성소수자의 경우 '성적 정체성의 위기'가 훨씬 심각하기 때문에 자살률이 높은 것이다. 성소수자는 성 정체성 발달 과정상 ① 정체성 혼동, ② 정체성 비교, ③ 정체성 관용, ④ 정체성 용납, ⑤ 정체성 자긍심, ⑥ 정체성 통합의 6단계를 거쳐서 자신의 정체성을 수용한다.[6] 그런데 대다수가 20대가 되어서야 이러한 6단계인 정체성 통합 단계에 이를 수 있기에 10대 청소년 성소수자의 성 정체성 위기가 심각한 것이다.

10대 성소수자가 자신의 성 정체성을 수용하는 정도는 부모의 동성애 수용 정도와 깊은 상관이 있는 것으로 나타났다. 친구나 주변의 다른 사람에게 자신의 성 정체성을 드러내는 경우보다 부모에게 드러내고 수용을 받게 될 경우 훨씬 수월하게 자신의 성 정체성을 스스로 수용할 수 있게 된다.

사춘기에 접어든 성소수자들이 자살을 선택하는 주요한 이유는 가족이나 친구들로부터 거부당하는 두려운 감정 때문이라고 할 수 있다. 사회적 적대나 혐오와 주변의 따돌림에 이어 부모와 가족의 거부로 인한 충격을 극복하기 위한 수단으로 성소수자들이 가출하거나 매춘에 빠져들거나 약물을 남용한다. 이런 방식으로도 자신을 추스르지 못할 때는 자살을 선택할 수밖에 없도록 내몰리는 것이다. 이 청소년들 대부분은 자신의 처지를 비관하고 심한 우울증을 겪게 되고 약물에 의존하거나 자살을 시도할 가능성이 높아진다.[7] 가족 수용 프로젝트(The Family Acceptance Project)의 연구는 자녀의 성적 지향과 관련한 부모의 수용 혹은 중립적 자세조차도 자살 시도율을 낮출 수 있다는 것을 입증했다.[8]

---

6 김경호, "청소년 동성애 상담 방안에 관한 연구," 「아시아교육연구」 10-2(2009), 139.

7 강병철, 『청소년 성소수자의 생활실태 조사』 (서울: 한국청소년개발원, 2006), 35.

8 "청소년 성소수자 자살," https://ko.wikipedia.org/wiki/ (2018. 12. 12.).

10대의 성소수자 청소년들이 일반 인구보다 자살 시도율과 자살성 사고의 빈도가 높은 것은 이성애 중심주의적인 문화와 일상화된 성소수자 혐오와 관련되어 있다. 많은 자살 사례에서 청소년 성소수자를 향한 집단 괴롭힘은 자살을 부추기는 요소로 나타났다.

미국 질병통제예방센터(CDC)가 2015년 미국 전역의 14~17살 사이의 고등학생 1만 5,600명을 대상으로 실시한 설문 조사 결과, 자신을 성소수자로 분류한 학생들은 이성애자인 학생들에 비해 폭력에 노출된 경험이 압도적으로 높게 나왔다고 「뉴욕 타임스」(2016. 08. 11.)가 전했다. 설문 결과를 자세히 보면 '성폭행을 당한 적 있다'고 응답한 비율은 성소수자 학생들이 18%로 이성애자 학생(5%)에 비해 3배 이상 높게 나왔다. '데이트 성폭력 · 데이트 폭력을 당한 적 있다'는 비율도 이성애자 학생은 각각 9%, 8%가 '그렇다'고 답한 반면 성소수자 학생의 응답 비율은 23%, 19%로 두 배 이상 높게 나왔다. 학교폭력을 당한 비율도 성소수자 학생은 34%, 이성애자 학생은 19%로 집계됐다.[9]

우리나라에서 시행된 〈한국 LGBTI 커뮤니티 사회적 욕구 조사〉(2014)는 설문 조사 3,159명, 심층 면접 38명이 참여한 국내 최대 규모의 성소수자 관련 조사 보고서이다. 조사 결과를 보면 성소수자라는 이유로 차별과 폭력을 경험한 응답자는 41.5%에 달했다. 그러나 직접적인 차별이나 폭력에 대한 신고율은 5.1%에 지나지 않는다. 신고하거나 도움을 요청하지 않은 이유로 '나의 성적 지향/성별 정체성을 알리고 싶지 않아서'(67.4%), '신고해도 아무 변화가 일어나지 않을 것이므로'(61.9%)라고 응답했다.[10]

그 외에도 청소년 동성애자의 자살 위험성에 영향을 미치는 요인들로는 성 정체성 인지 시기, 자신의 성 정체성에 대한 불편감 정도, 커밍아웃 시

---

9 "미국 성소수자 학생, 성폭행당한 경험 3배 이상 높아," 「한겨레신문」 2016. 08. 12.

10 장서연(책임 연구), "성적지향 · 성별정체성에 따른 차별 실태조사," 〈국가인권위원회 연구용역보고서〉(2014), 3.

주변의 반응, 사회적 낙인이나 반동성애 폭력 경험, 동성애자 커뮤니티와의 관계망, 친구 수 등으로 나타났다.[11]

그러나 부모를 비롯한 가까운 주변에 적절한 지지자가 있고, 동성애에 대한 정확한 정보를 스스로 구하거나 제공받고, 주변의 동성애 혐오를 긍정적인 방식으로 대처할 수 있게 되고, 친밀한 대인 관계를 유지할 수 있다면 자신의 성 정체성을 수용하는 일이 훨씬 쉬울 것이다. 이를 위한 가장 효과적인 방법은 물론 전문가의 도움을 받는 것이다.

청소년 동성애자들은 가능하다면 상담 서비스를 받기 원한다고 한다. 미국의 경우 15~19세 사이의 게이 청소년의 72%가 심리학자나 정신과 의사의 도움을 구했다. 17~24세 사이의 레즈비언 청소년의 약 62%가 정신 건강 전문가를 찾았다. 31%는 또래나 지지집단과 같은 비전문가를 찾았다고 한다.[12]

미국의 경우 동성 결혼을 허용한 정책이 실시되기 전후 미국 32개 주 전체 고교생의 자살 시도와 동성 결혼 합법화 조치가 없었던 미국 15개 주 고교생의 자살 시도 변화 등을 비교했다. 2017년 2월 20일 발표한 미국 존스 홉킨스 블룸버그 공중보건대학 줄리아 라이프만 박사 등이 76만 3,000명의 고교생을 상대로 실시한 동성애 결혼 합법화와 청소년 자살률의 관계에 대한 연구 결과에 따르면 동성애 합법화 조치 이후 성소수자 청소년의 자살 시도는 14% 감소했다고 한다.[13]

예전에는 동성애를 범죄라고 여겨 처벌하거나 처형하기도 하였다. 그러나 지금은 성소수자에 대한 혐오와 배척이 성 정체성이 취약한 청소년 성소수자를 죽음으로 몰아넣는다. 따라서 부모와 가족의 성소수자에 대한 수용도가 높을수록 이들의 자살을 막을 수 있다. 무엇보다도 동성 결혼이 합법화된 사회에는 청소년 성소수자의 자살률을 현저하게 줄일 수 있다는 미국

---

11 강병철, 『청소년 성소수자의 생활실태 조사』, 35.

12 청소년 성소수자 실태조사, 35-36.

13 https://www.sciencedaily.com/releases/2017/02/170220134759.htm

의 연구 결과는 시사하는 바가 많다.

2. 동성애자 부모들의 호소: 꽃으로도 때리지 마세요

19세기 이전에는 동성애 처벌법의 사형 및 화형 조항으로 인해 동성애자들이 죽음으로 내몰렸다면, 지금은 부모를 비롯한 가족과 주위의 차별과 혐오로 인해 청소년 성소수자들이 자살로 내몰린다. 예전에는 법의 이름으로 동성애자들을 처형했지만, 지금은 법률적으로 죄(crime)가 아님에도 불구하고 성소수자들이 죽음으로 내몰리고 있다.

실제로 부모가 아들의 동성애를 수용하지 않아 아들이 자살한 사례도 있다. 어떤 청소년 동성애자가 부모에게 "엄마, 아빠는 동성애를 어떻게 생각해?"라고 넌지시 물어보았더니, 그 부모가 자기 아들이 동성애자라는 것을 모르고 동성애에 대한 혐오감을 노골적으로 드러낸 것이다. 부모로부터 혐오스러운 말을 들은 아들은 그 충격으로 스스로 목숨을 끊었다.

어떤 교회의 신실한 장로가 동성애 반대에 앞장서고 했는데, 자기 아들이 동성애자라는 것을 알고 난 뒤 그 교회를 떠났다는 이야기를 그 교회의 담임 목사에게 직접 들은 적이 있다. 옛 어른들은 "자식 가진 부모는 다른 자식의 잘못에 대해 함부로 말하면 안 된다. 내 자식도 그렇게 되지 않으리라는 보장이 없기 때문이다"라고 했다. 동성애 문제는 이제 우리의 문제가 되는 것이다.

자녀가 동성애자라고 커밍아웃하였을 때 가장 충격을 받는 사람이 부모이다. 평소 동성애에 대한 혐오가 클수록 그 충격은 가중된다. 그러나 부모 입장에서는 자식이 동성애자라고 해서 나가 죽으라고 할 수 없다. 부모는 자기 자녀가 동성애자라는 충격적인 현실을 받아들이기로 작정한다. 그러나 자기 자녀와 같은 동성애자가 주변으로부터 차별과 적대와 혐오의 대상이 되는 것을 지켜보는 것이 괴롭다. 자기 자녀가 동성애자라는 것을 가까운 친지에게 알리고 그들만이라도 동성애자를 혐오하지 않기를 바라는 간절한 심정이 우러나게 된다. 그래서 동성애자 부모들이 용기를 내어 자기 자녀가 동성애자라는 것을 커밍아웃하기 시작한다. 유튜브의 "내 아들이 게이라니"[14]라는 동영상을 보면 어떤 아버지가 자기 아들이 동성애자라는 것을 수십 년 알고 지내는 가까운 친구 모임에서 커밍아웃하였더니 여자 친구들이 울고불고 난리였다.

커밍아웃한 동성애자 부모들이 연대하기 시작했다. 2013년 12월 26일 최초로 "성소수자 자녀를 둔 부모 모임"이라는 네이버 카페가 개설되었다. 그리하여 우리나라에서도 동성애자 부모 모임이 결성되었다. 2014년 3월 1일에는 『사랑이 많은 가족: 동성애자, 양성애자, 트랜스젠더 자녀를 둔 부모를 위한 가이드북』을 발간하였다.

2015년 5월 16일에는 처음으로 "성소수자혐오반대의날 공동행동"에 참여하고, 그해 6월 28일 "퀴어문화축제"에도 처음으로 공식 참여하기 시작했다. 이들은 "우리 아들이 성소수자입니다", "꽃으로도 때리지 마세요", "청소년 성소수자가 죽어갑니다"라는 피켓을 들고 적극적인 활동을 시작했다. '성소수자부모모임'의 홈페이지에는 모임의 취지를 다음과 같이 제시한다.

> 한국 사회에서 동성애자와 트랜스젠더를 비롯한 성소수자들이 가시화되면서 자녀가 성소수자라는 사실을 알게 되는 부모도 늘고 있습니다. 성소수자부모모임은 자녀의 성 정체성을 알게 되어 고민하고 있는 부모님들의 모임입니다. 서로의 이야기를 듣고, 공감하고, 서로 위로하기도 하며 어디에서도 말할 수 없었던 고민을 털어놓을 수 있습니다. 악화된 자녀와의 관계에 대해, 신앙과의 갈등에 대해, 자녀의 미래에 대한 걱정에 대해 어떤 고민이든 이야기할 사람이 있다는 건 소중한 일이니까요.[15]

---

14 https://www.youtube.com/watch?v=pCmZtPCQoVE (2019. 01. 30.).

2015년 11월 20일에는 성소수자부모모임 대화록 『나는 성소수자의 부모입니다 ― 동성애자, 양성애자, 트랜스젠더 자녀를 둔 부모들의 진솔한 이야기들』을 발간하였다. 2018년 5월 17일 성소수자부모모임은 국제성소수자혐오반대의 날(1990. 05. 17.)이 생긴 지 "28년이 지난 오늘날에도 한국사회에는 여전히 성소수자에 대한 혐오와 차별이 존재합니다"라고 하면서 아래 내용이 포함된 성명을 발표하였다.

> 한국 사회에서 성소수자로 살아가다 보면 괜찮지 않을 때가 많지요. 괜찮지 않아도 괜찮습니다. 괜찮지 않은 것이 어찌 보면 당연한 사회니까요. 국가와 사회가 나서지 않는다면 우리, 성소수자의 부모, 가족, 친구, 지인들이 먼저 나서서 누구나 '괜찮을 수 있는' 사회로 바꾸어 가겠습니다. 대화와 공감과 사랑으로 사회의 가장 작은 단위인 가정부터 변화시키고, 나아가 무지갯빛 평등사회로 바꾸어 가는 데 동참하겠습니다. 우리, 그 길 같이 나아가요!(2018년 5월 17일, 성소수자부모모임)

조 달라스는 자신의 경험을 바탕으로 쓴 『당신의 가정에 동성애가 찾아올 때』라는 책에서 동성애자 가족원의 경험을 소개한다. 그가 제시하는 사례는 다음과 같다.

· 어른 동성애자 아들 또는 딸을 둔 부모
· 10대 동성애자 아들 또는 딸을 둔 부모
· 배우자가 동성애자로 커밍아웃한 경우
· 형제자매가 동성애자일 경우
· 친척이 동성애자일 경우[16]

---

15 성소수자부모모임(https://www.pflagkorea.org)

이처럼 다양한 경우를 통해 가족 중에 누군가가 동성애자로 알려졌을 동성애자 가족원을 이해하고 소통하면서 가족 관계를 지킬 수 있는 방법을 제시한다.

16 조 달라스/하다니엘, 『당신의 가정에 동성애가 찾아올 때』 (서울: 하늘물고기, 2020).

제4부

동성애는 소수의 성 지향인가?

1장
동성애에 관한 통계적 연구의 역사

이 책 3부 1장의 "동성애에 관한 정신의학적 이해"에서 살펴본 것처럼 크라프트-에빙(Richard von Krafft-Ebing)은 동성애를 성 감각 이상에 속하는 뇌신경증으로 보았다. 프로이트 역시 동성애를 성적 도착이나 일탈로 보았다. 미국정신의학협회(APA)조차도 1973년(*DSM-II-R*) 이전까지는 동성애를 정신장애로 진단하였다. 동성애를 범죄가 아닌 질병으로 본 것이다.

마그누스 히르시펠트(Magnus Hirschfeld)는 동성애를 질병이 아니라 자연적인 현상이라는 선구적인 주장을 하였다. 그는 1897년에 역사상 최초로 동성애 해방을 위한 '공적인' 운동 조직을 결성하였고, 1898년 1월부터 1929년 10월까지 지치지도 않고 독일제국 의회에 청원서를 내고, 의원단에게 성 개혁 강연을 하고, 법무부와 내무부 장관을 만나고 설득하면서 동성애 처벌 규정 폐지와 동성애 비범죄화 운동에 앞장섰다.

스스로가 동성애자요 의사였던 히르시펠트는 1919년 세계 최초로 성과학연구소와 성상담소를 개설하고 성과 관련된 통계 조사를 착수하였다. 1913년 샤를로테 공과 대학 학생 3,000명에게 설문을 보냈는데, 제대로 응답한 자 1,696명 중에서 이성애자가 1,593명(94%), 양성애자가 77명(4.5%), 동성애자가 16명(1.5%)이었다. 이듬해 베를린 금속노조 소속 선반공 1,912명

중 동성애자는 22명(1.15%)이라는 조사도 하였다. 그가 동성애자 1,000명에게 자신의 동성애가 타고난 것으로 여기느냐고 물었더니 950명이 그렇다고 답했다고 덧붙여 놓았다.[1]

히르시펠트는『성과학개론』1권(1926)에서 동성애를 포함한 '중간 단계의 성들'의 발생을 논했다. 그는 인간의 성이 네 가지 요인의 교차에 의하여 규정된다고 주장하였다. 첫 번째가 성기, 두 번째가 기타의 육체적 특징, 세 번째가 성 충동, 네 번째가 기타 정신적 특징이다.

그는 이 네 가지 성적 요인은 각각 남성성과 여성성으로 구분될 뿐 아니라 그 중간 단계가 있다는 독특한 이론을 제시했다. 동성애는 양성애와 성 충동 전도와 더불어 '성 충동의 중간 단계'라고 하였다.[2] 그는 정말 소박하게도 인간은 아버지로부터 남성성을, 어머니로부터 여성성을 유전으로 이어받기에 남성적인 면과 여성적인 면이 혼합되며, 중간 단계의 성도 그렇게 발생한다고 설명했다.

프리들랜더(Benedict Friedlaender, 1866~1908)는 동성애론을 제창한 독일 문필가이다. 그는 생식과 사랑에 관한 문제를 새롭게 제기했다. 그는 사랑의 세 종류로 나누었다. 생식을 위한 사랑, 가족을 구성하는 사랑, 사회를 구성하는 사랑인데, 동성애는 '사회를 구성하는 제3의 사랑'이라는 독특한 사랑론을 설파하였다.

> 생식도 굳이 사랑으로 이해하고자 한다면 사랑을 여러 가지로 나누어야 한다. 생식을 위한 사랑이 "제1의 사랑"이라면, 가족을 구성하는 사랑은 "제2의 사랑", 사회를 구성하는 사랑이 "제3의 사랑"이다. 인간의 가장 중요한 특징은 생식과 가족이 아니다. 사회성이다. 인간이 결속하지 않으면

---

1 김학이,『나치즘과 동성애: 독일의 동성애 담론과 문화』(서울: 문학과지성사, 2013), 76-77.

2 김학이, "성(性) 만드는 사람들 — 마그누스 히르시펠트와 베를린 성과학 연구소, 1896-1933,"「서양사론」103(2009), 169.

자연에 대한 지배도, 생산력의 발전도, 정신적인 힘의 고양도 이루어지지 않는다. 창조력은 온전히 사회성의 소산인 것이다. 인간을 인간답게 만들어 주는 것은 "제3의 사랑"인 것이다.[3]

프리들랜더는 사회성으로서의 사랑은 성별과 무관하다고 하였다. 개미의 예에서 볼 수 있듯이 사회적인 동물일수록 생식 및 가족과 무관하다. 사회를 구성하는 제3의 사랑이 반드시 이성애일 필요가 없다.

그는 한 걸음 더 나아간다. 이성애야말로 생식과 가족에 특화된 사랑이다. 가족 중심의 사랑은 가족 이기주의로 인해 "국가를 깨트리고 민족적 통합을 갉아 먹는다". 사회성에 특화된 사랑은 동성 간의 사랑이다. 유일한 에로스는 동성애뿐이라고 하였다.[4]

그는 동성애(Homosexualität)라는 단어조차 거부하고 이를 우애(Freundesliebe)로 표현하였다. 동성 성행위는 이러한 우애로 귀결된다고 여겼다. 그가 말한 동성 성행위는 동성 간에 서로 자위를 해 주는 정도로 이해했다. 이마저도 가장 거친 형태 혹은 가장 육욕적인 형태로 여겼다. 항문성교는 그에게 공포 차체였다. 그는 항문성교를 매춘과 동일한 반열에 올려놓았다.[5]

엘리스(Henry Havelock Ellis, 1859~1939)는 '엘리스 성 심리학 연구소'를 만들었고, 『성 심리학 연구』(1897)를 저술하는 등 조사와 저술에 힘썼다. 33명의 게이 남성에 대한 사례 연구를 기초하여 중립적이고 과학적인 어조로 "동성애는 선천적인 성적 본능이 동성의 대상에게 표출된 것"이라고 주장하였다. 동성애가 범죄나 질병으로 취급되고 있던 당시 그의 주장은 큰 파문을 일으켰다. 그의 저서는 영국에서 1897년 처음 출간되었지만, 나중에 그 책을 출간한 출판사가 고소되어 법적으로 외설이라는 평가를 받게 되었다.[6]

---

3 김학이, 『나치즘과 동성애: 독일의 동성애 담론과 문화』, 112.

4 같은 책, 113.

5 같은 책, 119.

프로이트는 동성애를 치료가 필요한 정신질환으로 보았으나, 엘리스의 영향을 크게 받은 다음 1935년 미국 여성이 게이인 자기 아들을 치료하고 싶다고 걱정하면서 보낸 편지에 대한 답장에서 동성애는 부끄러운 것도, 타락도, 질병도 아니라고 설명했다.

> 동성애는 분명히 이득도 없는 것이지만 부끄러워할 만한 것도 아니며 또 타락도 아니므로 질병으로 분류될 수 없습니다. 그것은 성적 발달의 정지에 의해서 성적 기능이 변한 것으로 보아야 합니다. 중세에도 사회적으로 존경할 만한 수많은 사람들도 게이였는데, 플라톤, 미켈란젤로, 레오나르도 다빈치 등이 바로 그들입니다. 그러므로 동성애를 범죄나 잔학 행위로 보는 것은 매우 잘못된 일입니다. 당신이 나를 믿지 못하겠으면, 엘리스(H. Havelock Ellis)의 책을 읽어보십시오(1935년 4월 9일 자 편지).[7]

이 편지의 내용에 의하면 프로이트는 초기의 입장과 달리 동성애를 병리학적으로 보지 않았다. 단지 게이를 게이가 아닌 사람보다 성적인 발달이 미숙한 상태에 머물렀다고 보았다. 그는 모든 사람이 원래 양성적 존재로 태어나며, 자라는 도중에 성적 발달이 정지되면 게이가 된다고 믿었다.

킨제이(Alfred Charles Kinsey, 1894~1956)는 남성과 여성의 성생활을 통계조사를 통해 밝히려고 하였다. 킨제이의 조사는 교도소에서 시작되었지만, 이후 다양한 곳으로 확대되었다. 그가 조사했던 교도소들은 지금 우리가 상상하는 흉악범 단체 수용소와는 많이 다르다. 그는 '부유하고 교육받은 중산층'의 샘플이 아닌 비교적 사회의 다수를 차지하는 하류층 사람들의 데이터를 수집하길 원했다.

---

6 윤가현, 『동성애 심리학』 (서울: 학지사, 1997), 181.

7 같은 책, 127-128.

그는 특히 동성애에 대한 관심을 갖고 여기에 대한 조사도 포함시켰다. 그는 동성애 및 이성애라는 단어가 사람을 나타내는 명사형이 아니라 행위를 나타내는 형용사로 사용되어야 한다는 차원에서 동성애-이성애 평점 척도를 0~6단계로 나누었다.[8]

동성애 단계별 평점표

단계	평점 척도
0	전적으로 이성애
1	주로 이성애, 약간의 동성애 경험
2	주로 이성애, 상당한 동성애 경험
3	동성애-이성애의 경험이나 경험이 거의 동일
4	주로 동성애, 상당한 이성애 경험
5	주로 동성애, 약간의 이성애 경험
6	전적으로 동성애

이를 기준으로 킨제이는 5,300명의 남성을 대상으로 조사한 동성애 유형과 그 비율을 『남성의 성생활』(1948)을 통해 다음과 같이 발표하였다.[9]

· 사춘기 이후로 적어도 한차례 정도 동성과의 성관계를 통해 오르가즘을 경험한 남성: 37%
· 동성과의 성행위를 경험하지는 않았지만 그러한 충동을 가진 남성: 13%
· 16세에서 55세 사이에 3년 동안 동성애 한 적이 있어 4번이나 5번에 응답한 남성: 10%
· 거의 평생 동안 동성애를 지속했다(6번)고 응답한 남성: 4%[10]

---

8 같은 책, 47.

9 Alfred C. Kinsey, *Sexual Behaviour in the Human Male* (Philadelphia: Saunders, 1948), 650-651.

킨제이가 분류한 동성애의 양상을 좀 더 정교하게 개념화하고 해당하는 통계 수치를 대입하여 부연 설명하면 다음과 같다.

· **일탈적 동성애 (37%)**: 사춘기 이후로 적어도 한차례 정도 동성과의 성관계를 통해 오르가즘을 경험한 남성 응답자
· **잠재적 동성애 (13%)**: 동성과의 성행위를 경험하지는 않았지만 그러한 충동을 가진 남성
· **일시적 동성애 (10%)**: 16세에서 55세 사이에 3년 동안 5번이나 6번에 응답한 남성
· **배타적 동성애 (4%)**: 6번으로 답한 남성, 즉 거의 평생 동안 동성애를 지속했다고 응답한 남성

킨제이가 5,940명의 여성을 상대로 조사한 『여성의 성행동』(1953) 보고서에 나타난 여성의 동성애 통계를 위와 같은 개념으로 분류하여 설명하면 다음과 같다.

· **일탈적 동성애 (13%)**: 여성과의 성관계를 통하여 오르가즘을 한 번 정도 경험한 여성
· **일시적 동성애 (3%)**: 5번이나 6번으로 응답한 여성
· **배타적 동성애 (2%)**: 6번에만 응답한 여성[11]

킨제이에 의하면 배타적인 동성애는 남성의 4%와 여성의 2%에 불과하지만, 모든 유형의 남성 동성애자를 합하면 54%이고, 모든 유형의 여성 동

---

10 윤가현, 『동성애 심리학』 (서울: 학지사, 1997), 48.
11 같은 책, 49.

성애를 합하면 18%가 된다. 이러한 동성애자 수치는 큰 파장과 충격을 불러왔다. 무엇보다도 동성애자와 비동성애자 모두에게 동성애는 많은 사람이 실제로 행하고 있는 자연스럽고 보편적인 현상이라는 인식을 심어 주는 데에 결정적인 공헌을 하였다.

킨제이의 저서 『남성의 성생활』(1948)의 뒤를 이어 포드(Clellan Ford)와 비치(Frank Beach)는 『성행동의 형태』(1951)라는 저서를 출간했다. 이 책에서 포드와 비치는 76개의 사회를 연구한 결과 49개의 사회에서 동성애 활동이 사회적으로 수용되는 것이 발견되었다고 밝혔다.[12]

인간의 성생활에 대한 통계 조사는 동물의 성생활에 대한 조사를 위한 촉매가 되었다. 2008년 노르웨이와 미국의 공동 연구팀은 "동물들의 동성애 현상은 매우 광범위하고 흔한 것"이라는 내용의 논문을 과학 저널 「네이처」에 발표했다. 그동안 동물들의 짝짓기는 오로지 '종족 번식'만을 위한 행위로 알려져 왔다. 그러나 펭귄, 돌고래, 개구리, 연어 등 무려 1,500종이 넘는 동물 종에서 동성애가 이뤄진다는 사실을 확인했다고 한다.[13]

「위키백과」의 "동물의 동성애"라는 항목에 따르면 동물들 가운데서 동성애와 양성애는 자연에서 매우 흔한 현상으로, 짝짓기와 구애, 애정, 성적 활동, 양육 등 모든 방면에서 나타난다. 유인원 중에는 모권제를 지닌 보노보 침팬지의 경우 모든 개체가 양성애적이다. 수컷과 암컷 모두 동성과 이성애 행동을 보인다. 특히 암컷 간 교미 빈도가 높은데, 전체 짝짓기의 60%가 두 암컷 혹은 다수의 암컷 간에 이루어지며 이는 유인원을 비롯하여 사람을 포함한 모든 영장류 중 가장 높은 비율에 해당한다.

돌고래, 사자, 양, 코끼리 수컷 등도 동성애를 하는 것으로 보고되었다.

---

12 C. S. Ford & Frank A. Beach, *Patterns of Sexual Behaviour* (London: University Paperbacks, 1965) 136-137, 142-144; 박노권, "동성애에 대한 목회상담학적 접근," 「한국기독교신학논총」 28(2003), 254.

13 "동물 세계에서는 동성애가 흔하다," 「한국일보」 2018. 05. 07.

기린에 관한 연구에 따르면 목격된 전체 교미 행위 중 94%가 수컷 간에 이루어진 것이 보고되었다.

조류 중에는 독수리, 따오기 등이 동성애를 하는 것으로 알려졌다. 청둥오리의 수컷-암컷 관계는 암컷이 알을 낳을 때까지만 유지된다. 청둥오리의 수컷-수컷 관계는 매우 높은 비율로 나타나는데, 전체 쌍 중 최대 19%를 차지한다.[14]

이처럼 동성애가 인간뿐 아니라 동물들 간에서 흔히 발견되는 본성적 특질이라는 것이다. 동성애가 자연적 본성의 순리를 거역하는 죄(롬 1:26)로 여겨져 온 전통적인 관점을 뒤집는 연구 결과를 접한 동성애자들은 동성애가 자연에서 일어나는 보편적인 현상이라 주장할 수 있게 되었다.

동물계에서 발견되는 동성애 활동의 뚜렷한 생리적 원인에 대해 다수 학자는 성호르몬 수치와 생식샘의 크기가 직접적인 원인이라 생각하고 있으나, 동성애적 행동만 하는 동물과 동성애적 행동을 전혀 하지 않는 동물을 비교 분석해 본 결과 그러한 차이가 없다고 주장하는 학자들도 있다. 일단의 학자들은 동물들의 동성애는 암컷과 수컷의 성비가 불균형일 때 성적 갈등을 해결하고자 일어나는 성적 행동으로 이해해야 한다는 반론이 제기되었다.[15]

경찰의 습격에 맞서 일어난 1969년 스톤월 시위 이후 한창 동성애자 운동이 활발하게 이루어지던 무렵 심리학자 에블린 후커(Evelyn Hooker)는 게이들이 실제로 정신적으로 문제가 있는지를 검증하는 연구를 시행했다. 그녀는 『남성 동성애자의 적응』(1957)이라는 책에서 여러 집단의 남성 동성애자와 이성애자를 대상으로 그들의 건강 수준에 어떤 차이가 있는지에 대

14 "동물의 동성애," https://ko.wikipedia.org/wiki/ (2018. 12. 03.). 동물의 동성애에 관한 여러 사례 참고할 것.

15 박성환, "동성애(Homosexuality) 논쟁: John R. W. Stott의 목회적 대안," 「복음과 실천신학」 46(2018), 142.

해 면밀하게 심리학적 조사를 시행하였다.

후커는 지능, 나이, 교육 수준이 비슷한 남성 동성애자와 남성 이성애자를 각각 30명씩 표집해서 임상 심리 테스트, 즉 로샤 테스트, 주제 의식 테스트, MAPS 테스트를 시행하였다. 그 결과지를 모두 동성애가 정신질환이라고 주장하는 학자들에게 보여주고 어느 것이 동성애자의 응답인지 구분해 보라고 요청하였다. 그들은 구분하지 못했다. 그녀는 이성애자의 2/3와 동성애자의 2/3가 양호한 적응력을 보여주고 있으며 두 집단 간 반응 차이가 없다고 주장했다.[16]

후커는 반복적인 질문을 통해 동성애는 정신장애(mental disorder)가 아니며 동성애자와 이성애자 사이에 행복과 건강에 대한 적응 정도에 아무런 차이가 없다는 결론을 1956년 미국심리학회에 보고하고 다음 해에 한 학술지에 게재했다. 최초로 통계학적 연구를 통해 동성애의 비질병화를 주장한 그의 연구는 동성애를 병리학적으로 정의했던 심리학계에 제동하는 사건이었다.[17] 후커의 연구의 영향으로 동성애의 비질병화 관련 연구와 운동들이 더욱 활발하여졌다. 이 책 제4부에서 자세히 다루겠지만 마침내 미국정신의학협회는 1973년(*DSM-II-R*) 동성애를 정신질환 진단 항목에서 삭제하였다.

후속적인 연구의 일환으로 게이의 정체성이 형성되는 발달 심리학적 단계를 설명하는 여러 이론이 제시되었다. 그 중 대표적인 것은 카스(V. Cass)의 동성애자의 정체성 발달 6단계 모델이다. 그는 피아제(Georges Piaget)의 '인지발달 단계 이론'과 로렌스 콜버그(R. Cohlberg)의 '도덕발달 단계 이론'에 상응하는 동성애 정체성 발달 단계 이론을 "동성애 정체성 형성의 이론적 모델"이라는 논문을 통해 1979년에 발표하였다. 6단계 각각의 특성을 다음과 같이 설명했다.

---

16 김윤은미, "동성애, 정신병 목록에서 벗어나기까지 — 미국 심리학계 동성애 연구 50년사 강의," 「미디어 일다」 2005. 07. 05.

17 https://en.wikipedia.org/wiki/Evelyn_Hooker (2018. 11. 22.).

첫째, 정체성 혼동(identity confusion)의 단계다. 이성애적 환경에서 자신의 감정과 행동을 토대로 게이임을 인식하면서 자신의 정체성에 대하여 갈등이 생기는 단계다.

둘째, 정체성 비교(identity comparison)의 단계다. 또래나 가족의 구성원과 동일한 하위집단에 소속되지 못하고 자신이 다르다는 느낌 때문에 사회적으로 소외감을 경험하는 단계다.

셋째, 정체성 관용(identity tolerance)의 단계이다. 동성애 정체에 대한 태도가 보다 분명하고 확실해지는 단계다.

넷째, 정체성 용납(identity acceptance)의 단계다. 게이를 끊임없이 접촉하면서 자신의 동성애적 성적 지향을 보다 타당하다 여기는 단계다.

다섯째, 정체성 자긍심(identity pride)의 단계다. 자신이 용납하는 동성애와 사회에서 거부하는 동성애의 부조화가 생기지만, 한 개인이 이성애자들의 우월성을 타파하고 게이로서의 정체성을 노출시키면서 긍지를 느끼는 단계다.

여섯째, 정체성 통합(identity synthesis)의 단계이다. 자신의 정체성을 자신의 다른 모습에 통합시키면서 더 이상 세상을 이성애와 동성애적 이분화된 상태에서 바라보지 않는 단계다.[18]

동성애자는 심리적으로 이런 6단계의 성 정체성 발달 과정을 다 거친 후 마침내 자신이 동성애자라는 정체성에 대한 이질감이나 갈등 없이 커밍아웃할 수 있다는 것이다. 제6단계의 '정체성 통합'에 이르게 된 동성애자를 더 이상 범죄자나 환자로 볼 수 없게 되었다.

킨제이 등의 연구가 발표된 이후에도 근래에 이르기까지 여러 연구자가 전체 인구 대비 동성애자의 비율에 대한 다양한 통계 조사를 제시하였다.

---

[18] 김경호, "청소년 동성애 상담 방안에 관한 연구," 「아시아교육연구」 10-2(2009), 139.

2010년에 20만 명의 영국인들을 대상으로 한 조사에선 5%가 자신의 성 지향성을 이성애자로 규정하지 않았다. 이 중 1.5%가 동성애자 혹은 양성애자라고 답했고, 0.5%는 그냥 자신이 '다르다'고 모호하게만 답변했다. 같은 해 미국의 인구 조사를 분석한 연구에 따르면 미국인 3.8%가 자신을 동성애자 혹은 양성애자라고 답했다고 한다.[19]

여론조사기관인 갤럽(Gallup)이 2012년부터 해마다 조사한 성소수자의 비율에 대한 비교표는 다음과 같다.

미국 성소수자(LGBT) 연도별 비율[20]

출생 연도	2012	2013	2014	2015	2016	2017
1913~1945	1.8%	1.8%	1.9%	1.5%	1.5%	1.4%
1946~1964	2.7%	2.7%	2.7%	2.6%	2.4%	2.4%
1965~1979	3.2%	3.3%	3.4%	3.3%	3.2%	3.5%
1980~1999	5.8%	6.0%	6.3%	6.7%	7.3%	8.2%

2016년 여론조사기관인 갤럽과 달리아 리서치(Dalia research)의 조사에 따르면 자신이 성소수자에 속한다고 답변한 비율이 미국의 경우 4.1%, 유럽연합 평균은 6%까지 상승했다. 특히 미국의 밀레니엄 세대(1980 ~1998년생)와 유럽연합의 만 14세~29세 사이의 연령대만 따로 집계할 경우 각각 7.3%와 10%까지 상승했다. 그동안 인식의 변화와 좀 더 정확한 측정에 따른 결과의 차이라고 볼 수 있다.[21]

19 "양성애," https://mir.pe/wiki/ (2018. 12. 11.).

20 https://en.wikipedia.org/wiki/Homosexuality (2018. 11. 12.).

21 "동성애," https://namu.wiki/w/ (2018. 12. 10.).

한국의 경우 질병관리본부의 발주를 받아 2014년 5월 16일부터 2015년 3월 15일까지 〈전국 성의식 조사〉를 수행한 고려대 의과대학 산학연구팀에 의하면 전국(제주도를 제외)에서 '동성애 경험이 한 번이라도 있다고 답한 사람'은 0.3%라고 하였다.

2장
미국정신의학협회의(APA)의 동성애 비질병화의 역사

미국정신의학협회(APA)는 1948년 정신의학의 새로운 표준 분류 체계를 만들 계획을 세우고 1952년 『정신질환 진단 및 통계편람 I판』(*DSM -I*)을 발행하면서 동성애를 정신장애로 진단하였다. 그리고 1973년 『DSM II판 수정본』에서는 21년 만에 동성애를 정신장애 항목을 삭제하고 성행동의 정상적 변형에 속하는 '성적 지향 장애'로 규정하였다.[1]

APA에 의해 동성애가 정신질환 진단 목록에서 삭제되고 2년이 지난 1975년 미국심리학회는 자체 학회지(*American Psychologist*)에 이를 지지하는 결의문을 다음과 같이 발표하였다.

1. 미국심리학회는 1973년 12월 15일 미국정신의학협회에서 동성애를 정신질환의 목록으로부터 삭제한다는 결의를 지지하면서 다음과 같은 결의를 한다. 동성애 그 자체는 판단 능력, 안정성, 신뢰성 또는 전반적인 사회생활이나 직장생활을 하는 능력에 어떠한 손상도 내포하지 않는다. 미국심리학회는

---

1 Florence Tamagnu/이상빈, 『동성애의 역사』 (서울: 이마고, 2007), 178.

정신 건강을 다루는 모든 전문가가 동성애적 성적 지향과 오랫동안 연루되었던 정신질환의 오명을 타파시키는 데 선두적 역할을 촉구한다.

2. 미국심리학회는 다음과 같이 게이들의 인권에 관한 결의를 한다. 미국심리학회는 게이들에게 취업, 주거지 선택, 공공 수용시설과 같은 분야에서 공적 및 사적으로 차별했던 점 또 현재 및 과거 동성애 행위자를 이해하지 못했던 점을 애석하게 생각한다.
미국심리학회는 게이들의 정신 능력을 증명하는 데 있어서 게이들에게 부과된 부담이 어떤 다른 사람에게 부과된 부담과 비교하여 차이가 없어야 한다고 선언한다.
게다가 미국심리학회는 인종, 종교, 피부색 등을 기저로 모든 사람에게 공평하게 보장된 권리가 동성애 행위에 관련된 시민들에게도 정부 및 지방자치 단체의 차원에서 동등하게 보장되기를 촉구한다.
또 미국심리학회는 성인들이 사적으로 동의한 상태에서 이루어진 동성애 행위를 차별하는 법적 조항이 폐지되기를 촉구한다.[2]

제3장 2절 "미국정신의학협회(APA)의 동성애 진단의 역사"에서 살펴본 것처럼 또다시 우여곡절 끝에 1977년 동성애는 『DSM 제2판 6쇄』에서 '정신장애'의 범주에 속하는 '성적 지향 장애'로 되돌아갔다. 1980년에 와서야 최종적으로 『DSM 제3판』을 통해 자아 동질적 동성애는 더 이상 정신장애가 아니라고 확정하고 자아 이질적 동성애는 '치료가 필요한 성적 지향 장애'로 진단하였다.

1987년 출간된 『DSM 제3판 수정본』(*DSM-III-R*)에서는 제3판(1980)에 등록된 '자아 이질적 동성애'라는 항목마저 삭제함으로써 동성애라는 질병

---

2 윤가현, 『동성애 심리학』 (서울: 학지사, 1997), 114-115.

명은 진단 목록에서 완전히 사라지게 되었다.[3] 그 대신 '특정할 수 없는 성적 지향(sexual orientation)에 대한 지속적이고 괄목할 만한 스트레스를 포함하는 성적 장애(sexual disorder)'가 동성애를 대체하는 진단명으로 새롭게 등록되었다.[4]

APA는 1992년 아래와 같은 '성명서'를 통해 동성애적 행위를 처벌하는 법규의 폐지와 동성애에 대한 사회적 편견을 줄이는 사회적 조치를 촉구하였다.

> 동성애가 그 자체로는 판단, 안정, 의존 또는 일반적인 사회적 직업적 능력에 장애가 되지 않으므로, 미국정신의학협회는 모든 국제 의학 기관과 타국의 정신의학자들에게, 그들의 모국에서 성인들이 상호 동의하에 사적으로 이루어지는 동성애적 행위를 처벌하는 법을 폐지해 줄 것을 요청합니다. 또한 나아가 미국 정신의학협회는 이들 기관과 개인들에게 동성애에 대해 언제 어디서나 일어날 수 있는 사회적 편견을 줄일 수 있는 모든 가능한 행동들을 취해줄 것을 요청합니다.[5]

미국소아과학회는 1993년 "오직 성적 지향을 바꾸려고 행하는 치료는 금지해야 한다. 왜냐하면 성적 지향을 바꿀 가능성이 거의 없으면서 죄책감과 걱정을 유발할 수 있기 때문이다"라고 하였다. 미국정신과학회, 미국카운슬링학회, 미국사회복지사학회 역시 동성애자들이 그들의 성적 지향을 바꾸어야 하고 또 바꿀 수 있다는 전제에 비판적이다. 이 기관들은 477,000

---

3 조철옥, "포스트모더니즘 범죄이론에 의한 동성애 합법화 연구," 「한국공안행정학회보」 27(2007): 213-214.

4 "sexual disorder not otherwise specified," which can include persistent and marked distress about one's sexual orientation.

5 https://www.psychiatry.org/mental-health/people/lgbt-sexual-orintation (2019. 01. 25.).

명 이상의 건강 또는 정신 건강 전문가들을 대표한다. 그들은 "동성애는 정신적 질병이 아니므로 '치료'될 필요가 없다"는 결론에 도달했다.[6]

1994년 7월 미국정신의학협회와 미국심리학회는 동성애에 관한 공동 성명(Statement on Homosexuality)을 통해 동성애를 '비도덕적인 무질서'라고 한 가톨릭교회의 입장[7]과 달리 "동성애는 정신질환도 도덕적 타락도 아니라"고 선언하였다.

> 동성애에 대한 연구는 아주 분명하다. 동성애는 정신질환도 아니며 도덕적 타락도 아니다. 그것은 단순히 우리 중 소수가 인간의 사랑과 섹슈얼리티를 표현하는 방식이다. 수많은 연구가 게이와 레즈비언들의 정신적 건강에 대한 증거를 제공하고 있다. 판단력, 안정성, 신뢰성 그리고 사회적이고 직업적 적응력에 대한 연구들이 모두 게이와 레즈비언들이 모든 면에서 이성애자들만큼 잘 기능하고 있다는 사실을 보여준다.[8]

미국심리학회는 동성애가 정신질환 목록에서 삭제되자 학회 차원에서 동성애 전환 치료 관련 논문 83편을 체계적으로 검토한 후 2008년 작성한 〈성적 지향에 대한 올바른 치료적 대응〉이라는 보고서에서 "효과가 입증된 동성애 전환 치료는 없으며 오히려 치료 대상자의 정신 건강을 악화"시킨다고 결론지었다.

> 현재까지 효과가 입증된 동성애 전환 치료는 존재하지 않으며, 성적 지향을 억지로 바꾸려는 치료는 치료 대상자의 우울, 불안, 자살 시도 등을 증가시켜 오히려 동성애자의 정신 건강을 악화시킬 수 있다는 것이다.[9]

---

6 Jack Rgers/조경희, 『예수 성경 동성애』(서울: 한국기독교연구소 2015), 201.

7 이 책 5부 2장, "동성애 및 동성 결혼에 대한 신학적 쟁점"

8 같은 책, 198.

미국의사협회도 동성애자 전환 치료에 반대하는 보고서를 2010년에 공식적으로 발표하였다.

> 동성애를 그 자체로 정신장애(mental disorder)로 가정하거나 환자가 자신의 동성애적 성적 지향을 바꾸어야 한다는 선험적 가정에 근거한 소위 '교정 치료'(reparative therapy) 또는 '전환 치료'(conversion therapy) 사용에 반대한다.[10]

1993년에 출간된 『DSM 제4판』에서는 세계보건기구가 정한 국제질병분류(International Classification of Disease)의 모든 질병 항목과 일치시켰다. 이에 따라 제3판 수정본(1987)에는 없는 '성행위와 성 정체성 장애'(Sexual and gender identity disorders)라는 새로운 질병 분류 항목(cord)을 만들었다. 여기에는 아래의 9종류의 장애가 포함되었다.

> 성적 욕망 장애, 성적 각성 장애, 오르가즘 장애, 성병, 성기능 장애, 성도착, **성 정체성 장애**, 성적 장애.[11]

그리고 '성 정체성 장애' 항목 아래 어린이 성 정체성 장애, 청소년 및 성인 성 정체성 장애로 분류하였다. 그리고 성 정체성 장애를 다음과 같이 설명하였다.

---

9 American Psychological Association, "Appropriate therapeutic responses to sexual orientation in the proceedings of the American Psychological Association, Incorporated, for the legislative year 1997," *American Psychologist* 53/8(1998): 882-939.

10 American Medical Association, *Health Care Needs of Homosexual Population*, AMA policy regarding sexual orientation (2010).

11 https://en.wikipedia.org/wiki/DSM-IV_codes (2019. 02. 02.).

'성 정체성 장애'는 성을 넘나들고자 하는 욕구, 관심, 행위가 얼마나 어느 정도의 범위에서 나타나느냐로 따져볼 수 있으며, 고정 관념에 따른 성-역할 행동에 대한 단순한 부조화와는 구분된다. 이런 장애는 예컨대 여자아이한테 나타나는 '선머슴 같은 말괄량이'나 남자아이한테 나타나는 '계집애 같은 사내아이'처럼 어린이들의 전형적 성-역할 행동 부조화를 설명하는 데에는 부적합하다. 이는 남성성 또는 여성성과 관련한 개인의 정체성 의식에 나타나는 심각한 장애를 뜻한다. 단순히 남자다움이나 여자다움의 문화적 전형에 어울리지 않는 어린이의 행동에 대해서는 만일 현저한 고통이나 장애를 포함하는 완연한 증상이 나타나지 않는다면, 이런 진단이 내려져서는 안 된다. 12

2000년에 출간된 『DSM 4판 수정본』에서는 4판의 질병 항목을 그대로 반영하였다. 그러나 수정본에서는 틱 장애나 여러 종류의 성도착(paraphilias) 마저도 '자아 동질적 특성'을 지녔다는 이유로 스트레스 항목에서조차 제외하였다.

2013년 5월에 발표한 『DSM 제5판』은 1999년에 처음 연구 계획이 수립되어, 2007년 태스크 포스를 구성한 후 5년 동안 여러 새로운 분류 목록을 현장에서 검증하고 발전시켜 제4판 수정본(2000)을 개정하기까지 무려 15년이나 걸렸다.[13]

5판에서는 자신이 다른 성으로 잘못 태어났다고 생각해 고통을 겪는 '성 정체성 장애'(gender identity disorder)라는 4판 수정본에서 진단한 용어는 삭제하였다. 그 대신 성 정체성의 부조화로 인해 겪는 자신의 성적 지향에 대한 정서적 괴로움을 뜻하는 '성 불쾌감'(gender dysphoria)이라는 용어로

---

12 오철우, "'성 정체성 장애' 사라질 듯," 「사이언스 온」 2013. 01. 09.

13 같은 글.

대체하였다.[14]

『DSM 제5판』에서는 '정신장애'와 '성 정체성 장애'를 구분하고 정신장애를 다음과 같이 정의하였다.

> 정신장애란 개인의 인지, 감정조절 또는 행동에서 나타나는 임상학상 의미 있는 장애를 특정으로 하는 증후군으로, 정신기능의 기초가 되는 생물학적, 정신적 또는 발달과정에서의 기능장애를 반영한다. 정신장애는 대개 사회적, 직업적 또는 기타 중요한 활동에서의 의미 있는 고통과 기능장애와 관련된다.
> 그러나 사랑하는 사람의 죽음 같은 흔한 스트레스 요인 또는 상실에 대한 예측할 수 있거나 윤리적으로 용인되는 반응은 정신장애가 아니며 또한 사회적으로 변이된 행동(예를 들어 정치적, 종교적, 성적) 및 주로 개인과 사회와의 사이에서 일어나는 갈등도 개인에서의 기능장애 때문이 아니라면 정신장애가 아니다.[15]

정신장애에 대한 이러한 정의에 따라 동성애는 "주로 개인과 사회와의 사이에서 일어나는 갈등"에서 비롯된 성기능 장애가 아니라면 정신장애가 아니라고 선언한 것이다. 다만 명백한 성 정체성이나 성적 지향을 가진 사람이 자신의 그러한 정체성과 지향에 대한 불편해하는 것은 '성 정체성 장애'(*DSM-4*)라기보다는 'gender dysporia', 즉 '성적 불쾌감'(*DSM-5*)이라고 재정의하였다.

2016년 3월 APA는 동성애가 성 정체성 병리 현상이 아니라는 '정상적인 성적 지향'이라는 입장을 명확히 밝히고 성소수자의 인권을 존중해야

---

14 https://en.wikipedia.org/wiki/DSM-5 (2019. 02. 02.).

15 김영한 외 『동성애, 21세기 문화충돌』 (서울: 킹덤북스, 2018), 612.

한다는 성명서를 발표했다.

> 사회적 낙인과 차별을 영속시킨 불행한 역사에도 불구하고, 현대 의학이 동성을 대상으로 한 성적 지향과 행동을 병리화하는 것을 그만둔 지는 이미 수십 년이 지났다(APA 1980). 세계보건기구는 동성을 대상으로 한 성적 지향을 인간 섹슈얼리티의 정상적인 형태로 인정하고 있다(WHO, 1992). 유엔인권이사회는 레즈비언, 게이, 바이섹슈얼, 트랜스젠더의 인권을 존중한다(2012). 두 주요 진단 및 분류 체계(*ICD-10*과 *DSM-5*)에서는 동성에 대한 성적 지향, 끌림, 행동 그리고 성별 정체성이 병리 현상이라고 보지 않는다.[16]

APA가 1973년과 동성애를 정신질환 진단 목록에서 삭제하자 1976년 창립하여 탈동성애 운동을 37년간 지속하여 온 '엑소더스 인터내셔널'(Exodus International)은 2013년 6월 30일부로 전환 치료를 중단하고 해산하기로 결정했다. 동성애 전환 치료가 가능하다고 믿는 미국 근본주의적 보수 기독교 중심으로 조직된 이 단체는 미국과 캐나다에 260개 지부를 두고 그 밖의 17개국에 150여 개 지부를 가지고 그동안 범세계적인 탈동성애 운동을 펼쳤다.

그러나 APA에 이어 세계보건기구(WHO)마저 1999년 이후 계속해서 동성애를 정신질환 항목에서 삭제해 왔기 때문에 더 이상 동성애를 질병으로 취급할 수 없게 된 것이다. 앨런 챔버스 회장은 EI 웹사이트를 통해 그동안 "성적 정체성을 바꾸려 시도해 온 것과 (동성애자들의) 부모에게 낙인을 찍는 '회복 이론'에 대해 사과한다"고 밝혔다. 그리고 "우리는 그동안 우리의 이

16 World Psychiatric Association (2016. 03.). "WPA Position Statement on Gender Identity and Same-Sex Orientation, Attraction, and Behaviours," https://www.wpanet.org/detail.php?section_id=7&content_id=1807 (2019. 02. 02.).

웃인 사람과 성경 모두를 존중하지 않는 세계관에 갇혀 있었다"며, "동성애를 치료의 대상으로 여긴 것이 무지한 일"이었고, "지금까지 성소수자들에게 도움보다는 상처만 안겨준 것"을 인정하였다.[17]

애플(Apple)사는 2018년 12월 텍사스에 위치한 기독교 사역 단체 '리빙호프미니스트리'(Living Hope Ministries)가 개발한 '탈동성애' 앱을 삭제했다. "동성애를 '중독', '질병', '죄' 등으로 잘못 묘사하고" 있어 위험하고 편협하며 적대적이라는 동성애 옹호 단체인 '트루스윈즈아웃'(Truth Wins Out)의 청원에 따른 조치였다.[18]

우리나라에서도 한국상담심리학회는 2019년 2월 7일 학회 회원인 ㄱ 씨가 전환 치료를 한다는 이유로 영구 제명했다. 학회는 "ㄱ 씨가 내담자의 성적 지향과 정체성을 존중해야 하는 상담자로서 직업 · 윤리적 의무를 준수하지 않았다"며 "이러한 태도 · 행위는 상담자로서 윤리 자격과 전문 자격을 갖고 있지 않다는 것, 학회 소속 상담자로서 활동하는 게 내담자에게 피해를 줄 가능성이 있다는 것을 의미한다"고 설명했다. ㄱ 씨는 2018년 9월 한국상담심리학회 소속 2급 회원 800여 명이 있는 카카오톡 단체대화방에서 자신이 설립한 상담센터를 홍보하면서 "상담이나 치료가 반드시 필요한 동성애가 있고 그렇지 않은 동성애가 있다"며 이상 성욕 범주에 동성애와 여장, 가학 · 피학 성적 행위, 노출 등을 포함시켰다. 그는 "세미나를 통해 동성애자들에게 가장 적합한 심리치료 기법을 공개하겠다"고도 했다. 그러나 학회 회원들은 "ㄱ 씨의 언행은 전문가 윤리에 심각한 문제가 있다"면서 "전환 치료는 부작용이 심하고 비윤리적이어서 대다수 문명국가에서 금지하며, 학회 제명은 물론이고 형사처벌까지 받을 수 있는 사안"이라고 지적했다.[19]

결론적으로 APA가 1980년 동성애를 '자아 동질적 동성애'와 '자아 이

---

17 황재하, " 美 기독교 단체 '동성애 치료, 무지의 소산' 사과," 「머니투데이」 2013. 06. 21.
18 강혜진, "애플, 기독교 단체가 만든 '탈동성애' 앱 삭제," 「크리스찬투데이」 2018. 12. 28.
19 이보라, "동성애 '전환 치료' 시도한 상담사 첫 퇴출," 「경향신문」 2019. 02. 08.

질적 동성애'를 구분한 이후 1987년에 와서 동성애라는 용어 자체를 정신질환 진단 목록에서 완전히 삭제하고 '성 정체성 장애'라고 진단하였다. 1987년 이후 APA가 진단명을 바꾸어 오면서 동성애를 질병에서 배제해 온 과정을 차례대로 요약하면 다음과 같다.

① *DSM-III-R*(1987): 성적 지향으로 인한 스트레스를 동반하는 성적 장애
② *DSM-4*(1994): 성 정체성 장애
③ *DSM-4-TR*(2000): 성 정체성 장애
④ *DSM-5*(2013): 성 정체성 부조화로 인한 '성 불쾌감'(genderdysphoria)

3장

세계보건기구(WHO)의 동성애 비질병화의 역사

국제질병분류(*ICD*)[1]는 인류의 건강 관리와 처치를 목적으로 대다수 질환을 분류하고 정의한 국제 표준 질병 목록이다. 국제통계기구에서 1893년에 채택한 후 세계보건기구(WHO)가 1948년 6차 개정판부터 관여하기 시작하였다.

1948년 세계보건기구가 주도하여 발간한 *ICD-6*에서는 동성애를 '정신장애'(mental disorder) 항목으로 분류하고 '인격 장애'(personal disorder)를 동반하는 일종의 '성적 일탈'(sexual deviation)로 규정하였다. 그리고 이러한 입장은 10년마다 개정하는 1957년 판(*ICD-7*)과 1967판(*ICD-8*)에도 그대로 수록되었다.

1979년 『ICD-9판』에 와서 동성애(302.0)는 성적 일탈 및 장애(Sexual deviations and disorders)로 분류되는 '정신장애'라고 진단하였다. 동성애는 신체적 관계가 있든 없든 동성에 대한 배타적이고 주도적인 성적 끌림(sexual attraction)이지만, 그럼에도 불구하고 동성애는 정신장애라 하였다.[2]

---

1 International Classification of Diseases.

2 https://en.wikipedia.org/wiki/List_of_ICD-9_codes_290%E2%80%93319:_mental_disorders (2018. 11. 12.).

1990년 5월 17일 WHO 43차 총회에서 동성애는 '성적 장애'라는 범주에 속하는 '성적 발달 지향 장애'로 분류되는 '자아 이질적 성적 지향'(Ego-dystonic sexual orientation)이라고 새롭게 규정하였다. APA가 1980년에 '자아 이질적 동성애'라고 진단명을 정한 것을 '자아 이질적 성 지향'(*ICD-10*)으로 바꾸었다. 동성애(homosexuality)라는 용어도 '동일성 지향'(same-sex orientation)으로 재개념화하였다. 동성애는 비로소 정신장애 항목에서 삭제된 것이다. 이 날을 기념하여 매년 5월 17일은 '국제 성소수자 혐오 반대의 날'(IDAHO day)로 지킨다. 2004년 5월 17일은 매사추세츠주에서 동성 결혼을 합법화한 날이기도 하다. 이날은 프랑스의 대학 교수이자 동성애자 활동가인 루이 조르주 탱의 제안으로 2005년에 국제적인 행사로 시작되었다. 첫해에 50여 개국에서 IDAHO를 기념해 캠페인부터 토론회, 거리 시위, 전시, 영화제, 모임 등이 열렸고, 이듬해 유럽 의회에서 동성애 혐오를 비난하는 결의문을 통해 IDAHO를 승인했다.

WHO는 43차 총회의 결의를 반영하여 1999년 발간한『ICD-10판』에서는 성적 장애 목록을 세분하여 다음과 같은 항목을 포함하였다.

- F52: 성기능 이상: 발기부전, 여성 절정감 장애, 성교통
- F64: 성 정체성 장애: 성전환증 등
- F65: 성도착증: 노출증, 관음증, 소아성애, 시체애호, 수간, 가학피학증, 비비기도착증, 외설증, 분변애증 등(비교 *DSM-V*, araphilic Disorder)
- F66: 성적 발달과 지향성에 관계된 심리적 장애와 행동장애

성전환증은 '성 정체성 장애'(F64)라고 수정하고 동성애는 '성적 발달 장애'(F66)에 속하는 '자아 이질적 성적 지향'(F66.1)으로 수정하였다.

- F66: 성적 성숙장애

· F66.1: 자아 이질적 성적 지향(Ego-dystonic Sexual Orientation)

· F66.8: 기타 정신 성 발달 장애

· F66.9: 특정할 수 없는 성 발달 장애[3]

APA는 동성애를 『DSM 제3판』(1980)에서 처음으로 '자아 이질적 동성애'라고 하였는데, WHO는 '동성애'라는 용어를 삭제하고 '자아 이질적 성적 지향'(F66.1)이라고 수정하였다. 그리고 '자아 이질적 성적 지향'을 다음과 같이 정의하였다.

> 자아 이질적 성적 지향(Ego-dystonic sexual orientation)은 이상화된 자아상과 부합하지 않는 성적 지향이나 끌림을 갖고 불안을 유발하고 스스로 성적 지향을 바꾸고 싶어 하거나 스스로 성적 지향에 대해 편안하게 느끼고 싶어 하는 자아 이질적 정신장애다. 즉, 자신의 타고난 성적 지향에 반발하여 이를 바꾸려 하거나 스스로 자신의 성적 지향을 인정하게 하고 싶어 하는 상태를 말한다. 동성애나 이성애, 양성애 등의 성적 지향 자체는 정신병이 아니며 자아 이질적 성적 지향의 원인도 아니다.[4]

세계보건기구는 "성적 지향 자체는 장애로 여겨져선 안 된다"(F66)[5]고 명시하였다. "인격적 기능장애를 동반하지 않는 사회적 일탈이나 갈등만을 정신장애에 포함시킬 수 없다"[6]는 것이다. 자아 이질적 성적 지향은 동성애와 양성애 등의 성적 지향에 대한 사회의 불관용적인 사고방식과 종교적

---

3 김영한 외 『동성애, 21세기 문화충돌』, 613.

4 "자아 이질적 성적 지향," https://ko.wikipedia.org/wiki/ (2018. 11. 12.).

5 http://apps.who.int/classifications/icd10/browse/2010/en#/F60-F69.

6 WHO, *The ICD-10 classification of mental and behavioural disorders: clinical descriptions and diagnostic guidelines* (Geneva: World Health Organization, 1992).

신념 체계 사이 갈등의 결과라고 분석하였다.[7]

2018년 6월 18일 세계보건기구는 『ICD 제11판』의 온라인 버전을 공개하였다. WHO의 실행위원회는 '자아 이질적 성적 지향'이 포함된 '성적 발달과 지향과 관련된 정신적 행동적 장애'라는 진단 항목 목록(F66) 전체를 2019년에 출판할 예정인 『ICD 제11판』에서는 완전 삭제할 것을 권고하였다. 그 대신 26개의 정신질환 분류 항목 가운데 새로운 항목으로 '정신, 행동 및 신경발달장애'라는 항목을 만들고, '성적 불쾌감'(Sexual dysfunctions)과 진단명을 새로 신설하고, 종래의 '자아 이질적 성 지향'은 삭제하였다.[8]

WHO에 이어 APA 역시 2019년에는 이를 다시 '성적 불쾌감'으로 수정할 예정이라고 한다. 성적 불쾌감은 동일성 지향을 가진 이가 동일성에 대해 느끼는 성적 불쾌감을 뜻하는데, 이에 대한 집중적인 임상 실습(clinical practice)이 필요하다고 하였다.[9]

성전환증을 『ICD-10판』에서는 '성주체성장애'(Gender Identity Disorder)로 분류하였는데, 11판에서는 이를 다시 성별 불일치(Gender incongruence)로 재개념화하였다. "개인이 경험하는 성별과 지정된 성별 간의 지속적인 불일치"로 정의하였다. 성별 불일치 항목을 신설한 이유는 트랜스젠더의 경우 개인의 욕구에 따라 적절한 의료적 조치를 받아야 하는 필요성이 있기 때문이다.

이제까지 서술한 것처럼 1979년 이후 20년마다 WHO가 국제질병분류(*ICD*) 통해 동성애 관련 진단 변경해 온 과정을 차례대로 요약하면 다음과 같다.

---

7 "자아 이질적 성적 지향," https://ko.wikipedia.org/wiki/ (2019. 12. 26.).

8 https://icd.who.int/browse11/l-m/en (2019. 12. 26.).

9 "Proposed declassification of disease categories related to sexual orientation in the International Statistical Classification of Diseases and Related Health Problems" (*ICD-11*).

① *ICD-9*(1979): 성적 일탈 및 성적 장애(302)로 분류되는 동성애(302.0)는 정신장애
② *ICD-10*(1999): 성적 발달 지향 장애(F66)에 속하는 '자아 이질적 성적 지향'(F66.1) 신설, 동성애 항목 삭제
③ *ICD-11*(2019 출판 예정): '동일성 지향'(same-sex orientation)을 의한 성적 불쾌감(Sexual dysfunctions) 신설, '자아 이질적 성적 지향' 항목 삭제

이번 공개된 *ICD-11*은 세계보건기구 각 회원국이 번역 및 국내 이행을 준비할 수 있도록 공개된 사전 버전으로, 약 1년의 현장 검사를 거쳐 2019년 5월 세계보건기구 총회에서 최종 결정될 예정이다.

우리나라 통계청도 보건 사회 환경에 대한 통계를 내기 위해 세계보건기구 WHO가 발행한 국제질병분류(*ICD*)의 수정 권고문을 계속 받아들였다. 2000년에 발표한 4차 한국표준질병분류(KCD)는 *ICD*의 권고문과 마찬가지로 동성애를 "성적 지향이 정신적 장애와 아무런 관련이 없다"고 기술한다.

세계적으로 최고의 권위를 가지고 있는 APA와 WHO가 동성애가 선천적인지 후천적인지를 알 수 없지만 확실히 정신장애가 아닌 것으로 분류하였기 때문에 동성애의 치료를 운운하는 것은 의미 없게 되었다.

> 이성애처럼 동성애도 선호나 선택이나 자발적인 결정의 문제가 아니다. 그것은 큰 키나 왼손잡이 같은 상태와도 같다. 따라서 욕구나 동기부여, 의지력, 기도, 벌 또는 다른 변화의 동기들에 의해 바뀔 수가 없다.[10]

---

[10] John Money, *Gay, Straight, and in-between: The Sexology or Erotic Orientation* (New York: Oxford University Press, 1988), 14; 박노권, "동성애에 대한 목회상담학적 접근,"「한국기독교신학논총」 28 (2003), 255.

이러한 입장을 지지하는 트립(C. A. Tripp)과 비드웰(Rodbert Bidwell), 리챠드슨(Diane Richardson) 등은 동성애를 고치기보다는 동성애의 건강한 요소들을 정당화하고, 동성애자들이 자신을 수용하고 동성애 성향을 그들의 정체성의 일부분으로 통합시키도록 해야 한다고 주장한다.[11]

[11] John F. Harvey, "Updating Issues Concerning Homosexuality," 17-18; 박노권, "동성애에 대한 목회상담학적 접근," 255.

제5부

동성 결혼 및 동성애자의 성직 허용의 역사

1장
동성 결혼의 역사와 동성 결혼 허용 국가

동성 결혼은 고대 그리스와 로마, 메소포타미아, 중국 등에서 드물게나마 존재해 왔다.

위키백과의 "동성 결혼"[1] 항목에 의하면 공식적으로는 남성과 결혼한 최초의 로마 황제는 5대 황제 네로(54~68년 재위)라고 한다. 그는 죽기 전까지 두 명의 동성 남편을 두었다. 그의 첫 동성 결혼 상대는 자유민이었던 피타고라스였으며, 후에는 스포루스와도 결혼하였다. 네로 황제의 결혼식은 로마와 그리스의 축하를 받으며 매우 사치스럽게 행해졌다. 네로 황제의 동성 결혼의 실질적인 합법 여부는 불확실하다. 로마 당시 동성 결혼이 얼마나 성행했으며 이들이 어떤 생활을 했었는지 대해서는 여전히 제대로 알려지지 않는다.

313년 기독교가 공인된 후 342년에 제정된 테오도시우스 법전(Codex Theodosianus)은 331년 이후 황제들의 칙령과 기록을 담은 것인데, 동성 결혼을 금지하고 이들을 처형하도록 한 콘스탄티누스 2세의 칙령이 포함되어 있다. 당시에도 적지 않은 동성 결혼의 사례가 실제로 있었다는 증거다.

---

1 "동성 결혼," https://ko.wikipedia.org/wiki/ (2018. 11. 21.).

테오도시우스 법전의 동성 결혼 금지에도 불구하고 800년대 비잔티움 제국의 황제 바실리우스 1세가 교회 의식으로 친구 남성과 결혼하였다. 비잔티움제국 내에서 동성 결혼이 드물지 않게 있었던 것으로 보인다.

1061년 4월 16일 스페인의 갈리시아 지방에서 두 남성 페드로 디아스와 무뇨 반딜라스가 신부의 축복 하에 결혼하였다는 기록이 셀레노바의 한 수도원에서 발견된 바 있다.

12세기 아일랜드의 역사가였던 제럴더스 캄프렌시스에 따르면 당대의 아일랜드에서 동성 결혼이 여럿 존재하였다고 기록하고 있다.

중세 후기의 프랑스에서는 혈연관계가 아닌 두 성인 남성이 "하나의 빵과 하나의 와인, 하나의 지갑"을 공유하며 동거할 수 있도록 하는 제도가 생겼다. 이는 현대 '시민 결합'의 가장 시초의 형태로 여겨진다.

동양의 경우 중국의 명나라(1368~1662) 때 푸젠성에서는 두 남성이 서로 예식을 통해 특별한 결혼 계약을 했다는 기록이 남아 있다.

1989년 덴마크에서 세계 최초로 동성 커플 간의 '시민 결합'(civil union)을 법적으로 인정하였다. 시민 결합 또는 생활동반자관계(civil partnership)는 결혼과 유사한 가족 제도이다. 혼인 관계에 준하여 배우자로서의 권리와 상속, 세제, 보험, 의료, 입양, 양육 등의 법적 이익이 일부 혹은 온전히 보장된다. 이혼보다 결합의 해소가 자유롭다.[2] 동성 간의 시민 결합은 동성 커플의 결혼은 허용하지 않지만, 동성 커플이 정상 부부가 누릴 수 있는 법적 권리를 동등하게 허용하는 것이다.

프랑스는 1999년 팍스(PACS)라는 시민 결합 제도를 만들어 성공적으로 정착시켰다. 두 성인 간의 계약을 통해 결혼한 부부와 유사한 권리와 의무를 갖게 했다. 동거 가구에도 가정 수당을 주고, 동거 관계에 태어난 아이들에 대한 차별을 철저히 금지해 출산율 반등에 성공했다. 영국에서도 동성 간의

---

[2] "시민 결합," https://ko.wikipedia.org/wiki/ (2021. 01. 13.).

'시민 결합'(civil partnership) 제도가 2005년 12월부터 시행되었다.[3]

이러한 동성 간 시민 결합 제도는 2014년 11월 현재 독일, 오스트리아, 스위스, 리히텐슈타인, 영국, 아일랜드, 핀란드, 헝가리, 체코, 슬로베니아, 안도라, 콜롬비아, 에콰도르, 오스트레일리아(호주) 등 약 20여 국가에서 시행 중이다.

2020년 10월 21일 로마에서 공개된 프란치스코 교황에 대한 다큐멘터리 "프란치스코"에서 교황이 다음과 같이 발언하여 전 세계의 이목을 집중시켰다.

> 우리에게 필요한 것은 시민 결합(civil union) 법입니다. 이러한 방식으로 동성 커플들은 법적인 보호를 받을 수 있습니다. 저는 (부에노스아이레스 주교일 때) 이를 지지했었습니다.[4]

이 발언이 공개된 이후 가톨릭교회 안팎으로 "교황이 이야기한 시민 결합이 과연 무엇을 뜻하는가"를 놓고 논쟁이 이어졌다. 이런 소동이 일어난 것은 '동성 결혼'과 동성 커플의 시민 결합인 '동성 결합'의 차이를 간과하고 양자를 동일시한 언론 보도로 인해 야기된 것이다.

하지만 우리 정부의 법과 제도는 아직도 혼인과 혈연으로 맺어진 전통적인 형태만을 '정상 가족'으로 정의하며 이 틀 안에서만 전개되고 있다. 날로 늘고 있는 비혼 · 동거 가족 등 제도권 밖에 있는 소외된 이들을 수용해야 한다는 목소리가 높아지고 있다.

한국 사회에서 '가족'은 여자와 남자, 그들의 자녀라고 정의된다. 우리 정부는 이러한 '정상 가족'을 전제로 복지 제도를 펼친다. 법적으로 혼인신

---

3 "영국의 동성 결혼," https://ko.wikipedia.org/wiki (2019. 01. 28.).

4 편집부, "교황, 동성혼인과 동성 결합 명확 구분," 「카톨릭 뉴스 여기에」 2020. 11. 10.

고를 한 부부가 아니면 국가 정책 지원 대상에서 빠진다. 통계청이 2018년 실시한 사회조사에서 '동거할 수 있다'고 응답한 비율은 56.4%로 처음으로 절반을 넘었고, 이 중 20대는 74%에 달했다. 이러한 현실을 반영한 법안이 '생활동반자법'이다. 혼인이나 혈연이 아닌 사이에서도 서로 돌보며 함께 살아가기로 법적으로 약정한다면, 일정한 대리권과 복지 혜택을 부여하자는 내용이다. 19대 국회에서 당시 진선미 새정치민주연합 의원이 추진했으나 동성 결혼의 법제화를 반대하고 기존 가족 제도를 위협한다는 우려의 목소리로 발의조차 되지 못했다. 이처럼 가족이 아닌 시민이 동거하는 '생활동반자법'의 필요성이 논의되지만, 동성 커플 간의 결합을 '생활동반자'로 인정하는 단계까지는 나아가지 못하고 있다.[5]

시민 결합의 다음 단계가 동성 간의 시민 결합인 동성 결합이고 그다음이 동성 결혼이다. 많은 나라가 이러한 단계를 거쳐 동성 결혼을 허용하기 시작하였다.

2001년 네덜란드가 테오도시우스 법전(342) 이후로 동성 결혼을 법제화한 최초의 국가가 되었다. 이어서 핀란드(2002), 벨기에(2003), 룩셈부르크와 미국 매사추세츠주(2004)가 동성 결혼을 합법화하였지만, 가장 대표적이고 영향력 있는 국가는 미국이다.

미국의 경우만 예로 들어 주정부에 이어 연방정부가 동성 결혼을 허용하기까지의 과정을 간단히 살펴보려고 한다.[6] 미국 상원은 2002년 10월 동성애자와 독신녀들의 자녀 입양을 허용하는 법안을 통과시켰다.[7] 2003년 6월 26일 미국 연방대법원은 동성애 행위는 헌법상 '자유에 의해 보호'되어야 한다고 판시하여 동성애 합법화의 대세를 이끌었다. 이즈음 미국 내에서

---

5 이해리, "[기획-생활동반자법] 제도 밖 동거인은 절대 안 돼?," 「뉴스포스트」 2020. 10. 19.

6 자세한 내용은 이 책 제2부 2장의 "미국의 동성애 합법화의 역사"를 참조할 것.

7 오병선, "동성애자의 인권의 내용과 한계의 법적 접근," 「제26회 세미나 자료집」 (생명문화연구회, 2004), 43.

는 동성 커플에게 이성 결혼자에게 부여하는 각종 법적 혜택에 차별을 두지 말아야 한다는 주장이 미국심리학회를 비롯하여 여러 학회를 통해 공식적으로 제기되었다.[8]

· 동성 커플이 결혼 제도를 누리지 못하게 거부하는 것은 특히 연령, 인종, 장애, 성, 성 정체성, 종교, 사회경제적 지위 등으로 차별받은 경험이 있는 사람들에게 해를 끼칠 수 있다. … 미국심리학회는 동성 커플 간 결혼을 금지하는 것, 결혼을 통해 누릴 수 있는 모든 이득, 권리, 특권을 가지지 못하도록 하는 것은 불공평하며 차별이라고 본다(미국심리학회, 2004년).

· 결혼을 남녀 간으로 규정하는 헌법 수정안은 결혼한 부부들에게 자동적으로 부여되는 보호, 이득, 의무 등을 영유하지 못하게 막음으로써 레즈비언과 게이 그리고 그들의 자녀와 피부양자들에게 의도적으로 차별하는 행위이다. … 미국 사회학회는 결혼을 남녀 간으로 규정하는 헌법 수정안에 강력하게 반대하는 바이다(미국사회학회, 2004년).

· 인류학이 여러 문화와 역사에 걸쳐 가족, 친척관계, 가정에 대해 한 세기 이상 연구한 결과는 문명이나 생존 가능한 사회질서가 오직 이성애적 기관으로서의 결혼에 의존한다는 견해에 대해 어떤 뒷받침도 하지 않는다. 오히려 인류학적 연구는 동성 파트너십 위에 세워진 가정을 포함해 다양한 결혼 형태가 안정적이며 인간적인 사회에 공헌할 수 있다는 결론을 뒷받침한다. 미국인류학회 실행위원회는 결혼을 이성애 커플에게 국한시키는 헌법 수정안에 반대한다(미국인류학협회, "결혼과 가정에 대한 선언문", 2004년).[9]

---

8 "동성 결혼," https://ko.wikipedia.org/wiki/ (2018. 11. 21.).

9 Jack Rogers/조경희, 『예수 성경 동성애』 (서울: 한국기독교연구소, 2015), 200.

· 동성 부부에게서 양육되는 아이들은 이성 부부에게서 양육되는 아이들처럼 잘 지낸다는 광대한 증거가 존재한다. 25년 이상의 연구를 통해 부모의 성적 지향과 아이들의 정서적, 정신적, 행실적 적응 사이에 아무런 관계도 없음이 입증되었다. 이 자료는 아이가 편부모 혹은 동성 부부에게서 자라도 위험이 없다는 것을 논증한다. 양심적이고 교육적인 성인은 그들이 남성 또는 여성, 이성애자, 동성애자든 상관없이 훌륭한 부모가 될 수 있다. 시민 결혼의 권리, 이득, 보호 등은 이런 형태의 가족들을 격려할 수 있을 것이다(미국소아과학회, 2006년).

· 레즈비언, 게이, 양성애자 또한 다른 모든 시민처럼 마찬가지의 권리와 의무를 지닌 사회의 가치 있는 구성원으로 존중받아야 한다. 여기에는 혼인 제도에 얽힌 권리와 의무들도 포함된다(영국왕립정신과의사학회, 2010년).

동성 결혼을 합법화하라는 여론이 형성되면서 2004년의 매사추세츠주에 이어 2008년 5월 미국 캘리포니아주가 "동성 결혼 금지가 주 헌법에 위배된다"며 찬성 4, 반대 3의 근소한 차이로 동성 결혼을 합법화하는 판결을 내렸다.[10] 이어서 워싱턴주와 메릴랜드, 메인주에서는 미국 최초로 주민 투표를 통해 동성 결혼이 허용되었다. 이후 17개 주에서 동성 결혼이 합법화되었다.

2013년 6월 미국 연방정부 대법원은 결혼을 남녀 간으로 한정한 '결혼보호법'(DOMA)에 일부 위헌 판결을 내렸다. 그 후 연방법원은 총 19개 주에서 동성 간에도 결혼 증명서를 발급받을 수 있게 되었다. 또한 대법원의 판결로 인해 미국 연방정부는 동성 결혼이 합법화된 주에서 결혼한 동성 부부를 어느 지역에서나 인정하게 되어 국방과 세금, 보험, 이민 등에서 이성 부부와 동일한 혜택을 누릴 수 있게 하였다.

---

10 "'동성 결혼 금지' 美서 논란 증폭," 「국민일보」 2009. 05. 28.

「워싱턴 포스트」와 「ABC」 뉴스에서 2014년 2~3월에 실시한 여론조사에 따르면 미국인 중 59%가 동성 결혼에 지지를, 34%가 반대의 의견을 내었다. 버락 오바마 대통령과 민주당, 자유주의적 개신교계, 노조 등은 동성 결혼을 허용하자는 입장이지만, 보수적 복음주의 개신교계와 가톨릭, 정교회, 무슬림 등에서는 동성 결혼 시행에 대해 강하게 반대하였다.

2015년 6월 26일 미국 연방대법원은 제6순회 항소 법원에서 상고된 '동성 결혼을 금지하는 주법'(Obergefell V Hodges)에 대해 5대 4로 위헌 결정하고, 동성 결혼이 가능한 주에서 공증된 동성 결혼은 다른 모든 주에서도 인정해야 한다고 판결을 내렸다. 미국 전역에서 동성 결혼이 처음으로 합법화된 것이다. 세계에서 17번째로 미국이 동성 결혼을 합법화한 국가가 되었다.[11]

2018년 12월 10일 기준으로 영국과 미국, 프랑스, 아르헨티나 등 전 세계 23개 국가에서 동성 결혼을 허용하고 있고, 시민 결합 제도를 시행하고 있는 국가들을 포함하면 전 세계 30여 국가가 동성 커플의 법적 지위를 보장하고 있다.

우리나라에서도 트랜스젠더 하리수의 경우처럼 성전환자의 호적 변경(2002년 12월 11일)은 허용하지만, 동성 결혼이나 동성애자의 입양권 등은 합법적으로 인정하지 않고 있는 실정이다.[12] "혼인과 가정생활은 개인의 존엄과 양성의 평등을 기초로 성립되고 유지되어야 하며 국가는 이를 보장한다"(헌법 제36조 1항)는 조항에 비추어 볼 때 우리나라에서는 민법상 동성애자의 혼인은 인정될 수 없다고 보아야 할 것이다.

2013년 9월 서울에서 공개 동성 결혼을 한 동성 커플 김조광수와 김승환이 12월 11일 서울 서대문구에 혼인신고를 하였으나 반려되었다. 이들은

---

11 "미국의 동성 결혼," https://ko.wikipedia.org/wiki/ (2021. 01. 13.). 미국의 동성 결혼의 과정은 주로 위키백과의 내용을 참고함.

12 남궁선, "성전환자 호적정정 판례를 중심으로 본 동성애자에 대한 성경적 고찰," 「한영논총」 10(2006): 61-85.

12월 13일 서울 서부지방법원에 혼인신고를 수리하라고 '가족관계등록공무원의 처분에 대한 불복신청'(사건 2014호 파1842)을 하였다. 법원은 2016년 5월 25일 이 신청을 각하하였다. 동성 혼인을 인정하지 않는 것이 헌법을 위배하는 것이 아니라 오히려 헌법 제36조 제1항인 "혼인과 가족생활은 개인의 존엄과 양성의 평등을 기초로 성립되고 유지되어야 하며, 국가는 이를 보장한다"는 조항을 준수하는 것이라 판결했다.

동성 결혼 허용 국가와 허용연도표[13]

2001년	네덜란드 (4월 1일)
2003년	벨기에 (6월 1일)
2005년	스페인 (7월 3일), 캐나다 (7월 20일)
2006년	남아프리카 공화국 (11월 30일)
2008년	미국 캘리포니아주 (5월)
2009년	노르웨이 (1월 1일), 스웨덴 (5월 1일)
2010년	포르투갈 (6월 5일), 아이슬란드 (6월 27일), 아르헨티나 (7월 22일)
2012년	덴마크 (6월 15일)
2013년	브라질 (5월 16일), 프랑스 (5월 18일), 우루과이 (8월 5일) 뉴질랜드 (8월 19일)
2014년	영국의 잉글랜드와 웨일스 (3월 13일), 스코틀랜드 (12월 16일)
2015년	룩셈부르크 (1월 1일), 미국 연방정부 (6월 26일) 아일랜드 (11월 16일),
2016년	콜롬비아 (4월 28일)
2017년	핀란드 (3월 1일), 몰타 (9월 1일), 독일 (10월 1일) 오스트레일리아 (12월 9일), 타이완 (5월 25일)
2019년	오스트리아 (1월 1일), 에콰도르 (6월 12일)
2020년	영국 (1월 13일), 코스타리카 (5월 26일)
2022년	칠레 (3월), 스위스 (7월 1일)

13 "동성 결혼," https://ko.wikipedia.org/wiki/ (2018. 11. 16.).

동성 결혼이 적법하게 신고되려면 구체적으로 다음과 같은 내용의 다양한 법률 영역에서의 규율이 필요한데, 이는 법원의 법률의 해석 권한의 범위 내에서 결정할 수 있는 문제가 아니라고 판결하였다.

· 민법의 해석상 법률상 부부에게만 인정되는 공동 입양을 동성 간의 결합에게도 인정할 것인지 여부.
· 법률로 보호되는 동성 간의 결합을 해소하는 경우에 있어서 그 절차와 요건을 어떻게 정할 것인지 여부.
· 동성 간의 결합에 대하여 가족법상의 인척 관계를 인정할 것인지, 인척 관계를 인정한다면 그 범위는 어디까지로 할 것인지 여부.

국내에서도 2015년에 동성 결혼과 관련된 출산과 양육의 문제가 제기되었다. '동성애허용법안반대국민연합'은 "동성 부부는 출산과 양육이 불가능하며, 동성애가 저출산을 확산시킨다"고 주장하였다.

이에 대해 '차별 없는 세상을 위한 기독인 연대'는 "생물학적으로 동성 부부간의 출산은 불가능한 것이 사실"이지만, 출산에 도움이 되지 않는 관계가 모두 부정되어야 한다면, 이와 관련된 장애인 간의 사랑과 결혼이나 혼인 이후에도 다양한 이유로 행해질 수 있는 일절 피임 역시 사회적으로 비난받아야만 한다는 모순을 지적하며, "사랑은 다만 사랑 그 자체로 인정되어야 한다"고 주장했다. 그리고 현재 한국 사회에서 우려하고 있는 저출산 문제는 동성애 외에도 "급진적으로 진행된 산업화, 출산 · 육아에 있어 마땅히 제공해야 할 사회 제도적 장치의 부족, 비정규직 및 실업의 증가로 인해 양육 능력 상실 등의 다양한 원인에서 기인"한다고 반박했다.[14]

---

14 "'인생은 아름다워' 드라마 둘러싼 동성애 논박, 수면 위로," 「가톨릭뉴스 지금여기」 2010. 06. 09.

2장

현대 교회의 동성애, 동성 결혼, 동성애자 성직 허용의 역사

1. 동성애 및 동성 결혼에 대한 신학적 쟁점

동성 결혼 허용이 국가마다 다르듯이 동성 결혼에 대한 기독교의 입장은 교파마다 다를 수밖에 없다. 전통적으로 기독교에서는 동성애를 종교적인 죄로 여겨 왔다.

가톨릭교회의 경우 1975년 12월 29일 발표한 "성 윤리에 관한 특정 질문에 대한 선언"에도 이러한 전통적인 입장이 드러나 있다. 동성애적 성향(homosexual orientation)과 동성 간의 성적 행위(same gendersexual acts)를 구별하였지만 둘 다 '본질적으로 잘못된 것'이라고 하였다.[1]

동성애자들의 인권 문제가 제기되면서 "동성애 사목에 관하여 – 가톨릭교회 주교에 보내는 서한"(1986. 10. 01.)을 통해 "동성애 상황 내지 경향과 개별적 동성애 행위 사이의 구별"[2]을 지적하고, 처음으로 동성애가 죄(sin)는

---

1 B. Hume, "동성애자에 관한 교회의 가르침," 「사목」 222(1997. 07.), 119.

2 같은 글, 119.

아니라고 하였다. 그러나 "동성 성향을 객관적으로 무질서한 것으로 평가하고, 동성 간의 성행위를 부도덕한 것(immoral)으로 선언하였다."[3]그리고 동성애자에 대한 차별에는 공개적으로 반대하고 다음과 같이 사목적 배려를 강조한다.

> 동성애자들이 사람들의 언사나 행동에서 폭력적인 적의의 대상이 되어 왔고, 지금도 그러하다는 것은 개탄할 일이다. 어떠한 곳에서 일어나든, 그러한 처우는 교회의 목자들에게 단죄를 받아 마땅하다. 그러한 대접은 건전한 사회의 근본 원리를 위협하는 일종의 타인 경시를 드러내는 것이다. 모든 인간이 지닌 천부의 존엄성은 언행과 법률 안에서 언제나 존중되어야 한다.[4]

〈가톨릭 교회 교리서〉(1992)에서는 신앙교리성 문헌들에 의거해 "동성애 행위는 그 자체로 무질서"라고 정의하고, 이는 자연법에도 어긋나는 것이라 하였다. 동성애 행위는 "성행위를 생명 전달로부터 격리시키기 때문"이고, "애정과 성의 진정한 상호 보완성에서 나오는 것이 아니기 때문"이라고 설명한다.

다른 한편으로 사목적 배려와 존중도 강조한다. "그들을 존중하고 동정하며 친절하게 대하여 받아들여야 하고, 그들에게 어떤 부당한 차별의 기미라도 보여서는 안 된다"(2358항)고 천명한다. 마지막으로 "동성애자들은 정결을 지키도록 부름을 받고 있음"을 강조하였다.[5]

1990년대부터 '동성 결합'을 합법화하고자 하는 사회적 흐름과 움직임이 강화되는 것에 대해서 가톨릭교회는 일관된 반대 입장을 제시하였다.

---

3 Eileen Flynn, "동성애 문제에 대한 가톨릭의 입장과 개인적 제안," 「사목」 262(2000. 11.), 103-104.
4 〈동성애자 사목에 관하여 가톨릭 교회의 주교들에게 보내는 서한〉 (1986. 10. 01.), 10항.
5 박준양, "성소수자에 관한 가톨릭교회의 입장 - 교도권 문헌들의 분석과 전망," 15.

그러다가 1994년 3월 25일 발표한 〈동성애 문제에 관하여 교황청 가정평의회 의장이 유럽 주교회의 의장들에게 보내는 서한〉에서 "동성애자들의 결합을 가정 '제도'"로 인정하였다. 그러나 동성 결합 가정의 "자녀 입양권을 허용"에 대해서는 우려하면서 이는 "가정의 자연적 토대인 혼인을 부정"하는 것이라고 비판하였다. 오직 "혼인에 바탕을 둔 안정된 가정만이 조화롭고 긍정적인 발전을 보장할 수 있다"는 점을 강조한다.[6]

2000년 발표된 문헌 『가정, 혼인, '사실혼'』에서도 동성 결혼에 대한 반대 입장을 분명히 하였다.

> 동성 결합에 '혼인'의 지위를 부여하라는 요구는 매우 부조리한 것임을 드러낸다. 그러한 요구에 반대하는 것은 무엇보다도 하느님께서 인간의 본성 자체에 새겨 놓으신 계획에 따라 생명을 전달함으로써 열매를 맺는 결합 관계가 객관적으로 성립될 수 없기 때문이다. 또 다른 장애는 신체적 생물학적 차원과 특히 심리 차원에서 창조주께서 뜻하신 남녀의 상호 보완성을 위한 조건들을 갖추지 못한다는 것이다(『가정, 혼인, '사실혼'』, 23항).

교황청 신앙교리성은 2003년 〈동성애자 결합의 합법화 제안에 관한 고찰〉이라는 문서의 결론에서 동성애 성향은 "객관적으로 무질서한 것이며" 동성애 행위는 "정결을 크게 어기는 죄"라고 규정하고 반대하지만, "차별을 해서는 안 된다"는 입장을 다시 한번 다음과 같이 발표했다.

> 동성애자들의 결합을 어떤 식으로든 혼인과 가정에 대한 하느님의 계획과 유사하거나 조금이라도 비슷하다고 여길 수 있는 근거는 전혀 없다. 혼인은 신성하지만, 동성애 행위는 자연 도덕법에 어긋난다. 동성애 행위는 "성행위

6 같은 글, 18.

를 생명 전달로부터 격리시킨다. 그 행위들은 애정과 성의 진정한 상호 보완성에서 나오는 것이 아니다. 동성의 성행위는 어떤 경우에도 인정될 수 없다."

성서는 동성애 행위를 "극심한 부패 행위로 단죄한다(로마 1,24-27; 1코린 6,10; 1티모 1, 10). … 물론 성서의 이러한 판단은 이러한 비정상으로 고통받는 사람들 자신에게 그에 대한 책임이 있다는 결론을 내리게 하지는 않지만, 동성애 행위는 본질로 무질서한 행위라는 사실을 입증한다." 이러한 도덕적 판단은 초기 몇 세기의 많은 그리스도인 저자들에게서 발견되며, 가톨릭 전통은 이를 만장일치로 받아들인다.

그렇지만 교회의 가르침에 따라 동성애 성향의 남자와 여자들을 우리는 "존중하고 동정하며 친절하게 대하여 받아들여야 한다. 그들에게 어떤 부당한 차별의 기미라도 보여서는 안 된다." 동성애자들도 다른 그리스도인들과 마찬가지로 정결의 덕을 지키도록 부름받았다. 그러나 동성애 성향은 "객관적으로 무질서한 것이며" 동성애 행위는 "정결을 크게 어기는 죄"다(2003년 6월 3일).

프란치스코 교황은 보다 전향적인 입장을 피력하였다. 2013년 7월 28일 기자들과의 인터뷰에서 "어떤 동성애자가 있는데, 그가 주님을 찾고, 선한 마음을 지니고 있다면 내가 뭐라고 그를 심판할 수 있겠습니까?"라고 하였다.[7] 이런 입장을 가진 프란치스코 교황은 2014년 이탈리아 로마에서 열린 가톨릭 세계주교대의원대회 회의에서 "동성애자도 교회에 기여할 수 있다"는 내용의 문구를 보고서에 넣으려고 했으나 참석 주교 3분의 2의 찬성을 얻는 데 실패했다.[8]

2020년 10월 21일 로마에서 공개된 프란치스코 교황에 대한 다큐멘터

---

7 박준양, "성소수자에 관한 가톨릭교회의 입장 — 교도권 문헌들의 분석과 전망," 「인격주의 생명윤리」 (2020. 10. 02.), 31.

8 김남중, "정진석 추기경 '동성 결혼 반대'," 「국민일보」 2014. 12. 12.

리 "프란치스코"에서 교황이 동성 커플에 대해 언급한 다음과 같은 발언이 큰 화제가 되었다.

> 동성애자들은 가족의 구성원이 될 권한이 있습니다. 그들은 하느님의 자녀이며, 가족의 구성원이 될 권한을 갖습니다. 그 누구도 동성애자라는 이유 때문에 버려져서는 안 되고, 비참해져서도 안 됩니다.

알라스라키 기자가 교황에게 "아버지가 자녀로부터 자신이 동성애자라는 이야기를 들었을 때 어떻게 해야 합니까"라는 질문에 대한 답변으로 한 발언이지만, 동성애적 성향 때문에 "어떤 부당한 차별의 기미라도 보여서는 안 된다"는 일반에게 잘 알려지지 않은 가톨릭교리서(2358항)를 다시 한번 강조한 것이었다. 이어서 시민 결합을 지지하는 다음과 같은 발언으로 세계적인 이목을 끌었다.

> 우리에게 필요한 것은 시민 결합(civil union)법입니다. 이러한 방식으로 동성 커플들은 법적인 보호를 받을 수 있습니다. 저는 (부에노스아이레스 주교일 때) 이를 지지했었습니다.

이 발언이 공개된 이후 가톨릭교회 안팎으로 "교황이 이야기한 시민 결합이 과연 무엇을 뜻하는가"를 놓고 논쟁이 이어졌다. 교황의 "가정 안의 동성애 성향을 보이는 이들도 가정의 구성원이 되어야 한다"라는 발언에 이어 '시민 결합 지지 발언'을 하였기 때문에 교황이 마치 동성 커플이 가정을 이루어 아이를 입양할 수 있다는 식으로 이해하기도 하였다.

두 발언으로 인해 일부 언론에서는 교황이 동성 결혼을 지지했다는 뉴스를 전했고, 교황청 사무국은 10월 30일에 교황의 발언이 편집되었다는 것을 밝히며 교황이 동성 결혼을 지지했다는 것은 가짜 뉴스라고 밝혔다.

이런 소동이 일어난 것은 '동성 결혼'과 '동성 결합'의 차이를 간과하고 양자를 동일시한 언론 보도로 인해 야기된 것이다. 교황이 스페인어로 'convivencia civil'이라는 표현을 사용하였는데, 직역하면 '시민 동거'지만 시민 결합(civil union)을 의미한다.[9] 그러나 역대 교황 중 동성 커플의 시민 결합을 공개적으로 이야기한 것은 프란치스코 교황이 처음이었기에 전 세계의 주목을 받은 것이다.

교황이 2010년 아르헨티나 부에노스아이레스 주교일 때 아르헨티나 정부에서 동성 결혼을 합법화하려는 것에 대해 반대 입장을 분명히 표명했다. 그는 가톨릭 교리에 충실하여 혼인이란 말은 남성과 여성의 결합에만 쓸 수 있으며 동성 간의 결합은 혼인일 수 없다는 것을 강조했다. 그러나 그 대신 동성 커플에 대해서는 '시민 결합법'을 통해 가족 간에 시행되는 의료보험을 비롯한 세제(稅制)나 복지 등 법적인 보호와 혜택 등이 주어져야 한다는 것이 교황의 오랜 소신이었다. 그러므로 논란이 되었던 이 '시민 결합법' 발언은 혼인에 대한 가톨릭교회의 교리에 변화를 주려는 것이 아니라 교회의 혼인 제도를 수호하려는 맥락에서 나온 것이라고 한다.[10]

한국 가톨릭의 경우 정진석 추기경은 자신의 책 『정진석 추기경의 행복수업』(2014)에서 "혼인은 사람이 정한 제도가 아니라 자연법에 의한 제도이므로 인간이 자연을 거슬러 동성끼리 결혼하는 제도를 만들 수는 없다"고 말했다. 또 "혼인은 자연법에 따라 남성과 여성 사이에만 유효하게 성립될 수 있다"면서 "자연법을 어기는 인간의 실정법은 그 자체로 무효"라고 강경한 입장을 덧붙였다.[11]

---

9 편집부, "교황, 동성 혼인과 동성 결합 명확 구분," 「카톨릭 뉴스 여기에」 2020. 11. 10.

10 지형규, "프란치스코 교황의 동성 결합법 지지 발언, "가짜 뉴스"인가?," https://advocacy.jesuit.kr/bbs/board.php?bo_table=webzine&wr_id=116&wmode=1 (2020. 11. 11.).

11 같은 글.

미국 개신교의 경우 하이델베르그 교리문답 400주년을 기념하여 1962년에 번역된 『하이델베르그 교리문답』의 87번에 '동성애적 애착'이라는 항목이 포함되어 논쟁이 되기도 하였다.

질문 87: 감사하지 않고 죄를 뉘우치지 않는 삶에서 하나님께로 돌아서지 않은 사람들이 구원받을 수 있는가?

대답: 분명히 안 된다! 성경에 따르면, 불의한 사람들은 하나님 나라를 소유할 수 없다. 오해하지 말라. 간음자나 우상숭배자도 안 되고, 간통이나 동성애적 도착의 죄를 지은 자, 도둑이나 강탈자나 술주정뱅이, 비방자, 사기꾼은 하나님의 나라를 소유할 수 없다.

잭 로저스를 비롯한 학자들의 연구 결과 『하이델베르그 교리문답』 1962년 판에 들어 있는 문답 87에 '동성애적 도착'(homosexual perversion)이라는 단어는 새영어성경(New English Bible)의 고린도전서 6장 9-10절의 번역을 삽입한 것으로 밝혀졌다. 이는 1563년에 작성된 『하이델베르그 교리문답』 원문에 없는 것으로, 1962년 번역자들이 임의로 삽입한 것으로 확인되었다.[12] 동성애를 반대하기 위해 역사적 교리문답까지 변조한 것이 드러난 것이다.

개신교의 경우 교단마다, 신학자마다 동성 결혼의 입장은 천차만별이다. 동성 결혼을 지지하는 대표적인 신학자는 성공회 사제인 노먼 피텐저(Norman Pittenger, 1905~1997)이다. 그는 『동의를 위한 시간 ― 동성애에 대한 크리스챤의 접근』(1967)에서 사랑의 관계에 나타나는 여섯 가지 특징을 다음과 같이 나열하였다.

---

12 Jack Rogers/조경희, 『예수 성경 동성애』, 228-229.

① 헌신(상대방에게 마음껏 자기 자신을 주는 것)

② 서로 주고받음(상대방 안에서 자기 자신을 발견하게 되는 나눔)

③ 부드러움(탄압하거나 잔인하지 않음)

④ 신실성(평생 지속될 관계를 가지고자 함)

⑤ 기대함(상대방의 성숙을 위해 섬김)

⑥ 연합하고자 하는 욕구[13]

두 남자 사이에서건 두 여자 사이에서건 동성애 관계가 위와 같은 사랑의 특성을 지니고 있다면, 이는 선한 것으로 인정되어야지 악한 것이라고 거부해서는 안 된다는 주장이다. 피텐저에 의하면 그러한 관계는 외로움, 이기심 그리고 난잡한 성관계로부터 사람을 구해 주기 때문이며, 동성애 관계는 이성애 결혼만큼이나 풍성하고 서로를 책임질 줄 알며 자유를 경험하게 해 주고 충족시켜 줄 수 있다는 것이다.

동성 결혼에 대한 이러한 주장에 대해 개신교 내 반론도 만만치 않다. 그 결론은 동성애는 왜곡된 사랑이라는 것이다.

· 첫째, 동성애 관계에서는 평생 지속되는 결혼과 흡사한 정절이라는 개념은 이론일 뿐 실제와 다를 경우가 많다는 것이다. 제프리 사티노버(Dr. Jeffrey Satinover) 자신이 연구 조사한 동성 커플 "156쌍 중에서 단 7쌍만이 성적 정절을 지키고 있었으며, 5년 이상 함께 산 100쌍 가운데서 성적 정절을 지킨 경우는 단 한 쌍도 없다"라고 반박하였다. "동성애 남성 커플들은 바람피우는 것을 당연시했으며 이성애자들은 그것을 예외로 생각했다"고 덧붙였다.
· 둘째, 동성들 간의 일반적인 성행위에 따르는 위험이 이성애 결혼보다 훨씬 크다는 것이다. 토마스 슈미트는 좀 더 구체적으로 구강성교, 항문성교를 통

13 John R. Stott/양혜원, 『동성애 논쟁』, 50.

해서 전염되는 일곱 가지 비바이러스성 감염과 네 가지 바이러스성 감염을 열거한다.

· 셋째, 사랑만을 절대 유일한 기준으로 삼을 경우 다른 모든 도덕법이 폐기된다는 것이다. 단적인 예로 사랑만을 고려하면 일부다처제도 허용되는 것이 아닌가라는 반문이다.[14]

미국의 대표적인 교단인 미국연합감리교회(UMC)는 1972년부터 장정(章程)을 통해 모든 사람이 종교적인 가치가 있지만, 동성애의 행동은 "기독교의 가르침과 일치하지 않는다"고 정의하고 있다. 1992년 5월 총회에서 동성애 행위가 기독교의 가르침과 공존해서는 안 된다는 것을 재확인하였다. 2004년부터는 동성 결혼을 주례하는 것은 교회법에 따라 처벌 가능한 위법행위가 되었다.

2015년 6월 26일 미국 50개 주 전체를 대상으로 동성 결혼을 합법화한 미연방대법원의 판결에 따라 미국연합감리교회(UMC)는 교회법으로 목회자가 할 수 있는 것과 할 수 없는 일이 무엇인지 이해를 돕는 가이드라인을 제공했다.

목회자는 (동성)결혼식을 주례할 수 없다. 특히 이 감독들에 따르면 목회자는 혼인 서약, 반지 교환 또는 결혼 선언과 공표 등을 집례할 수 없다. 또 목회자는 결혼 증명서에 서명할 수 없고, 그들이 결혼식을 인도하는 것처럼 보이는 어떠한 자리에도 참여할 수 없다.

그러나 이 감독들은 목회자들이 동성 커플이 결혼식을 위해 다른 장소를 찾는 데 도움을 줄 수 있으며, 결혼 예비 상담을 하는 것, 결혼식에 참석하는 것, 성경 구절을 읽는 것 또는 기도와 설교를 하는 것 등은 가능하다.[15]

---

14 같은 책, 51-55.

2016년 10월 29일 UMC의 사법위원회는 동성애에 대한 입장을 교단 내 지역교회가 결정할 수 있도록 하는 '하나의 교회 모델'(One Church Plan)의 합헌 여부를 청원한 것과 관련해 이를 합헌이라고 결론지었다. 따라서 미국연합감리교회의 교리(敎理)와 장정(章程)에서 동성애에 대한 배타적인 언어가 삭제되고, 결혼의 정의를 '남자와 여자' 아니면 '두 사람'의 결합으로 선택할 것인지에 대해 각 교회가 결정할 수 있도록 하며, 동성 결혼 주례는 목회자 개인의 결정에 맡기도록 결정한 것이다.

그러나 이에 반대하는 이들이 많아 분열의 위기를 맞게 되자 UMC는 2019년 2월 23~26일에 개최된 특별총회에서 '하나의 교회 모델'로 제시된 △동성애 및 동성 결혼의 인정 또는 묵인, △동성 결혼의 주례 허용, △LGBTQ의 목사안수 허용, △교회 안에서의 동성 결혼 허용, △동성애에 대한 규정의 장정 삽입 또는 삭제, △동성애에 반대하는 이들 또는 교회에 대한 처리 그리고 탈퇴 및 출구의 문제에 대한 재심의에 들어갔다. 결과적으로 이 안은 438 대 384로 부결되었다.[16] 동성애, 동성 결혼 및 동성애자 성직 허용을 반대해 온 보수적인 입장이 관철된 것이다.

한국의 대표적인 교단인 예수교장로회(통합) 총회의 동성애대책위원회는 2017년 6월 12일 〈동성애에 관한 총회의 입장〉을 통해 "동성애자를 혐오와 배척의 대상이 아닌 사랑과 변화의 대상으로 여긴다"고 했다. "성경의 동성애 금기를 공적 권위로 받아들인다"고 했지만, "동성애자도 하나님의 형상으로 창조된 천부적 존엄성을 지닌 존재임을 고백한다"고 하였다. 따라서 "교회는 동성애적 끌림으로 고민하고 어려워하는 사람들의 마음을 이해하고, 그들이 하나님 앞에 그 어려움을 내려놓을 수 있도록 도와야 한다"고

---

15 "동성 결혼 관련 판결 이후 감독들의 조언," 「연합감리회뉴스」 2015. 07. 02.

16 "미국감리교회는 '동성애'를 허락할까?," 「NEWS M」 (2019. 01. 21.); 이미경, "UMC 美 연합감리교회 특별총회, 동성애, 동성 결혼 및 동성애자 성직 허용 반대하는 기존 입장 유지," 「기독일보」 2019. 02. 31.

밝혔다. 이와 더불어 "동성애자들도 우리와 마찬가지로 그리스도의 복음으로 변화되어야 할 연약한 인간에 불과하기에 자신의 정체성을 하나님과의 관계성 속에서 완성하도록 도와야 한다"고 했다.

예장통합은 또한 동성 결혼에 대해서는 "동성 결혼의 합법화에 반대한다"는 입장을 분명히 하였다. "동성 결혼을 합법화시키는 것이 마치 인권 선진국으로 가는 길인 것처럼 오도하는 일부 언론의 보도 태도에 대해 심각한 우려를 표명한다"고 밝히고, "동성 결혼 합법화는 건전한 성 윤리의 붕괴는 물론 건강한 가정 질서와 사회 질서를 붕괴시킨다"고 하였다. 따라서 "결혼은 성경의 가르침에 따라(창2:21-25) 남자와 여자의 결합으로 가정을 이루고, 성적인 순결을 지키는 것이기에 동성 결혼은 기독교 윤리에서 옳지 않으며 마땅히 금해야 한다"고 했다.[17]

동성애를 비롯한 동성 결혼에 대한 개신교의 입장은 크게 네 가지로 분류된다.[18]

① **급진 진보적 입장**: 동성애 행위 일반은 죄악은 아니며, 동성 강간, 강제추행, 난교, 매춘 등만이 죄악이다. 동성애 자체는 이성애와 마찬가지로 하나님의 형상을 따라 지음 받은 인류의 자연스러운 특성이기에 정죄될 수 없다. 따라서 동성 결혼 역시 하나님의 이름으로 축복받을 일이다. 물론 동성애 커밍아웃을 한 인물이 목사안수를 받는 것도 허용될 수 있다.

② **온건 진보적 입장**: 원론적으로는 동성애 행위는 죄악이긴 하지만, 동성애 문제에 신경 쓰기보다 전쟁, 경제적 양극화와 같은 더 큰 죄악에 신경을 써야 한다. 동성애자들을 '정죄'하면서 우리가 마치 의인인 것마냥 구는 것은 그

[17] 박용국, "한국 교회 대표 교단들도 '동성애 반대한다' 입장 천명," 「기독일보」 2017. 06. 15.
[18] "동성애, 동성 결혼, 종교적 관점," https://namu.wiki/w (2018. 12. 25.).

야말로 터무니없는 교만이다. 동성 결혼에 대한 교회법적 용인 및 정결 서약을 하지 않은 동성애자의 목사안수 인정 여부는 더 많은 신학적 논의가 필요하다. 별개로 세속 정부의 동성 결혼 입법화에 대해서는 크게 상관하지 않는다.[19]

③ **온건 보수적 입장**: 우리 모두 죄인이므로 교회 공동체는 동성애자들을 단죄하기보다는 품어주는 것이 바람직하다. 동성애 성향 자체는 죄라고 할 수 없지만, 동성애 행위는 성경에서 분명히 금하고 있는 죄악이므로 그리스도인이라면 동성애 행위를 멀리해야 할 의무가 있다. 세속 정부의 동성 결혼 입법화는 교회와 사회에 부정적인 일이지만, 말세의 징조로만 이해하되 직접 거부 운동의 압력을 가해서는 안 된다.

④ **강경 보수적 입장**: 동성애는 다른 종류의 죄악보다도 특별하게 큰 죄악이며, 동성 결혼이 허용된 국가는 하나님의 징계를 받아 멸망 당할 것이다. 동성애 성향도 죄악이므로 탈동성애를 하지 않는 이상 교회에 들어가서도 안 된다. 동성애에 대한 형사 처벌은 하나님의 공의에 부합한다. 세속 정부에 의한 동성 결혼 입법화는 있어서는 안 될 일이며, 가능하다면 시민단체나 정당 등의 형태로 세속 정부에 압력을 가하여 동성 결혼 입법화를 저지해야 한다.

이 책의 독자들은 위의 네 입장 중에 자신이 어느 것에 속하는지 스스로 점검해 보길 바란다.

---

19 기독교윤리연구소 편, 『동성애에 대한 기독교적 답변: 동성애를 긍정하진 않지만, 동성애자들을 따뜻하게 맞이하는 교회』 (서울: 예영커뮤니케이션, 2011). 기독교윤리연구소는 이러한 입장에 해당한다.

2. 동성애자를 위한 교회와 동성 결혼 허용 교단

1916년 세계 최초로 호주 시드니에 동성애자를 위한 교회가 세워졌다. 미국에서 게이를 위한 최초의 교회는 1946년 하이드(G. Hyde)라는 성직자가 애틀랜타에 세운 교회이다.

1968년 10월 6일 전직 오순절교회의 설교자요 게이였던 페리(Troy Perry) 목사는 자신의 집에서 12명의 신도와 함께 교회를 개척하였다. 그리고 성소수자들을 예배에 참석시키며 적극적으로 동성애자를 위한 사역을 시작한 최초의 교회가 되었다. 그가 세운 메트로폴리탄 커뮤니티교회(MCC)는 30년이 지난 1998년 22개국, 300개의 교회, 44,000명의 성도와 후원자를 가지게 되었다. MCC는 "비전, 목적, 방향에 대한 선언서"를 통해 "모든 사람에 대한 사랑을 선언한다. … 사랑이 우리의 가장 중요한 윤리적 가치이며, 소외에 저항하는 것이 우리 사역의 주된 중심점이다"라고 밝혔다. 2005년 총회에서는 성별과 상관없이 모든 사람은 동등한 결혼을 할 수 있다는 결의안을 통과시켰다. MCC는 성소수자의 결혼을 허용한 최초의 교단이 되었다.[20]

동성애에 대해 최초로 긍정적인 입장을 취한 개신교 교단은 '그리스도의 연합교회'(UCC)다. 스톤월 항쟁이 일어나기 2개월 전인 1964년 4월 12일 UCC는 "성인들 간에 서로 동의한 사적인 동성애적 관계를 죄로 규정한 모든 법에 반대한다"는 결의문을 채택하였다.[21]

1979년 미국 성공회는 〈동성애 관계: 현재 논의〉라는 보고서를 통해 어떤 경우에는 사람이 동반자 관계를 맺음으로써 성적 사랑을 나눌 대상을 찾는 일에서 결혼과 '비슷한' 동성애 관계를 '정당하게 선택'할 수도 있음을

20 Jack Rogers/조경희, 『예수, 성경, 동성애』, 272-273.

21 같은 책, 275.

"부인하기 어렵다고 생각한다"는 입장을 밝혔다.[22] 2003년 8월 5일 미국 성공회 총회는 공개적으로 동성애자임을 밝힌 진 로빈슨 신부의 뉴햄프셔 교구 주교 선임을 인준하였고 그는 11월에 취임하였다.[23]

독일 개신교협의회는 1996년 "성소수자를 인정하는 합의문"을 발표하였다. 이에 따라 소속의 절대 다수인 독일 루터파 교회들은 동성애를 죄라고 보지 않으며, 동성애자의 성직과 동성애자 커플의 축복을 허용하고 있다. 루터파인 스웨덴 국교회(2006년), 아이슬란드 국교회와 덴마크 국교회(2009), 미국 복음주의 루터교(2009), 캐나다 복음주의루터교회(2011), 노르웨이 국교회(2015)가 각각 동성 커플에 대한 목회자의 축복을 허용하였다. 핀란드 루터교회(2010)는 자율적으로 교회에 따라 동성 커플을 축복해 줄 수 있도록 허용하였다. 반면 보수적 루터교파들의 국제 연합체인 국제루터교평의회는 공식적으로 동성 결혼을 금지하고 있다.

복음주의루터교회(미국 ELCA)는 1993년 〈훈육을 위한 정의와 지침서〉(개정판)에서 "동성애를 행하고 있는 사람은 이 교단의 성직에서 배제한다"는 지침을 세웠으나 〈비전과 기대: ECLA의 성직 안수〉 지침에는 "안수를 받았으나 동성애자임을 자각하고 있는 목회자는 동성애적 성관계를 삼가도록 한다"고 밝혔다. 2007년 총회에 앞서 소속 목회자 중 82명의 성소수자(LGBT)가 자신들이 지속적이며 사랑하는 가족 관계를 이루는 것을 막는 교단 정책에 반대한다는 성명을 발표했다. 이에 총회는 "목회자 안수 후보자들 가운데서 상호적이고, 정숙하고, 충실한 동성 관계에 있으며 동성애 조항만이 아니라면 자격이 되는 목회자와 교인들을 사역에 임명하는 것에 치리하는 것을 자제하도록 촉구한다"고 결의하였다.[24] ELCA는 파트너 없이 독신을 유지하고 있는 동성애자 성직자 임명만을 허용해 오다가 2009년

---

22 John R. Stott/양혜원, 『동성애 논쟁』 (서울: 홍성사, 2006), 49.

23 "성공회 동성애 주교 인준 후 첫 미사 집전," 「국민일보」 2003. 08. 12.

24 Jack Rogers/조경희, 『예수, 성경, 동성애』, 277-278.

8월 열린 총회에서 동성애 관계를 유지하고 있을 경우도 성직자로 임명할 수 있도록 하는 안건을 통과시킨 바 있다. ELCA 외에도 독일 루터교단 대부분과 캐나다 복음주의루터교회(ELCIC), 스칸디나비아 복음주의루터교회(ELCIS) 등 많은 루터교단이 동성애에 자유주의적인 입장을 취하고 있다.

미국 최대 장로교단인 미국장로교(PCUSA)는 2011년 5월 총회 결의로 동성애자를 목사 안수할 길을 열어 두었다. 이 결정으로 미국장로교 산하 교회들의 연합체인 뉴와인스킨 교회협의회는 성명을 통해 "복음장로교와 협의해 곧 교단을 탈퇴하였다. 151개 교회가 미국장로교를 떠나 복음장로교 노회에 가입하기로 결정했다"고 밝혔다 미국장로교 총회장을 역임한 클립튼 커크 패트릭은 교단 산하 교회들에게 서신을 보내 교단 잔류를 호소하였는데, 이 서신에서 "교단 결정에 반대하는 교회들의 불만이 위험수위에 달했다. 대다수 교회가 교단에 남겠지만 한두 교회가 아닌, 집단으로 교단을 이탈하게 된다면 엄청난 손실을 입게 될 것"이라는 우려를 나타냈다.[25]

PCUSA는 2014년 총회에서는 결혼 규정을 '한 남자와 한 여자'에서 '두 사람 사이, 전통적으로는 한 남자와 여자 사이'로 바꾸며 동성 결혼을 인정했다. 교단 내 보수단체인 장로교인협의회는 같은 날 교인들에게 서신을 보내 "이번 결정 이후 교인들이 탈퇴 움직임을 보이고 있다"면서 "총회의 결정에 치명적 오류가 있었다고 후회할 날이 반드시 올 것"이라고 비판했다.[26]

장로교, 감리교 그리고 회중교회가 연합하여 1977년 창립한 호주 연합교회(UCA)는 2017년 호주에서 동성 결혼이 합법화됨에 따라 그 해부터 소속 목회자들이 동성 결혼 주례를 요청받을 시 목회자에게 자신의 신앙 양심에 따라 수락 여부를 결정할 자유를 허용하였다. 동성 결혼 예식을 위한 예배당 사용 역시 해당 교회 의회의 자유로운 결정에 맡겼다.

---

25 기독교윤리연구소, 『동성애에 대한 기독교적 답변』 (서울: 예영컴뮤니케이션, 2011), 127.
26 신은정, "PCUSA 동성 결혼 인정에 탈퇴 등 반발 거세," 「국민일보」 2014. 06. 23.

UCA는 2018년 7월 10일 열린 15차 전국 총회에서 결혼에 대해 명시한 장정(章程) 첫 번째 문장을 '남자와 여자의 결합'에서 '두 사람의 결합'으로 수정할 것을 제안했다. 총회는 "결혼 예식은 이성 간의 결혼과 동성 간의 결혼에 제공할 수 있으나 결정은 정식 목회자와 호주연합교회가 승인한 주례자의 양심의 자유와 신앙의 자유에 맡긴다"는 것을 결의했다. 호주연합교단의 내부 문건에서는 "과학적 연구는 일반적으로 사람들이 같은 동성임에도 매력을 갖게 하는 요소를 가지고 태어난다는 것을 뒷받침해주고 있다"라며 "이러한 지식은 동성애 간의 성적 매력 또한 하나님의 선하심의 한 부분으로 그리고 자연스러운 것이 아니라는 표현보다는 다양한 창조 섭리로 이해될 수 있다고 볼 수 있음을 지지한다"고 밝혔다.[27]

2019년 11월 28일 스위스의 제네바교회는 당회의 찬반 투표를 통해 동성 간 결혼에 준하는 동성 커플 연합을 인정하기로 하였다. 칼뱅이 직접 목회했던 장로교 모교회의 결의이기 때문에 교회사적으로도 중요한 의미를 지닌다.

우리나라의 경우 성소수자를 위한 그리스도인 연대 단체인 '무지개 예수'가 전국에 흩어져 있는 성소수자를 위한 '무지개 교회' 지도를 공개했는데, 1918년 8월 말 서울에는 향린교회를 비롯한 10곳 등 전국에 걸쳐 모두 19곳의 교회가 성소수자들을 위한 교회로 공개되었다.[28]

가장 대표적인 한국의 성소수자 교회는 1996년 창립한 로뎀나무그늘교회이다. 홈페이지(https://rodemchurch.com)에 나와 있는 연역을 보면 다음과 같다.

1996년 11월 마지막 주 '기독교 동성애자로 어떻게 살아갈 것인가'를 고민

27 "호주연합교회 동성애 결혼 받아들이는 것으로," 「예장뉴스」 2018. 07. 16.

28 최승현, "성소수자 위한 '무지개 교회' 지도," 「뉴스앤조이」 2018. 09. 04.

하던 피델리티님과 '기독교 동성애 사역'에 관심이 있었던 보릿자루님의 만남으로 종로의 한 커피숍에서 부정기적으로 모여 말씀을 묵상하며 나누던 것이 친구 사이와 153 전화 사서함에 홍보가 되면서 삼성동에 예배 처소를 마련해 매주 토요일 저녁 7시에 정기적으로 모여 예배를 드리기 시작함.

저자는 이 책 초판을 쓰기 전에는 한 번도 개인적으로 성소수자를 만난 적이 없다. 그러나 책을 쓴 후 로뎀나무교회의 대표와 연락이 되어 두 번 설교하였는데, 한 번은 방문하여 함께 예배하며 말씀을 전했고, 한 번은 줌을 통해 설교하였다. 신실한 기독교인이며 동시에 당당한 성소수자인 분들이 모여 지난 25년 동안 은혜로운 예배를 드리고, 친밀한 교제를 나누며, 서로 간절히 중보 기도를 드리고 있다는 것을 알게 되었다. 그리고 예배 중에 사용하는 '신앙고백'은 다음과 같았다.

우리는 온 세상을 다양한 모습으로 지으시고
사랑으로 돌보시는 하나님을 믿습니다.
우리를 위해 자신을 낮추시고 은혜로
새로운 생명과 자유를 주시는 예수 그리스도를 믿습니다.
또한 매 순간 우리의 호흡 가운데 거하시며,
하나님과 함께 일하게 하시는 성령을 믿습니다.
우리는 성소수자를 비롯한 모든 사람을 환대하고
더불어 살아가는 거룩한 공동체를 믿습니다.
우리는 하나님이 주신 영원한 생명을 믿으며,
사랑과 정의와 평화가 성취된 하나님 나라의 승리를 믿습니다.
아멘.

우리나라에서 동성애에 대하여 전향적인 입장을 취하는 교단은 한국기독교장로회(기장)와 대한성공회다. 2015년 9월 한국기독교장로회는 제100차 총회 때 '동성애' 문제를 공식 안건으로 다루었다. 교단 총회에서 '동성애'를 다룬 건 국내에서 처음이었다.

2015년 12월 17일 한국기독교교회협의회(NCCK) 김영주 총무는 기자간담회 『우리들의 차이에 직면한다 — 교회 그리고 게이, 레즈비언 교인들』이라는 제목의 소책자를 공개했다. 김 총무는 "신앙을 믿는 건 좋다. 그러나 남을 쉽게 정죄해선 안 된다. 교회가 '동성애'를 수용하면 동성애자가 급속도로 퍼지지 않을까 걱정하는 교인들이 꽤 많다. 진정으로 그들에게 묻고 싶다. 하나님께서 그렇게 허약한가? 이제는 한국 교회도 동성애에 대한 신학적 성찰과 진지한 토론을 시작해야 할 때다"라고 말했다.[29]

3. 동성애자 성직 허용

동성애자 성직 허용 역시 교파마다 입장이 서로 상이하다. 가톨릭의 경우 독신을 통한 절대 순결을 사제의 의무로 서원해 온 전통에 따라 동성애자의 성직자 입문을 철저히 제한하고 있다. 가톨릭 교육성은 2015년 〈동성애 성향의 사람들의 성직 입문에 관한 훈령〉에서 "뿌리 깊은 동성애 성향을 보이는 사람들이나 이른바 '게이 문화'를 지지하는 사람들을 신학교나 성품(性品)에 받아들일 수 없다고 분명하게 선언할 필요"는 없지만, "그러한 성향은 적어도 부제 수품 삼 년 전에는 완전히 극복되어야 한다"고 못 박았다.

> 후보자가 실제로 동성애 행위를 하거나 뿌리 깊은 동성애 성향을 지니고 있다면, 영성 지도 신부와 고해 신부는 그가 양심에 따라 성품으로 나아가

---

29 "교회에 번지는 '동성애' 논란… 동성애자가 목사 안수를 받을 수 있는가," 「중앙일보」 2015. 12. 17.

지 않도록 단념시킬 의무가 있다. (사제) 양성의 가장 중요한 책임은 후보자(신학생) 자신에게 있다는 것은 말할 필요도 없다. 그는 교회나 그에게 성품을 허가하는 주교, 신학교 학장, 영성 지도 신부, 그 밖에 주교나 상급 장상이 미래 사제 양성의 책임을 맡긴 신학교의 다른 교수들의 식별을 믿고 자신을 맡겨야 한다. 후보자가 어찌 되었든 성품을 받기 위하여 자신의 동성애를 숨긴다면 이는 매우 부정직한 짓이다. 그러한 기만적인 태도는 직무 사제직을 통하여 그리스도와 그분의 교회를 섬기도록 부름 받았다고 느끼는 사람이 인격적으로 마땅히 지녀야 할 진리와 충실성, 개방의 정신에 부합하지 않는다(가톨릭 교육성, 〈동성애 성향을 가진 사람들의 성직 입문에 관한 훈령〉, 2005년 11월 4일).

한편 프란치스코 교황은 2018년 2월 1일 한 인터뷰에서 가톨릭 성직자들의 동성애에 대한 반대 입장을 분명히 하였다. "성직자와 성직 생활 내부에 동성애자가 존재한다는 것이 걱정스럽다. 이는 매우 심각한 문제"라며 "뿌리 깊은 동성애 성향을 지닌 이는 성직 지원이 처음부터 허용돼서는 안 된다고 생각한다"고 밝혔다. 교황은 "성직 생활에서 동성애를 위한 자리는 없다"며 "그러므로 교회는 그런 성향의 사람들이 애초에 성직에 진입하지 않도록 권고해야 한다"고 덧붙였다.[30].

2013년 11월 1일 WCC 부산총회에 참석한 러시아정교회 힐라리온 대주교는 '일치 문서' 채택을 위한 회무 시간에 "동성애에 따른 차별은 반대하지만, 교회가 동성 결혼을 인정해서는 안 된다"는 입장을 밝혔다. 그는 "오늘날 가족과 결혼에 관한 전통 관념이 파괴되고 있다"며 "역사적으로 기독교 국가인 나라들에서 기독교적 결혼의 가치가 무너지고 있다"고 우려했다. 또한 "정치가들은 사람들의 요구에 부응하기 위해 동성 결혼을 합법화하려

---

30 "교황, 동성애 성직자는 떠나야," 「연합뉴스」 2018. 12. 02.

는 움직임을 보이고 있다"며 "하지만 (동성 결혼은) 하나님의 계시와 전혀 상관없는 것"이라고 강조했다. 이어 "동성애를 포함한 모든 종류의 차별에 대해 반대하지만, 성경은 남성과 여성이 결혼해 자녀를 낳는 것 이외의 결혼을 인정하지 않고 있다"며 "만일 기독교 공동체에서 이런 전통을 부정한다면 우리는 결국 매우 심각한 문제에 봉착할 것"이라고 말했다.[31]

2017년 스코틀랜드교회 신학위원회는 총회에 제출한 보고서를 통해 "교회에서의 동성 결혼을 허락하지 않을 충분한 신학적 근거를 찾을 수 없었다"고 주장했다. 이어 "결혼은 두 사람 간 약속으로, (이성을 포함해) 동성 간 결합으로 확대하는 게 일부다처제를 허용하거나 인간과 로봇의 결합으로까지 확대되진 않을 것"이라고도 했다.[32]

그러나 개신교의 경우 동성 결혼을 허용하는 국가들이 늘어나고 교회 내에서도 동성애를 인정하는 이런 분위기가 형성되자, 1970년 들어오면서부터 동성애자의 성직 안수를 허용하는 교단들이 생겨나기 시작하였다.

게이 남성을 최초로 성직자로 임명한 교단은 그리스도 연합교회(UCC)이다. 1972년 게이인 윌리암 존슨(William Johnson) 목사를 UCC 골든게이트 협의회에서 안수하고 사역을 할 수 있도록 한 것이다. 1977년 버지니아주의 앤 홈스(Anne Homes) 목사가 안수를 받음으로써 UCC 최초의 레즈비언 목사가 되었다.[33]

뉴질랜드감리교회는 1997년 동성애자들의 목사 성직 수임을 허용하였다. 2005년 10월 16일 「뉴질랜드 헤럴드」는 공개적으로 레즈비언 관계에 있다고 밝혀 온 다이애나 타나 목사가 뉴질랜드감리교회 회장 후보로 유일하게 추천되었다고 전했으며, 11월에 그녀는 차기 회장에 선임되었다.[34]

---

31 "힐라리온 러시아정교회 대주교," 「국민일보」 2013. 11. 04.

32 강주화, "'동성 결혼에 반대할 신학적 이유가 없다' 스코틀랜드장로교회 보고서에 반발 거세," 「국민일보」 2017. 05. 30.

33 Jack Rogers/조경희, 『예수, 성경, 동성애』, 275.

1992년 미국침례교회(ABCUSA) 총회는 "동성애 행위는 기독교의 가르침과 양립할 수 없다"는 결의문을 투표로 통과시켰다. 그럼에도 불구하고 미니애폴리스대학교회는 레즈비언이라고 자신을 공개한 네디안 비숍(Nadean Bishop) 목사를 초빙했다. 2006년 현재 25명의 게이와 레즈비언이 ABCUSA의 목사로 사역하고 있다.[35]

미국 성공회 총회에서는 동성애 파트너와 14년간 동거해 온 미국 성공회의 로빈슨 신부에게 2003년 11월에 주교 서품을 받게 하였다. 여자 신부로서는 최초로 캐서린 제퍼스(Katharine Jefferts)가 2006년에 주교로 선출되었다. 그녀는 "동성애는 하나님의 선물이기 때문에 죄가 아니다"라고 선언했다. 네바다주의 감독인 그녀는 CNN과의 인터뷰에서도 동성애가 죄냐는 질문에 대해 "하나님이 인간을 창조하실 때 각기 다른 선물들을 주셨기 때문에 동성애는 죄가 될 수 없다. 우리는 하나님이 즐기라고 주신 여러 가지 선물 중에서 선택할 수 있다. 어떤 사람은 다른 이성에 대해서 매력을 느낄 수 있고, 어떤 사람은 동성에 대해서 매력을 느낄 수 있다"고 대답했다.[36] 캐서린 제퍼스가 주교로 선출된 이후 2007년 미국 성공회 캘리포니아주 샌와킨 교구가 동성애에 반대하여 교단을 탈퇴하였다.

미국장로교회(PCUSA)가 2007년 6월 정기총회에서 동성애자의 성직 안수를 각 교회가 취사선택할 수 있도록 결의한 이후 동성애에 반대하는 8개 교회가 잇따라 교단을 탈퇴했다. 151개 교회가 미국장로교회를 떠나 복음장로교 노회에 가입하기로 결정했다.[37] 2011년에는 동성애자의 성직을 허용하는 안건을, 2014년에는 교리의 동성 결혼 금지 조항을 삭제하고 동성 결

---

34 "레즈비언 목사가 뉴질랜드 감리교회 회장?," 「한겨레」 2005. 10. 17.

35 Jack Rogers/조경희, 『예수, 성경, 동성애』, 279.

36 기독교윤리연구소 편, 『동성애에 대한 기독교적 답변』, 『동성애에 대한 기독교적 답변: 동성애를 긍정하진 않지만, 동성애자들을 따뜻하게 맞이하는 교회』 (서울: 예영커뮤니케이션, 2011), 125.

37 같은 책, 127.

혼 집례를 허용하는 안을 총회와 노회의 총 투표를 거쳐 통과시켰다.

미국 복음주의루터교회는 2013년 캘리포니아주 남서부 교구장으로 남자 동성애자인 가이 어윈(G. Irwin) 목사를 선출했다고 밝혔다. 2011년 목사 안수를 받은 어윈 목사는 인디언 혼혈로 6년 동안 교구장회의의 일원으로서 교단을 이끌 임무를 맡게 된 것이다.[38]

2015년 5월 프랑스 최대 개신교 단체인 연합 개신교(EPUdF)가 대의원 총회를 열어 찬성 94표, 반대 3표로 동성 커플 축복을 허용하기로 했다. 동성 간 결혼을 인정한 것이나 다름없는 셈이다.[39]

영국 성공회는 동성 결혼을 반대하는 규정이 있음에도 불구하고 2016년 8월 "영국 성공회의 반(反)동성 결혼 규율의 완화를 촉구하기 위한 공개서한"을 동성 배우자와 결혼한 12명의 사제 커플이 서명하여 발표하였다.[40]

2017년 미국연합감리교회(UMC) 총회의 사법위원회가 서부 지부 총회에서 지난해 7월 레즈비언인 캐런 올리베토(59) 목사를 주교로 선출한 것은 위법이라는 판결을 내렸다. 그동안 교단 내에서 불거져 온 동성애자의 주교 선출 논란이 이번 판결로 봉합될지 아니면 또 다른 갈등으로 이어질지 관심이 집중되고 있다.[41]

2017년 1월 31일 노르웨이 루터교회(NLC)는 백 년 넘게 이어온 전통을 깨고 동성 커플들에게 교회에서의 결혼식을 허락하는 결정을 내렸다. 이 문제로 투표를 실시한 건 지난 2014년 이후 두 번째다. 당시 투표에서는 동성 결혼식을 반대하는 입장이 더 많았으나, 이번에는 찬성 83, 반대 29의 압도적인 찬성표로 동성 결혼식을 허용하게 된 것이다.[42]

---

38 "루터교회서도 동성애자 교구장 탄생," 「KBS 뉴스」 2013. 06. 02.

39 임세정, "프랑스 개신교, 동성 결혼 사실상 인정," 「국민일보」 2015. 05. 18.

40 강혜진, "동성 결혼한 영국성공회 사제," 「크리스챤투데이」 2016. 08. 24.

41 김상기, "'레즈비언 주교 선출은 위법', 美 연합감리교회 사법위원회 판결," 「국민일보」 2017. 04. 30.

2020년 1월 3일 "동성 결혼과 동성애 성직자 허용을 반대하는 보수적 성향의 UMC 소속 교회들이 별개 분파로 독립하게 됐다"는 내용의 〈결별을 통한 화해와 은혜의 의정서〉를 공개했다. 교단 분립은 오는 5월 미국 미네소타주 미니애폴리스에서 개최되는 UMC 총회에서 최종 결정된다. UMC는 "이번 결정은 UMC 소속 교회들의 차이를 인정하고 논의 과정에 참여한 모든 사람의 의견을 존중한 결과"라면서 "다른 길을 걷더라도 세상 모든 사람을 예수의 제자로 삼는 사명만큼은 동일하게 이어간다"고 밝혔다. 이어서 "교단을 나누는 일은 아프지만 동성애 문제를 둘러싼 교단의 오랜 논쟁을 우호적으로 해결할 수 있는 방법"이라고 설명했다.[43]

이처럼 개신교의 경우 그 입장이 너무 다양하여 동성애와 동성 결혼, 심지어 동성애자의 목사 안수도 허용하는 교단의 사례들이 생겨나고 있다.[44]

「위키백과」의 "동성애와 기독교" 항목에 수록된 통계를 보면, 전 세계적으로 51개 교단 중 동성애자 입교 허용 32개 교단, 동성애자 성직 허용 26개 교단, 동성 결혼 주례 허용 13개 교단, 동성 결혼 허용 11개 교단이다.

동성애와 동성 결혼에 대한 주요 교단의 입장

1916년	세계 최초로 호주 시드니에 동성애자를 위한 교회 설립
1968년	동성애자인 페리 목사가 동성애자를 위한 메트로폴리탄 공동체 교회(DCC) 설립
1972년	미국 그리스도연합교회(UCC)가 게이인 윌리암 존슨에게 목사직 수임 허용
1972년	미국 연합 그리스도 교회는 게이 남성을 성직자로 임명
1977년	미국 그리스도연합교회(UCC)가 레즈비언인 앤 홈스에게 목사직 수임 허용
1977년	영국 성공회는 최초로 레즈비언을 성직자로 임명
1992년	미국침례교회(ABCUSA) 총회 소속 미니애폴리스대학교회는 레즈비언 네디안 비숍목

42 강혜진, "노르웨이 루터교회, 백 년 전통 깨고 '동성혼' 허락," 「국민일보」 2017. 02. 01.

43 "미국연합감리교회 동성애 문제로 끝내 분열 — 동성 결혼·동성애 성직자 허용 여부 합의점 못찾아," 「국민일보」 2020. 01. 07.

44 윤가현, 『동성애의 심리학』 (서울: 학지사, 1997), 99-101; 조철옥, "포스트모더니즘 범죄이론에 의한 동성애 합법화 연구," 「한국공안행정학회보」 27(2007), 228.

	사를 청빙
1997년	뉴질랜드감리교회 동성애자에게 목사직 수임 허용
2001년	미국 연합감리교회(UCC)는 동성애를 허용하는 성명서를 발표[45]
2003년 7월	호주연합교회(UCA)는 동성애 목사 안수 허용
2003년 11월	미국 성공회 총회에서 게이인 로빈슨 신부 주교 서품 받음
2006년	루터파인 스웨덴 국교회 동성 커플 축복을 허용
2006년	미국침례교회(ABCUSA) 총회 소속 게이와 레즈비언이 목사 25명 사역
2007년 6월	미국장로교회(PCUSA)는 동성애자의 성직 안수 각 교회별로 선택 허용
2009년	미국 복음주의루터교회(ELCA) 동성 결혼과 동성애자의 목사 안수 허용
2009년	아이슬란드 국교회, 덴마크 국교회, 미국 복음주의 루터교 동성 커플 축복을 허용
2009년 10월	스웨덴 루터교는 동성애자의 결혼 허용
2010년	핀란드 루터교회는 교회에 따라 자율적으로 동성 커플 축복 허용
2011년	미국장로교회(PCUSA) 동성애자 목사 안수 허용
2011년	캐나다 복음주의루터교회 동성 커플 축복을 허용
2013년	미국 복음주의루터교회(ELCA) 남자 동성애자인 가이 어윈을 캘리포니아주 남서부 교구장으로 선출
2014년	미국장로교회(PCUSA) 동성 결혼 집례 허용
2014년	영국의 감리교회는 시민 결합을 한 커플에게 축복을 허용.
2015년	노르웨이 국교회 동성 커플 축복을 허용
2015년 5월	프랑스연합 개신교단(EPUdF)이 동성 커플 축복 허용
2017년 1월	노르웨이 루터교회(NLC) 동성 결혼과 소속 목사의 주례 허용
2017년 7월	미국연합감리교회(UMC) 소속 서부지부 연회에서 레즈비언인 캐런 올리베토 목사 주교 선출 위법 판결
2018년 7월	호주연합교회(UCA)는 동성 결혼 개교회 별로 집례 선택

45 "동성애 성직,"「국민일보」 2001. 8. 22.

제6부

한국 사회와 교회의 동성애 관련 논란

1장
한국 역사 속의 동성애

우리나라의 경우를 살펴보면 서구처럼 동성애 사례가 많지도 않았고 동성애에 대한 동양 종교의 언급도 거의 없는 편이다. 그러나 『고려사』, 『고려사 절요』, 『삼국유사』, 『조선왕조실록』과 같은 역사서와 기타 '문집자료', '총서류', '야사류', '야담류' 등 비교적 다양한 종류의 기록에 등장한다.[1]

고려 시대에 세 명의 왕이 동성애를 한 것으로 기록되어 있다. 목종(997~1009 재위)은 어머니 천추태후의 등쌀에 국정에 흥미를 잃고 동성애에 몰두했다. 『고려사절요』에는 목종이 여자에게 무심하고 후사도 안 보고 잘생긴 남자들을 데려다 동성애에 빠졌다고 기록하였다. 목종의 동성애 상대는 유행간(庾行簡)이라는 자인데, 용모가 아름답고 풍채가 좋아 목종은 그에게 빠져들게 되었고 모든 정사를 그와 의논하게 되자 그는 점차 권력을 키워가게 된다. 그리고 목종에게 새로운 남자를 소개시켜 주는데, 바로 유충정이

---

1 강문종, "전통시대 同性愛 연구," 「영주어문」 30(2015. 06.), 5. 이러한 자료들을 바탕으로 전통시대 동성애에 대한 용어를 검토해 보면 남녀 동성애의 가장 보편적인 용어는 '對食'이며, 남성간 동성애는 '男寵', '男色' 및 '風男之戲' 등이다. '北衝' · '男奸' · '비역(屁役)질' · '鷄姦'인 경우 남성끼리 하는 성행위의 의미가 강하며, 이 중에 '鷄姦'은 주로 남성끼리 이루어지는 强姦이라는 성범죄의 용어로 정착한 것이다.

라는 자다. 그는 발해 출신으로 아름다운 외모를 가졌는데, 목종은 유충정에게 빠져들게 되고 고려 조정의 일은 유행간과 유충정에 의해 좌지우지되었다고 한다.[2]

충선왕(1298년 재위, 1308~1313년 복위)은 여성 편력이 상당히 화려했던 왕이지만 양성애자로 동성 애인을 둔 기록이 남아 있다. 『고려사』에 의하면 원나라 수도에 머물고 있던 충선왕을 모시기 위해 왕실에서 18세 원충(元忠)을 파견한다. 왕은 그의 측근이었던 원충(元忠)을 남색(男色)의 대상으로 총애하였다고 한다.[3]

공민왕(1351~1374년 재위)은 1365년 왕비 노국공주가 난산으로 사망하고 신돈을 통한 개혁마저 실패하자 크게 상심한다. 이후 공민왕은 노국공주 외에는 다른 여자를 상대하지 않고 후궁도 들이지 않았다. 1372년 자제위(子弟衛)[4]를 설치하고 그의 동성애 상대자였다고 알려진 김흥경을 자제위 총괄 직책에 임명하여 젊고 외모가 잘생긴 청년을 뽑아 이곳에 두고 왕의 좌우에서 시중을 들게 하였다. 1374년 9월에 공민왕이 홍륜(洪倫) 등 자제위 소속의 미소년들을 궁중에 출입하게 하였다. 『고려사』는 왕이 여자 분장을 하고 있다가 마음이 동하면 홍륜 등과 함께 육체적 관계를 맺었다고 한다.[5]

남북국 시대에도 동성애와 관련된 기록이 전해진다. 『삼국유사』에 의하면 756년 8월 8세의 나이로 즉위한 혜공왕이 "본래 여자로 태어나야 했으나 억지로 남자로 태어나게 한 탓에 행동이 여성스러웠다"며, "도사(道師)와 함께 희롱"하였다는 대목이 있다.

---

2 이민선, "歷史의 발자취를 찾아서 — 역사 속 인물들의 삶에도 동생애 녹아들어," 「시사인 뉴스피플」, 2010. 08. 03.

3 "충선왕," https://namu.wiki/w/ (2018. 12. 25.).

4 『고려사』,「세가」 43권, 공민왕 21년(1372년) 음력 10월 1일자 기사. 置子弟衛(자제위를 설치하다)라는 문구와 함께 자제위에 대해 간단히 설명하고 있다.

5 "공민왕," https://namu.wiki/w/ (2018. 12. 25.).

어린 왕은 이미 여자로서 남자가 되었으므로 돐날부터 왕위에 오를 때까지 언제나 여자들이 하는 장난을 하고, 비단 주머니 차기를 좋아하며, 도류(道流)와 어울려 희롱하였다. 그러므로 나라에 큰 난리가 있어 마침내 왕은 선덕왕(宣德) 김양상(金良相)에게 살해되었다(『삼국유사』 제2권 「기이편」).

혜공왕의 방탕한 성생활을 동성애로 추측하는 이들도 있다.

원성왕(元聖王, 785~798년 재위)은 신라의 제38대 왕이다. 묘정이라는 소년 승려가 금광정(金光井)에서 자라가 준 구슬을 지니고 있다가 왕의 사랑을 받았다고 한다. 그가 당나라에 갔을 때는 당의 황제와 좌우 신하들도 그를 사랑하였다. 이후 관상 보는 사람이 당 황제에 아뢰어 이상한 물건을 지녔을 것이라는 이야기를 한 후에 묘정의 몸을 뒤져보니 구슬이 발견되었다. 당 황제가 그 구슬을 빼앗아두고 신라로 돌려보내니 이후 묘정을 사랑하는 사람이 없었다고 한다.[6]

사다함(斯多含)과 무관랑 사이의 동성애도 유명하다. 사다함(562~564년 풍월주 재임)은 신라의 화랑으로 진흥왕의 대가야 정복에서 활약하였다. 학계에서 위서 논란이 있는 『화랑세기』에 의하면 사다함과 무관랑은 서로 죽어도 변치 않은 벗으로 지낼 것을 맹세했다. 그러다가 무관랑이 병으로 세상을 떠나자 사다함은 몹시 슬퍼하며 통곡하다가 그 역시 7일 만에 그의 뒤를 따라갔다. 자결인지 몸이 쇠약해져 숨진 것인지는 알 수 없다. 이때 사다함의 나이는 겨우 17세에 불과했다. 일부 학자는 이 기록을 토대로 사다함과 무관랑이 실은 동성 연인의 관계였다고 추측한다.[7]

일제 강점기 시절 일부 일본학자들은 화랑 제도의 매우 중요한 특성 중의 하나로 화랑과 낭도 간의 동성애라는 연구 결과를 내놓기도 하였으나

---

6 『삼국유사』 권 2, 「기이」2, 원성대왕.

7 "사다함," https://namu.wiki/w/ (2018. 12. 25.).

우리나라 역사학계에서는 이를 일본의 음해 및 왜곡으로 여긴다. 문헌적으로 화랑의 동성애를 뒷받침할 기록은 전무하며 이익의 『성호사설』에 나오는 미남을 수장으로 뽑았다는 구절을 곧바로 동성애로 단정한 것에 불과하다고 반박한다. 그러나 몇몇 향가의 기록 속에 은근히 배어 나오는 낭도 간의 사랑과 그리움의 감정 등을 감안하면 화랑도들 사이에 동성애적 관계가 꽤 공공연하게 이루어졌을 가능성이 크다.[8]

조선 시대 이후의 동성애 관련 기록을 자세히 조사한 강무종의 "전통시대의 동성애"라는 논문에 의하면 동성애가 기록된 사례는 다음과 같다. 왕조실록 자료 4건, 문집자료 8건, 총서류 8건이다. 이 중 『조성왕조실록』에 기록된 대표적인 두 사례만 소개한다.

1) 조선 시대의 가장 큰 동성애 스캔들은 세종대왕의 장남 문종의 두 번째 세자빈이었던 순빈 봉씨 사건이었다. 그녀는 남편과의 사이가 원만하지 못했고, 궁녀들과 동성애 행위를 계속하다 들켜서 폐출당하고 결국 자살했다는 기록이 남아 있다.[9]

세종 18년(1426년) 음력 10월 24일자 기록을 보면 세종대왕의 며느리인 세자빈(世子嬪) 봉씨와 궁녀인 소쌍(召雙) 사이의 동성애 이야기가 나온다. 세종대왕이 직접 세자빈을 불러 자초지종을 국문(鞫問)한다. 그 기록을 보면 당시 왕실에서 동성애 관계를 유지하는 여성들이 다수였음을 알 수 있다.

> 내가 항상 듣건대, 시녀와 종비 등이 사사로이 서로 좋아하여 동침하고 자리를 같이한다고 하므로… 이에 빈을 불러서 이 사실을 물으니, 대답하기를 "소쌍이 단지와 더불어 항상 사랑하고 좋아하여 밤에 같이 잘 뿐 아니

---

8 "화랑," https://namu.wiki/w/ (2018. 12. 25.).

9 "동성애," https://namu.wiki/w/ (2018. 12. 10.).

> 라 낮에도 목을 맞대고 혀를 비볐습니다. 이것은 곧 저들의 하는 행위이며 저는 처음부터 동숙한 일이 없었습니다."[10]

동성애를 곤장 70대로 엄히 다스리던 세종은 격분하여 1436년 음력 10월 26일 세자빈 봉씨를 폐위한다.[11] 폐위 교지(敎旨)에서 봉씨가 소쌍을 사랑하였던 일의 전말은 추하다는 이유로 기록을 삭제하였다. 세자빈은 여러 가지 행실이 좋지 못했다는 이유로 결혼 7년 만에 일반 백성의 신분으로 자기 집으로 돌려보내진 것이다. 봉씨는 그 일을 수치스럽게 여긴 아버지에 의해 죽임을 당했다고 한다.

2) 성종 13년(1482) 음력 6월 11일 제안대군(齊安大君) 이현(李琄)의 아내 박씨가 몸종들과 동침한 사실이 왕대비전에 보고된 사례이다. 세종이 직접 이에 대한 전방위적인 조사를 하는 과정에서 시비(侍婢)들의 동성애적 행태를 실토했다.

> 함께 동침한 자를 물으니 이르기를 "내은금, 금음덕, 둔가미 등입니다" 하였다. 내은금이 말하기를 "부인과 5월부터 동침했으며, 하루는 부인이 내은금을 위하여 곡(曲)을 지어 노래를 불렀는데, 그 노래 뜻이 내은금이 없으면 그리운 생각이 난다는 것이었습니다."[12]

왕실뿐 아니라 서민 계층들의 동성애 성향이나 동성 간의 성행위도 유

---

10 『세종실록』 18년(1426년) 음력 10월 24일. "予常聞侍女從婢等私相交好 與同寢處… 乃召嬪而問之 答曰 召雙與端之 常時愛好 不獨夜同寢宿 晝亦交頸舐舌 此乃彼之所爲 我則初無同宿之事."

11 "대한민국의 성소수자 역사," https://ko.wikipedia.org/wiki (2019. 01. 25.).

12 『성종실록』 13년(1482) 음력 6월 11일. "問所與同寢者 則曰 內隱今 今音德 屯加未等也 內隱今言 夫人自五月同寢 一日夫 人爲內隱今 作曲歌之 其歌意 爲內隱今不在 而思戀也."

행했을 것으로 보인다. 예를 들면 생소리 사설 적벽가 또는 박타령에는 항문성교를 한다는 얘기가 등장하며, 구비문학에도 미소년의 항문에 성교한다는 '미동치기'가 전해진다. 유랑예인 집단 남사당과 그 외 승방과 머슴 사이에서 남자끼리 또는 여자끼리의 사랑 얘기는 많이 구전되어 왔다.[13]

"전통 시대 동성애 연구"라는 논문의 결론에서 보면 전통 유교 사회임에도 불구하고 전통 사회에서도 동성애가 예상보다 많고 다양하였다고 한다. 조선 시대 동성애를 표현하는 용어도 매우 다양했으며, 다양한 계층과 계급에서 동성애가 이루어지고 있었던 것을 조사하였다.[14]

구한말 동성애의 한 역사적 사례가 김구의『백범일지』에 기록되어 있다. 그는 1896년 3월 9일 황해도 안악군 치하포에서 일본인 스치다 조스케(土田讓亮)를 타살한 사건으로 복역하다가 2년이 지난 1898년 조근덕과 함께 탈출 계획을 세운다. 그런데 같이 옥살이하던 황순용이 비밀을 유지해 줄 것인지가 걱정되어 황순용이 남색으로 사랑했던 미소년 김백석 사이의 동성애 애정을 이용한 전후 사정을 기록으로 남겼다. 김구는 황순용이 김백석을 대신해서 감옥을 살겠다고 눈물로 여러 차례 호소할 만큼 "비록 더러운 애정이라 하여도 애정의 힘은 과연 컸다"고 하였다.

> 그런데 이 황가에게는 한 약점이 있으니, 그것은 그가 김백석을 남색(男色)으로 지극히 사랑하는 것이었다. 김백석은 17, 8세의 미소년으로서 절도범으로 3년 징역 판결을 받고 복역한 지 한 달쯤 된 사람이었다. 나는 김백석을 이용하여 황가를 손에 넣기로 계획을 정하였다. 나는 조근덕으로 하여금 김백석을 충동하여, 김백석으로 하여금 황가를 졸라서, 황가로 하여금 내게 김백석을 탈옥시켜 주기를 빌게 하였다. 계교는 맞았다. 황가

---

13 김철, "한국 동성애자의 역사," https://blog.sina.com.cn/s/blog_4abdf04001000crw.html (2018. 12. 17.).

14 강문종, "전통시대 同性愛 연구," 34.

는 날더러 김백석을 놓아 달라고 졸랐다. 나는 그를 준절(峻節)하게 책망하고 다시는 그런 죄 될 말을 하지 말라고 엄명하였다.

그러나 김백석에게 자꾸 졸리우는 그는 하루에도 몇 번씩 눈물을 흘리면서 나를 졸랐다. 내가 뿌리치면 뿌리칠수록 그의 청은 간절하여서 한 번은 "제가 대신 징역을 져도 좋으니 백석이만 살려 주시오"하고 황가는 울었다. 비록 더러운 애정이라 하여도 애정의 힘은 과연 컸다.[15]

일제 강점기에 들어와서 「삼천리」 1931년 5월호는 홍옥임과 김용주라는 두 여성이 동성애를 비관하여 자살한 사건을 보도하였다. 남자에게 배신당한 홍옥임과 김용주는 서로 깊이 동정하며 서로 상처를 어루만졌다. 함께 있는 순간만큼은 모든 시름과 아픔이 사라지는 것 같았다. 홍옥임은 수시로 김용주의 집을 찾았다. 두 여인의 우정은 어느 순간 사랑으로 발전했다.[16]

홍옥임은 어디서고 어여쁜 소녀를 보면 당장 금반지 한 개를 사서 선물하고 연서(戀書)를 써 보냈다. 요즘 여학생들 사이에서 동성끼리의 연애는 대개 반지를 교환하는 것으로 시작된다. 홍옥임에게는 동성 애인이 많았다. 그러나 그녀도 나이가 차감에 따라 동성 애인만으로는 관능의 만족을 얻지 못했다("그녀들은 왜 철도 자살을 하였나?", 「별건곤」 1931년 5월호).

훗날 이 사건은 〈콩칠팔 새삼륙〉이라는 뮤지컬로도 만들어졌다. 이 일이 사회적으로 큰 파장을 일으키자 비슷한 사건이 유행처럼 번지기도 했다. 남성 역시 학교 기숙사의 발달로 사건이 일어나는 일이 많았다.

---

15 김구, 『백범일지』 (서울: 청목사, 2000), 108.

16 정봉관, "홍옥임 · 김용주 동성애 정사(情死) 사건 — 철길 위에서 갈가리 찢겨 나간 '금지된 사랑'," 「신동아」 2007. 08. 08.

2장
한국 사회의 동성애 관련 논란

1. 성소수자들의 커밍아웃

1993년 대한민국 최초의 동성애자 인권 모임인 '초동회'가 결성되었으나 1994년 초동회에서 남성 동성애자 인권 단체인 '친구 사이'와 여성 동성애자 인권 단체인 '끼리끼리'로 분리되었다.

1996년 박재호 감독의 〈내일로 흐르는 강〉을 시작으로 이후 우리나라에서는 동성애를 주제로 한 영화들이 제작 · 상영되었다. 동성애를 주제로 다룬 국내의 영화는 김대승 감독의 〈번지 점프를 하다〉, 유상욱 감독의 〈인사이드〉, 박철수 감독의 〈봉자〉, 김인식 감독의 〈로드 무비〉 그리고 2006년에는 1,200만 관객을 동원했던 이준익 감독의 〈왕의 남자〉가 대표적인 것들이다. 그 외에 외국 영화의 경우에서도 동성애를 주제로 다룬 영화를 주변에서 손쉽게 접할 수가 있다.[1]

1995년 6월 26일 한국 동성애자인권운동협의회를 창립하였다. 1998년에

---

1 김종걸, "동성애에 대한 신학적 이해 — 바라보기를 넘어 보듬어보기," 「복음과 실천」 41-1 (2007), 156.

는 한국동성애자단체협의회, 2003년에는 한국동성애자연합단체를 조직하였다.

1997년 첫 서울퀴어영화제와 대규모 성소수자 집회가 열렸다. 현재의 동성애자인권연대의 전신인 대학동성애자인권연합이 결성되었다.

2000년 9월 8일에 시작되어 9월 9일까지 제1회 서울퀴어문화축제가 대학로 등에서 개최되었다. 퀴어(Queer)는 본래 '이상한, 색다른' 등을 나타내는 단어였지만, 현재는 성소수자(레즈비언, 게이, 양성애자, 트랜스젠더 등)를 포괄하는 단어로 사용되고 있다. 이 축제가 끝난 뒤인 그해 9월 26일 당시 대한민국 국내 연예인 최초로 홍석천은 자신이 동성애자라고 커밍아웃을 하였다.

2000년 이후 서울에서는 매년 6월에서 9월 사이 여름에 열리는 성소수자 축제가 이어져 왔다. 2009년부터 시작된 대구퀴어문화축제와 2017년 처음 열린 부산퀴어문화축제를 통해 퀴어 축제가 지방으로 확산되었다. 축제 참가 인원은 2000년 2,000명에서 매년 늘어나 2018년에서는 주최 측 추산으로 연인원 12만여 명에 달하게 되었다.[2]

2001년 대한민국의 최초 성전환 연예인인 하리수가 데뷔하여 대한민국에서 성전환에 대한 논의가 활발해졌다. 2002년 12월 11일 하리수는 법적으로 성전환을 인정받았다.

2002년 4월에는 '영화진흥법' 및 '공연법'의 영상물 등급위원회의 심의 기준에도 '동성애' 항목이 삭제되었다.

2005년 5월에는 레즈비언 인권연구소, 부산여성성적소수자 인권센터, 변태소녀 하늘을 날다, 한국 레즈비언 상담소가 모여 '한국레즈비언권리운동연대'를 결성하게 되었다.

2006년 2월에 대법원은 '성전환자의 호적상 성별정정허가'를 결정하면서 사회 내부에 존재하던 성전환자의 행복추구권을 인정했다.

---

2 "서울퀴어축제," https://ko.wikipedia.org/wiki/ (2018. 12. 18.).

2007년 10월 24일 연세대 동아리연합회에 따르면 학내 성소수자 동아리인 '컴투게더'가 미션스쿨에서 처음으로 중앙 동아리로 인정받았다. 이 동아리가 1995년 만들어진 이래 12년 만이다. 대학 내 성적소수자 동아리는 서울대 'QIS'와 고려대 '사람과 사람'이 정식 인정을 받았으나 기독교계 학교에서는 이번이 처음이다.

2010년 '동성애허용법안반대국민연합'은 그해에 방영된 SBS의 주말 드라마 〈인생은 아름다워〉가 동성애를 조장한다는 이유로 시청거부 운동을 벌인 적이 있다. 조선일보와 중앙일보 등에 게재한 연속 기획 광고[3]를 통해 동성애가 에이즈(AIDS) 확산, 출산율 저하, 산업 인력 감소, 국가 경제 몰락을 가져오는 가정·사회·국가 파괴의 주범이라고 규정하였다.[4]

이에 대한 '차별없는세상을위한기독인연대'는 반박 성명서(2010년 6월 7일)를 통해 "특정 종교의 편협한 논리로 예술적 창작활동의 권리와 시청권을 박탈하는 행위는 즉시 중단되어야 한다"고 경고하고, "신앙과 성경을 폭력의 도구로 사용하는 것은 용서받기 어려운 범죄행위로 즉각 중지되어야 한다"고 주장했다.[5]

2013년 12월 26 최초로 커밍아웃한 동성애자 부모들이 연대하여 "성소수자 자녀를 둔 부모 모임"이라는 네이버 카페를 개설하였다. 우리나라에서도 동성애자 부모 모임이 결성된 것이다.

2015년 6월 28일 동성애 퀴어 축제를 적극 반대하는 과정에서 '반동성애기독시민연대'(약칭 반동연)가 결성되었다. 반동연은 동성애 옹호와 퀴어 축제 개최, 포괄적 차별금지법 제정, 군형법 92조6 폐지, 동성애-동성 결혼 포함 헌법 개정 시도를 반대하고 반동성애 운동을 위해 조직되었다고 밝혔다.[6]

---

3 2010년 5월 27, 30, 31일, 6월 3일 등.

4 "동성애 조장하는 SBS시청거부 · 광고안내기 운동," 「머니투데이」 2010. 06. 07.

5 "'인생은 아름다워'로 동성애를 말하다," 「뉴스앤조이」 2010. 06. 08.

6 https://www.antihomo.net.

2013년 9월 서울에서 공개 동성 결혼을 한 동성 커플 김조광수와 김승환이 12월 11일 서울 서대문구에 혼인신고를 하였으나 반려되었다. 12월 13일 서울 서부지방법원에 혼인신고를 수리하라고 가족관계등록공무원의 처분에 대한 불복신청을 하였다. 2016년 5월 25일 법원은 이 신청을 각하하였다.

2. 청소년 보호법의 동성애 삭제 개정 논란

정보통신윤리위원회가 2000년 8월 25일 17차 전문위원회에서 "엑스존"이라는 한국 최고의 게이 웹사이트가 음란물과 욕설 등을 구체적으로 묘사하고 있다고 청소년 유해 매체물로 심의 규정하였다.[7] 이때까지만 해도 우리나라에서는 청소년보호법에 따라 동성애가 청소년들에게는 유해한 것으로 규정하여 왔다. 청소년 보호법에서 규정하는 청소년 유해매체물 대상은 다음과 같으며, 동성애가 여기에 포함되기 때문이었다.

> 수간을 묘사하거나 혼음, 근친상간, 동성애, 가학 · 피학성 음란증 등 변태 성행위, 매춘행위, 기타 사회 통념상 허용되지 아니한 성관계를 조장하는 것(청소년 보호법 제10조 및 동법 시행령 제7조)

2002년 1월 10일 시민단체 '정보통신 검열반대 공동행동'은 동성애자 차별법 철폐와 인터넷 내용 등급제 폐지를 위한 행정소송을 서울행정법원에 제출하였다. 서울고등법원은 2002년 12월 22일 '청소년 유해매체물 결정 및 고시처분 무효 확인 청구'는 왜곡된 성문화 조장 우려가 있다 하여 최종 기각하였다.[8]

---

7 정재진 · 전영평, "동성애 소수자의 차별저항과 정책변동," 「한국행정연구」 15-4(2006), 225.
8 정재진 · 전영평, "동성애 소수자의 차별저항과 정책변동," 「한국행정연구」 15-4(2006), 226.

한국 여성 소수자 인권 모임인 '끼리끼리'는 청소년 보호법 시행령 가운데 '동성애가 청소년 유해 매체물의 개별 심의 기준으로 규정'된 것 자체가 인권 침해이며, 헌법 제10조(행복추구권), 제11조(평등권), 제21조(표현의 자유) 등을 위배하는 것이라며 청소년 보호 위원회의 위원장에게 진정서를 보냈다.

2002년 국가인권위원회의 권고로 청소년보호법시행령 제7조에서는 '청소년 유해 매체물'로 규정된 '혼음, 근친상간, 동성애, 가학 피학성 음란증 등 변태성행위, 매춘행위, 기타 사회 통념상 허용되지 않는 성관계를 조장하는 것' 중에서 '동성애'만을 삭제하여 개정하였다.

2003년 4월 2일 국가인권위원회는 "동성애자 인권 침해 사건" 관련 보도 자료를 통해 청소년 유해매체물 개별 심의 기준에 동성애가 포함되는 것은 헌법에 위배되며, 동성애 사이트는 청소년 유해매체가 아니라고 밝혔다. 동성애는 '정상적인 성 지향'이고, '인간적인 삶인 동시에 애정의 형식'이며, '성도착증과 같은 질병이 아니므로' 그들의 '인권을 보호'해야 한다는 취지의 보도 자료를 발표하였다.

> 국가인권위는 청소년보호법시행령 제7조의 개별 심의 기준을 근거로 인터넷상에서 청소년들의 동성애 사이트 접근이 차단되고 있다는 점을 중시했습니다. 실제로 개별 심사 기준은 동성애를 '수간'이나 '변태성행위'와 같은 이상 성욕의 하나로 규정하고 있으며, 개별 심의 기준이 반영된 음란물차단프로그램은 동성애사이트에 대한 청소년의 접근을 차단하고 있습니다. 국가인권위는 이처럼 동성애에 차별적 규정과 청소년의 접근 제한이 헌법 제10조(행복추구권), 제11조(평등권), 제21조(표현의 자유) 등을 침해한 것이라고 판단했습니다.[9]

---

[9] 국가인권위원회 보도 자료 (2003. 04. 02.)

그리고 이 보도 자료에서 미국정신의학협회(APA)와 세계보건기구(WHO)에서 동성애를 정신질환 목록에서 삭제한 것을 근거로 우리나라에서도 중고등학교에서 동성애를 장애로 분류하지 않는다는 교사용 지도 지침이 있음을 밝혔다.

한편 미국정신의학협회는 1974년 정신질환에 대한 통계편람인 *DSM*에서 '동성애'를 정신질환 목록에서 삭제했고, 세계보건기구(WHO)는 1993년 발간한 국제질병분류 *ICD-10*에서 "성적 지향은 정신적 장애와 아무런 관련이 없다"고 기술했습니다. 따라서 동성애를 정상적인 성적 지향의 하나로 인정하는 것은 세계적 추세라고 볼 수 있습니다.
또한 우리나라도 최근 동성애를 정상적인 성적 지향으로 간주하고 동성애자의 인권을 보호해야 한다는 사회적 인식이 확대되고 있습니다. 이밖에 통계청이 고시한 한국표준질병분류도 "성적 지향성 그 자체는 장애와 연관시킬 수 없다"고 밝히고 있으며, 교육인적자원부가 발행하는 '성교육 교사용 지도지침서'는 "동성애 또한 하나의 인간적인 삶인 동시에 애정의 형식이다"(중학교용), "이제는 더 이상 동성애가 성도착증으로 분류되지는 않는다"(고등학교용)고 기술하고 있습니다(국가인권위원회 보도 자료, 2003. 04. 02.).

이에 대해 한국기독교총연합에서는 2003년 4월 7일 "국가기관이 청소년들에게 '동성애'를 권장하는가?"라는 제목의 성명서에서 청소년보호법시행령의 철회를 촉구하였다. 그 이유는 다음과 같다.

1. 국가인권위원회는 소수의 인권에 집착하여 사회적 통념과 국민 대다수의 의견에 반하는 결정을 내린 것을 철회하라.
1. 청소년보호위원회는 청소년 보호라는 본분을 망각하고 청소년들이 성적

정체성 형성에 혼란을 초래할 '동성애 삭제 권고 수용'을 즉각 철회하라!
1. 한국 교회는 하나님의 창조 질서에 대한 도전이며 국가와 사회를 지탱해 나갈 가정의 붕괴뿐만 아니라 에이즈 등 심각한 사회적 문제를 배태하고 있는 '동성애'의 문제점을 직시하고 '동성애자'에 대한 선교적 접근과 대책 마련에 나설 것을 당부한다.[10]

이런 반론과 더불어 동성애 차별금지법이 동성애를 비판하는 이성애자들에 대한 역차별이라는 주장도 제기되었다.

> 동성애 성향을 타고난 경우라고 하더라도 동성애 행위자에게는 거기에 따른 합당한 책임이 따른다. 어느 특정 성향에 대한 차별이거나 평등권 침해가 결코 아니다. 오히려 '합리적 이유'에 따른 '정당한 차별'은 시민사회에 필요한 요소이다. 이는 차별이 아니며 '정의'인 것이다.[11]

그러나 장애인을 우선시하여 배려하는 것이 당연한데 이를 비장애인에 대한 차별이라는 논리는 성립하지 않는 것처럼, 동성애 차별금지법이 비동성애자에 대한 역차별이라는 논리 역시 성립 불가능하다는 비판이 제기된다.

이성애와 마찬가지로 동성애 역시 범죄로 성립되는 경우가 없지 않다. 동성 간의 성행위 역시 일방의 강제에 의한 경우라면 형법 제298조의 강제추행죄에 해당되며, 13세 이하의 경우는 쌍방의 동의로 이뤄진 행위라고 해도 형법 제305조의 미성년자 강제추행죄에 해당한다.

공적인 장소에서의 성행위일 경우 형법 제245조가 공연음란죄로 처벌

---

10 "국가기관이 청소년들에게 '동성애'를 권장하는가?," www.cck.or.kr/chnet2/board/view.php?id=16&code=notice02 (2019. 01. 03.).

11 이동호, "동성애와 관련된 국가인권위원회의 청소년보호위원회 권고문에 대한 윤리신학적 비판," 「생명연구」 6(2004): 34-36.

받게 되어 있으며, 금전적 대가를 주고받을 경우는 '성매매알선 등 행위의 처벌에 관한 법률' 제21조에 따라 처벌된다. 그리고 19세 미만인 자의 경우는 '청소년의 성보호에 관한 법'의 위반으로 처벌을 받게 된다.

2009년 경기도는 학생참여기획단의 의견을 검토한 뒤 학생인권조례를 발의하였다. 이 발의안이 2010년 9월 16일 경기도의회를 통과하였다. 2015년 3월 1일부로 시행된 '경기도 학생인권 조례'(경기도 조례 제4853호)의 제5조(차별받지 않을 권리)에 제시한 19가지 대상 중 '성적 지향'에 따라 차별받지 않을 권리를 포함하여 명시하였다.

> **제5조(차별받지 않을 권리)** ① 학생은 성별, 종교, 나이, 사회적 신분, 출신 지역, 출신 국가, 출신 민족, 언어, 장애, 용모 등 신체조건, 임신 또는 출산, 가족 형태 또는 가족 상황, 인종, 피부색, 사상 또는 정치적 의견, 성적 지향, 병력, 징계, 성적 등을 이유로 정당한 사유 없이 차별받지 않을 권리를 가진다(경기도 학생인권 조례 5조, 2015. 03. 01.).

서울특별시도 '서울특별시 학생인권 조례'(서울특별시조례, 제6793호)를 2012년 1월 26일 공포하고 1918년 1월 4일부터 시행하는데, 경기도 학생인권 조례 5조의 내용 19가지에 '경제적 지위와 성별 정체성'이 추가되었다. 그리고 제28조(소수자 학생의 권리 보장)에는 교육감, 학교의 설립자 · 경영자, 학교의 장 및 교직원은 성소수자를 비롯한 소수자에 대하여 "그 특성에 따라 요청되는 권리를 적정하게 보장받을 수 있도록 하여야 한다"는 조항도 포함시켰다.

> **제5조(차별받지 않을 권리)** ① 학생은 성별, 종교, 나이, 사회적 신분, 출신 지역, 출신 국가, 출신 민족, 언어, 장애, 용모 등 신체조건, 임신 또는 출산, 가족 형태 또는 가족 상황, 인종, 경제적 지위, 피부색, 사상 또는 정치적

의견, 성적 지향, 성별 정체성, 병력, 징계, 성적 등을 이유로 차별받지 않을 권리를 가진다(서울특별시 학생인권조례 5조, 2018. 01. 04.).

제28조(소수자 학생의 권리 보장) ① 교육감, 학교의 설립자·경영자, 학교의 장 및 교직원은 빈곤 학생, 장애 학생, 한부모가정 학생, 다문화가정 학생, 외국인 학생, 운동선수, 성소수자, 근로 학생 등 소수자 학생(이하 "소수자 학생"이라 한다)이 그 특성에 따라 요청되는 권리를 적정하게 보장받을 수 있도록 하여야 한다.

2019년 1월 현재 광주광역시와 전라북도도 "학생인권 보장 및 증진에 관한 조례"(광주광역시조례 제4017호, 시행 2012. 01. 01.), "전라북도 학생인권 조례"(전라북도 조례 제3883호, 시행 2014. 08. 08.)를 시행하고 있다.

3. 동성애자 인권 및 차별금지법 논란

2007년 10월 법무부는 국가인권위원회의 권고에 따라서 '성적 지향'을 정당한 성행위로 합법화시킨 '차별금지법'을 입법 예고한 바 있다.[12] 발의안에는 다음 19가지 대상에 대해서 차별을 해서는 안 된다고 예시하였다.

성별, 장애, 병력, 나이, 출신 국가, 출신 민족, 인종, 피부색, 언어, 출신 지역, 용모 등 신체조건, 혼인 여부, 임신 또는 출산, 가족 형태 및 가족 상황, 종교, 사상 또는 정치적 의견, 범죄 전력 및 보호처분, 성적 지향, 학력, 사회적 신분

19개의 차별 금지 대상 중에 논란이 된 것은 '성적 지향'이 포함되어

12 "정부, '차별금지법안'에서 빠진 7가지 금지대상 논란," 「내일신문」 2007. 11. 09.

있었다는 점이다. 이에 200명이 넘는 전국 기독교인 교수들과 의회선교연합과 '동성애허용법안반대국민연합' 등이 연대한 강력한 반대 운동이 전개되었다. 성적 지향을 차별 금지 항목에 삽입하는 것은 결과적으로 동성애를 합법화는 하는 것이라는 논리였다.

2007년 12월 12일 노무현 정부는 '차별금지법안'을 발의하여 다음 날인 13일에 법제사법위원회에 회부하였다. 그러나 반대 여론으로 인해 발의안 중 성적 지향, 학력, 가족 형태 및 가족 상황, 병력, 출신 국가, 언어, 범죄 및 보호처분의 전력 등 7개 항목을 삭제한 후 다음 해인 2008년 2월 12일에 국회에 상정하였다. 같은 해 5월 29일 대한민국 제17대 국회의 임기 만료로 해당 법안은 폐기되었다.[13]

2007년 차별금지법에 대하여 한국기독교총연합회(CCK)와 한국기독교교회협의회(NCCK)는 심한 갈등을 보여주었다. 한기총은 동성애는 죄라고 주장하며 차별금지법안에 반대했지만, NCCK는 차별금지법안은 말 그대로 동성애자들을 사회에서 차별하지 말자는 것이지 동성애를 허용하는 법이 아니라며 차별금지법안을 찬성했다.[14]

2010년 법무부가 '차별금지법 특별위원회'를 출범시켜 적극적으로 '차별금지법'을 통과시키려고 시도했다. 이 역시 동성애를 반대하는 기독교단체와 시민단체에 의해 결국 국회를 통과하지 못했다.

유엔인권이사회는 한국에 대해 2008년 제1차 국가별 정례인권검토(UPR)에 이어 2012년 제2차 UPR 권고를 통해 성적 지향을 이유로 한 차별을 포함한 차별금지법 채택, 성적 지향이나 성별 정체성을 이유로 한 모든 차별적 대우의 철폐를 목적으로 한 조치의 강화, 군대 내 성적 지향을 이유로 형사 처벌하는 법률의 폐지 등을 촉구한 바 있다.

---

13 이상원, "동성애를 포함한 '차별금지법안'의 진실," 「목회와 신학」 222호 (2007. 12.): 214-219.
14 박종원, "로잔운동을 통한 동성애 이해와 선교적 고찰," 「복음과 선교」 33(2016), 23.

2013년 2월에는 유엔 인권이사회의 권고에 따라 '포괄적 차별금지법안'이 국회에 발의되었다. 기존의 '차별금지법안'을 보다 확대한 것으로, '종교, 성적 지향 또는 성별 정체성 등'에 차별과 차별행위를 금지하는 법안이었다. 그러나 반동성애를 주장하는 기독교 단체의 '10만 서명운동'과 반동성애를 내세우는 시민단체의 거센 항의가 있었다. 이 법안은 발의한 일부 의원들의 철회 요구에 의해 2013년 4월에 철회되었다.[15]

2013년 차별금지법에 대한 기독교계의 입장이 동일한 것은 아니었다. 한국기독교총연합회(CCK)는 여전히 반대의 입장을 표명했으며, 한국기독교교회협의회(NCCK)는 어떠한 이유를 막론하고 차별 금지에 대한 필요성을 인지하지만 동성애 이슈에 대한 민감성을 인지하여 공식적인 입장을 유보했다. 하지만 섬돌향린교회 임보라 목사처럼 진보적인 태도를 보이고 있는 일부 크리스천들은 개인적으로 차별금지법에 대하여 찬성하고 있는 실정이다.[16] 동성애와 북한 문제는 전혀 연관이 없는데도 불구하고 일부 기독단체나 한기총에서 차별금지법을 찬성하는 자들을 '종북주의'라고 비난하기도 하였다.[17]

2016년 2월 3일 국가인권위원회가 국가인권위원회법 제2조 3항을 개정하면서 '동성애'라는 용어 대신에 '성적 지향'이 27개 차별 금지 대상에 포함되었다. 2007년 이어 계속 차별금지법이 무산되었기 때문에 국가인권위원회법의 개정을 통해 차별금지법 발의안에서 규정한 19개 대상보다 더 많은 27개 대상에 대한 차별을 국가인권위원회법에 반영하여 차별을 금지하도록 한 것이다.

---

15 박성환, "동성애(Homosexuality) 논쟁: John R. W. Stott의 목회적 대안," 「복음과 실천신학」 46(2018): 136-139.

16 백철, "동성애 문제 놓고 목소리 다른 개신교계," 「주간경향」 2013. 05. 07.

17 특별취재반, "세월호 찍고 동성애로… '애국기독교' 오지랖은 왜 넓은가," 「한겨레21」 2014. 11. 26.

"평등권 침해의 차별행위"란 합리적인 이유 없이 성별, 종교, 장애, 나이, 사회적 신분, 출신 지역(출생지, 등록기준지, 성년이 되기 전의 주된 거주지 등을 말한다), 출신 국가, 출신 민족, 용모 등 신체 조건, 기혼·미혼·별거·이혼·사별·재혼·사실혼 등 혼인 여부, 임신 또는 출산, 가족 형태 또는 가족 상황, 인종, 피부색, 사상 또는 정치적 의견, 형의 효력이 실효된 전과(前科), 성적(性的) 지향, 학력, 병력(病歷) 등을 이유로 한 다음 각 목의 어느 하나에 해당하는 행위를 말한다(국가인권위원회법 제2조 3항).

그리고 차별 행위의 기준도 마련하여 고용과 관련된 일절 차별 행위, 교육 훈련 관련된 차별 행위, 성희롱 등의 차별 행위를 구체적으로 명시하였다.

① 고용(모집, 채용, 교육, 배치, 승진, 임금 및 임금 외의 금품 지급, 자금의 융자, 정년, 퇴직, 해고 등을 포함한다)과 관련하여 특정한 사람을 우대·배제·구별하거나 불리하게 대우하는 행위
② 재화·용역·교통수단·상업시설·토지·주거시설의 공급이나 이용과 관련하여 특정한 사람을 우대·배제·구별하거나 불리하게 대우하는 행위
③ 교육시설이나 직업훈련기관에서의 교육·훈련이나 그 이용과 관련하여 특정한 사람을 우대·배제·구별하거나 불리하게 대우하는 행위
④ 성희롱 행위[업무, 고용, 그 밖의 관계에서 공공기관의 종사자, 사용자 또는 근로자가 그 직위를 이용하여 또는 업무 등과 관련하여 성적 언동 등으로 성적 굴욕감 또는 혐오감을 느끼게 하거나 성적 언동 또는 그 밖의 요구 등에 따르지 아니한다는 이유로 고용상의 불이익을 주는 것을 말한다] (국가인권위원회법 제2조 3항)

2017년 5월 10일 19대 대통령으로 당선된 문재인 대통령은 그해 2월 13일 대통령 후보 시절 보수 기독교계와 만난 자리에서 차별금지법 제정에

반대한다고 발표하였다. 2017년 10월 9일 유엔 경제 사회 문화적 권리 위원회는 대한민국 정부에 2009년에 이어 재차, 성별 · 연령 · 인종 · 장애 · 종교 · 성적 지향 · 학력 등이 포함된 포괄적 차별금지법 제정을 권고하였다.

2017년 여성가족부는 '젠더 이퀄리티'(gender equality)를 성평등 또는 정책으로 혼용하려고 했으나 종교계의 반대를 수용하여 제2차 양성평등 정책 기본계획에서 '성평등'이란 용어 대신 '양성평등'을 사용할 계획이라고 밝힌 바 있다.[18]

제3차 국가인권정책기본계획(NAF, 2018. 04. 20.) 초안에는 국가 인권 정책 방향의 기본이 다음 세 가지로 제시되었다.

첫째, 양성평등(sex equality)이 아닌 성평등(gender equality) 정책 추진한다.

둘째, 동성애에 대한 차별금지법 제정을 권고한다.

셋째, 기본권의 주체를 국민에서 사람으로 변경한다.

이러한 정부의 계획에 대한 반대도 만만치 않았다. 한국 교회 21개 교단이 참여하는 한국 교회교단장회의는 2018년 8월 1일 오전 청와대 앞 분수 광장에서 긴급 기자회견을 열고 "동성애와 동성혼을 합법화하려는 독소 조항을 포함한 국가 인권 정책 기본계획안의 국무회의 통과를 강력히 반대한다"고 밝혔다.[19]

첫째로 양성평등에서 성평등 정책을 추진하면 자연스럽게 동성애와 동성 결혼 합법화로 이어질 수 있어 강력히 반대한다는 것이다. 그러나 이러한 반대는 현실적으로 존재하는 동성애들에 대한 배려와 공감 부족 때문이라고 볼 수 있다.

---

18 최미랑, "'성평등'은 왜 '양성평등'이 됐을까," 「경향신문」, 2017. 12. 20.

19 정원희, "'성평등', 동성애 합법화 단초 되는 위험한 용어," 「기독교타임즈」 2018. 08. 01.

둘째로 동성애 차별금지법이 제정되면 동성애에 대한 건전한 비판과 기독교 신앙과 성경 내용을 설교하는 것도 처벌할 수 있는, 국민의 표현, 종교, 양심의 자유를 침해하는 악법이기에 반대한다는 것이다. 소수의 동성애자에 대한 비판을 금지하는 것은 대다수의 동성애 반대자의 자유를 제한하는 역차별이라는 발상이다.

그러나 장애인을 우선 배려하고 특혜를 베푸는 것이 비장애인에 대한 역차별이라 할 수 없듯이 소수자, 약자를 배려하는 것이 예수의 정신이고 복지 국가의 이상이요 인간의 도리이다.

셋째로 기본권의 주체를 국민에서 사람으로 변경하는 것은 자국민보다 난민을 비롯한 외국인을 우선하는 정책이다. 난민 등에게 기본권을 허용할 경우 난민이 몰려와서 일자리를 빼앗거나 잠재적으로 사회 혼란의 요인이 될 수 있다. 테러 등으로 사회 혼란을 겪는 유럽을 교훈 삼아 신중한 접근이 필요하다고 하였다.

그러나 이런 자국민 우선의 논리라면 국내 복음화도 25% 이내인데 해외 선교를 나가서는 안 된다는 주장으로 귀결된다. 그리고 모든 난민이 잠재적 테러범이면 모든 남성은 잠재적 성범죄자가 되는 것이다.

앞에서 살펴본 것처럼 우리나라도 정부 기관에서는 2000년대에 들어와서 공식적으로 동성애를 정상적인 성적 지향으로 간주하고 있지만, 동성애자의 인권을 보호해야 한다는 사회적 인식은 아직도 미진한 상태이다. 보수적인 기독교 단체의 반대는 훨씬 심각한 실정이다.

동성애에 대한 사회적 몰이해와 반감이 강할수록 동성애자들은 이성애자들보다 신경정신질환 환자가 될 가능성이 높은 것이 사실이다. 동성애자들은 죄의식과 수치심 그리고 성 정체성의 혼란과 비밀을 지키려는 데서 파생된 불안과 고독감 등으로 인한 심리적 억압에 노출되어 있기 때문이다.

심한 경우 자살로 이어지는 극단적인 경우가 적지 않다. 그러나 "동성애자의 정신 건강이 심각하게 위협받는 이유는 사회 문화적으로 동성애를 혐오하고 차별하고 낙인찍는 이성애 우월주의와 동성애 혐오증 때문"[20]이라는 지적도 없지 않다. 따라서 공적으로나 사적으로 동성애 차별을 금지하고 그들의 인권을 보호해야 한다는 주장이 늘어나고 있다.

장차 국내에서도 동성애자와 관련되는 다양한 법적 논의가 전개될 필요가 있다. 특히 동성애자에 대한 차별의 불식 혹은 동성애자의 평등한 권리의 보장과 관련하여 동성애적 생활 관계에 어떤 가족법상의 지위를 인정할 수 있는지에 관한 다각적인 검토가 요청된다.

동성애적 생활 관계의 법적 보호를 위한 방안으로는 여러 가지가 고려될 수 있다.

① 동성애적 생활 관계가 관련되는 개별적인 법률에 동성애자를 고려한 입법을 하는 경우
② 사적 자치의 원칙에 근거하여 채권법적으로 동반자(파트너) 계약을 통하여 규율하는 경우
③ 독자적인 효력을 가진 등록된 동성애적 생활 관계에 관한 법률을 제정하는 경우
④ 혼인에서와 같은 효력을 가진 등록된 동성애적 생활 관계에 관한 법률을 제정하는 경우
⑤ 동성애적 부부에 대하여도 혼인 제도를 개방하는 경우[21]

최근 각국의 태도는 독자적인 효력을 가진 동성애 관계로써 별법을 제정하는 경향이라고 볼 때 국내에서도 머지않아 동성애 관계의 법적 보호를 위한 법률의 제정이 요청된다고 본다. 동성애 계의 법적 보호에 대하여는

---

20 여기동·이미형, "한국 남성의 동성애 성 정체성 발달과정과 정신건강," 「정신간호학회지」 15-3(2006), 296.

21 김민중, "동성애 관계의 법적 보호에 관한 시론적 검토," 「인권과 정의」 333(2004), 135.

여러 가지 해결 방안이 가능하며, 대표적으로 극단적 해결 방안과 중간적 해결 방안으로 구분할 수 있다.

· 극단적인 해결 방안
· 동성애자에 대하여 일체의 권리를 인정하지 않는 방법
· 동성애자 간의 혼인을 법적으로 허용하는 방안

· 중간적인 해결 방안
· 이성애 혹은 동성애의 사실혼 관계에 있는 커플의 법적 지위를 규율하는 법률을 제정하는 방안
· 동성애자한테만 적용되는 특별법을 제정하는 방안
· 필요한 경우에 각 특별법(예컨대 주택임대차보호법, 연금법, 보험법)에서 개별적으로 공동생활 관계를 영위하는 동성애자에 대하여 혼인상의 배우자와 같은 법적 지위를 인정하는 방안[22]

한국기독교사회문제연구원의 〈2020년 주요 사회 현안에 대한 개신교인 인식 조사〉에 의하면 개신교인 가운데 42%가 차별금지법 제정에 찬성했고, 반대한다는 응답은 38%에 그친 것으로 나타났다.[23] 실제로는 차별금지법을 찬성하는 개신교인들이 4%나 더 많은 것으로 나타났다.

국가인권위원회가 발표한 〈2020년 국민인식조사〉 결과를 보면, 응답자의 88.5%는 차별 금지를 법제화하는 데 찬성한다고 답했다. 전년도 3월 인권위가 실시한 〈국민인식조사〉에서 응답자의 72.9%가 차별금지법 제정에 찬성한 데 견줘 1년여 새 찬성 비중이 15.6% 높아진 것이다. 차별금지법

---

22 같은 글, 153.

23 권종술, "개신교인 42% 차별금지법 찬성, 반대는 38%… 보수적 개신교 여론 변화," 「민중의소리」 2020. 10. 15.

제정을 반대하는 개신교가 공격해 온 '성적 지향, 정체성' 항목과 관련해서도 응답자의 73.6%는 "동성애자, 트랜스젠더 등과 같은 성소수자도 다른 사람들과 마찬가지로 존중받아야 하고 동등한 대우를 받아야 한다"고 답했다.[24] 정의당 김종민 대표는 "차별금지법 제정에 대해서는 더 분명하게 전 국민적인 동의가 이뤄진 것으로 봐도 무방할 것으로 보인다"고 잘라 말했다. 따라서 포괄적 차별금지법 제정을 위한 '사회적 합의'는 이미 이루어졌다고 보아야 할 것이다.

차별금지법(2020. 06. 29. 장혜원 의원 등 10인 발의) 반대자 중에는 이 법이 '성소수자를 차별 금지하는 법'으로 잘못 알고 있는 이들도 많은 것 같다. 그러나 차별의 사유가 될 수 있는 요소가 모두 20여 가지이므로 누구라도 여기에 해당되는 차별을 받을 수 있다는 것을 알았으면 좋겠다.

예루살렘의 성전은 거룩한 차별의 상징이었다. 예수 시대의 후기 유대교는 차별의 종교였다. 부정하고 불결한 자들은 성전 출입이 차단되었다. 요세푸스는 성전 내에 분리의 벽이 있어서 정결한 자만이 들어올 수 있었다고 한다. 유대인 역시 거룩함의 정도에 따라 다음과 같이 열 가지 계층 구조로 나뉜다.

1. 제사장
2. 레위인
3. 이스라엘 사람
4. 개종자
5. 해방 노예
6. 결함이 있는 사제들
7. 성전 노예들

---

24 남재균, "국민 88.5%, "차별 금지 법제화 찬성한다,"「시사코리아」 2020. 06. 25.

8. 사생자(私生子)

9. 고환에 상처받은 자

10. 성기가 없는 자(t. Meg 2.7)

보그(M. Borg)는 당시 유대 종교의 지배적 정서와 패러다임은 정결로 이해되는 거룩성이었다고 한다. 거룩성은 장소나 사물, 시간 사이뿐 아니라 개인들이나 집단들 사이에서 예리한 경계를 형성하고 있는 정결 체계로 규정된 종교 체제를 탄생시켰다. 그리하여 가난한 자, 병이 들어 부정하고 불결한 자, 민족을 배반하여 정치적으로 불의한 자로 취급받는 세리, 율법적으로 불의한 자로 여긴 창녀, 율법을 모르는 족속으로서 이방인 그리고 무할례자로서 여성 등은 비거룩성이라는 이름으로 거룩한 성전의 출입을 제한하였다.

그러나 무차별적인 사랑을 가르친 예수는 달랐다. 그가 선포한 하나님의 나라에서는 성전 제사에서 배제된 자들이 우선하여 들어갈 수 있다는 주장은 성전 제도의 근본 모순에 대한 도전이었다. 성전 제사와 상관없이 하나님 나라의 복음을 믿는 자들에게 구원이 선언되었다. 놀란(A. Nolan)은 예수가 특별히 관심을 가졌던 자들의 명단을 자세히 나열하였는데, 이들은 대부분은 성전 제사에서 배제된 자들이었다.

> 가난한 사람, 눈먼 사람을 비롯한 각종 장애자와 병자, 굶주리는 사람, 불쌍한(우는) 사람, 죄인, 창녀, 세리, 마귀 들린(더러운 악령에 사로잡힌) 사람, 박해받는 사람, 억눌린 사람, 묶인 사람, 어려운 일을 하고 무거운 짐을 진 사람, 율법을 모르는 천한 족속, 군중, 보잘것없는 사람, 가장 작은 사람, 맨 끝자리의 사람, 어린아이, 이스라엘 집 안의 길 잃은 양들이다.

예수는 성전 파괴를 예언했고, 성전 제사 실행에 반대하는 시위로 성전

파괴에 대한 상징적 행동을 감행했다. 그가 의도했던 것은 종말이 임박했고, 성전이 파괴될 것이며, 새롭고 완전한 성전이 일어서리라는 것이었다. 하나님 나라가 가까이 왔다. 그러므로 옛 성전이 새 성전으로 교체된다는 것이었다.

예수는 하나님의 집인 성전을 모독한 죄로 유대인의 재판을 받은 후 빌라도의 재판으로 이송되었고, 빌라도는 유월절 사면권을 사용하려 했으나 성전의 기득권을 가진 유대인들이 바나바 대신 예수를 죽이라고 선동하는 바람에 결국 십자가 처형되었다.

바울 역시 이방인의 출입을 차별하는 성전 제도를 몸으로 항거하다 투옥되었다. 유대인이나 이방인, 할례자나 무할례자, 자유인이나 노예를 차별하지 않아야 한다고 확신한 바울이 이방인 드로비모를 데리고 성전의 이방인 경계선을 넘어 들어간 것이 화근이 된 것이었다. 바울은 "헬라인을 데리고 성전에 들어가서 거룩한 곳을 더럽혔다"(행 21:28-29)는 죄목으로 체포되어 결국 로마로 압송되었다.[25]

예루살렘 성전이 차별의 상징인 것을 보고 바울은 "하나님께서는 사람을 차별 없이 대하시며"(롬 2:11, 표준새번역), 그리스도 안에서는 모두가 하나이기 때문에 "유대 사람이나 그리스 사람이나, 종이나 자유인이나, 남자나 여자나 차별이 없습니다"(갈 3:28, 표준새번역)라고 하였다. 야고보는 심지어 "사람을 차별해서 대하면 죄를 짓는 것"(약 2:9)이라고 하였다. 예수께서 생애 동안 보여주신 무차별적 사랑의 정신을 반영한 것이다.

그런데 대부분 보수적인 신학대학 교수들과 전 현직 총장들은 〈'포괄적 차별금지법' 안에 반대하는 전국교수연대 성명서〉에 서명하였다.

---

[25] 허호익, 『예수 그리스도』 1 (서울: 동연, 2010), 393-397.

4. 군대와 교도소 내의 동성애자 차별 논란

1948년 대한민국 정부가 수립되면서 제정된 헌법을 비롯한 법률에는 동성애 처벌에 관한 조항이 들어 있지 않았다. 동성애는 더 이상 법적으로 처벌할 수 없게 된 것이다. 일반인들의 동성애를 처벌하는 법률 규정은 두고 있지 않기 때문에 직접적으로 동성애 그 자체가 법적으로 문제되는 경우는 드물 것으로 보이지만, 강제적인 추행이나 교도소와 군대에서의 동성애 그리고 청소년을 상대로 하는 동성애는 여전히 범죄행위로 처벌을 받는다. 1962년 제정된 군형법 92조(추행)에는 "계간 기타 추행을 한 자는 1년 이하에 징역에 처한다"고 규정하였다.

2006년에 발표된 〈병영 내 동성애자 관리에 관한 훈령〉에는 군대 내 동성애 병사의 비밀을 보장하고 차별을 금지하는 것을 명시하였다. 이 훈령에는 "이성애자로 전환을 희망하는 이들을 적극 지원하며 상담을 주선한다"는 내용도 포함되어 있어 성 정체성을 노력으로 바꿀 수 있는 것으로 전제하였다.

2009년 11월 2일부로 제92조의 5(추행)로 신설되었다가, 2013년 4월 5일부로 제92조의 6(추행)으로 이동한 조문에는 "항문성교나 그 밖의 추행을 한 사람은 2년 이하의 징역에 처한다"로 개정하였다. 1962년 제정된 군형법 92조(추행)보다 군내 동성애자에 대한 처벌이 강화된 것이다.

〈징병신체검사등 검사규칙〉(2010)의 '질병 · 심신장애의 정도 및 평가기준' 중에는 '성 선호도 장애'와 '성 주체성 장애' 조항(102조)이 있어 동성애 등을 포함한 성소수자는 일종의 장애인으로 보아 군 입대를 제한하고 있다. 이에 동성애 옹호하는 시민단체들이 연대하여 "제1조 제1항부터 제3항까지에 규정된 사람(군인, 군속)에 대하여 항문성교나 그 밖의 추행을 한 사람은 2년 이하의 징역에 처한다"는 군형법 제92조 6항(추행)을 폐지하라는 헌법소원을 내었는데, 그 이유는 다음과 같다.

첫째, 민간인들의 상호 합의에 의한 동성 간 성행위는 처벌되지 않는데, 군형법은 폭행이나 협박 등 강제성을 띠지 않고 상호 합의에 의한 동성 간 성행위까지도 처벌한다는 것.

둘째, 이 조항은 동성애에 대한 편견과 혐오를 조장하고 있다는 것.

셋째, 개인의 성적자기결정권과 사생활의 자유, 평등권을 침해하고 있다는 것.

넷째, 그동안 국가인권위원회를 비롯해 UN 국가별보편적정례인권검토(UPR) 등 국제 사회에서도 꾸준히 폐지 권고를 받아왔다는 것.[26]

245개 학부모 · 시민단체들로 구성된 군동성애 · 성매매합법화반대국민연합이 2016년 4월 20일 헌법재판소 앞에서 기자회견을 열고 성매매특별법 합헌 판결을 지지하는 한편, 군형법 92조 6의 합헌 판결을 촉구했다.[27] 헌재는 2016년 7월 28일 옛 군형법 제92조의5(현 제92조의6)에 대한 헌법소원 사건에서 5(합헌) 대 4(위헌)로 합헌 결정을 하였다.

정의당 김종대 의원이 2017년 5월 24일 "항문성교나 그 밖의 추행을 한 군인은 2년 이하의 징역에 처한다"는 군형법 92조 6항을 삭제하는 군형법 개정안을 발의했다. "군형법 92조 6항은 장소(영내·영외)와 시간(일과 중·일과 후)을 불문하고 군인의 동성애를 범죄행위로 간주하는 차별 조항"이라고 주장했다. 단지 군인이라는 이유로 개인의 성적 취향을 함부로 재단해서는 안 된다는 주장이다.[28]

대한예수교장로회(통합) 총회는 2017년 6월 3일 "군형법 92조 6의 개정안 발의를 반대한다"는 입장을 밝혔다. 예장통합은 "군형법 92조 6은 군대라는 특수 환경의 조직 내에서 일어날 수 있는 군기 문란 행위와 그로 인한 피해를 예방하기 위한 최소한의 장치"라 지적하고, "이 조항은 대다수가 남

---

26 유영대, "교회언론회 논평 '헌재는 군형법 92조의 6, 합헌 판결해야'," 「국민일보」 2016. 05. 23.

27 "軍 내 성범죄 피해자 10만… 군형법 92조 6 합헌 판결하라," 「기독일보」 2016. 04. 20.

28 "군 동성애 처벌 조항 없앤 법 개정안 또 발의했지만…," 「중앙일보」 2017. 06. 03.

성 위주로 구성된 군대에서 동성애 성향의 상급자에게 피해 입은 많은 군 구성원을 보호하기 위한 조치"라며 "국가의 안보나 대다수 군인의 안전보다는 소수 동성애자의 자유로운 성생활권을 주장하는 것은 법 개정의 논리적 타당성에 미치지 못한다"고 명확하게 주장했다.[29] 참고로 미국의 경우 17년간 유지해 온 성소수자에 관한 한 "묻지도 말하지도 말라"(No Ask, No Answer)는 정책을 폐지하고, 2011년 9월 20일부터 군대에서 성소수자들이 자신의 성적 정체성을 드러낸 상태로 군에 복무할 수 있도록 허용했다.

군대와 마찬가지로 교도소 내에서도 동성애에 대해서 추행 또는 음란한 행위로 처벌한다. '수용자 규율 및 징벌에 관한 규칙' 제3조 제16호에는 "다른 수용자에게 성적 모욕감을 주거나 추행 그 밖의 음란한 행위를 하여서는 아니 된다"(개정 2001. 01. 18.)고 규정하고 있다.

법무부가 "교화 의도와 맞지 않는다"는 이유로 교도소 등 교정시설 내 수감자들에게 2010년에 방영된 SBS 드라마 〈인생은 아름다워〉를 시청할 수 없도록 하였다. 이에 한국성적소수자문화인권센터 등 세 개 단체는 〈인생은 아름다워〉 방송 중단 지침은 "동성애는 비정상적(이라는) 편견을 퍼뜨려 성소수자 혐오를 불러일으키는 차별 행위"라며 "'수용자는 합리적 이유 없이 성적 지향 등을 이유로 차별받지 아니한다'는 현행 '형의 집행 및 수용자의 처우에 관한 법률' 5조를 위배하는 것"이라고 비판했다.[30]

---

29 박용국, "한국 교회 대표 교단들도 '동성애 반대한다' 입장 천명," 「기독일보」 2017. 06. 15.

30 곽재훈, "〈인생은 아름다워〉 교도소 방영 중단 '동성애 비중 높다', 인권단체들, 법무부에 '동성애 차별' 항의 질의서 발송," 「프레시안」 2010. 10. 06.

3장
한국 교계의 동성애 관련 논란

2015년부터 한국의 주요 교단들이 동성애 옹호자를 치리하는 헌법과 각종 규정을 제 · 개정하기 시작하였다. 기독교대한감리회(기감)는 그해 10월 총회에서 교단법 교리와 장정을 개정하여 목회자가 동성 결혼과 동성애 찬성 및 동조 행위할 경우 정직 · 면직 · 출교할 수 있는 조항을 넣었다.[1]

대한예수교장로회 통합 총회는 '동성애대책위원회'가 마련한 〈동성애에 관한 총회의 입장〉(2017. 06. 12.)을 통해 "동성애자를 혐오와 배척의 대상이 아닌 사랑과 변화의 대상으로 여긴다"고 했다. "성경의 동성애 금기를 공적 권위로 받아들인다" 하면서 동시에 "동성애자도 하나님의 형상으로 창조된 천부적 존엄성을 지닌 존재임을 고백한다"고 하였다. 따라서 "교회는 동성애적 끌림으로 고민하고 어려워하는 사람들의 마음을 이해하고 그들이 하나님 앞에 그 어려움을 내려놓을 수 있도록 도와야 한다"고 밝혔다. 이와 더불어 "동성애자들도 우리와 마찬가지로 그리스도의 복음으로 변화되어야 할 연약한 인간에 불과하기에 자신의 정체성을 하나님과의 관계성 속에서 완성하도록 도와야 한다"고 했다.

---

1 "기독교대한감리회가 동성애 지지하는 목회자를 징계하기로," 「허핑턴포스트」 2016. 01. 20.

예장통합 총회가 "동성애자도 하나님의 형상으로 창조된 존엄한 자"이므로 "혐오와 배척의 대상"이 아니며, 따라서 "동성애 경향으로 어려워하는 이들을 도와야 한다"는 입장을 공식적으로 밝혔음에도 불구하고 102차 총회(2017. 09.)에서는 "동성애자 및 동성애 옹호론자들이 교회 직원이나 신학교 교직원이 될 수 없다"는 총회 시행 규칙을 만들었다. 그리고 교단 헌법의 '직원 선택' 관련 시행세칙에 "동성애자는 교회의 항존직(장로, 권사, 안수집사)과 임시직, 유급 종사자가 될 수 없다"는 조항을 신설하는 내용의 헌법 개정안을 통과시켰다.

이 같은 규정은 교단 산하 7개 신학대학 교직원에게도 적용된다. 앞서 통합 총회에서는 동성애자 및 동성애 옹호론자의 신학대 입학 금지안도 통과됐다. 교단 소속 목사와 장로가 '동성 결혼 주례를 집례하는 경우', '동성애 옹호 발언이나 설교 강연 등을 하는 경우' 면직·출교하도록 청원키로 했다. 그리고 '동성애·동성혼 개헌 반대'에 적극 나서기로 결의했다.[2]

2017년을 전후하여 한국 교계에서 동성애에 관한 논란이 뜨거워졌다. 한국여성신학회와 한국여신학자협의회는 "하나님의 피조물, 예수의 친구, 교회의 동반자: 교회(대한예수교장로회 총회)의 동성애와 동성 결혼 합법화 반대에 대한 여성신학자들의 입장"(2017년 9월 28일)을 통해 위에서 언급한 대한예수교장로회 102차 총회(2017년 9월)의 결정에 반대하는 교회 여성들과 여성 신학자, 여성 목회자들의 분명한 뜻을 담아 다음과 같이 선언하였다.

첫째, 성소수자의 존엄과 인권을 존중한다.
둘째, 성지향성은 찬성/반대 혹은 옹호/비난의 사안이 아님을 확인한다.
셋째, 성소수자에 대한 혐오 감정을 이슈화하여 교권과 보수 정치의 세력을 재생산하려는 모든 시도를 규탄한다.

2 "통합 '동성애자 항존직 될 수 없다' 조항 신설," 「국민일보」 2017. 09. 21.

넷째, 어떠한 사람도 성소수자의 인권과 하나님의 자녀 됨을 표현한다는 이유로 교회, 교단 그리고 신학교 내에서 차별받는 것에 반대한다.

다섯째, 성소수자를 비롯한 다양한 사회적 약자들의 인권과 행복추구권에 대한 교회와 그리스도인들의 성숙한 이해와 진지한 논의를 요청한다.

한국의 거의 모든 개신교단이 동성애 반대 운동을 벌이는 상황에서 여성 신학자들이 앞장서서 반대 성명서를 발표하였고, 이즈음 성소수자들에 대한 성서적, 신학적, 목회적 이해를 돕기 위한 '무지개신학연구소'(소장 김준우 박사)가 세워졌다. 이 연구소는 '무지개신학 시리즈'로 이제까지 여섯 권[3]을 출판하여 동성애에 대한 우호적 담론 형성에 기여하고 있다.

2018년 예장합동은 목사가 동성애자 집례를 거부하고 교회에서 추방할 수 있도록 헌법을 개정했다. 예장통합은 동성애자와 이를 조장 · 교육하는 자에 대한 목사 고시 자격을 제한했다. 예장합신도 △회개 없는 동성애자 세례, △동성 결혼 주례, △동성애 행위 혹은 옹호 발언 · 설교 · 강의를 징계할 수 있도록 교단 헌법을 바꾸기로 하고, 동성애자 · 지지자의 신학교 입학 · 임용을 불허할 것을 결의했다.[4] 이어서 2019년에는 동성애자 · 지지자를 신학교에서 퇴학시킬 수 있도록 결의했다.

대한예수교장로회 고신은 2020년 9월 22일 열린 제70회 총회에서 동성애 지지자들을 처벌하는 관련 법규 제정을 검토하게 했다. 구체적으로 △강도사 · 목사 후보생 중 동성애 · 차별금지법 · 성평등법 개정을 적극적으로 옹호하는 자에 대해서는 목사 고시와 신학 입학 · 계속 허락 청원 시 불합격

---

3 『동성애와 기독교 신앙』, 『동성애와 성경의 진실』, 『트랜스젠더와 기독교 신앙』, 『무지개신학』, 『급진적인 사랑: 퀴어 신학 개론』, 『죄로부터 놀라운 은혜로: 퀴어 그리스도를 찾아서』.

4 여운송, "본질에는 관용을, 비본질에는 철퇴를?… 보수 교단들의 막무가내 '반동성애 사상 검증'," 「뉴스앤조이」 2020. 11. 05.

처리하도록 고시부 내규를 정하고, △신대원 교수는 이사회가 임용할 때 동성애 관련 옹호자들을 임용하지 않고 임용 후에도 동성애 관련 옹호를 할 때는 사직하겠다는 취지의 서약서를 받는 지침을 마련하며, △이미 목사나 교수가 된 사람이 동성애 관련 옹호를 할 때는 권징 조례에 의해 시벌해야 한다고 보고했다.[5]

2018년 5월 한국 교계는 소위 '무지개 사건'에 휩싸였다. 장로회신학대학교 동아리인 도시빈민선교회 소속 학생 8명이 5월 17일이 '국제성소수자 혐오 반대의 날'을 맞이하여 대학 채플에 각각 다른 색의 무지개 일곱 색깔의 상의를 입고 채플에 참석하고, 예배가 끝난 후 강단에서 무지개가 그려진 펼침막을 들고 기념 촬영을 하였다. 동성애 혐오를 반대한다는 의사를 전달하기 위한 조용한 퍼포먼스였다. 이 기념사진이 개인 페이스북을 통해 외부로 알려져 '신학생의 동성애 옹호' 논란이 거세게 일어났다.

반동성애 진영에서는 장신대 측에 거세게 항의했다. '동성애 반대' 입장을 표명한 대한예수교장로회 총회와 반대되는 행동을 하는 학생들을 왜 제지하지 않느냐고 따졌다. 학교 당국은 예민한 동성애 문제가 확산되는 것을 조기 차단하기 위해 일단 5월 19일 관련 학생들에 대한 교칙과 총회법 위반 여부를 조사하겠다고 하였다. 학교와 교계에 매우 중차대한 문제라며 "정확한 조사와 신속한 조치를 취하겠다"고 공고하였다.[6]

이에 대해 같은 날 해당 학생들은 "'동성애에 대한 의사 표현과 관련한 총회 및 학교 규칙 위반의 건'에 관한 우리의 입장"을 발표하였다. 이들은 "총회 헌법에 동성애 관련한 신학대학 학생 징계 규정은 없다. 이 법의 대상은 교회의 직원 및 신학대학교 교직원이지 학생은 아니다. 또한 장로회신학대학교 학칙에도 동성애에 관한 의사 표현과 관련한 규칙이 없다"고 하였

5 최승현, "예장고신, 전방위적 사상 검증… '목사·신학생·교수, 동성애 옹호 시 처벌 및 입학·임용 금지'," 「뉴스앤조이」 2020. 10. 05.

6 이용필, "장신대, 성소수자 위해 '지지게' 깃발 든 학생들 조사, 「뉴스앤조이」 2018. 05. 21.

다. “그럼에도 불구하고 학교는 우리의 행위에 ‘총회 및 학교 규칙 위반’이라는 혐의를 씌우고 조사를 시작한다고 말하고 있다. 존재하지 않는 법을 어떻게 위반한 것인지 명확히 밝혀야 할 것이다. 또한 증명하지 못한다면 당장 공지를 철회하여야 한다”고 주장하였다. 그리고 “우리가 무지개 깃발을 든 것은 혐오와 배제로 성소수자들을 교회 밖으로 내몰고 있는 이들이 회개하고 예수 그리스도의 차별 없는 사랑으로 돌아오기를 바라는 것이다”라고 하였다.

학교 당국이 조사에 미온적이라 판단한 장로교 통합 교단 내 장로들이 7월 5일에 열린 전국 장로 세미나에 참석한 4,500여 명을 대상으로 ‘무지개 사건’에 미온적으로 대처한 장신대 총장 징계 등을 청원하는 서명에 돌입하였고 참석자 중 장로 2,154명이 이에 서명하였다. 청원 내용은 다음과 같다.

▲장신대 임성빈 총장 징계 ▲소위 ‘무지개 사건’의 주체인 교내 동아리 ‘암하아레츠’의 해체 및 관련 학생들 징계 ▲본 사건 담당 교수들과 채플 담당 학교 관계자들 징계 ▲동성애에 대해 적극 지지한 교수들의 해직 처리와 암묵적으로 동의하는 교수들 징계 ▲동성애에 대해 지금까지 단 한마디도 언급하지 않고 있는 장신대 교수회의의 공식적 사과를 ▲(교단 내) 이단사이비대책위원회가 ‘동성애 사상은 이단이다’를 연구하도록 헌의할 것

장로들의 청원에 대해 임성빈 총장은 7월 20일 서신에서 “장신대가 동성애를 지지한다는 왜곡된 주장은 사실이 아니고, 작위적 판단에 근거한 것으로 깊은 유감을 표한다. … 동성애 찬성이 아니라 동성애자 혐오 반대에 목적이 있었다는 본인들의 입장 표명이 있었다. 그럼에도 결과적으로 교내외에 커다란 우려를 초래했다. 교수들이 최선을 다해 지도해 왔음에도 이런 일이 발생했다. 신학 교육의 최종 책임자로서 그 책임을 깊게 통감한다. … 장신 공동체는 다양한 성 담론이 회자되는 세상 속에서 성경과 복음

에 기반하여 동성애에 대한 입장을 분명히 세우고, 세상 및 다음 세대와 소통하는 성실한 학문적 연구에 힘쓰겠다"고 했다.

총장의 서신에도 불구하고 장신대를 동성애 옹호 집단으로 매도하려는 여론이 들끓자 7월 26일 장신대 학생징계위원회에서는 관련 학생 5명에게 각각 정학 6개월과 근신, 사회봉사 등의 징계를 내렸다. 학교가 학생들을 징계했음에도 장신대에 대한 비판이 이어지자 학교 측은 임성빈 총장 명의의 서신을 발표하고, 학교는 동성애를 지지하지 않는다는 내용의 소책자까지 발행했다.

학교 측의 사과와 재발 방지 약속으로 일단락된 줄 알았던 장신대 동성애 논쟁은 8월 14일 '장신대 반동성애 운동본부'라는 단체가 「국민일보」와 「조선일보」에 낸 전면 광고로 인해 다시 불거졌다. "통합교단을 동성애로 물들이는 장로회신학대학교, 이대로 보고만 계시겠습니까?"라는 자극적인 제목의 이 전면 광고에서 "총회와 장신대, 동성애 잠식", "동성애자는 목회 대상도 아니며", "성경은 동성애자를 내쫓고 죽이는 이야기"라고 하였다. 광고를 게재한 '장신대 반동성애 운동본부'라는 단체의 실체가 모호한데다 장신대를 향한 공격의 수위가 악의적이라는 비판이 제기되기도 하였다.[7]

장신대 반동성애 운동본부 관계자들의 말을 종합해 보면 이 단체는 예장통합 총회장을 지낸 이광선 목사의 주도로 만들어진 것으로 보인다. 이 단체를 급조한 이광선 목사는 2010년 한기총 회장 때 변승우(큰믿음교회), 장재형(통일교 출신)의 이단 해지에 개입된 인사이다.

예장통합 총회가 동성애 이슈를 확산시키는 가운데 총회 산하 신학교인 호남신학대학교가 학칙으로 동성애자의 입학을 제한하고 나섰다. 통합 산하 7 개 신학교 가운데 동성애자의 입학을 원천적으로 제한한 것은 호남신대가 처음이다. 호남신대는 학칙 제3장 제9조 입학 자격에서 "성경에 위배

---

[7] 이승규, "장신대 반동성애 운동본부, 과도한 장신대 공격 논란," 「노컷뉴스」 2018. 08. 16.

되는 동성애자가 아닌 자여야 한다"고 자격 요건을 명기했다. 호남신대는 2018년 7월 20일 대학평의원회를 열어 개정 학칙을 통과시켰다.[8] 동성애자의 입학 제한은 2019학년도 대학과 대학원 신입생부터 적용된다고 학교 측 관계자는 밝혔다.

2018년 장로회신학대학교의 '무지개 사건'의 여파는 임성빈 총장의 연임 인준 부결 사태로 이어졌다. 이사회의 연임 결정에 따라 2020년 9월 21일 105회 총회에 인준 신청을 하였다. 그러나 서울북노회(한봉희 노회장)는 임 총장이 학내 안에서 벌어지는 동성애 인권 운동을 '방임'해 왔고, 그 결과 장신대가 동성애 인권 운동의 장으로 방치됐다고 주장하는 헌의문을 올리기도 했다. 결국 전례 없는 투표 결과, 총장 인준이 부결되었다.[9] 장신대 학생들은 성명서를 통해 "임성빈 총장 인준 부결 배후는 친명성파"를 주장하였다. 그동안 임 총장은 명성교회를 옹호해 온 반동성애 세력의 공격을 받아 왔던 것이 전례 없는 총장의 총회 인준 거부의 원인인 것으로 보인다.

이 외에도 2017년 보수 교단 8개 이단대책위원회가 성소수자를 옹호하고 『퀴어 성서 주석』 출간에 참여하고 있다는 이유로 임보라 목사가 이단성이 있다고 결의했고, 2018년에는 예장통합과 예장백석대신(현 예장백석)이 가세해 임 목사에게 이단성이 있다고 결의했다.[10]

예장통합 산하 장로회신학대학교(장신대) 학생 5명은 2018년 '국제 성소수자 혐오 반대의 날'을 맞아 동성애를 상징하는 빨강 · 주황 · 노랑 · 초록 · 파랑 · 남색 상의를 입고 채플에 참여했다는 이유로 학교에서 징계를 당했다. 이는 법원에서 최종적으로 무효가 됐지만, 이후로도 관련 학생 2명이 동성애를 옹호한다는 이유로 목사 고시에서 탈락하는 일이 벌어졌다.

2019년 8월 인천 퀴어문화축제에서 열린 '성소수자 축복식' 집례자로

---

8 천수연, "호남신대 2019학년도부터 '동성애자 입학 금지'," 「노컷뉴스」 2018. 07. 28.
9 이용필, "[통합4] 장신대 임성빈 총장 인준 '부결'," 「뉴스앤조이」 2020. 09. 21.
10 이에 대한 자세한 내용은 다음 장 "동성애 옹호는 이단인가"에서 다룬다.

나서 성소수자들에게 꽃잎을 뿌리면서 축도했다는 이유로 기독교대한감리회(기감) 경기연회 재판위원회는 2020년 10월 15일 이동환 목사에게 정직 2년의 처분을 내렸다. 경기연회 재판위는 "이 목사가 퀴어 축제에서 성소수자를 축복한 것 자체가 동성애 찬성의 증거"라면서 "축복식을 홍보하는 포스터에 기록된 '감리교 퀴어함께'라는 문구도 유죄를 증명하는 유력한 증거"라고 유죄 사유를 밝혔다. 재판 직후 '성소수자축복기도로재판받는이동환목사대책위원회'도 기자회견을 열고 "이해하기 어려운 판결이고, 상회인 총회 재판에 항소할 것이고, 내년에 열리는 기감 입법총회 때 잘못된 교리와 장정의 범과 부분을 개정하도록 노력하겠다"고 말했다.[11]

그리고 김대옥 목사는 동성애를 옹호하는 강의를 했다는 이유로 이단 시비에 휩싸였고, 김근주 교수(기독연구원느헤미야)도 같은 이유로 소속 교단 신학교의 강의가 금지되었다. 아울러 저자의 면직과 출교도 다음과 같이 기사화되었다.

> 은퇴 교수도 반동성애 마녀사냥을 피할 수 없었다. 예장통합에서 이단 전문가로 활동했던 허호익 교수(대전신대 은퇴)는 올해 8월 19일 소속 교단에서 면직·출교됐다. 대전서노회 재판국원 9명이 만장일치로 내린 결정이었다. 재판국은 허 교수가 2019년 출판한 저서 『동성애는 죄인가』(동연)와 언론 인터뷰 및 강연 등을 문제 삼아 '동성애 옹호자'로 낙인찍었다. 허호익 교수의 논지는 동성애 지지가 아니었고, 역사적·의학적·신학적으로 동성애를 분석한 것뿐이었다. 그는 "학자로서 동성애를 조명하는 책을 썼다고 출교하는 교단에 목사로 남아 있는 게 오히려 불명예"라며 총회에 상고하지 않고 교단을 떠났다.[12]

---

11 장창일, "성소수자 축복기도 이동환 목사, 2년 정직 처분," 「국민일보」 2020. 11. 01.

12 여운송, "본질에는 관용을, 비본질에는 철퇴를? … 보수 교단들의 막무가내 '반동성애 사상 검증'," 「뉴스앤조이」 2020. 11. 05.

4장
동성애 옹호는 이단인가

2017년 예장합동 총회는 퀴어성경주석 번역 발간과 관련된 임보라 목사(섬돌향린교회 담임, 한국기독교장로회 서울노회 소속)에 대해 '집회 참석 금지'로 결의했으나, 예장합신 총회와 백석대신 총회는 임보라 목사를 이단으로 결의했다. 금년 예장통합 총회에서도 임보라 목사를 '이단성이 높으며', 퀴어 신학은 '이단성이 높은 신학'이라고 결의하였다.

대한예수교장로회(통합) 제102회 정기총회(2017) 셋째 날 "신학생들을 대상으로 건강한 남녀 결혼 제도를 가르치도록 해 달라"는 신학교육부의 보고를 마치 기다렸다는 듯이 호남신대 이사장인 여수노회 고만호 목사는 "성경에 위배되는 동성애자나 동성애 옹호자는 (교단 소속) 7개 신학대 입학을 불허하자", "동성애를 옹호하고 가르치는 교직원은 총회에 회부하고 징계 조치하자"는 발언을 해 총대들의 큰 박수를 받았다. 이 밖에도 헌법위가 제안한 "성경의 가르침에 위배되며, 동성애자는 교회 직원(항존직, 임시직, 유급 종사자)이 될 수 없다"는 내용을 "헌법 시행 규정 제26조 직원 선택란에 문구를 삽입하겠다"는 청원도 찬반 토론 없이 모두 통과되었다.

대한예수교장로회(통합) 제103회 총회(2018)에 동성애 관련 다음과 같은 논지의 여러 청원이 올라왔다.

동성애자 및 동성애를 지지하는 자는 신학대학원 입학을 허락하지 말 것이며 목사 고시도 치를 수 없게 해야 한다. 전국 7개 신학교 교수, 직원, 학생을 전수 조사하여 동성애자 및 동성애를 지지하는 자를 걸러내 수업을 제한하고 교수 재임용을 거부해야 한다. 성소수자를 위한 목회 활동을 하고 있는 기장 교단의 섬돌향린교회 임보라 목사의 사역에 대해 그리고 퀴어 신학에 대해 이단성이 높다고 판단해 달라.

이에 대해 예장통합의 이단사이비대책위원회는 보고서를 통해 임보라 목사의 동성애 옹호와 퀴어 신학의 이단성을 다음과 같이 결의하였다.

2018년도 예장통합 총회에서 임보라 목사가 ▲하나님의 여성성을 주장 ▲ 동성애와 동성 결혼 허용을 주장 ▲다원주의적 구원론 등에 문제가 있으며 ▲성경에 대한 자의적 해석 ▲이성적 · 인간적으로 이해되는 점과 성경이 가르치는 옳고 그릇된 점을 혼동 ▲성경의 명백한 말씀도 문화와 역사적 상황 속에서 원어의 의미를 새로운 시각에서 해석 · 적용하려는 의도로 인하여 성경을 부정 왜곡 ▲임보라 씨는 목사라기보다는 기독교 신앙과 별 상관없는 인본주의적이고 박애주의적인 일반 인권 운동가의 시각을 가지고 활동하는 자로 사료된다.

예장통합 총회는 "비성경적이며 이단성이 매우 높다"고 한 이대위의 보고를 그대로 받았다. 이러한 예장통합의 동성애 옹호자에 대한 이단성 결의는 몇 가지 심각한 문제점을 내포하고 있다.

1. 예장통합은 2008년 93회 총회에서 〈이단 사이비 정의와 표준 지침에 관한 연구 보고서〉를 채택한 바 있다. 사도신경과 WCC 헌장을 근거하여 기독교 신앙의 본질에 해당하는 최소한의 일치의 공통분모 7가지 지침으로

“파당을 지어 기독교 신앙의 기본교리요 일치의 공통분모인 하나님, 예수 그리스도, 성령, 삼위일체, 성경, 교회, 구원에 대한 신앙 중 어느 하나라도 부정하거나 현저하게 왜곡하는 것”을 이단으로 규정하였다.

“본질에는 일치를, 비본질에는 자유(또는 관용)를, 매사에는 사랑으로 하라”는 오래된 격언에 따라 위의 일곱 가지 기독교 신앙의 본질적인 기본교리, 즉 신론, 기독론, 성령론, 삼위일체론, 성경론, 교회론, 구원론 중 어느 하나라도 현저히 왜곡했을 경우에만 ‘이단’으로 규정하도록 하였다. 그런데 〈사이비 이단 정의와 표준 지침〉 어디에도 “동성애를 옹호하면 이단”이라는 지침은 없다.

다만 예장통합의 헌법 시행 규칙 제26조 12에는 “동성애자 및 동성애를 지지하고 옹호하는 자는 성경의 가르침에 위배되며 동성애자 및 동성애를 지지하고 옹호하는 자는 교회의 직원 및 신학대학교 교수, 교직원이 될 수 없다”라고 규정되어 있을 뿐이다. “동성애 옹호자는 교회의 직원 및 신학대학교 교수, 교직원이 될 수 없다”는 것과 “동성애 옹호자는 이단”이라는 것은 하늘과 땅 차이다.

2. 예장통합 총회의 동성애대책위원회는 2017년 6월 12일 〈동성애에 관한 총회의 입장〉을 통해 “동성애자를 혐오와 배척의 대상이 아닌 사랑과 변화의 대상으로 여긴다”고 했다. “성경의 동성애 금기를 공적 권위로 받아들인다”고 했지만, “동성애자도 하나님의 형상으로 창조된 천부적 존엄성을 지닌 존재임을 고백한다”고 하였다. 따라서 “교회는 동성애적 끌림으로 고민하고 어려워하는 사람들의 마음을 이해하고 그들이 하나님 앞에 그 어려움을 내려놓을 수 있도록 도와야 한다”고 밝혔다. 이와 더불어 “동성애자들도 우리와 마찬가지로 그리스도의 복음으로 변화되어야 할 연약한 인간에 불과하기에 자신의 정체성을 하나님과의 관계성 속에서 완성하도록 도와야 한다”고 했다.

예장통합 총회가 "동성애자도 하나님의 형상으로 창조된 존엄한 자"이므로 "동성애 경향으로 어려워하는 이들을 도와야 한다"는 입장을 공식적으로 밝혔음에도 불구하고 총회 입장과 취지에 맞게 "이들을 존중하고 도우려고" 동성애를 옹호하는 목사를 같은 총회가 이단으로 규정한 것이니 엄청난 자기모순이 아닐 수 없다.

3. 무엇보다도 동성애 이단 결의는 '본질적 교리의 이단성'과 '신학적 다양성'의 차이에 대한 기본적인 신학적 이해의 부족에서 비롯된 것이다. 임보라 목사가 '하나님의 여성성'을 주장한 것은 신학적 논쟁이 되는 신학적 다양성에 속하는 문제이다. 하나님의 신성을 부정하거나 교주를 신격화하는 등의 경우가 아니면 신론적 이단으로 규정할 수 없다.

다원주의 구원론도 마찬가지이다. 신학적 입장에 따라 첨예한 논쟁이 될 수 있는 주장이지만, 이 역시 신학적 다양성의 속하는 주제이다. 따라서 "예수 그리스도의 구주되심을 부인"하거나 "예수를 믿어도 구원을 받지 못한다며, 구원받기 위한 다른 비본질적 조건, 즉 12지파에 속해야 한다거나, 유월절을 지켜야 한다거나, 안식일을 지켜야 한다거나, 직통 계시를 받아야 한다"고 주장하여 구원론을 현저히 왜곡하지 않는 한, '다원주의 구원론' 자체를 이단성으로 규정하는 것은 무리다.

영세를 주거나 침례를 주거나 세례를 주는 것은 신학적 전통의 다양성에 속한다. 따라서 대다수 교단은 영세든 침례든 세례든 피차 자신들의 교회 전통으로 여겨 관용하는 것이다. 그러나 안상홍의 '하나님의 교회'처럼 "안상홍의 이름으로 침례를 받고 구원을 얻어라"고 가르치는 것은 교리적 이단성에 속한다. 성경과 교회 전통은 "성부와 성자와 성령으로 이름으로 세례를 주라"고 하기 때문이다.

본질에는 일치하고, 비본질에서 자유(관용)하고, 매사에 사랑으로 하라는 지침에 따라 비본질적인 신앙 내용이 단순히 나하고 다르다고 모두 이단으로 규정해서는 안 되는 이유다.

4. '성경에 대해 자의적 해석'이나 '문화와 역사적 상황 속에서 원어의 의미를 새로운 시각에서 해석 · 적용하는 것'이 성경을 부정하거나 현저히 왜곡하는 것이 아니다. 임보라 목사의 동성애 관한 성경 구절에 대한 새로운 해석들은 이미 성서신학자들에 의해 다양하게 시도되어 온 것들을 소개한 것으로서 성경 해석 상의 다양성으로 보아야 한다.

예를 들면 소돔은 동성애로 멸망하였다는 전통적인 해석은 이미 여러 비판을 받아 왔다. "소돔 백성들이 노소를 불문하고 원근에서 다 모여 두 사람에 대해 상관하려 했다"(창 19:4)는 것을 동성애 요구로 해석하기에는 무리다. 전후 문맥을 보면 아브라함은 나그네(천사) 셋을 환대하여 축복을 받았고, 소돔 사람들은 외부인인 나그네(천사) 둘을 박대하여 멸망했다는 교훈이다. 소돔은 동성애 때문에 망한 것이 아니라 의인 열 명이 없어 멸망한 것이다(창 18:32). 예수께서도 소돔 사건의 죄를 나그네를 박대한 것(마 10:11-15)이라 했는데, 동시대인이었던 유대 철학자 필로가 소돔이 동성애로 멸망했다고 잘못 주장한 것을 지난 2,000년 동안 무비판으로 수용한 것이다. 이러한 비판적인 성서 해석 역시 신학적 다양성에 속하는 것이다.

지난 2,000년 동안 언제나 알게 모르게 존재해 왔던 성소수자 때문에 망한 교회나 나라는 없었다. 반면에 성직자들의 부패가 극심했던 가톨릭교회가 중세를 암흑기로 만들었고, 성소수자를 강제수용하고 학살한 나치 정권이 결국 망한 것이다. 세상에는 동성애보다 더욱 심각한 사회적 죄악과 적폐가 많음에도 불구하고 '동성애만 죽을죄'인 것처럼 분노하는 것은 예수께서 말씀하신 것처럼 "하루살이는 걸러내고 낙타는 삼키는"(마 23:24) 위선적이고 왜곡된 선택적 정의이다.

5. 퀴어 신학의 성경의 자의적 해석이나 인본주의적 가치관을 이단성으

로 규정하는 문제는 이미 위에서 언급한 바와 같다. 무엇보다도 동성애가 '하나님의 창조 질서를 상대화'한다고 해서 '이단성이 높은 것'으로 결의하는 것도 문제가 있다.

창세기에 따르면 "하나님은 남자와 여자를 만들고 둘이 한 몸이 되라"고 하였고, "생육하고 번성하라"고 하였는데, 동성애는 이러한 창조 질서에 도전하는 무서운 죄악이라는 것이 동성애 반대자들의 한결같은 주장이다. 같은 논리라면 성경의 일부다처제 역시 "둘이 한 몸이 돼라"는 창조 질서를 위반한 것이니 아브라함과 야곱, 특히 700명의 후궁과 300명의 첩을 둔 솔로몬도 이단이 아니냐고 따질 수 있다. 아울러 지동설이나 진화론은 주장하는 것도 창조 질서를 상대화시킨 것이 아니냐고 반문할 수 있다. 예장통합에서도 지동설을 주장하고 진화론을 수용하는 기독교인을 모두 이단이라고 결의하지 않았기 때문이다.

인간은 남자와 여자로 창조되었다고 하지만, 실제로는 적지 않은 수의 신생아가 외부 성기로서는 성별 판별이 불가능한 '제3의 성' 또는 간성(inter-sex)로 태어난다. 유엔은 세계의 간성(間性) 인구 비율을 0.05~1.7%로 추정한다. 대략 6천만 명 내외가 남자(M)도 여자(F)도 아닌 제3의 성(X)으로 태어나기 때문에 서구의 많은 국가에서는 제3의 성을 법적으로 인정하는 추세다. 인간의 성이 너무나 다양하여 현실적으로 이성애, 동성애, 양성애, 무성애가 존재하는 것이다.

6. 성경이 '남자가 남자와 교합'(레 20:13)하는 것은 사형에 처하였고, 모든 형태의 남색(고전 6:9 등)은 명백한 죄(sin)로 규정한 것은 사실이다. 죄는 사법적인 죄, 도덕적인 죄, 종교적인 죄로 구분된다. 동성애가 성경에는 종교적인 죄로 규정하고 있지만, 가톨릭에서는 도덕적인 잘못으로 규정하고, 서구의 많은 나라에서는 더 이상 사법적 범죄로 취급하지 않는다. 성서적 입장에서 동성애의 죄는 종교적인 죄요 성적인 죄라고 볼 수도 있다. 기독

교적인 입장에서 성 윤리의 문제로 취급해야 한다. 성적 일탈이나 퇴폐를 이단으로 규정할 수 없는 것이다. 목회자가 성 윤리에 문제가 있을 경우 정치부에서 윤리적인 문제로 다루지 이단사이비대책위원회에서 이단 문제로 다루는 것이 아닌 이치다.

7. 오랫동안 동성애자는 사법적 범죄로 여겨 처벌해 왔다. 2차 세계대전 전후로 히틀러와 스탈린 치하에서 수만 명의 동성애자가 처형 또는 처벌을 받았다. 1960년에 와서 동성애자 인권이 문제가 되어 동성애 비범죄화가 시작되었다. 마침내 1989년 덴마크가 처음으로 동성 간의 시민 결합을 허용하고, 2001년 네덜란드가 동성 결혼을 허용한 후 많은 국가가 뒤를 이었다. 2003년 6월 26일에 미국 연방대법원은 동성애 행위는 헌법상 '자유에 의해 보호'되어야 한다고 판결하여 동성애 합법화의 대세를 이끌었다. 선스타인(Cass R. Sunstine)은 동성애는 ① 제3자에게 해를 끼치지 않는 사적(私的)인 성행위이며, ② 동성애 처벌로 인한 정당한 국가의 이익이 없으며, ③ 더 이상 공공의 지지를 받을 수 없으며, ④ 헌법상의 자유와 평등의 원칙을 위반한 것이기 때문에 동성애 금지는 위헌이라고 하였다.

아울러 동성애는 오랫동안 병리학적 질병으로 여겨 강제적인 전환 치료의 대상이 되었다. 그러나 미국정신의학협회(APA)가 1973년에 공식적으로 동성애를 '정신장애' 항목에서 삭제하고 '성적 지향 장애'로 규정하였다. 1999년 세계보건기구(WHO)는 '동성애'라는 용어도 '동일성 지향'(same-sex orientation)으로 대체하였다. 비로소 동성애라는 용어 자체가 정신질환 진단 목록에서 완전히 삭제되었다. 아울러 전환 치료의 폐지를 촉구했다.

다수의 선진국에서 사법적으로 문제 삼지 않고 있으며, 질병 목록에서도 삭제되는 동성애자를 옹호했다고 이단으로 규정하는 것은 상식의 빈곤이요 시대착오적인 퇴행이다.

8. 스토트 목사는 성경 저자들은 동성애와 관련하여 현대 교회가 직면한 문제를 몰랐고 다루고 있지도 않았다고 한다. 바울조차도 '타고난 동성애 성향'에 대해서 들어본 바가 없으며, 두 남자끼리 서로 사랑에 빠질 수 있고 결혼에 비교될 정도로 깊이 사랑하다 안정적인 관계를 발전해 나갈 수 있다고는 상상조차 하지 못했다고 하였다. 이러한 변화된 상황에서 일부 교단에서도 동성 결혼을 허용하기 시작했고, 동성애자에게도 성직자로 안수하는 교단이 생겨나게 되었다. 많은 나라에서 동성 결혼과 동성애자 성직 안수를 허용하는 추세다.

무엇보다도 전 세계 기독교 교단 중에는 동성애자 성직을 허용하는 사례가 늘고 있다. 동성애를 반대하는 교단들 적지 않지만, 그렇다고 동성애를 이단으로 규정한 사례는 아직 접하지 못했다.

동성애가 이단이라면 우리나라에 복음을 전해 준 미국장로교회, 호주연합교회, 미국연합감리교회가 이미 동성애와 동성 결혼을 허용하였으므로 이들 해외 협력 교단들도 모두 '동성애 이단 집단'이 되고 만다. 예장통합은 동성애를 허용하는 이단 교단이 가입해 있는 WCC에서 당장 탈퇴해야 하는 심각한 문제가 생기는 것이다.

9. 최근 한국의 주요 교단이 이단으로 규정한 변승우 목사는 노골적으로 앞장서서 "동성애를 옹호하는 진짜 이단들", 동성애 "차별금지법은 공산화 전략"이라는 설교를 비롯해 동성애를 비판하는 주제의 설교 수십 편을 유튜브에 게재하고 있고, 『동성애 쓰나미!』(서울: 거룩한 진주, 2018)라는 책도 저술하였다. 동성애를 비판한다고 바른 신앙, 정통 교리를 지닌 증거가 되는 것은 아니다.

1952년 37회 대한예수교장로회 총회에서 성서비평학과 자유주의 신학을 주장한다는 이유로 김재준 목사를 제명하였고, 이 일로 장로교가 예장(예수교장로회)과 기장(기독교장로회)으로 분열되었다. 그러던 장신대가 60년대에 성서비평을 다 받아들였다. 결국 2007년 예장(통합)에서 김재준 목사의 사면을 추진했으나 기장의 반발로 무산되었다. "사면은 죄가 있는 사람을 용서할 때 쓰는 말"이며 "김 목사에게 죄가 있다면 남들보다 50년 먼저 신학문을 접한 죄, 그리스도의 진리를 문자에 갇히지 않게 드러낸 죄"라는 것이 기장 총회가 사면을 반대한 이유이다.

따라서 예장통합의 동성애 옹호 이단 결의 역시 역사의 전철을 밟을 것이 뻔하다. 동성애 이단 결의는 철폐되어야 하고, 언젠가는 철폐될 것이다.

부록

1장 허호익 교수 인터뷰
2장 기소장에 대한 답변서
3장 나는 왜 상고를 거부하는가?
4장 성명서 및 논평
5장 신문 기사 및 서평 목록

I
허호익 교수 인터뷰

1. "동성애 때문에 교회 안 망해, '신학적 다양성' 이해해야"
—『동성애는 죄인가』 펴낸 대전신대 허호익 은퇴 교수

_「뉴스앤조이」 이은혜 기자

한국 교회에서 동성애는 논란거리다. 교단 차원에서 동성애를 이단으로 규정하는가 하면, 동성애자를 향한 지나친 혐오를 다시 생각해 보자고 주장만 해도 '교회 파괴 세력'으로 몰린다. 최근 분당우리교회 사건이 단적인 예다.

이 같은 교계 분위기에 문제를 제기하는 책이 나왔다. 대전신학대학교를 은퇴한 허호익 교수는 동성애 분야에 관심을 갖고, 그동안 연구한 내용을 정리해 『동성애는 죄인가 — 동성애에 대한 신학적 · 역사적 성찰』(동연)을 펴냈다.

허호익 교수는 한국적 신학을 연구하는 데 관심이 많았다. 특히 한국 교계에서 신앙 · 신학적으로 논쟁 중인 사안을 정리하고 대안을 제시해 왔다. 『단군신화와 기독교』(대한기독교서회), 『안티 기독교 뒤집기』, 『한국의 이단 기독교』(동연)도 같은 맥락에서 연구 · 집필한 책이다.

총 6부로 구성된 『동성애는 죄인가』는 동성애 관련 논의를 총망라한다. 성서 속 동성애 관련 구절 의미부터 동성애 비범죄화 역사, 질병 관점으로 본 동성애, 동성애자 성직자와 동성 결혼을 허용한 세계 교단의 역사, 한국 교회 동성애 논란을 다뤘다. 반동성애 진영이 펴낸 책부터 성소수자를 긍정하고 환영하는 개신교인들이 쓴 책까지 다양한 스펙트럼에 속한 책을 참고했다.

허호익 교수는 어떤 이유로 지금 시점에 책을 내게 됐을까. 6월 28일 대전 한 카페에서 직접 만나 이야기를 들어봤다.

— 조직신학 전공자이면서 이단 전문가인데, 어떻게 동성애 관련 책을 펴내게 됐나?

한국에 사는 신학자로서 한국 교회를 위한 신학을 하고 싶었다. 한국적 신학의 우선 과제는 한국 교회가 당면한 신앙 문제를 신학적으로 성찰하는 것이라고 생각했다. 주로 논쟁이 되는 사안에 관심을 두는데, 제대로 살펴보려면 우선 정확한 팩트를 알아야 한다. 사실을 알아야 무지와 편견에서 벗어날 수 있으니까. 한국 신학자에게 주어진 과제라고 생각해, 미력하지만 할 수 있는 작업을 꾸준히 해 왔다.

— 『동성애는 죄인가』에는 신학적으로 동성애를 어떻게 다루는지도 살피지만, 역사적·병리학적으로 동성애가 어떻게 취급받아 왔는지도 설명한다. 다른 분야 내용까지 연구해 책에 넣은 이유가 있다면?

동성애를 조금만 연구해 봐도, 동성애 현상이 아주 특이하다는 사실을 알 수 있다. 역사를 보면 동성애는 오랫동안 범죄로 인식되어 왔다. 제2차 세계대전 때 히틀러 치하에서도, 스탈린 시대에도 동성애자들은 처벌받았다. 이후 인권 운동으로 동성애가 비범죄화하고, 동성 결혼 합법화까지 간 것이다. 이 맥락에서 동성애 비범죄화 역사를 다룰 수밖에 없었다.

한편 동성애는 질병으로 취급받았다. 연구 결과를 종합해 보니, 1973년 미국정신의학회에서 동성애를 질병 목록에서 삭제한 것을 시작으로 줄줄이 질병 목록에서 삭제한다. 동성애자로 사는 것이 불편하다고 느끼는 '자아 이질형' 동성애자만 질병 목록에 남아 있다가 그마저 질병으로 봐서는 안 된다는 결론에 이르렀다. 자아 이질형 동성애도 편견과 혐오 때문에 생기는 장애라고 판단한 것이다. 그래서 동성 결혼을 허용하는 국가와 동성애자에게 성직을 임명하는 교단도 늘어나는 추세다.

암은 100년 전이나 지금이나 질병이다. 동성애는 질병으로 여기다가 비질병화한 특수성이 있다. 비범죄화·비질병화를 이해해야 동성애를 향한 무지와 편견을 극복하고 객관적으로 동성애를 볼 수 있다. 이 부분을 아예 듣지 않으려는, 극단으로 치우친 사람들은 어쩔 수 없다. 건전한 양심을 지닌 사람이라면 찬반 논쟁이 진행될 때 팩트가 뭔지 알려고 노력해야 한다. 객관적인 자료를 원하는 사람들에게 도움이 될 것 같아 이 부분도 책에 넣었다.

— 동성애를 반대하는 이들은 동성애가 가장 치명적인 죄라고 말한다. 동성애로 교회와 국가가 몰락할 것이며, 동성애는 좌파의 전략이라고 주장한다.

물론 성 윤리가 엄격한 성서에서는 동성애를 죄로 규정하고 있다. 종교적인 죄와 사법적인 죄는 차원이 다르다. 선진 사회에서는 더 이상 죄라고 여기지 않는 동성애의 죄성에 일부 한국 교회가 너무 집착하는 것으로 보인다. 모든 사회가 죄로 규정하는 살인, 성폭행, 인종차별, 제도적 약탈과 같은 종교적·사회적으로 치명적인 죄에 더 관심을 보여야 할 것이다.

한국의 동성애 경험자는 0.3%라는 통계가 있다. 0.3% 동성애자 때문에 교회가 해체되지는 않는다. '가나안 신자'가 교회를 떠난 것이 동성애 때문일까? 아니다. 권위적이고 세속적이고 시대에 뒤떨어진, 상식조차 통하지 않는 일부 교회 때문일 것이다. 진화론, 공산주의, 이슬람 등 외부 세력 때문에 기독교가 망하는 게 아니다. 로마 박해에도 살아남은 기독교의 적은 항상 내부에 있었다.

— 자기 안의 편견을 극복하기가 쉽지 않다. 어느 정도 한쪽으로 치우친 후에는 본인이 원하는 정보만 더 열심히 습득하게 된다.

그걸 '인지 부조화' 혹은 '경로 의존성'이라고 한다. 자기가 알고 싶은 것만 알고, 보고 싶은 것만 보려 하는 것. 굉장히 위험한 일이다. 보아도 보지 못하고 들어도 듣지 못하는 우매함에 빠지는 모습을 예수님도 지적하시지 않았나.

선량한 기독교인들이 범죄에 빠질 수 있는 가장 일반적인 방식이 악한 의도를 품은 사람들이 하는 선동을 맹신적으로 추종해 행동대원이 되는 것이다. 역사에 그런 과오가 많다. 제주 4.3 사건을 보면 공산주의 때문에 교회가 망하고, 나라가 망한다고 하니까 신실한 기독교인들이 그들을 박멸하기 위해 제주도로 내려가지 않았나.

— 실제로 반동성애 운동에 앞장서는 사람들을 보면, 처음에는 단순히 강연만 듣다가 나중에는 밖에서 피켓을 들더니 더 나아가서는 집회 발언자로 서는 경우도 있다. 사명처럼 여기고 활동한다.

반동성애 운동이 교회와 나라를 살리는 길이라고 생각할 것이다. 그렇기에 더 정확한 팩트를 알아야 한다. 무지도 죄가 될 수 있다. 생각 없는 목사·평신도들은 핵심 쟁점이 뭔지 알려고 노력하지도 않고 선동에 휩쓸린다. 어느 시대든 그것이 비극이다. '악의 평범성'이라고까지 이야기하지 않나. 평범한 사람들이 무지 때문에, 선동 때문에 악의 행동대원, 하수인 노릇을 한다. 자신들은 신념을 가지고 옳은 일이라고 믿고 하겠지만, 역사적으로 보면 악의 하수인 노릇을 한 사례가 너무 많다.

히틀러 정권 초기, 신학생 50%가 히틀러를 지지했다고 한다. 히틀러는 동성애자 중 유대인이 많다고 주장했다. 두 집단을 동시에 겨냥한 거다. 동성애자와 유대인 때문에 독일이 몰락할 것이라고 선동해 대대적으로 처형했다. 내부 결속을 위해 외부에 적을 만든 거다. 2차 대전 후 히틀러와 스탈린이 각각 동성애자 수만 명을 대대적으로 처형하고 처벌한 것이 알려져 동성애자에 대한 인권 문제가 유엔 등 국제기구를 통해 세계적인 이슈가 되기 시작했다.

— 학계에서는 소돔이 동성애가 아닌 '환대하지 않는 문화' 때문에 멸망했다는 해석이 더 힘을 얻고 있다. 하지만 한국 교회 교인들에게 소돔은 '동성애 때문에 망한 곳'이라는 인식이 크다.

책에서도 그 부분을 잘 설명하려고 노력했다. 목사들이 새로운 내용을 수용해서 교인들에게 가르쳐야 하는데… 반동성애 전선이 너무 강고하다. 적대자를 추방하기 위해 예전에는 빨갱이 굴레를 씌웠고, 이제는 동성애 옹호라는 굴레를 씌우는 면이 없지 않다. 그래서 목회자들이 설교에서 자유롭게 이야기하지 못하는 측면이 있다.

목회자들이 교인들이 듣고 싶어 하는 설교만 하는 것도 새로운 내용을 전달하지 못하는 요인이 된다. 목사는 하나님 말씀을 선포해야 하고, 논쟁이 되는 주제에 대해 시비를 가려 줘야 한다. 신앙적으로 무엇이 옳고 그른지 알려 줘야 하는데, 때로는 그게 피곤하고 또 원치 않게 적대 세력을 만들 수도 있다. 그걸 빌미로 공격하는 사람들이 생겨나니까 자연스레 논쟁을 피하는 거다.

동성애에 적극 반대하는 어떤 장로가 자기 아들이 동성애자라는 사실을 알고 교회를 떠났다는 이야기를 들었다. 옛날 어른들은 "자식 가진 부모는 남의 자식 험담을 하지 말아야 한다"고 했다. "자기 자식이 동성애자인 사실을 알게 된다면 나가 죽으라고 할 것인가"라고 반문하고 싶다. 그래서 한국에도 '성소수자부모모임'이 생겨났다. 예전에는 동성애자를 법으로 처형했지만, 지금은 가족과 주변의 혐오·적대 때문에 자살로 내몰린다. 청소년 동성애자 자살률이 청소년의 평균 자살률보다 4~5배 높아 사회적 문제가 되고 있다.

— 한국 교회에서 반동성애 진영이 활동 반경을 넓힐수록 그들 주장에 이의를 제기할 수 없게 됐다. 성소수자 목회 활동을 하는 타 교단 목회자를 이단이라 정죄하기에 이르렀다. 반동성애 진영 주장이 곧 진리가 돼 버린 것 같다.

책에서도 설명했지만, 신학적 다양성을 인지하지 못한 것이다. 교단 이단사이비대책위원회 전문위원으로 오래 있으면서 이단에 대한 표준 지침을 만들었다. 이단 규정은 신론, 기독론, 성령론, 삼위일체론, 교회론, 구원론, 성서계시론에 근거한다. 일곱 가지가 기독교 신앙의 본질이다. 여기서는 일치해야 한다는 말이다. 이 중 하나라도 부정하거나 현저하게 왜곡하면 이단이라고 규정하도록 지침을 만들었다.

문제는 사람들이 '이단성'과 '신학적 다양성'에 대한 이해가 없다는 것이다. '1+1=3'이라고 하면 틀린 거다. 틀린 건 이단성이다. 이만희를 '재림 예수'라고 하는 건 틀린 거지 다양성이 아니다. 색은 다르다. 빨강과 노랑은 다른 것이지 틀린 것은 아니다. 침례를 주거나 세례를 주는 것, 이건 다양성이다. 교단마다 다르고 자기 전통을 존중하면 된다. 침례 외의 세례는 모두 이단이라고 하는 건 다양성을 인정하지 않는 것이다.

성서의 모든 주장이 다 똑같이 중요하고 본질적인 것은 아니다. 예수님은 율법에서 더 중요한 것, 덜 중요한 것이 있다고 하셨다. 성서 말씀도 더 중요하고, 덜 중요한 게 있다. 가장 중요한 것이 본질이다. 거기서 일치해야 하는데, 바로 앞서 말한 일곱 가지다. 나머지는 다양성 관점에서 봐야 한다. 찬반 논쟁을 할 수 있는 부분이다. 어떤 사람은 노란색을 좋아할 수 있고, 어떤 사람은 빨간색을 좋아할 수도 있다. "진화론이냐 창조론이냐", "자본주의냐 공산주의냐", 그게 신앙의 본질은 아니다. 신학적 입장의 다양성 범주에 들어간다.

단순히 나하고 다른 건 다 틀렸다고 생각한다? 인지 부조화이고 지적 능력의 문제라고도 볼 수 있다.

— 최근 몇 년간 한국 교계의 반동성애 운동이 이처럼 극성스러운 이유는 뭘까?

빨갱이 프레임을 짜듯 동성애 프레임을 만들어 외부에 적대 세력을 만드는 것이다. 역사적으로 독재자거나 반공주의자, 비리가 있는 종교 지도자들 혹은 이단들이 동성애 반대 운동에 앞장서 왔다.

동성애 문제를 지적하면서 자기는 문제없는 인간 혹은 집단처럼 행세하려는 위선적 행태라고도 볼 수 있다. 한편으로 한국 교회는 자극적인 메시지를 갈급해한다. 동성애에 관심이 높고 반동성애 메시지가 사람들을 긴장하게 하니까 교회에서 그런 사람들을 강사로 자주 부르게 되고, 사실관계를 확인하지 않는 반동성애 논리가 퍼지고 있는 것 같다. 목사와 교인들 분별력을 키우는 일에 도움이 됐으면 해서 이 책을 쓰게 됐다.

— 건설적 논의 없이 일방적으로만 흘러가는 이 상황이 한국 교회 미래에 어떤 영향을 줄까?

그게 걱정이다. 한국 교회는 동성애뿐 아니라 통일 · 이슬람 · 난민 문제 등에 보수적인 사람이 훨씬 많은 것 같다. 과거에 학생들이나 교인들에게 종종 "예수님은 당시 상황에서 진보적인 분이었을까, 보수적인 분이었을까"라고 물어보고는 했다. 대부분 "예수님은 매우 진보적이었다"고 대답했다. "한국 교회 주류는 진보적이냐, 보수적이냐"고 다시 물어본다. 이번엔 "보수적"이라는 답이 돌아온다. "그러면 한국 교회가 예수님 가르침에 어긋나는 것이 아니냐"고 반문했다. 한국 교회 지도자들은 이런 근본적 질문을 스스로에게 해야 한다.

예수님은 그 시대 선각자이자 선구자였다. 초기 한국 교회도 당시 한국 사회에서 선각자요 선구자였다. 개화, 계몽, 근대화에 앞장섰다. 진취적인 젊은이들이 교회로 몰려들었다. 기독교인들은 어느 시대든 선각자요 선구자가 되어야 한다고 믿는다. 그래야 젊은이들이 교회로 돌아올 것이고,

교회의 사회적 공신력과 영향력도 커질 것이다. 그런데 한국 교회가 점점 시대에 뒤떨어지는 '늙은 교회'가 되어 가는 듯해 안타깝다. "기독교인은 다른 종교인들보다 앞서 생각하고, 앞서 살다가, 앞서 죽었다"는 유명한 말을 기억했으면 한다.

「뉴스앤조이」 2019. 07. 03.

2. “흙탕물을 바꾸는 건 아래서 솟는 한 방울의 샘물”
— 조직신학자 허호익 대전신대 은퇴 교수가 말하는 교단의 민낯과 한국 교회의 미래

_「복음과 상황」 이범진 기자

잊을 만하면 들려오는 교단 총회 관련 뉴스들. 교단의 최고(最高) 치리회인 총회 소식은 매해 한국 교회를 세간의 조롱거리로 만든다. 어제오늘 일은 아니지만, 이번 예장통합(통합) 104회 총회는 공중파 방송에서도 비중 있게 다뤄졌다. 보도의 골자는 총회가 ‘일절 이의를 제기할 수 없는’ 수습안 결의로 명성교회의 세습 길을 열어주었다는 것. 1,204명의 총대 중 920명이 수습안에 ‘찬성’하면서 김삼환 · 김하나 목사는 2021년 1월부터 세습이 가능해졌다.

같은 시기 SNS에서는 ‘동성애 옹호자’라는 이유로 목사고시 합격이 취소된 신학생이 학교에 자퇴서를 낸 소식이 전해져 뭇사람들을 분노케 했다. 합격 취소에 대해 총회에 이의를 제기했지만, 받아들여지지 않았다. 최근 주요 교단들은 동성애를 이단(성)으로 규정하고 반동성애법을 만들었다.

교단이 일종의 시스템이라면, 총회는 그 시스템이 작동하는 방식을 그대로 보여준다. “교단이란 무엇인가?”라는 근본적이고도 회의적인 질문을 던지게 되는 요즘, 허호익 대전신학대학교(대전신대, 대전신대는 통합 교단 산하 신학교 중 하나다) 은퇴 교수를 찾았다. 그는 수십 년 동안 신학에 몰두한 학자이자 통합 교단의 이단사이비대책위원회(이대위) 전문위원으로 활동한 이단 전문가다. 학내 비리에 맞서 투쟁도 마다하지 않는 행동하는 지식인이다. 최근에는 『동성애는 죄인가』라는 책을 펴내 교계 동성애 반대론자들을 곤란케 하고 있다. 주요 교단의 ‘동성애 이단 결의’가 지닌 문제점을 조목조목

반박하고, 세습에 대해서도 소신 있는 목소리를 내는 신학자 중 한 명이다.

10월 초, 대전의 한 학교에서 만난 허 교수는 통합 총회의 '세습 찬성' 결의에 대해 "예상한 결과였다"는 말로 이야기를 시작했다. 교단은 이미 자정 능력을 상실한 지 오래라는 것이다. 그동안 겪은 치열한 경험과 이론이 판단 근거라 했다. "교단은 곧 붕괴될 것"이라는 답을 기다리며 질문을 이어갔다.

— 올해 교단 총회를 어떻게 보셨는지 궁금합니다. 어떤 감정이 들었는지요?

예상한 결과였습니다. 교단 총회에 큰 기대를 걸지 않았어요. 교단은 이미 자정 능력을 상실했다고 판단하고 있었기 때문입니다. 재직 중이던 대전신대의 전횡과 비리를 막기 위해 교단의 사무총장 두 명, 총회장 세 명을 비롯해 이사회, 신학교육부, 감사위원회, 총회가 구성한 대전신대정상화대책위원회 등 여러 책임자에게 수십 통의 청원서를 교수 일동 명의로 보내고 직접 만나 호소도 해봤는데요. 그 많은 사람 중 시비를 가려 준 사람이 단 한 사람도 없는 현실을 마주하고는 교단의 현실을 뼈저리게 느꼈지요. 다들 기존 질서에 순응했고 권한과 책임으로 문제를 해결하려는 모습이 아니었습니다. 정상화대책위원회조차 약속을 지키지 않고 비정상적으로 운영되어 제가 교수직을 사임했고, 그 후 학원 사태는 더 악화되었어요.

— 대전신대 사태와 관련해 졸업이 취소되고 총장으로부터 명예훼손으로 고소를 당했던 김신일 목사를 인터뷰(**2018**년 **12**월호)했던 적이 있습니다. 교수님도 그 사태 한가운데에 계셨군요.

총체적인 비리였어요. 은퇴 3년을 앞두고 교수직을 걸고 문제를 제기하기 시작했는데, 문제를 같이 해결하자고 수십 차례 만나 의논한 이사조차도 참 비열하게 나오더군요. 대학 분규 과정은 어느 대학이나 패턴이 똑같을 텐데요. 처음에는 교수들이 일치단결해서 총장이나 이사회에 대항하다가 앞장서는 교수들을 업무 방해나 명예훼손으로 일단 무조건 소송하게 되면 교수들 사이에 의견 차이와 분열이 일어나지요. 후배 보직 교수들과 싸우고 싶지 않아서 1년밖에 은퇴가 안 남은 것을 감사하며 훌훌 털고 나왔습니다.

— 통합 교단의 이단사이비대책위원회(이대위) 전문위원으로 **6**년 동안 활동하셨습니다.

이대위 활동이라는 게 참 조심스러웠습니다. 주변에 이단 등쳐먹는 '삼단'들이 있다고들 해요. 이단 지정과 해제에 관련해서 외압이나 이권이 개입될 소지가 크고, 실제로 그런 사례가 드러나기도 하고요. 장신대의 이형기 명예교수님이 이대위 상담소장으로 계셨을 때는 전문위원들이 연구에만 전념하며 원칙대로 운영할 수 있도록 적극적으로 지원해 주셨어요. 그분이 존경받는 원로셨기에 다른 사람들이 흔들 수가 없었어요. 그때 제가 초안을 작성하여 이대위 운영 지침과 표준 지침을 만들었어요. 이단 관련한 연구조사 보고서를 만들려면 어떤 절차와 방식으로 해야 하는지 등 최소한의 지침도 없었기 때문에 그런 기준을 마련한 거죠. 이단 지정 및 해제를 주관적인 판단으로 하면 안 되니까요. 통합 교단에서 그동안 이단으로 규정한 사례들을 모두 검토하고, 이단 연구자들이 이단을 어떻게 정의했는지 당시 나와 있던 논문 열세 편을 다 찾아봤어요. 저자들마다 기준이 다르더라고요. 여러 문헌을 참고하고 연구하면서 두 가지 기준을 도출했는데, '사도신경'과 'WCC 헌장'입니다. 여기에 기반한 신론, 기독론, 성령론, 삼위일체론, 교회론, 구원론, 성서계시론 이 일곱 가지가 본질이고, 이 중에서 하나라도 현저하게 왜곡하거나 부인하면 그것은 이단으로 지정해야 한다는 〈이단 사이비 정의와 표준 기본 지침〉(2008)을 만들었고 그것이 총회의 인준을 받았거든요. 이대위를 그만두게 된 이유는 지극히 정치적이었어요. 그 후 이단사이비상담소장으로 추천되어서 신문에서도 났는데, 결국 총회 임원회에서 승인이 취소되기도 했지요.

— 이단 문제는 이론적으로든 현실적(정치적)으로든 치열한 영역인데요.

치열하죠. 2013년 1월 한기총(대표회장 홍재철)이 여러 주요 교단에서 이단으로 규정한 '류광수의 다락방 전도협회'를 임의로 이단 해제하여, 이에 초교파적으로 교수 172명이 반대 성명서를 내고 기자회견도 했지요. 한기총은 업무 방해 등의 혐의로 서명한 교수와 소속 대학에 10억 원 손해배상 소송을 걸었고요. 이에 맞서 제가 소송대책위원장이 되어 승소한 적이 있지요. 2016년에 통합 총회 임원회(총회장 채영남 목사)가 합리적인 근거와 절차 없이 변승우, 김기동, 박윤식 등 이단들을 특별 사면하려고 했지요. 통합 직영 7개 신학대학 교수들 114명으로부터 서명('총회 임원회의 이단 특별사면 결의 반대 성명서')을 받았어요. 제가 통합 교단 증경 총회장 모임에 직접 가서 성명서를 전달했어요. 결국 사면 결의안 제출이 철회되었지요. 이런 여러 일을 겪으면서, 이단 문제가 한국 교회의 중요한 신학적 현안이라고 생각해서 『한국의 이단 기독교』라는 책을 쓰게 된 것입니다.

— 최근 여러 교단이 동성애를 이단으로 규정하려고 하는데요. 이에 대한 문제점을 지적하는 글을 여러 매체에 기고하셨습니다.

통합 교단의 경우만 보더라도 동성애 옹호를 이단으로 결의하는 것은 교단 자체의 〈이단 사이비 정의와 표준 기본 지침〉(2008)에 어긋납니다. 그래서 그 이유를 「뉴스앤조이」에 "'동성애 이단 결의'는 철회되어야"(2019. 10. 07.)라는 글로 자세히 제시하였습니다. 교리적 본질과 신학적 다양성에 대한 개념적 이해가 없기 때문에 나와 다르면 이단이라고 쉽게 규정하는 것 같습니다. 예를 들어 임보라 목사가 '하나님의 여성성'을 주장한 것은 신학적 다양성 범주에 속하는 논쟁일 뿐이지, 이단 여부와는 관련이 없는 겁니다. 비본질적인 부분이라 할 수 있어요. 첨예한 논쟁이 될 수는 있겠지만, 그런 논쟁들이 신학을 풍성하게 합니다. 그래서 저의 신학적 양심을 걸고, 교단들의 동성애 이단 결의는 철회되어야 한다고 쓴 겁니다.

— 마지막 문장이 인상적이었습니다. "언젠가는 철회될 수밖에 없을 것이기 때문에"라고 쓰셨어요.

역사는 반복됩니다. 세계 신학의 흐름을 몰랐던 길선주 목사는 1935년 10월 평양노회에서 성서비평학이 적용된『아빙돈 주석』을 이설(이단)이라며 크게 비분하였습니다. 이 문제가 다시 제기되어 1952년 37회 총회에서 성경유오설(성서비평)과 자유주의를 주장한다는 이유로 김재준 목사를 제명하였고, 이 일로 장로교가 예장(예수교장로회)과 기장(기독교장로회)으로 분열되었지요. 그러던 장신대가 60년대에 성서비평을 다 받아들였잖아요. 결국 2007년 예장(통합)에서 김재준 목사의 사면을 추진해요. 물론 기장의 반발로 무산되었습니다. '사면은 죄가 있는 사람을 용서할 때 쓰는 말'이며 '김 목사에게 죄가 있다면 남들보다 50년 먼저 신학문을 접한 죄, 그리스도의 진리를 문자에 갇히지 않게 드러낸 죄'라는 것이 기장 총회가 사면을 반대한 이유입니다. 통합의 동성애 이단 결의나 동성애 옹호 신학생 목사 안수 거부도 이 같은 역사의 전철을 밟을 것이 뻔합니다.

— **2010**년에 「장신논단」(제**38**호)에 쓴 논문 "동성애에 관한 핵심 쟁점 — 범죄인가, 질병인가, 소수의 성지향인가?"는 학술정보 포털에서 다운로드 횟수로 상위 **1%** 안에 든다고 표시되더군요. 무려 **9**년 전에 쓴 논문인데, 한국 교회는 이 논문의 논지에서 한 발도 나가지 못한 것 같습니다.

그 논문을 굉장히 많은 사람이 읽었어요. 그러나 동성애 관련 논의는 더

후퇴한 것 아닌가 싶어요. 이후에 논문들이 나오긴 했지만, 역사적·의학적 이해가 없는 논문들도 많이 나왔어요. 우리나라는 10~20년은 더 논쟁 기간을 거쳐야 합니다. 미국도 동성애 찬성과 반대 비율이 4대 6에서, 6대 4로 넘어가는 데 20년 걸렸어요. 저도 논문을 쓴 후에야 저 자신이 동성애에 대한 무지와 편견이 많았다는 것을 알게 되었습니다. 방송에 동성애 관련 내용이 나오면 거부감이 있었지만 '제대로 알고 난 다음 반대하자'는 생각으로 논문까지 쓰게 된 거지요.

— 그 논의를 확장하여 올해는 『동성애는 죄인가』를 내셨습니다. 동성애에 대한 신학적·역사적 성찰을 담은 책인데요. 동성애에 관해 시대별, 나라별, 논쟁별로 차근차근 짚어가는 서술이 인상적이었습니다.

동성애 때문에 교회와 국가가 망한다거나 동성애는 가족을 파괴하려는 좌파의 책략이라는 근거 없는 선동에 미혹되는 이들이 주변에 너무 많은 것 같아서 '동성애 현상'에 학술적 연구를 좀 더 심도 있게 하여 책을 내게 된 것입니다. 잘 알아보지도 않은 채 '찬성', '반대' 구호를 외치는 것은 선동에 지나지 않지요. 늘 학생들에게 가르쳤어요. 주장과 근거를 논리적으로 따지고, 왜 입장이 다른지 낱낱이 분석하는 것이 학문이라고요. 그것을 다 따진 다음에 자기 입장을 세우는 게 바른 자세이지요.

— 한국 사회에서 동성애에 대한 찬성/반대를 묻는 질문으로 첨예한 갈등이 시작된 원인이 어디에 있다고 보시나요?

여러 요인이 있겠지만, 문재인 정부에 들어 남북정상회담도 열리고 '좌파 프레임'으로 정적들을 가두는 것이 불가능해진 이들이 '동성애 프레임'을 활용하는 거라고 봐요. 노무현 정부 때 통하던 좌파 프레임이 지금은 잘 안 통하잖아요. 1950년대 미국에 매카시즘이라는 반공 광풍을 일으킨 이들이 “좌파들이 동성애를 퍼뜨린다”는 프레임을 만들었어요. 그게 먹혔어요. 좌파 동성애자들이 국가 기밀을 소련에 넘겨준다고 해서 공무원 수천 명을 자르거든요. 더 거슬러 올라가면 히틀러 시대에도 동성애 처벌법 철폐를 여러 차례 청원한 유명한 학자 마그누스 히르시펠트가 유대인인 것을 이용해 “유대인이 동성애를 옹호한다”는 프레임을 만들어 유대인과 동성애자를 히틀러 제국의 적으로 규정하고 제거하였지요. 동성애자 2만 명에서 10만 명이 처형되었다고 하는데, 이를 ‘게이 홀로코스트’ 또는 ‘핑크 홀로코스트’라고 합니다. 그래서 제2차 세계대전 후 동성애자 인권 문제가 제기된 겁니다. 그때나 지금이나 동성애 프레임에 씌워서 반대자를 제거하려는 전략이 통하고 있는 셈이지요.

— 프레임을 짜거나 강화하는 가짜뉴스도 많이 유통되고 있어요.

가짜뉴스를 만들거나 추종하는 것은 우상숭배와 다름없다고 봅니다. 가짜를 진짜로 믿는 게 우상숭배잖아요. 제 주변에도 가짜뉴스를 퍼 나르는 신실한 신도들이 많아요. 양심적인 종교인이 범죄자가 되는 가장 흔한 사례가 악한 자들의 거짓 선동에 빠져 행동대원이 되는 거라고 해요. ‘악의 평범성’이라고도 하지요. 유튜브의 가짜뉴스는 전 세계적인 이슈이죠. 그게 돈이 되니까 너도나도 뛰어드는 건데요. 독일은 가짜뉴스 벌금이 600억 원이라고 하던데, 우리도 가짜뉴스의 폐해가 더 누적되면 강력한 법적 제재를 마련하겠지요. 본질적인 문제는 사람들이 편향된 사고를 바로잡지 못한다는 거예요. 결국 교육의 문제인데요. 공부를 통해서 편견을 극복하는 경험을 해야 하는데, 제가 볼 때 지금의 60~70대들은 학교에서 그런 교육을 전혀 받지 못했어요. 그런 상태에서 “문재인이 좌파다”, “복음과 상황이 좌파다”, “동성애가 좌파다” 하는 가짜뉴스를 보고 그 프레임에서 빠져나오지 못하는 거죠. 다음 세대는 좀 다르다고 봐요. 다양성을 인정하는 분위기에서 교육을 받았으니까요. 젊은 세대들은 동성애에 대한 생각도 훨씬 유연하죠.

— "동성애는 이단이다", "동성애 옹호하면 좌파다"라는 프레임이 확산되는 것을 간절히 바라는 이들은 누구일까요?

한국의 주요 교단에서 이단으로 규정된 변승우 목사(사랑하는교회, 구 큰믿음교회)는 "동성애를 옹호하는 진짜 이단들"이라는 설교에서 이런 프레임을 적극적으로 활용하는 것으로 보여요. 유튜브에 동성애 비판 설교 수십 편을 올렸더군요. 『동성애는 쓰나미』라는 책도 쓰고요. 동성애를 공공의 적으로 삼아 자기의 '정통성'을 증명하려는 것일 텐데요. 이런 틈을 노리는 이단들을 경계해야겠지요.

— 교단 내 동성애 이슈가 갑자기 불거진 것이 명성교회 세습과 관련이 있다는 이야기들이 많이 들립니다.

합리적 의심이라 할 수 있습니다. 지난 7월에 청어람ARMC의 월례 강좌에서도 그 이야기를 했습니다. 특히 통합 측에서 동성애 이슈가 불거진 것은 명성교회 세습 문제와 개연성이 있다고 봐요. 작년 5월에 '무지개 사건'이 있었어요. 5월 17일 '국제 성소수자 혐오 반대의 날'을 맞아 장신대의 한 동아리 회원들이 무지개의 각기 다른 색 상의를 입고 채플에 참석, 예배가 끝난 뒤 강단에 올라가 무지개가 그려진 현수막을 들고 기념 촬영을 했지요. SNS를 통해 알려지면서 동성애 이슈가 불거졌지요. 그런데 무지개 사건이 있기 전에 교수 60명과 재학생이 명성교회 세습 반대 성명을 내고 집회를 계속하고 있었죠. 두 달 뒤인 7월에 통합 교단 장로 수련회가 열렸는데, 참여한 장로 중 절반이 못 되는 2,000여 명이 "동성애 옹호하는 총장 파면하라, 교수 징계하라"라는 성명서에 사인을 합니다. 그러면서부터 프레임이 생긴 거죠. "세습은 반대하면서, 동성애는 옹호한다." 그리고 동성애를 이단이라 규정하라고 총회에 청원을 하지요. 이런 과정들이 다 기획된 거라고 볼 수 있지요.

— '이단'이라는 말에 붙는 낙인효과를 '동성애'에 등치시켜, 세습에 반대하는 학생들이나 교수들을 강하게 압박하려는 의도가 있지 않았나 싶은데요. 뻔히 보이는 전략인데도 신학교 교수들이 너무 조용한 것 아닌가요.

프레임을 만든 이들에게 완전히 제압되어 있는 거죠. 총장도 꼼짝 못 해요. 교수가 자기 소신껏 말하려고 하면 직을 걸어야 하는데, 그게 어렵죠. 신학교의 구조적 모순이 교수들을 그렇게 만듭니다. 예전에는 신학교 총장에 덕망과 학식 있는 사람이 추대되다시피 했어요. 그런데 어느 때부터인가 총장은 권력이 되었어요. 권력 지향적인 사람들이 총장에 나서서 당선이 되지요. 이사 과반만 확보하면 총장이 될 수 있으니까 거기에 온갖 정치적인 책략을 다 쏟아요. 거래가 시작되는 거죠. 그렇게 총장이 된 사람은 학교 이익이 아닌 이사들의 이익을 대변하게 됩니다. 그래야 연임을 할 수 있으니까요. 총장이 이사와 교수를 이간질하는 것도 정형화된 패턴이지요. 많은 신학교가 이렇게 갈등이 생겨요. 이사도 마찬가지예요. 학교 이사가 되면 총장을 뽑을 지분을 갖고, 그 힘으로 여러 이권에 개입할 수 있어요. 이사들은 자기 사람을 학교에 넣기 시작하고 파당을 만들고…. 그런 사람들이 모인 곳에서는 바른말 하는 교수들만 당하는 구조가 됩니다. 대다수 교수는 생존을 위해서 참는 거지요. 다른 종합대학도 마찬가지겠지만, 신학대학은 더 심해요.

— 신학대학이 더 심한 이유는 무엇인가요? 다른 영역에서는 개혁적인 교수들도 유독 명성교회 세습에는 말을 아끼는 것 같아요.

신학대는 졸업 후에도 동문들이 다 연결되어 있잖아요. 어쨌든 교계에서 만나게 되어 있고, 연결되어 있어요. 학교 동문들이 노회, 총회에서 만나죠. 그중에 정치꾼들이 학교 이권에 달려드는 겁니다. 보통 그런 사람들이 학교를 장악하지요. 정치꾼 선배 목사가 와서 학생회장 뽑는 것까지 개입해요. 반대하는 학생들 있으면 "네 앞길 다 막을 수 있다"고 협박도 하고요. 그들에게 밉보여 쫓겨나면 교회나 대학 어디에도 자리를 못 잡아요. 신학생들은 찍히면 어디 갈 데가 없어요. 신학적 사고가 더 위축되면 안 될 거 같은데…, 참 딱해요.

— 교수들이 침묵한 대가는 학생들에게 치명적 결과로 이어지는 것 같아요. 최근 목사 고시에 합격하고서도 '동성애 옹호'를 이유로 탈락 처리된 신학생이 자퇴서를 내 화제가 되었는데요. 이번 총회에서 이의를 제기했지만 받아들여지지 않았습니다. 그는 "SNS 글은 물론 댓글까지 사찰을 당했다"고 합니다.

너무 안타깝지요. 저는 운동가나 투쟁가는 아니라서 그 학생을 당장은 도울 수 없을 것 같아요. 다만 미력한 힘이나마 글 쓰는 일, 책 쓰는 일로 도와야겠다는 생각을 합니다. 길게 보아야 하는 선한 싸움입니다.

— 그 신학생이 바랐던 것도 동성애와 관련한 신학적 토론과 대화, 여지를 열어 두는 것이었습니다. 교수님의 책이 그런 공간의 울타리 역할을 할 수 있지 않을까요?

실제로 그런 목적의식을 가지고 썼어요. 소장 학자일 때 현직에 있으면서 이런 책을 썼다면 외압과 비판을 많이 받았을지도 몰라요. 영향력도 더 적었겠지요. 이단 전문가로 연구하고 활동했던 경력이 있기 때문에 저한테 직접적인 외압은 없어요. 여러 사람이 원로 교수가 이런 내용을 정리해 주니 고맙다고 해요.

— 우리나라는 지역 불평등이나 학벌에 따른 차별이 과한 사회입니다. 이와 관련해 제자들에게 자신감과 용기를 주기 위해서 하셨던 말씀이나 가르침이 있나요?

무한 경쟁 시대에 사는 것이 비극이지만, 스스로 자기 분야에 10년 이상 몰입하여 달인이 될 정도로 실력 쌓고, 겸손하게 욕심을 버리고 할 일을 찾으라고 말하곤 했습니다. 인터넷 시대에는 타이틀보다 콘텐츠가 중요하다, 먼저 자신감을 가지고 자신만의 콘텐츠를 쌓고 돈이나 권력이나 명예를 버리고 겸손하게 살려고 한다면 세상은 넓고 할 일을 많다, 실력이 없으면서 욕심을 부리면 비열하거나 비굴하게 살게 된다, 실력과 능력이 있는 일꾼에게 일자리를 주지 않으면 하나님만 손해다, 자신을 믿으라 권면했습니다. 저도 이름 없는 지방 신학대 교수이지만, 제 홈페이지(한국신학마당 theologia.kr, '국가 주요 지적재산'으로 국립중앙도서관에 등록되어 있다 _ 편집자)에 많은 콘텐츠를 모아 두어서 인터넷에서는 적지 않은 영향력이 있는 학자라고 학생들에게 말해 줍니다.

— 홈페이지를 보니 정말 다양한 분야의 신학 연구를 해 오셨습니다.

신학의 과제는 성서 해석, 신앙의 변증과 정립입니다. 저는 한국 상황에서 이런 작업을 나름 해 왔습니다. 그래서 한국 교회에서 현안이 되는 신학적 이슈인 『단군신화와 기독교』, 『통일을 위한 기독교 신학의 모색』, 『안티기독교 뒤집기』, 『한국의 이단기독교』, 『동성애는 죄인가』 등을 저술했지요. 한국인의 관점에서 성경의 중요한 것을 정확하고 새롭고 심도 있게 알려고 『예수 그리스도 1 · 2』, 『야웨 하나님』을 성서적 조직신학이라는 관점에서 연구했고요. 그리고 제가 '한국인이면서 또한 기독교인'이라는 자각에서 필생의 연구 과제로 『한국문화와 천지인 조화론』, 『천지인 신학의 모색』, 『한국인의 신관과 한국 신학』이라는 방대한 분량의 저술을 마지막 교정만 남겨두고 있습니다.

— 늘 한국 교회가 처한 상황을 주목해 오셨는데요. 이번 통합 총회는 김삼환·김하나 목사 부자에게 총회헌법을 넘어서는 방법으로 세습의 길을 열어주었습니다. 초법적이고 비상식적인 방식이라 일반 언론에서도 화제가 되었습니다.

어느 정도 예상은 했어요. 교단 정치가 어떻게 돌아가는지 알면 예상이 됩니다. 장신대 신대원 재학생의 30% 이상이 목사나 장로의 자녀라고 합니다. 목회 자리가 무한 경쟁에 내몰리니까 내심 자기들의 자녀들을 생각해서 세습이 합법화되기를 원하는 총대(총회 대의원)들도 많을 겁니다. 총대 중에는 교세가 큰 교회의 목사나 장로들이 다수이니까요. 작년 총회에서도 800여 명은 세습을 반대했으나 500명 넘게는 찬성했잖아요. 총회에 참석하는 총대들의 평균 나이가 63세입니다. 남성 비율이 압도적이고요. 이런 곳에서 어떤 개혁적이고 새로운 내용이 나오기는 어렵겠지요. 책략을 들고나오는 이들에게 얼마나 효과적으로 대응할 수 있겠어요.

— 갑작스러운 김삼환 목사의 등장은 어떻게 보셨나요?

그런 쪽으로 머리가 비상한 사람들이죠. 명성교회가 교단에 끼치는 파워를 가늠할 수 있는 부분이지요. 원래 예정된 총회 장소는 영락교회였잖아요. 포항으로 옮겨진 이유에는 세습 반대 시위하는 이들의 접근을 막으려는 목적도 있었다는 의혹도 들려요. 제가 포항 출신이라서 잘 압니다. 경상도는 오래전부터 교단 정치가 아주 드센 지역이죠. 치밀한 계획으로, 어떻게 권력을 장악하고 유지해야 하는지 여러 세대에 거쳐 학습된 이들이 많아요.

— 결론적으로 김삼환 목사의 발언도 효과가 있었습니다.

총대들의 마음을 잡을 수 있는 말을 할 줄 아는 사람이지요. 김삼환 목사가

"교단 총회가 나가라 하면, 갈 데가 없다"라고 했다지요. 갈 데가 왜 없어요. 각 교단에서 서로 오라고 할 건데요. 총대들 마음을 잡지 못했을 경우도 예측한 발언이었다고 봐요. "총회까지 와서 갈 데가 없다고 호소했는데 반대했다"는 프레임을 짜서 그다음 단계로 나아가는 거죠. 정치 고수들이에요. 당해낼 수 없습니다. 인간은 권력을 오래 누리다 보면 뇌 구조가 바뀐다고 하잖아요. 그런 이론이 있는데, 그 결과를 우리가 계속 목격하고 있고요.

— 통합 총회가 세습 문제를 초법적으로 해결해 주는 것도 그렇고, 합동 총회에서는 로마가톨릭을 이교(異教)로 지정하는 논의를 하기도 했는데요. 교단의 태도가 매우 대범합니다.

많은 요인 중에서 무지와 편견을 꼽을 수 있겠지요. 목소리 큰 사람이 회의를 끌어가면 반대할 수 없는 분위기도 있겠고요. 무지도 죄가 된다는 것을 알았으면 좋겠어요. 한스 큉은 이교와 이단과 열[렬]교(裂教)를 구분했습니다. 가톨릭은 이교도 이단도 아니고 '분열된 교회'라는 것이지요. 가톨릭이 개신교와 다른 점이 많긴 하지만, 그것도 신학적 다양성으로 보아야 할 것입니다. 가톨릭을 이교나 이단으로 규정하면 종교개혁 이전의 기독교 역사 1,500년을 부정하게 되는 것 아닌가요. 통합 총회가 초법적인 수습안을 통과시켰지만, 그마저도 김삼환 목사 부자가 지키지 않았어요. 그러자 총회장이 '긴급 권고 서신'을 통해 김하나 목사는 15개월 이상 교회를 떠나야 한다고 했지요. 총회의 초법적이고 이상한 논의들을 바로 잡으려면 많은 이들이 성경을 제대로 해석하고 의미를 정확하게 파악하는 것이 중요합니다. 언제 예수님이 교회 크게 지으라고 했나요? 성경 어디에 교회 성장시키라고 나와 있나요? 아무래도 교단 총대 중 다수는 교회 성장주의의 덕을 본 사람이 많을 겁니다. 예수님의 지상명령은 "세례를 주고 가르쳐 지키게 하라"(마 28:20)는 것입니다. 교회성장론을 추종하는 교회는 총력 전도 운동을 하는데, 전도는 예수를 알지 못하는 자에게 복음을 전해서 세례를 받게 하는 것이지요. 이미 세례받은 교인들을 끌어모으는 것은 전도가 아니라 이명(移名)이거나 이동이지요. 예수께서는 세례받은 사람 모아서 대형 교회로 성장시키라고 하지 않았거든요. 목사가 나서서 성장 중심 목회를 하는 경우도 있지만, 장로들이 이를 부추기는 경우도 많아요. 노회에 다녀온 장로가 "어느 교회는 목사가 새로 왔는데 교인이 늘었대, 건축도 새로 했대" 하면서 목사를 압박하는 거예요. 계속 비교를 시키면 목사는 견딜 수 없어요. 교회들끼리 서로 교세를 경쟁하는 것이 문제이지요. 이런 구조적인 모순을 깨야 하는데….

— 총회 결정 사항에 거세게 반대하는 움직임이 있습니다만, 교단 탈퇴까지 이어질 것 같지는 않습니다. 결국 이대로 또 내년 총회를 맞을 텐데요.

일단 우리가 선한 싸움을 싸우려면 믿음이 필요해요. 일제 강점기에 일본이 러일전쟁에서 이겼잖아요. 그다음에 중일전쟁을 또 이겼고요. 일본은 아시아 최초로 항공모함을 만들어 진주만을 공격해 태평양전쟁 초기에 승기를 잡았어요. 그때 독립운동을 하던 많은 사람이 변절하기 시작해요. 세계 최강국 일본을 이길 수 없다고 생각한 거죠. 반면에 끝까지 독립운동을 한 사람들은 역사를 길게 본 거예요. 로마제국이 그렇게 강했지만, 칭기즈칸이 그렇게 무시무시했지만, 나폴레옹이 승승장구했지만 결국 그들도 다 망했다, '일본도 침략자이기 때문에 지금 강해 보여도 언젠가는 망한다'는 신념을 가진 이들에 의해 독립운동이 이어졌죠.

김삼환 목사 부자는 "세습은 나쁘며 자기들은 세습을 하지 않겠다"고 공개적으로 한 약속을 저버렸잖아요. 당시의 총회법을 어기고 세습을 강행했고요. 신의를 상실하고 총회법을 지키지 않았으니, 이미 그들의 세습은 명분과 법리에서 진 싸움입니다. 그들의 돈과 권력과 조직이 아무리 강력해도 사필귀정이 되리라 믿습니다. 새문안교회 당회를 비롯한 많은 목사가 또다시 세습 반대 서명 운동에 돌입했으니 두고 봐야지요. 긴 역사를 두고 보면 의외의 일이 터져 상황이 반전되기도 합니다. 그 안에 하나님의 섭리가 있고요.

— 과거, 현재, 미래를 포함하는 긴 역사 속에서 오늘 한국의 교단 총회는 어떻게 기록될까요?

역사의 오욕으로 남겠죠. 명성교회도 역사를 비껴갈 수는 없습니다. 김삼환 목사가 영원히 살 수 있나요? 그렇지 않아요. 나중에 역사가 다 연구하고 밝힐 겁니다. 인혁당 사건이 몇십 년 지나서 뒤집히는 것 보세요. 지금은 얘기를 못 하지만, 이 사태에 대해서 논문을 쓰고 책을 쓰는 사람들이 나올 거예요. 역사를 두려워하면 좋겠어요. 눈앞의 이익에 눈이 가려져 그게 자기를 위하는 일인 것 같겠지만, 우리가 보기엔 영락없이 낙타가 사막에 머리 박고 있는 모습이지요. 나는 하나님이 이끄는 사필귀정의 역사를 믿어요. 그러니까 명성교회 세습 사태도, 동성애 이단 규정도 어떤 형태로든 다시 정립될 거라고 봐요. 어디서 어떤 사건이 어떻게 갑자기 터져서 해결될지 아무도 몰라요. 살아보니 세상사가 계획대로 흘러갈 정도로 간단하지가 않아요. 박정희가 최측근인 김재규의 총에 쓰러질지 누가 알았어요. 역사는 그런 변곡점이 있어요. 우리는 그걸 하나님의 섭리라고 해석하기도 합니다. 분명 하나님의 간섭이 있을 겁니다.

— 구약 시대부터 시작해 2천 년 기독교 역사의 흐름에 비추어 봐도 오늘 한국 기독교의 모습은 매우 암울한 것 같습니다.

저는 한국 기독교가 아무리 암울해도 희망을 버리진 않아요. 역사를 길게 봅시다. 어느 종교나 역기능을 갖고 있는데, 그럼에도 아직까지 이어지는 종교가 있고 없어진 종교가 있지요. 구약 시대에 이집트, 바빌론, 가나안 종교 다 어디 갔어요? 종교 자체로 지배자의 종교로 존재하던 종교들은 다 없어졌어요. 기독교도 순기능과 역기능이 있었어요. 역기능이 있음에도 2천 년이 이어졌다는 것은 '가난한 자를 위한 복음' 그 자체의 생명 때문이지요. 그래서 여러 흑역사에도 불구하고 기독교는 2천 년을 생존한 거예요. 학생들한테 늘 이런 얘기를 했어요. "윗물이 맑아야 아랫물이 맑다? 그거는 뒤집어 생각해라." 내가 살아온 경험으로 위에 올라간 사람들은 현실과 타협합니다. 기득권을 유지하기 위해서 흙탕물이 돼요. 위로 올라갈수록 흙탕물의 농도는 짙어집니다. 윗물이 맑다? 천만의 말씀이에요. 역사를 봐도 민중이 먼저 일어났습니다. 윗물은 자신을 개혁하지 못합니다. 흙탕물이 어떻게 하면 맑아질까요? 한 방울 한 방울 아래서부터 샘솟는 맑은 물이 흙탕물을 밀어내는 거예요. 복음이라는 생명수가 도처에 숨은 의인들의 헌신과 투쟁에 의해 솟아납니다. 자기 자리에서 예수 생명수를 한 방울씩 뿜어내니까 위는 흙탕물일지언정 기독교의 정수는 2천 년을 이어 내려 왔습니다. 청년들이 표피적인 흙탕물을 보고 "기독교 망했다" 그렇게 얘기하지 않았으면 좋겠어요. 그 아래 맑은 물이 샘솟고 있다는 것을 보았으면 좋겠어요. 우리가 숨은 의인이 되고 각자 자기 자리에서 맑은 물이 되면 되잖아요. 그게 기독교의 생명이고 희망이고요. 예수 운동은 늘 거기서부터 다시 시작해 왔지요.

— '숨은 의인'들을 찾기 어려운 시대 아닌가요?

저도 인간에 대한 기본 신뢰가 약해요. 인간은 사악하고 어리석다고 보지요. EBS "다큐 프라임"에서 재미있는 실험 결과를 다룬 적이 있어요. 다섯 사람은 오답을 말하기로 미리 약속하고, 한 사람씩 불러 누가 봐도 정답이 확실한 단순한 문제로 실험을 하는데, 70%의 피실험자들이 진실을 얘기하지 않고 다수를 좇아 오답을 적었어요. 끝까지 소신껏 진실을 얘기하는 사람은 30%에 불과했죠. 위협적인 상황도 아니고, 이해관계가 걸린 상황도 아니에요. 그냥 일상적인 상황에서 70%의 사람들의 오답을 오답인 줄 알면서도 정답이라 말했어요. 이해관계와 위협이 있는 상황이라면 적어도 90%의 사람들이 진실을 외면했겠죠. 만약 단순한 문제가 아니라 살짝 애매한 문제였다고 한다면? 진실을 말할 사람이 10%도 안 된다고 봐요. 우리가 사는 사회가 그렇고, 사람들이 그래요. 그럼에도 끝까지 정답을 포기하지 않은 창조적 소수에 의해 역사가 바뀔 겁니다.

— 학내 비리에 적극적으로 맞서고, '동성애 = 이단' 프레임을 걷어내고자 궂은일에 나선 교수님의 이력들이 그런 생각에서 나온 거군요.

예수 잘 믿으면 순교도 하는데요, 뭐. 저는 거기에 비하면 1년 먼저 은퇴해서 1년 봉급 날린 것 말고는 큰 손해가 없습니다. 큰 정의를 위해 뛰어들지는 못한다 하더라도 자기가 직접 관련된 영역에서라도 명백한 불의는 거부하고 손해 좀 보는 삶을 살아야 한다고 봐요. 그렇게 살라고 학생들에게 가르쳐 왔으니, 저도 그렇게 살고자 애써야지요.

「복음과 상황」 2019년 11월호.

II

기소장에 대한 답변서

1) '성경 상의 계명에 대한 중대한 위반'에 대한 답변

(1) 신학적 논쟁이 될지는 모르나 재판의 대상이 아니다

기소장(대서재 제2020-1, 2020년 4월 13일)에서 본인이 『동성애는 죄인가』 이라는 책에서 다룬 "1. 남성과 여성 외에 제3의 성이 있지 않는가? 2. 창조 질서를 거역하는 죄는 동성애뿐인가? 3. 성의 목적은 오직 출산을 위한 수단인가? 4. 인간과 동물 세계에도 동성애는 자연스러운 것이 아닌가?" 주제가 성경 상의 계명에 대한 중대한 위반이라고 하였다.

위의 내용을 성경 상의 계명에 대한 중대한 위반이라고 문자적으로 해석한다면 "부모를 공경하라", "원수를 사랑하라"는 등의 성경 상의 계명을 위반한 자들도 모두 재판에 회부해야 할 것이다. 이런 식의 저급한 논리로 비판하고 정죄하려고 한다면, 이 역시 "비판하지 말라 그리하면 너희가 비판을 받지 않을 것이요 정죄하지 말라 그리하면 너희가 정죄를 받지 않을 것이요 용서하라 그리하면 너희가 용서를 받을 것이요"(눅 6:37)라는 성경 상의 계명을 위반하는 자기모순이 아닌가 반문하고 싶다.

그리고 "총회 헌법 및 제 규정" 어느 곳에도 '성경 상의 계명에 대한 중대한 위반'을 치리하도록 명시한 조문이 없는 것으로 알고 있다. 따라서 위의 네 가지 주장이 신학적 논쟁이 될지는 모르나 재판의 대상이 아님을 분명히 밝히며 이신건 박사(전 서울신대 교수)의 관련 동영상을 답변 자료로 제출한다.

가) 남성과 여성 외에 제3의 성이 있지 않는가?

https://www.youtube.com/watch?v=MArLJT0iRBA&feature=youtu.be&fbclid=IwAR3l-NxMovyfrI78XVw6L0KE7ogilZqVis2z9dcntkZ4FDgVm49iV6T8meI

나) 창조 질서를 거역하는 죄는 동성애뿐인가?

https://www.youtube.com/watch?v=qFZ0skR9Q2U&feature=youtu.be&fbclid=IwAR1cB8BeO1C0yOBNNEbQ1JLDC-mQBpuRt0z0yHI5Jeak8w2XMdDvKDS4gmU

다) 성의 목적은 오직 출산을 위한 수단인가?

https://www.youtube.com/watch?v=gLRbRHOhT60&fbclid=IwAR3om8ot8PQ135MQVeHuEDjjzSTmDhDMHozc2B6nET7jklu0HuiWBu8SbKY

라) 인간과 동물 세계에도 동성애는 자연스러운 현상이 아닌가?

https://www.youtube.com/watch?v=gLRbRHOhT60&fbclid=IwAR3om8ot8PQ135MQVeHuEDjjzSTmDhDMHozc2B6nET7jklu0HuiWBu8SbKY

2) "총회 헌법 또는 제 규정에 정해진 중대한 의무 위반"에 대한 답변

(1) 총회 헌법과 제 규정 어디에도 "퀴어 신학을 이단으로 결정하고 이단성으로 판단한 임보라를 옹호한 것"이 위법이라고 명시한 조문이 없다

기소장(11쪽)에는 본인의 동성애 관련 저술 내용이 "총회 헌법 또는 제 규정에 정해진 중대한 의무 위반"(헌법 권징 제3조 2항)이라고 기소하였다. 그 근거로 "통합 총회가 102~104회까지 반동성애를 강력히 결의"하였는데, "통합 총회가 전통 교리를 거부하는 퀴어 신학을 이단으로 결정하고 이단성으로 판단한 임보라를 옹호한다"는 이유이다(12쪽). 총회 헌법 어디에도 '퀴어 신학을 이단으로 결정하고 이단성으로 판단한 임보라를 옹호'하는 것과 '동성애 합법화를 주장하는 것'이 총회의 헌법 또는 제 규정 위반이라는 명시된 조문이 없다. 따라서 재판부가 규정에도 없는 범죄 사실을 기소한 오류를 범한 것이다.

(2) 재판부는 '총회 결의'와 '총회 헌법 및 제 규정'을 혼돈하고 있다

기소장의 핵심 논지는 '총회 결의'와 '총회 헌법 또는 제 규정' 사이의 결정적인 차이에 대한 무지에서 비롯된 것이다. 그리고 총회의 결의가 절대적인 것은 아니기 때문에 얼마든지 비판하고 반대할 수 있다. 27회 총회(1938)에서는 신사참배를 결의한 것을 잘못으로 인정하고 여러 차례 철회하였다. 총회의 신사참배 결의를 반대한 이들도 많았지만, 이들을 노회나 총회가 재판에 회부하였다는 사례는 없었다. 103회 총회(2018)에서 명성교회 김하나 목사 취임을 합법한 것으로 결의했고 이에 대한 무수한 반대 성명서가 발표되었으나 총회 결의를 비판하고 반대했다고 기소되었다는 사례는 듣지 못했다.

백번 양보하여 형식 논리로 임보라 목사를 옹호한 것이 '이단성의 옹호'라면 이에 대한 판단 여부는 이단사이비대책위원회에서 심의할 사안이지 재판부에서 기소할 사안이 아님을 밝혀 둔다. 따라서 이대위 사안과 재판부 사안을 혼돈한 대전서노회의 본안에 대한 기소는 '총회 헌법과 제 규정'을 명백히 위반한 것이다.

3) "타인에게 범죄케 한 행위"에 대한 답변

(1) 기소장의 일부 내용은 본인의 저서 내용을 호도하고 있다

기소장에는 "동성애가 양심의 가책을 받아 자살이나 우울증이 생기는 것도 동성애 합법화가 되지 않아서 그런 것처럼 호도"(15쪽)하고, 동성애로 인한 AIDS 감염은 은폐하고 동성애가 질병에서 삭제된 것만을 기술한다"(15쪽)라고 하였다. 이런 주장이야말로 본인의 저서의 내용을 호도하는 것이다.

동성애에 대한 혐오 때문에 동성애자들의 자살률이 일반 청소년보다 3~4배나 많다는 것(『동성애는 죄인가』 제3부 3장 "동성애는 에이즈를 유발하는가" 참조)과 동성애자들과 이성애자들의 AIDS 감염 비율에 대한 공신력 있는 통계 조사 결과(제3부 4장 "청소년 성소수자의 자살 문제")를 제시한 것이다.

그리고 기소장 상기 내용이 사실일지라도 그것이 타인에게 범죄케 한 행위가 될 수 없으며, 타인을 범죄케 한 구체적이고 객관적인 증거를 제시하지도 않았다. 실제로 부모와 가족들의 동성애 혐오가 청소년 동성애자들을 자살로 몬다는 것을 실제로 경험한 동성애자 부모들의 호소도 참고하기 바란다(제3부 4장 2, "동성애자 부모들의 호소: 꽃으로도 때리지 마세요").

(2) "동성애는 죄가 아니다"라고 주장한 적이 없으므로 이는 허위 사실이다

기소장에는 본인이 "동성애는 죄가 아니다"(16쪽)라고 주장했다고 하였다. 그러나 이는 허위 사실이다. 본인은 저서에서 "다른 어떤 고대 문서보다 성 윤리가 가장 엄격했던"(『동성애는 죄인가 — 동성애에 관한 신학적 역사적 성찰』, 6쪽), "성서는 분명히 동성애를 죄로 규정하고 있다"(40, 69, 70쪽 등 참조)고 여러 차례 언급하였다. 특강에서도 같은 논지를 강조하였다. 다만 죄에 대해서는 종교적인 죄와 도덕적인 죄와 사법적인 죄를 구분하여 설명하면서 현대에 와서 우리나라를 비롯한 많은 국가에서 동성애가 더 이상 '사법적인 죄'가 아닌 것을 설명한 것뿐이다. 그리고 성서의 죄에 대해서도 다양한 신학적인 해석이 가능하다는 여러 사례를 학문적으로 제시한 것이다. 그리고 동성애에 대한 네 가지 다양한 서로 다른 입장도 소개하였다.

그리고 책 머리말에서 이미 "범죄형 동성애는 회개해야 하고, 질병 또는 장애형 동성애는 치료를 받아야 한다. 비록 동성애가 자기 의지로 변화 불가능한 성적 지향이라 할지라도 기독교의 입장에서는 이 불가능한 가능성을 포기하지 말아야 한다"는 본인의 입장을 분명히 밝힌 바 있다(11쪽). 특강에서도 이런 논지를 설명하였다.

이것이 "동성애에 대해 잘못된 생각을 갖게 하고 추종하게 만든"(기소장 16쪽) "타인을 범죄케 한 행위"라는 이유로 아무런 객관적인 근거를 제시하지 않고, 본인의 기본 논지를 호도하고 왜곡한 내용을 근거로 절차상 헌법과 제 규정을 위반한 채 노회 재판부에 고소하고, 재판부가 이를 기소한 것은 명백히 사법적인 책임을 져야 할 허위 사실에 의한 명예훼손과 무고에 해당하는 사안임을 밝히며, 고소 및 기소를 즉각 취하할 것을 강력히 촉구한다.

4) 이단을 연구자로서 '동성애 옹호 이단 결의'를 반대하는 이유

무분별한 이단 결의와 해제를 막기 위해 〈이단사이비 정의와 표준 지침에 관한 연구보고서〉가 2008년 예장통합 총회에서 통과되었다. 이 연구보고서는 본인이 예장통합 이대위 전문위원으로 있으면서 제2회 지역별 이단사이비대책세미나에서 연구 발표한 내용을 요약하여 초안을 마련하고, 이대위에서 검토한 총회에 보고하고, 총회에서 채택된 것이다. 이대위 표준 지침뿐 아니라 운영 지침도 본인이 초안하여 총회에서 채택된 것임을 밝혀둔다.

2013년 1월 한기총(대표회장 홍재철)이 여러 주요 교단에서 이단으로 규정한 '류광수의 다락방 전도협회'를 임의로 이단 해제하여, 이에 초교파적으로 교수 172명이 반대 성명서를 내고 기자회견도 하였다. 한기총은 업무방해 등의 혐의로 서명한 교수와 소속 대학에 10억 원 손해배상 소송을 걸었다. 이에 맞서 본인이 소송대책위원장이 되어 승소한 적이 있다.

2016년에 통합 총회 임원회(총회장 채영남 목사)가 합리적인 근거와 절차 없이 변승우, 김기동, 박윤식 등 이단들을 특별 사면하려고 하자 통합 직영 7개 신학대학 교수 114명으로부터 서명('총회 임원회의 이단 특별사면 결의 반대 성명서')을 받아 본인이 통합 교단 증경 총회장 모임에 직접 가서 성명서를 전달하였고, 결국 사면 결의안 제출이 철회되었다. 이런 여러 일을 겪으면서 이단 문제가 한국 교회의 중요한 신학적 현안이라고 생각해서『한국의 이단 기독교』라는 책을 쓰게 되었다.

무엇보다도 전 세계 기독교 교단 중에는 동성애자 성직 허용까지 허용하는 사례가 늘고 있다. 동성애를 반대하는 교단들 적지 않지만 그렇다고 동성애를 이단으로 규정한 사례는 아직 접하지 못했다. 동성애가 이단이라면 우리나라에 복음을 전해 준 미국장로교회, 호주연합교회, 미국연합감리교회가 이미 동성애와 동성 결혼을 허용하였으므로 이들 해외 협력 교단들도 모두 '동성애 이단 집단'이 되고 만다.

예장통합은 동성애를 허용하는 이단 교단이 가입해 있는 NCC나 WCC에서 당장 탈퇴해야 하는 심각한 문제가 생기는 것이다. 동성애를 찬성하는 교단도 있고 반대하는 교단도 있지만, 동성애를 성적 방종으로 판단하지, 이단으로 규정한 사례는 없는 것으로 알고 있다.

따라서 이단 척결을 위해 우리 교단의 어느 신학자보다 열심히 한 본인으로서는 총회가 '동성애 옹호를 이단'으로 규정한 것은 신학적으로 정당하지 않다고 판단하고, 이를 비판하고 철회를 주장한 것이 사실이다. 총회의 결의가 절대적인 것이 아니기 때문에 얼마든지 비판하거나 반대할 수 있기 때문이다.

세계 신학의 흐름을 몰랐던 길선주 목사는 1935년 10월 평양노회에서 성서비평학이 적용된 『아빙돈 주석』을 이설(이단)이라며 크게 비분하였다. 이 문제가 다시 제기되어 1952년 37회 총회에서 성경유오설(성서비평)과 자유주의를 주장한다는 이유로 김재준 목사를 제명하였고, 이 일로 장로교가 예장(예수교장로회)과 기장(기독교장로회)으로 분열되었다. 그러던 장신대가 1970년대 전후에 성서비평을 다 받아들였다. 결국 2007년 예장(통합)에서 김재준 목사의 사면을 추진하였으나 기장의 반발로 무산되었다. '사면은 죄가 있는 사람을 용서할 때 쓰는 말'이며 '김 목사에게 죄가 있다면 남들보다 50년 먼저 신학문을 접한 죄, 그리스도의 진리를 문자에 갇히지 않게 드러낸 죄'라는 것이 기장 총회가 사면을 반대한 이유였다.

이단 대처 활동을 해 온 이단 연구자로서 '동성애 옹호 이단 결의'를 반대하는 이유는 '동성애 옹호를 이단'으로 결의한 것도 언젠가는 위와 같은 전철을 밟을 것으로 확신하기 때문이다.

그러고 소위 '무지개 사건'으로 징계를 받은 장신대 신대원 학생이 사법부 최종심에서 징계 무효로 판결 났듯이 성서비평학과 달리 동성애 합법화를 지지했다고 노회 재판부에서 치리하는 것 자체가 차별금지법을 위반하는 처사라는 것임을 알아야 한다. 코로나19 사태에서 보듯이 정교분리라고 해도 교회가 치외법권의 대상이 아니기 때문이다.

2020년 4월 27일

허호익

III

나는 왜 상고를 거부하는가?

오늘이 "허호익에게 면직과 출교에 처한다"는 판결문(대서재 제2020-1호, 2020. 08. 19.)[1]을 받은 지 20일이 되는 상고 마지막 날입니다. 주변에서 상고하여 재판의 불법성과 부당성을 밝히라는 충언도 많았지만, 저는 숙고와 기도 끝에 상고를 거부하기로 했습니다. 무엇보다도 "동성애 옹호자를 출교하는 교단으로 남을지" 여부는 교단 총회가 해결하여야 할 역사적 과제라고 생각됩니다.

1) "장신대가 세습은 반대하고 동성애는 옹호한다"는 프레임이 생겼습니다

2017년을 전후하여 장신대의 교수와 학생들이 명성교회 세습을 반대하는 와중에서 2018년 5월 17일(국제성소수자혐오반대의 날)에 각각 무지개 일곱 색깔의 상의를 입은 재학생이 장신대 채플에 참석한 일이 있었습니다. 7월 5일 전국장로세미나에 참석한 4,500여 명 중 2,154명이 "무지개 사건에 미온적으로 대처한 장신대 총장 징계" 등을 포함한 성명서에 서명하였습니다. 이를 전후하여 "장신대가 명성교회 세습은 반대하고 동성애는 옹호한다"는

[1] 고소인은 김혁이고, 만장일치 판결에 참여한 재판국원은 "재판국장 심만섭, 서기 김기현, 회계 공성욱, 재판국원 고백인 김천중, 주완수, 서정욱"이고 불출석 재판국원은 윤석이, 박성두이다.

프레임이 만들어졌다는 것을 분석한 적이 있습니다(『동성애는 죄인가—동성애에 관한 신학적 역사적 성찰』, 310-314).

2) 판결 4일 전에 중징계 예상 기사로 장신대 총장선거에 이용한 것 같습니다

8월 19일 대전서노회 재판국(국장 심만석 목사)은 내가 동성애를 저술과 강의를 통해 동성애를 옹호하였다고 면직과 출교를 판결하였습니다. 재판국장은 "민주적인 절차에 의한 승계가 세습참배입니까?"(「기독공보」 2018. 09. 11.)라는 글을 통해 명성교회 세습을 지지한 분입니다. 그런데 이 판결이 나기 5일 전에 8월 14일자 「기독공보」에 "대전 서노회, 허호익 교수의 징계, 임성빈 총장의 발목 잡을 듯 — 임 총장 묵인하에 허 교수 장신대에서 동성애 강의"라는 제목으로 아래 내용의 기사가 났습니다.

> 장신대 총장선거와 관련 임성빈 현 총장과 윤철호 교수가 7:7 동수인 가운데 누가 당선될 지 한 치 앞을 가리기 어렵게 되었다. 이러한 가운데 대전신대 교수 출신인 허호익 교수가 동성애 옹호로 대전서노회에서 다음 주 중징계 선고를 받을 것이 드러났다. 대전서노회 관계자는 허호익 교수가 쓴 동성애 옹호 책과 동성애 옹호 강의 등으로 고발돼 다음 08. 19. 선고를 하게 된다고 했다. … 허호익 교수는 장신대에서 동성애 옹호에 대해서 강의를 한 바 있고 당시 임성빈 총장은 그가 강의를 하도록 묵인을 한 바 있다(「기독공보」 2020. 08. 14.).

3) 동성애에 관한 총회의 공식 입장과 시행 규칙은 상호 모순입니다

"동성애자를 정죄하기에 앞서 그들의 구원과 치유를 원하시는 하나님의 사랑을 선포한다"라는 총회의 동성애에 대한 공식 입장과 헌법 시행 규칙 제26조 12에는 "동성애자 및 동성애를 지지하고 옹호하는 자는 성경의 가르침에 위배되며 동성애자 및 동성애를 지지하고 옹호하는 자는 교회의 직원 및 신학대학교 교수, 교직원이 될 수 없다"라는 규정은 서로 모순이 됩니다.

동성애가 죄이지만 정죄하지 않는 것도 동성애를 어느 정도 지지하는 것이며, 그들에게 하나님의 사랑을 선포하는 것도 그들을 혐오하지 않고 지지하고 그 모습 그대로 수용하려는 입장이기 때문입니다.

4) 반동성애가 신앙의 마지막 보루인지 묻고 싶습니다

반동성애가 신앙의 마지막 보루인 것처럼 주장하는 이들의 목소리만 사방에서 들리고 있습니다. 신앙이라는 이름으로 미신, 광신, 맹신, 배신이 횡행하고 있는 분위기입니다.

동성애 옹호자를 면직 출교할 일이 아닙니다. 바울은 남색하는 자뿐 아니라 불의한 자, 음행하는 자, 우상숭배하는 자, 간음하는 자, 탐색하는 자, 도적이나 탐욕을 부리는 자, 술 취하는 자, 모욕하는 자, 속여 빼앗는 자들은 하나님의 나라를 유업으로 받지 못한다(고전 6:9)고 하였습니다. 본문을 문자적으로 해석하면 동성애 옹호뿐만 아니라 "불의한 정치가를 옹호한 자, 교회 공금을 횡령하여 비자금을 마련한 '도적이나 탐욕을 부리는 자'를 옹호하는 자 등도 모두 면직 출교하여야 할 것이 아닌가?"라는 생각을 떨칠 수 없습니다.

5) 이번 재판의 불법성과 부당성을 지적한 내용입니다

허사모(허호익을 지지하는 모임)에서 2020년 9월 7일 대전서노회 수신, 총회

사무총장 참조로 발송한 "허호익 목사 재판에 대한 입장문"(「예장뉴스」 2020. 09. 07.)에는 이번 판결의 문제점을 다음 다섯 가지로 지적한 바 있습니다.

(1) 퇴임한 교수와 은퇴한 목사는 면직의 대상인가?

(2) 동성애를 옹호한 자를 출교하라 명시한 규정이 없습니다.

(3) 평생 한국 교회를 학문적으로서 섬겨온 충정을 존중해 주시길 바랍니다.

(4) 학문적 저술이나 강연은 '토론과 비판의 대상'일지언정 '치리의 대상'은 아닙니다.

(5) 학문적 논의조차 막는 폐쇄적인 집단이라는 오명을 받지 않도록 해 주시길 바랍니다.

6) 나 개인의 문제가 아니라, 우리 교회와 우리 사회의 문제이기 때문에 역사적 평가와 하나님의 판결에 맡기렵니다

(1) 나는 이번 판결의 부당성과 불법성을 더 이상 인간의 법정에서 다투지 않으려고 합니다. 동성애 옹호와 차별금지법은 더 이상 나 개인의 문제가 아니고, 예장통합 교단과 한국 교회와 한국 사회가 당면한 역사적 문제라고 봅니다. 저의 면직과 출교를 침묵한다면 학계와 사회로부터 동성애에 관해서는 학문적 논의조차 거부하는 교단으로 비난받을 것이며, 학문의 자유를 허용하지 않는 집단이라는 오명을 받아 교단의 위상과 선교에 걸림이 될 것입니다. 따라서 "동성애 옹호자를 출교하는 교단으로 남을지" 여부는 교단 총회가 해결하여야 할 역사적 과제라고 생각됩니다. 따라서 저의 문제를 역사적 평가에 맡겨 두려고 합니다. 이에 해당하는 역사적 에피소드 하나를 소개합니다.

세계 신학의 흐름을 몰랐던 길선주 목사는 1935년 10월 평양노회에서 성서비평학이 적용된 『아빙돈 주석』을 이설(이단)이라며 크게 비분하였다. 이 문제가 다시 제기되어 1952년 37회 총회에서 성경유오설(성서비평)과 자유주의를 주장한다는 이유로 김재준 목사를 제명하였고, 이 일로 장로교가 예장(예수교장로회)과 기장(기독교장로회)으로 분열되었다. 그러던 장신대가 70년대 전후에 성서비평을 다 받아들였다. 결국 2007년 예장(통합)에서 김재준 목사의 사면을 추진하였으나 기장의 반발로 무산되었다. '사면은 죄가 있는 사람을 용서할 때 쓰는 말'이며 '김 목사에게 죄가 있다면 남들보다 50년 먼저 신학문을 접한 죄, 그리스도의 진리를 문자에 갇히지 않게 드러낸 죄'라는 것이 기장 총회가 사면을 반대한 이유였다("기소장에 대한 답변서," 6쪽, 2020. 04. 27.).

이처럼 동성애 옹호 문제도 가까운 장래 또는 먼 훗날 역사가 평가할 문제이기 때문입니다.

(2) 나는 성서의 하나님과 예수 그리스도를 좀 더 깊이 제대로 알고 제대로 믿기 위한 필생의 과제로서 성서적 조직신학이라는 이름으로 『야웨 하나님』(712쪽)과 『예수 그리스도』(1권 527쪽, 2권 534쪽)를 저술하였습니다. 내가 성경에서 만난 하나님과 예수님은 저들이 말하는 하나님과 예수님과는 너무 다르다는 것을 뼈저리게 느껴왔습니다. 따라서 저들의 판결과 하나님의 판결은 분명히 다를 것으로 확신합니다. 이에 대한 역사적 에피소드 하나를 소개합니다.

해방 직후 남하한 한경직 목사는 공산당을 사탄으로 보고 교회와 나라를 구하는 길은 공산당을 박멸하는 것이라고 설교하였습니다. 이에 반공 기독교 청년 서북청년단 수백 명이 제주도로 내려가 양민 약탈 등으로 폭동이 확산되었습니다. 마침내 박진경 연대장이 단독 정부 수립을 방해하며 폭동을 일으킨 제주도민 30만 명을 모두 희생시킬 수 있다고 초토화 작전을 지시하였습니다. 무고한 양민을 학살하는 것은 비신앙적이고 반민족적 행위라고 생각한 문상길 중위는 부하들과 함께 상관인 박진경 연대장을 사살합니다.

1948년 7월 12일 서울로 압송되어 법정에 선 문상길 중위는 "이 법정에 대하여 조금도 원한을 가지지 않는다. 안심하기 바란다. 박진경 연대장은 먼저 저세상으로 갔고, 수일 후에는 우리가 간다. 그리고 재판장 이하 전원도 저세상에 갈 것이다. 그러면 우리와 박진경 연대장과 이 자리에 참석한 모든 사람이 저세상 하느님 앞에서 만나게 될 것이다. 이 인간의 법정은 공평하지 못해도 하느님의 법정은 절대적으로 공평하다. 그러니 재판장은 장차 하느님의 법정에서 다시 재판하여 주기를 부탁한다"고 하였다.

1948년 9월 23일 오후 2시 경기도 수색 기지에서 총살형이 집행되었는데, 그 직전에 문상길과 사병 3명은 "하나님께서 우리의 영혼을 받아들이시고 우리들이 뿌리는 피와 정신은 조국 대한민국의 독립을 위하여 밑거름이 되게 하소서"라고 기도하였다고 합니다. "대한독립만세"를 삼창한 후 "양양한 앞길을~"이라는 군가를 부르면서 담담히 형을 받았는데, 이들 네 명은 모두 기독교 신자였으며, 이들에 대한 처형은 정부수립 후 사형 집행 1호였습니다.

7) 지지해 준 모든 분과 단체와 이를 보도해 준 언론에 깊이 감사를 드립니다

저의 면직과 출교를 안타까워하며 함께 한다는 의향의 성명서와 논평과 입장문을 내 주신 단체의 성명과 논평의 요지는 치리를 철회해달라는 것이었습니다. 이 외에도 연합뉴스와 한겨레를 비롯한 많은 사회 언론도 우려를 표명한 보도를 낸 바 있습니다. 저의 면직과 출교를 안타까워하며 저를 지지해 준 아래 단체와 이를 보도해 준 언론에 깊이 감사를 드립니다. 그리고 SNS를 통해 지지와 격려를 보내주신 제가 잘 모르는 모든 분께도 감사한 마음을 전합니다.

1. [성명서] 허호익 퇴임 교수(은퇴 목사) 면직·출교 판결에 대한 우리의 입장 (성서대전, 2020. 08. 21.)
2. [성명서] 허호익 교수(대전서노회 은퇴 목사) 재판은 인정할 수 없다 (허호익 목사와 함께하는 모임[허사모] 2020. 08. 22.)
3. [논평] 대전신학교 허호익 교수 면직·출교 처분에 관한 인권센터 (한국기독교교회협의회 인권센터, 2020. 08. 24.)
4. [성명서] 허호익 동문에 대한 면직·출교 판결 사태를 개탄한다 (연세대 신과대학동문회, 2020. 08. 24.)
5. [성명서] 성소수자 논의에 대한 양심적·학문적 자유 또한 보장되어야 합니다! (한국기독자교수협의회, 2020. 08. 25.)
6. [입장문] "허호익 목사 재판에 대한 입장문" (허호익 목사와 함께하는 모임 [허사모], 2020. 09. 07.)

2020년 9월 8일

허호익

IV
성명서 및 논평

1. 허호익 퇴임 교수(은퇴 목사) 면직·출교 판결에 대한 우리의 입장 _ 성서대전

대한예수교장로회(통합) 대전서노회는 지난 8월 19일 허호익 퇴임 교수에게 그의 저서 『동성애는 죄인가 – 동성애에 관한 신학적 · 역사적 성찰』의 내용과 이와 관련한 강연 등을 문제 삼아 면직 · 출교 판결을 내렸다. 퇴임 교수이며 은퇴 목사에게 직원의 신분을 박탈하는 면직을 내리는 비합리와 교단 신학교에서 오랫동안 후학을 양성한 노신학자에게 교회 출석을 금지시키는 출교를 명하는 비신앙적 처사를 접하며 당황과 안타까움을 넘어 분노와 비애를 느낀다.

재판국은 허호익 퇴임 교수가 그의 저서 『동성애는 죄인가』를 통해 동성애를 옹호하였고 이는 성경의 계명과 총회 헌법을 위반한 것이라 판결하였다. 그러나 저자는 이 책에서 동성애에 대한 독자의 성찰과 이해를 돕기 위해 보수적 · 진보적 관점을 네 가지로 나누어 균형 있게 설명하며 다양한 성서 해석과 관점의 역사적인 변화를 소개할 뿐 책 어디에서도 자신의 일방적인 주장을 내세우지 않는다.

그럼에도 재판국은 저자의 의도를 무시한 채 내용 중 일부를 발췌하고 곡해하여 면직 · 출교 판결을 내렸다. 이는 최소한의 이해력도 갖추지 못한 저열한 지성과 다른 의견은 한치도 용납 못 하는 편협한 신앙을 가진 이들이 고발할 증거만 찾아 불의하게 재판에 참여하였다는 반증이다.

우리는 존경받는 노신학자를 희생양 삼아 동성애에 대한 건전한 학문적인 논의마저 금지하는 횡포를 용납할 수 없다. 이에 우리는 다음과 같이 요구한다.

1. 허호익 퇴임 교수에 대한 면직 · 출교 판결을 취소하고 사과하라
2. 무지와 혐오를 기준으로 관용과 이해를 이단시하는 행태를 중지하라
3. 통합 측 총회는 동성애 옹호자들을 색출하여 모두 출교하는 것이 공식적 입장인지 밝히라

허호익 퇴임 교수에게 면직 · 출교 판결을 내렸던 이들이 사람을 죽이는 율법 조문에서 풀려나 살리는 영 안에서 함께 새 언약의 일꾼 되기를 우리 주 예수 그리스도의 이름으로 기도한다.

2020년 8월 21일
성서대전

2. 허호익 교수(대전서노회 은퇴 목사) 재판은 인정할 수 없다 _ 허호익 목사와 함께하는 모임

총회 산하 대전신학대학교 교수로 19년 동안 가르치다가 교수직(2017)과 목사직(2018)을 조기 은퇴한 허호익 교수에 대하여, 소속 노회가 총회 지침과 법리에도 맞지 않는 이유로 기소하고 은퇴 목사 면직과 출교를 판결한 것에 경악을 금치 못한다.

허호익 교수의 동성애에 대한 학문적인 연구와 저술 활동과 강연을 학문적 토론이나 '비판의 대상'으로 보지 않고, '치리의 대상'으로 본 것은 헌법이 보장하는 학문의 자유를 현저하게 침해한 것이며, '학문과 경건'을 추구하는 총회의 신학 교육 지침에도 어긋나는 무지몽매한 처사이다.

재판은 법률에 근거해야 한다. "동성애자 및 동성애를 지지하고 옹호하는 자는 성경의 가르침에 위배 되며 동성애자 및 동성애를 지지하고 옹호하는 자는 교회의 직원 및 신학대학교 교수, 교직원이 될 수 없다"는 총회헌법 시행 규칙(제26조 12)을 적용한다고 하더라도 허호익 교수는 이미 교원으로나 목회자로 은퇴한 이로 여기에 전혀 해당되지는 않는다.

허호익 교수는 "기소장에 대한 답변서"에서 자신은 책과 강의에서 "성윤리가 가장 엄격한 성경은 동성애를 죄로 규정하고 있다"는 사실을 거듭 강조한 것을 밝혔다. 이에 "동성애는 죄가 아니라고 했다"는 사유로 기소한 것은 허위이며 무고라고 주장하는 의견을 냈다는 것이다.

아울러 허호익 교수는 '동성애는 반대한다'는 총회의 입장을 정면으로 거부한 적도 없으며 '동성애를 찬성한다'는 말도 한 적이 없다. 다만 "동성애자를 정죄하기에 앞서 그들의 구원과 치유를 원하시는 하나님의 사랑을 선포한다"는 총회 지침을 따랐을 뿐이라는 개인적인 입장을 밝혀 왔다.

그럼에도 동성애를 옹호하고 재판에도 출두하지 않았다는 이유로 중형인 면직과 출교를 내렸는데, 이는 총회법으로도 맞지 않고 일반 양형의 기준으로도 너무 과하다는 게 교회법 법 전문가들의 의견이다. 이는 대전서노회 재판장의 자질 문제이며 법 적용의 무지와 권한의 남용이라고 볼 수밖에 없다.

총회 헌법에는 '동성애 옹호한 자'에 대하여 어떻게 하라는 명시적 규정도 아직은 없음에도 왜 대전서노회는 기소하고, 무거운 판결을 했을까? 그것은 아마도 허호익 교수가 명성교회 세습을 반대하였기 때문이라고 본다.

그 이유는 이 재판에 관여한 노회장과 재판국장 재판국 대변인이 잘 알려진 대로, 공개적으로 명성 세습을 두둔하는 활동을 한 분들이기 때문이다. 이에 우리는 허호익 교수가 당한 억울한 재판을 인정할 수 없으며 앞으로 재발을 방지하기 위해서라도 이 판결의 부당성을 알리고 무효화하는 운동을 해 나갈 것이다. 또 이러한 문제에 대하여 더 이상 침묵하지 않고 교단 안에서 공론화하면서 다음과 같이 우리의 요구를 밝힌다.

우리의 요구

1. 대전서노회 회원들은 이 부당한 판결을 결코 용납 말고, 가을 노회에서 반드시 그 책임을 물어주시기를 바랍니다.
2. 총회는 대전서노회의 이번 판결이 헌법이나 동성애 지침과 부합하는지에 대하여 조사해 주시기를 바랍니다.
3. 총회장은 일개 노회 재판국이 저지른 부적절한 이 판결이 줄 영향력을 생각하시고 재발되지 않도록 환기를 해 주시기를 바랍니다.

2020년 8월 22일

허호익 목사와 함께하는 모임(허사모)

3. 대전신학대학교 허호익 교수 면직 · 출교 처분에 관한 인권센터 논평

_ 한국기독교교회협의회 인권센터

본 센터는 대한예수교장로회(이하 통합) 대전서노회, 대전신학대학교 퇴임 교수인 허호익 은퇴 목사에게 성소수자 학문 연구를 이유로 해당 노회에서 면직 및 출교 처분을 내린 종교 재판 결과에 충격을 금치 못하며, 허 교수에 대한 학문 연구의 자유 보장과 본 판결에 대한 철회를 강력히 촉구한다!

허호익 교수는 대전신학대학교에서 신학의 자유와 학문적 양심을 가지고 오랫동안 후학을 양성해 왔으며, 교계에서 논란의 소용돌이 속에 있는 성소수자에 관한 학문적 연구와 논의를 이끌어 온 신학자이다. 『동성애란 죄인가 ㅡ 동성애에 관한 신학적 · 역사적 성찰』이라는 그의 저서는 다양한 관점에서 성소수자를 이해하는 데에 기여하였으며, 소수자에 대한 보편적 관점과 역사 자료를 소개한 보기 드문 신학적 역작이라 할 수 있다.

그는 성소수자에 대한 학문적 대화를 제기해 왔다. 그러나 그가 속한 통합 측 노회는 허 목사를 종교 재판에 회부하여 목사직을 박탈하는 면직과 출교 처분을 내렸다. 성소수자에 대한 학문적 연구조차 인정하지 않겠다는 것이 통합 교단 총회의 헌법 정신인가?

지금 한국 교회 내에는 혐오 광풍이 불고 있다. 지난 2018년 '국제 성소수자 혐오 반대의 날'을 맞이하여 무지개 퍼포먼스를 했다는 이유로 장로회신학대학교 학생들이 징계당한 바 있으며, 2019년 인천 퀴어문화축제에서 성소수자 축복식에 참여했다는 이유만으로 기독교대한감리회 이동환 목사는 현재 종교 재판 과정 중에서 어려움을 겪고 있다. 그뿐 아니라 기독교계에서 설립한 대학에서까지 성소수자 혐오 사건들이 계속해서 발생하고 있다.

예수를 그리스도로 고백하는 신앙인들은 예수의 삶과 가르침을 따르는 것, 곧 사회적 약자들과 함께 하나님의 무조건적 사랑을 세상에 실천하는 가치를 삶의 중심에 두는 것이 마땅하다. 예수께서는 유대 사회 율법의 높은 담을 뛰어넘고 큰 사랑을 택하였으며 잔인한 로마법이 지배하던 세상에서 "서로 사랑하라"(요 13:44)는 새로운 계명을 선포하셨다. 우리가 예수의 길을 온전히 걸어 나갈 때 비로소 한국 교회는 세상에 "빛과 소금"의 역할을 다할 수 있을 것이다.

한국 교회는 "우리와 끊을 수 없는 하나님의 사랑을" 회복해 나가야 한다(롬 8:39). 차별과 혐오로 고통당하는 사회적 소수자들을 환대하는 교회 공동체로, 함께 살아가기 위한 지혜를 나누는 좀 더 나은 대화를 시작해야 한다. 성소수자에 관한 학문적 연구와 저작을 발표한 이유로 목사직을 박탈하고 교회 출입을 금지하는 반지성 · 무인권적 처사가 아니라 온 생명이 상생하는 인권과 평화의 길을 택해야 함이 마땅하다.

본 센터는 허호익 목사에게 내려진 징계 처분이 하루속히 철회되기를 강력히 촉구한다. 아울러 허 목사뿐 아니라 성소수자를 옹호했다는 이유로 어려움을 겪고 있는 모든 이들과 연대하며, 하나님의 몸된 교회가 사랑과 환대의 공동체로서 회복되어 가기를 바라는 모든 신앙인 그리고 오랜 시간 끊임없는 연대로 함께 해 온 세계의 모든 에큐메니컬 동지와 함께 새 길을 열어나갈 것이다.

2020년 8월 24일

한국기독교교회협의회 인권센터

4. 허호익 목사 면직 · 출교에 대한 연세대학교 신과대학 동문회의 입장 — 허호익 동문에 대한 면직 · 출교 판결 사태를 개탄한다 _ 연세대학교 신과대학 동문회

화 있을진저 외식하는 서기관들과 바리새인들이여 회칠한 무덤 같으니 겉으로는 아름답게 보이나 그 안에는 죽은 사람의 뼈와 모든 더러운 것이 가득하도다(마 23:27)

대한예수교장로회(통합) 대전서노회 재판국은 8월 19일 허호익 동문(대전신학대학교 은퇴 교수)에게 면직 · 출교 판결을 내렸다. '면직'은 목사 직책을 박탈하는 것이며, '출교'는 교단에서 제명하는 것이다. 최고수위 징계다.

재판국은 허호익 동문이 2019년에 출간한 저서 『동성애는 죄인가』와 공개 강의를 통해 동성애를 옹호했다고 주장했다. 동성애는 성경 레위기 20장 13절, 로마서 1장 27절이 엄격히 금하고 있는데도 불구하고 이를 옹호하는 죄를 범했다는 것이다. 또한 타인들로 하여금 동성애에 대해 잘못된 생각을 가지게 한 것도 '타인에게 범죄케 한 행위'라는 것이다.

그러나 재판국의 이런 주장은 동성애를 반대하지 않으면 바로 동성애를 찬성하는 것이며, 이는 반성경적이라는 단순 이분법에 근거한다. 최소한의 지적 성찰도 찾아볼 수 없다.

허호익 동문은 『동성애는 죄인가 — 동성애에 관한 신학적 · 역사적 성찰』에서 동성애 문제를 성서와 신학적 관점에서 다뤘다. 기독교 발상지에서 동성애 범죄화와 합법화의 역사를 짚으며 동성애가 질병인지, 한국 교회 안에서 왜 논란이 되는지 등을 분석했다. 또한 허호익 동문은 조직신학자로서, 예장통합 이단사이비대책위원회 전문위원을 지낸 이단 연구 전문가이다. 그는 동성애를 신학적으로 수용한, 이른바 '퀴어 신학'을 이단으로 못박고 배척할 것이 아니라 신학적 다양성 차원에서 접근해야 한다고 주장했을 뿐이다.

심지어 그는 저서에서 “동성애가 자기 의지로 변화 불가능한 성적 지향이라 할지라도 기독교의 입장에서는 이 불가능한 가능성을 포기하지 말아야 한다”고 쓰기까지 했다. 그의 저서를 읽어본 사람이라면 그의 태도가 동성애 옹호론이기보다는 교회와 신학이 이를 진지하게 다뤄야 한다는 온건한 학문적 입장이라는 것을 알 수 있다.

아울러 그는 “동성애자를 정죄하기에 앞서 그들의 구원과 치유를 원하시는 하나님의 사랑을 선포한다는 총회 지침을 충실히 지켰다”는 입장도 밝혔다. 그럼에도 불구하고 재판국은 허호익 동문의 저서와 공개 강연의 전체 맥락과 입장은 무시하고 왜곡했다. 은퇴 교수요 은퇴 목사인 그에게 ‘면직과 출교’라는 법리와 상식을 벗어난 어처구니없는 결정을 내렸다.

우리는 이번 면직 · 출교 사태를 접하며 서구 중세 시대의 ‘마녀사냥’을 떠올린다. 당시 교회는 무고한 사람들을 마구잡이로 ‘마녀’로 몰아 처형하는 만행을 저질렀다. 만행을 통해 세속을 압도하는 권위를 획득했던 비열한 행위였다. 현대사회에서 끊임없이 도전받는 것이 기독교의 권위이다. 교회 일각에서 이 어려움을 돌파하려 선택한 수단이 동성애에 대한 무차별적 증오일 수 있다.

그러나 교회의 권위 추락은 세상에 물들어 소금의 맛을 잃어버린 자업자득의 결과일 뿐이다. 사랑제일교회의 망동과 그로 인한 교회의 권위 추락이 단적인 예다. 동성애에 대한 무차별적 증오가 일시적으로 교회의 권위를 세워줄 수도 있다. 그러나 그 효과는 그야말로 ‘일시적’이다. 서구 중세 마녀사냥이 주는 역사의 교훈이다.

우리는 예수 그리스도를 하나님의 아들로, 모든 사람의 주님으로 고백한다. 예수께서는 유대의 율법에 근거해 이단과 죄인으로 정죄 받던 사람들을 끌어안으시고 그들에게 구원을 선포하셨다. 율법을 사랑으로 완성하셨다. 율법을 자기 기득권 유지의 수단으로 이용한 서기관들과 바리새인들을 향해서는 ‘회칠한 무덤’이라 부르며 분노하셨다.

허호익 동문은 개탄한다. "성서는 시대를 막론하고 동시대에서 가장 앞선 생각이다. 그런 관점에서 한국 교회가 초기 정착기에는 앞서 나갔다. 지금은 아니다. 예수님은 시대를 앞서 약자 편을 든 선구자다. 무차별적 사랑을 보여주셨는데, 지금 한국 교회는 시대에 뒤떨어져 욕먹는 꼴이 되고 있다." 우리는 허호익 동문의 개탄에 전적으로 공감한다. 우리가 허호익이다.

우리는 기도한다. 재판국이 이제라도 사람을 죽이는 율법의 굴레에서 벗어나기를, 어이없는 판결을 취소하기를.
우리는 또 기도한다. 성령께서 허호익 동문을 변호하고 옹호해 주시길, 그렇게 승리의 길로 인도해 주시길.

2020년 8월 24일
연세대학교 신과대학 동문회

5. 평등권 보장을 위한 포괄적 차별금지법은 제정되어야 하며, 성소수자 논의에 대한 양심적 · 학문적 자유 또한 보장되어야 합니다!

_ 한국기독자교수협의회

한국기독자교수협의회는 1957년 창립 이래 오늘에 이르기까지 줄기차게 한국 사회에서의 민주화와 인권과 정의의 사명을 감당하고자 노력해 왔습니다. 우리는 그 전통을 이어받아 기독자적 지성으로 시대적 요구에 학문적으로 응답하고, 한국 사회의 미래를 전망하는 역할을 지속할 것입니다. 최근 차별과 혐오 없는 평등 세상을 바라는 그리스도인의 차별금지법 지지 성명에 연대한 것도 그 의지를 밝힌 것이었습니다.

차별금지법은 2007년 이후 발의되었다가 6번 폐기되기를 반복한 법안으로 23개 항목의 차별을 포괄적으로 금지하고 있습니다. 하지만 한국기독교총연합회를 비롯해 근본주의 성향의 신학대학 교수들은 차별금지법을 '동성애 보호법'이나 '동성애 반대자 처벌법'이라고 부르며 법 제정을 격렬히 반대하고 있습니다. 우리는 이에 대해 심히 우려하지 않을 수 없습니다. 지난 70여 년간 한국의 근본주의 기독교는 반공주의와 교회 성장을 한 축으로 삼으며, 독재정권과 결탁하여 대다수 국민이 원하는 민주화와 인권을 외면했던 과오를 범해 왔습니다. 근래에는 성소수자를 표적 삼아 교회들이 이들의 합법적인 집회들도 방해하고, 온갖 욕설과 린치로 인권을 침해하는 등 반인권적인 사례들이 계속 발생하고 있습니다. 3천여 년 전 구약성서의 한 문장으로 무지막지하게 인권을 유린하고 있는 것입니다. 구약 시대의 이성애적 가부장 문화의 배경을 도외시하고, 편의적으로 필요한 구절들만 선택하여 무차별적으로 적용시키며 정당화시키고 있는 것에 아연실색하지 않을 수 없습니다. 한국의 근본주의 기독교가 이처럼 흑백논리로 자신들의 정당성을 계속 강변한다면, 공공의식과 인권 의식이 날로 높아져 가고 있는 우리 사회로부터 고립될 수밖에 없습니다.

우리는 지난 8월 11일 전국 36개교 367명의 신학대 교수가 '포괄적 차별금지법안에 반대하는 전국 신학대학 교수 연대의 입장'을 발표한 것에 깊은 유감을 표명합니다. 표현의 자유를 억압한다고 차별금지법을 반대하는 지성인들이 정작 학문과 양심, 표현의 자유를 억압하는 자기모순을 범하고 있습니다. 향후 차별금지법 반대 운동에 기독교 대학교와 일반대학 교수의 참여를 권면하겠다는 것 그리고 9월 열리는 장로교단들의 총회에 차별금지법에 대한 반대 입장을 천명해 줄 것을 요청하겠다는 것은 교수들의 학문적 양심과 자유를 침해하는 매우 심각한 사항이며, 우려하지 않을 수 없습니다. 교회 권력이 무소불위의 권력을 남용할 때 신학자, 성직자, 평신도 그리고 이 사회에까지 악영향을 끼친다는 것은 교회 역사가 수없이 증명하고 있는 점을 직시하시기를 바랍니다.

최근 대한예수교장로회(통합) 대전서노회 재판부는 허호익 교수(대전신학대 퇴임)의 『동성애는 죄인가 — 동성애에 대한 신학적 · 역사적 성찰』(동연, 2019)이라는 책과 장신대 강의 및 외부 특강의 일부 내용을 문제 삼아 '총회헌법 시행 규칙'(제26조 12)을 어겼다며 은퇴 목사의 직을 면직시켰습니다. 이는 교권으로 규정을 강하게 제정해 놓고 학문의 자유마저 빼앗는 중세시대로의 복귀를 선언하는 독선적인 위협입니다. 앞으로도 교단 권력이 '퇴임 목사 면직'이라는 칼을 들고 목회자를 옥죄고 굴복시키는 도구로 계속 활용할 것이라 우려되어 심히 개탄스럽습니다. 이는 또한 전통과 명예의 대한예수교장로회에 크나큰 수치라고 봅니다.

신학자와 기독인 학자, 목회자는 시대적 요구에 응답하여 하나님의 의와 예수의 사랑을 담은 성서적 가치를 구체적으로 실천할 수 있도록 방향을 제시하면서 끊임없이 교회와 그리스도인들을 향한 인권과 정의와 평화의 예언자적 소명을 다해야 할 책무가 있습니다. 그리스도의 정신과 삶 그리고 기독교의 가치가 포괄적 차별금지법과 전혀 다르지 않음을 볼 때 특별히 성소수자의 인정과 포용에 대한 학문적 연구와 표현의 자유를 보장해야 마땅합니다. 낡은 사고, 굳어진 사고는 썩을 수밖에 없습니다. "정의를 강물처럼 흐르게" 하기 위한 기독인 학자들과 목회자들의 자유로운 학문 활동과 신앙은 반드시 보장되어야 합니다.

이에 한국기독자교수협의회는 다음과 같이 주장합니다.

하나. 한국기독교총연합회를 비롯한 근본주의 교회들은 포괄적 차별금지법 반대를 철회하고, 특히 성소수자를 향한 성서적, 신학적, 인격적 혐오와 차별과 테러를 즉각 중지하라!

둘. UN의 권고하고 있고 OECD 선진 국가들도 차별금지법을 시행하고 있는 만큼, 국회는 반드시 포괄적 차별금지법을 제정·통과시켜 국가적 차원의 인권을 신장하도록 하라!

셋. 대한예수교장로회(통합) 대전서노회 재판부는 허호익 교수에 대한 목사 면직, 출교 판결을 철회하라!

넷. 근본주의 기독교 교단과 교회들은 학자와 목사의 학문적 양심과 사상의 자유를 억압하는 행위를 즉각 중지하라!

2020년 8월 25일

한국기독자교수협의회

회장 김은규 (성공회대학교 구약학 교수)

6. 허호익 교수 재판에 대한 입장문
_ 허호익 목사와 함께하는 모임

수신: 대전서노회

참조: 총회 사무총장

모든 목사는 자기가 소속된 노회로부터 지도와 감독을 받고 잘못하는 일이 있으면 권면과 치리를 받는 것은 관례입니다. 그러나 노회는 먼저 회원들을 보호하는 것이 순서입니다. 그러나 대전서노회가 이번에 기소하고 재판한 허호익 목사에 대한 치리는 상식적으로나 교회법적으로 많은 문제점을 안고 있습니다.

이에 본인은 물론이고 같은 교단의 목회자와 평신도들도 이에 대한 부당성을 지적하고 대전서노회에 요청하고자 합니다. 부당한 재판을 주도한 노회장과 재판국장, 재판국 대변인에게 반드시 그 책임을 물어 노회의 기강과 질서를 바로 세워 주시기를 바랍니다.

(1) 퇴임한 교수와 은퇴한 목사는 면직의 대상인가?

우리 총회 "헌법 시행 규칙 제26조 12. 동성애자 및 동성애를 지지하고 옹호하는 자는 성경의 가르침에 위배되며 동성애자 및 동성애를 지지하고 옹호하는 자는 교회의 직원 및 신학대학교 교수, 교직원이 될 수 없다"라는 규정은 입법 정신으로 보면 이 앞으로 현직에 새로 임용되려고 하는 자에 해당되는 조항입니다.

그런데 허호익 교수는 퇴임 교수(2017)이며 은퇴한 목사(2018)이므로 헌법 4장 21-23조에서 규정하는 '직원'이 아니기에 위의 헌법 시행 규칙(26조 12)에 해당이 되지 않습니다. 따라서 재판부는 법 적용을 잘못한 중대한 과실이 있다는 법률적 자문받은 바 있습니다.

대전서노회 산하 기관이나 교회 어느 곳에서도 강의와 설교로 고발한 적도 없음에도 불구하고 노회 서기가 기소한 것은 의도된 표적 기소이며 기소권의 남용이 아닐 수 없습니다. 따라서 백번 양보를 하여 노회가 허호익 교수의 강연과 저술에 대하여 문제가 있다고 여겼다면 총회에 고발하여 총회 차원에서 치리하도록 해야 할 사안인 것입니다. 사안의 중대성과 파장을 생각한다면 노회의 기소와 노회의 재판은 월권에 해당할 수 있습니다.

(2) 동성애를 옹호한 자를 출교하라 명시한 규정이 없습니다.

동성애 옹호자를 출교해야 한다는 명시적인 규정이 없습니다. 허호익 교수에 대한 출교를 노회가 수용한다면, 우리 교단에서는 조금이라도 동성애를 옹호하는 신자들은 모두 출교해야 한다는 말이 됩니다. 이것은 일개 노회의 출교로 치리할 사항이 아니라, 총회가 선교적 상황을 고려하여 공식적 대책을 책임 있게 마련해야 할 사안입니다.

백번 양보하여 치리하더라도 합당한 양형이어야 합니다. 재판에 나오지 않아서 출교라는 최고의 중형으로 판결했다고 하는데, 이것이 사실이라면 재판부의 자질이 의심됩니다. 허호익 교수가 기소장에 대한 재판국의 답변서 요구에 응하여 자기 입장을 "기소장에 대한 반박문"을 통해 충분히 소명하였다고 밝혔고 재판국에서 궐석 재판을 하겠다는 통보를 받아 불출석한 것인데, 불출석을 이유로 양형을 높였다면 이는 재판 절차의 부정당성을 스스로 인정한 것입니다.

(3) 평생 한국 교회를 학문적으로서 섬겨온 충정을 존중해 주시길 바랍니다.

허호익 교수는 조직신학 교수로 한국 교회의 선교 상황에서 쟁점이 되는 신학적 주제를 심도 있게 다루는 것도 '한국 교회를 섬기는' 한국 신학이라고 생각하여 단군상 문제가 대두되었을 때 『단군신화와 기독교』를 저술하였고, 평화 통일과 관련하여 남남 갈등 및 남북 갈등이 심하여서 『통일을 위한 기독교 신학』을 출판하였고, 안티기독교 단체들이 극성을 부려서 『안티기독교 뒤집기』를 출간하였고, 이단 사이비 문제가 심각하여 『한국의 이단 기독교』 등을 저술하였습니다. 그리고 이런 맥락에서 최근 동성애가 논란이 되어서 『동성애는 죄인가 ― 동성애에 관한 신학적 · 역사적 성찰』(2019)을 출판한 것이니 허 교수가 일평생 성실한 학자로서 한국 교회를 섬겨온 충정을 헤아려 주시길 바랍니다.

(4) 학문적 저술이나 강연은 '토론과 비판의 대상'일지언정 '치리의 대상'은 아닙니다.

동성애에 관한 다양한 논쟁 대한 찬반 주장을 제시하여 신학적 성찰을 돕자고 저술한 허호익 교수의 책은 학문적 토론이나 비판의 대상이 될지언정 치리의 대상이 되어서는 안 됩니다. 이는 헌법이 보장하는 한문의 자유를 침해하는 것이며, 우리 교단의 교육 지침이 '경건과 학문'에도 위배됩니다. 그리고 허호익 교수는 "동성애자를 정죄하기에 앞서 그들의 구원과 치유를 원하시는 하나님의 사랑을 선포한다"는 총회 공식 입장을 따랐을 뿐이라는 개인적인 입장을 밝혀 왔습니다.

(5) 학문적 논의조차 막는 폐쇄적인 집단이라는 오명을 받지 않도록 해 주시길 바랍니다.

허호익 교수를 지지하며 그의 면직과 출교를 안타까워하며 함께 한다는 의향의 성명서를 내 주신 다섯 단체의 성명과 논평의 요지는 치리를 철회해 달라는 것입니다. 이 외에도 한겨레를 비롯한 많은 사회 언론도 우려를 표명한 보도를 낸 바 있습니다. 이에 우리 교단이 허호익 교수의 출교를 침묵한다면 학계와 사회로부터 동성애에 관해서는 학문적 논의조차 거부하는 교단으로 비난받을 것입니다. 또 학문의 자유를 허용하지 않는 집단이라는 오명을 받아 교단의 위상과 선교에 걸림이 되지 않도록 허호익 교수의 치리를 철회하여 줄 것을 호소합니다.

2020년 9월 7일

허호익 목사와 함께하는 모임

자문위원: 김종희 목사, 박광선 목사, 노정선 목사

대표: 박희영 목사, 황보현 장로

총무: 조영식 목사

대변인: 유재무 목사

V
신문 기사 및 서평 목록

""이단 연구자' 허호익 목사, '동성애 옹호'로 출교 처분 논란." 「KBS」 뉴스 2020. 08. 21.

""동성애 옹호' 허호익 은퇴 목사 면직·출교 부당." 「연합뉴스」 2020.08.22.

""동성애는 죄인가' 물은 신학자 출교 조치에 개신교계 '시끌'." 「한국일보」 2020. 08. 25.

""동성애는 죄인가' 허호익 목사 출교에 교계 안팎서 비판 목소리." 「KBS」 뉴스 2020. 08. 25.

""동성애는 죄인가' 허호익 목사 출교 논란…커지는 비판 목소리." 「YTN」 2020. 08. 25.

""동성애는 죄인가', 허호익 목사 출교 징계 철회하라." 「뉴시스」 2020. 08. 25.

""성소수자 학문연구'로 면직·출교 처분된 허호익 목사…철회 강력 촉구." 「뉴스앤조이」 2020.08.25.

"NCCK, '징계처분 속히 철회해야'…허 목사 모교 동문회도 '마녀사냥' 반발." 「연합뉴스」 2020. 08. 25.

"교회협 인권센터, 허호익 교수 면직·출교에 '성소수자 연구조차 인정 안 하는 게 통합 정신'." 「뉴스앤조이」 2020. 08. 25.

"동성애 연구 빌미로 면직·출교된 허호익 교수… 개신교계 잇따라 비판 성명." 「민중의 소리」 2020. 08. 25.

"동성애 옹호 이유로 허호익 교수 면직, 반발 거세." 「노컷뉴스」 2020. 08. 24.

"동성애에 대한 무차별적 증오 멈춰야." 「무등일보」 2020. 08. 27.

"면직·출교 허호익 은퇴 교수, "판결 부당성 역사에 맡길 것." 「베리타스」 2020. 09. 08.
"예장통합 대전서노회, 허호익 교수의 면직 · 출교." 「뉴스앤조이」 2020. 08. 20.
"예장통합, 저서 '동성애는 죄인가' 등 문제 삼아…'교단 신뢰 안해' 상소 여부 고민. 허호익 은퇴 목사." 「연합뉴스」, 2020. 08. 21.
"예장통합, 세습엔 무디고 동성애만 비판." 「뉴스앤조이」 2019. 07. 29.
"은퇴한 목사, '동성애 옹호'로 출교 처분 논란." 「NEWSIS」 2020. 08. 21.
"이단 연구자 허호익 목사, '동성애 옹호'로 출교 처분 논란." 「연합뉴스」 2020. 08. 21.
"출교 선고받은 허호익 교수 상고 '거부'…"동성애 조명하는 책 썼다고 징계한 교단에게 불명예." 「뉴스앤조이」 2020. 09. 08.
"허 교수 출교는 성소수자 학문 연구도 말라는 것." 「한겨레신문」 2020. 08. 26.
"허호익 교수 면직 출교 처분 철회해야" 교회협 인권센터. 논평 발표." 「뉴스파워」 2020. 08. 25.
"허호익 교수 면직·출교 판결은 중세 시대 마녀사냥." 「뉴스앤조이」 2020. 08. 25.
"허호익 은퇴 교수 면직·출교 판결에 반발 여론 들끓어." 「베리타스」 2020. 08. 24.
"허호익 전 교수(은퇴 목사) 면직, 출교 충격." 「예장뉴스」 2020. 08. 19.
[서평] "허호익 『동성애는 죄인가』, 무지·편견 벗어나기 위한 동성애 개론서." 「뉴스앤조이」 2020. 08. 22.
[서평] "좌우 논리로 혼란한 동성애 논쟁, 복음으로 길 찾아야." 「국민일보」 2019. 07. 12.

참고문헌

강달천. 『동성애자의 기본권에 관한 연구』. 중앙대학교 박사학위논문, 2000.

강문종. “전통시대 동성애 연구.” 「영주어문」 30(2015. 06.).

강병철 외. “청소년 동성애자의 동성애 관련 특성이 자살 위험성에 미치는 영향.” 「청소년학연구」 12-3(2005): 267-289.

강정희. “환대의 윤리 관점에서 본 이주노동자 정책과 한국 교회의 과제.” 「신학과 사회」 32/2(2018).

강주화. “‘동성 결혼에 반대할 신학적 이유가 없다’ 스코틀랜드장로교회 보고서에 반발 거세.” 「국민일보」 2017. 05. 30.

강진구. “동성애와 춤추는 영화.” 『동성애에 대한 기독교적 답변』. 서울: 예영커뮤니케이션, 2011.

강혜진. “동성 결혼한 영국성공회 사제.” 「크리스챤투데이」 2016. 08. 24.

______. “노르웨이 루터교회, 백년 전통 깨고 ‘동성혼’ 허락.” 「국민일보」 2017. 02. 01.

______. “애플, 기독교 단체가 만든 ‘탈동성애’ 앱 삭제.” 「크리스챤투데이」 2018. 12. 28.

______. “뉴욕시, 남성 · 여성 아닌 ‘제3의 성’ 공식 인정.” 「크리스챤투데이」 2018. 10. 01.

계정민. “‘입 밖에 낼 수 없는 죄악’ — 19세기 영국 동성애 담론.” 「영어영문학」 51-1(2005): 169-186.

______. “계급, 민족, 섹슈얼리티-18세기 영국 동성애 담론.” 「영어영문학」 53/2(2007): 203-218.

고상균. “‘성적지향!’, 진정 무엇을 이유로 삭제하려는가? — 차별금지법 입법 과정에서 나타난 개신교 동성애 혐오의식의 문제점.” 「시대와 민중신학」 10(2008): 60-84.

______. “웃고 있는 그대! 진정 무엇을 이유로 삭제하려는가? — 차별금지법 입법 과정에서 나타난 개신교 동성애혐오의식의 문제점.” 「기독교사상」 590(2008. 02.): 63-81.

공성욱 외. “남성 동성애자와 남성 이성애자의 삶의 질과 정신 건강 비교.” 「신경정신의학」 41-5(2002): 930-941.

곽분이. “동성애에 대한 성서의 입장.” 「한국여성신학」 27(1996 가을): 52-63.

곽재훈. “<인생은 아름다워> 교도소 방영 중단 ‘동성애 비중 높다’, 인권단체들, 법무부에 ‘동성애 차별’ 항의 질의서 발송.” 「프레시안」 2010. 10. 06.

권인숙. “군대 섹슈얼리티 분석.” 「경제와사회」 82(2009. 06.): 38-65.

기독교윤리연구소 편. 『동성애에 대한 기독교적 답변: 동성애를 긍정하진 않지만, 동성애자들을 따뜻하게 맞이하는 교회』. 서울: 예영커뮤니케이션, 2011.

길원평 · 민성길. “동성애에 대한 기독교 세계관적 고찰.” 「신앙과 학문」 199(2014).

길원평 외 5인. 『동성애 과연 타고나는 것일까?』. 서울: 온누리, 2014.

길원평. “동성애의 유발요인과 보건적 문제점.” 『동성애, 21세기문화충돌』. 용인: 킹덤북스, 2016.

김구. 『백범일지』. 서울: 청목사, 2000.

김경현. “고대로마의 동성애.” 「역사와 문화」 4(2001): 34-76.

김경호. “청소년 동성애 상담 방안에 관한 연구.” 「아시아교육연구」 10-2(2009).

김광건. “포스트 리더십 모델로서의 영향자(Influencer)에 대한 기초적 제안.” 「복음과 실천신학」 44(2017).

김근주. 『네 이웃을 네 몸과 같이』. 서울: NCS, 2020.

김남중. “정진석 추기경 “동성 결혼 반대.” 「국민일보」 2014. 12. 12.

김문조 외. “미국 동성애운동의 역사, 현황 및 사회적 의의.” 「한국 사회」 제2집(1999): 267-287.

김민중. “동성애관계의 법적 보호에 관한 시론적 검토.” 「인권과정의」 333(2004. 05.): 135-150.

김상기. “‘레즈비언 주교 선출은 위법’, 美 연합감리교회 사법위원회 판결.” 「국민일보」 2017. 04. 30.

김승섭. “동성애, 전환 치료 그리고 HIV / AIDS.” 「기독교사상」 2016년 8월호.

김영계. “동성애에 대한 성경적 비판과 대안.” 「칼뱅논단」 35(2015).

김영선. “이주민 환대의 당위성: 우리도 이방인이었다!” 「신학전망」 205(2019. 06.).

김영한 외. 『동성애, 21세기 문화충돌』. 서울: 킹덤북스, 2018.

김용수. “최전선으로 파견됨: 이냐시오 영성 전통에서 바라본 환대의 영성.” 「신학과 철학」 33(2018).

김용화. “법에서의 性 개념 정의에 대한 연구.” 「아시아여성연구」 46-1(2007. 05.): 245-284.

김용희 · 반건호. “한국판 동성애 공포척도의 신뢰도와 타당도 연구.” 「건강」 10-3(2005): 327-336.

김용희 외. “한국판 동성애 공포척도의 신뢰도와 타당도 연구.” 「한국심리학회지 건강」

10-3(2005): 327-336.
김윤은미. "동성애, 정신병 목록에서 벗어나기까지-미국 심리학계 동성애 연구 50년사 강의." 「미디어 일다」 2005. 07. 05.
김종걸. "동성애에 대한 신학적 이해." 「복음과 실천」 40(2007): 155-178.
김준우. "성소수자들에 대한 혐오, 교회가 치러야 할 대가." 「당당뉴스」 2020. 12. 29.
김진. "데리다의 환대의 철학과 정치신학." 「철학연구」 95(2011. 12.).
김진영. "동성애 관련 특이 유전자 발견되지 않아." 「크리스챤투데이」 2019. 08. 30.
김태명. "성적 소수자에 대한 법의 태도 변화." 「성평등연구」 7(2003): 113-130.
김태호. "'굴러온 돌이 감히…' vs '텃세 너무하네'." 「한국경제」 2013. 08. 24.
김학이. "성(性) 만드는 사람들 -마그누스 히르시펠트와 베를린 성과학 연구소, 1896-1933." 「서양사론」 103(2009): 153-195.
______. 『나치즘과 동성애: 독일의 동성애 담론과 문화』. 서울: 문학과 지성, 2013.
김희수. "동성애에 대한 윤리적 고찰: 동성애는 죄인가?" 「기독교사회윤리」 13(2007): 121-142.
남궁선. "성전환자 호적정정 판례를 중심으로 본 동성애자에 대한 성경적 고찰." 「한영논총」 10(2006): 61-85.
동성애문제대책위원회. 『동성애와 차별금지법의 문제점』. 서울: 동성애문 대책위원회, 2014.
류성진. "동성애에 대한 미국 연방대법원의 최근 결정과 시사점." 「공법학연구」 14-4(2013).
문성학. "진보, 인권 그리고 동성애." 「철학논총」 25(2001): 289-311.
민성길. "동성애, 과연 선천적인가?" 「데일리 대한민국」 2015. 10. 08.
민성길 외. 『최근정신의학』. 서울, 일조각, 1999.
바른 성문화를 위한 국민연합. 『동성애에 대한 불편한 진실』. 서울: 밝은 생각, 2013.
박경미. 『성서, 퀴어를 옹호하다』. 서울: 도서출판 한티제.
박관수. "1940년대의 '남자동성애' 연구." 「비교민속학」 31(2006): 389-438.
박기환. "동성애와 성 정체감 장애의 정신병리 특성 비교: 병사용 진단서 발급 대상자를 중심으로." 「임상」 24-3(2005): 549-561.
박노권. "동성애에 대한 목회상담학적 접근." 「한국기독교신학논총」 28(2003): 245-265.
박성환. "동성애(Homosexuality) 논쟁: John R. W. Stott의 목회적 대안." 「복음과 실천신학」 46(2018).
반재광. "누가의 '환대의 식탁' 연구: 누가복음 14:12-24과 사도행전 10장을 중심으로." 「신약

논단」 24/3(2017. 09.).
박종균. “동성애자들의 자기 배려의 윤리.” 「기독교문화연구」 7(2002): 196-219.
박종원. “로잔운동을 통한 동성애 이해와 선교적 고찰.” 「복음과 선교」 33(2016): 13-53.
박준상. “환대(歡待)로서의 책 또는 행위로서의 철학.” 「현상학과 현대철학」 19(2002).
박한선. “동성애는 죄악인가? 질병인가?” 「동아사이언스」 2017. 10. 02.
배정훈. “구약성경에 나타난 동성애.” 『동성애, 21세기 문화충돌』. 용인: 킹덤북스, 2016.
백상기. “동성애 문제에서 헌법 민법 조례의 중요성은?” 「국민일보」 2015. 08. 12.
변승우. 『동성애 쓰나미!』. 서울: 거룩한 진주, 2018.
백은정. 『기독 남성동성애자의 스트레스와 신앙적응에 관한 연구』. 서울: 한들출판사, 2005.
박준양. “성소수자에 관한 가톨릭교회의 입장 — 교도권 문헌들의 분석과 전망.” 「인격주의 생명윤리」 10/2(2020).
백철. “동성애 문제 놓고 목소리 다른 개신교계.” 「주간경향」 2013. 05. 07.
생명문화연구소 세미나. 『생명과 동성애』. 서울: 서강대학교 생명문화연구소, 2003.
서영석 외. “상담자의 동성애혐오반응에 관한 연구.” 「상담 및 심리치료」 19-2(2007): 213-237.
______. “성역할태도, 종교성향, 권위주의 및 문화적 가치가 대학생의 동성애혐오에 미치는 영향.” 「한국심리학회지 상담 및 심리치료」 18-1(2006).
서윤호. “이주사회에서 환대의 권리.” 「비교문화연구」 제56집(2019. 09.).
서현진. “미국의 소수자 권리보호에 관한 연구.” 「국제정치논총」 43-4(2003): 269-293.
성덕혜. “기독교적인 동성애 상담의 현대적 경향.” 「상담과 선교」 8-1(2000): 101-116.
소기천. “동성애와 신약성서.” 『동성애에 대한 기독교적 답변』. 서울: 예영커뮤니케이션, 2011.
손호현. “동성애와 신학적 인권 — 토마스 아퀴나스의 성(性)의 신학을 중심으로.” 『소수자의 신학』. 서울: 한국문화신학회, 1917.
신득일. “구약의 동성애 법.” 「신앙과 학문」 14-2(2009): 133-157.
______. “레위기의 동성애 법.” 『동성애, 21세기 문명충돌』. 서울: 킹덤북스, 2018.
______. “소돔의 죄: 동성애인가? 약자에 대한 냉대인가?” 「성경과 신학」 48(2008): 7-36.
신성욱. “포스트모더니즘 시대의 동성애와 설교학적 대안.” 「성경과 신학」 81(2017).
신앙교리성. “동성애자 사목에 서한.” 「사목」 110(1987): 109-117.
신은정. “PCUSA 동성 결혼 인정에 탈퇴 등 반발 거세.” 「국민일보」 2014. 06. 23.

신응철. "바라보기, 해석하기를 너머 수용하기로서의 다문화 현상 ― 동성애에 대한 기독교계의 찬반 논쟁을 중심으로." 「철학탐구」 23(2008): 281-304.
심수명. "동성애에 대한 기독교 상담학적 고찰." 「국제신학」 11(2009): 261-302.
심윤지. "독일, 남성 · 여성 아닌 '제3의 성' 인정." 「경향신문」 2019. 01. 11.
신혜림. "'동성애' 부티지지, 바이든, 美교통장관 지명." 「매일경제」 2020. 12. 16.
아름다운 결혼과 가정을 꿈꾸는 청년모임. 『동성애와 동성혼에 대한 21가지 질문』. 서울: CLC, 2017.
안명준. "동성애에 대한 기독교 윤리적 접근." 「논문집」 16(2002): 3-21.
안환균. "크리스천 동성애자들이 늘고 있다." 「기독교사상」 1997년 7월호: 32-46.
야마구치 사토코(山口 沙都子)/양희매 역. 『동성애와 성경의 진실』. 서울: 무지개신학연구소, 2018.
양승훈. "소위 동성애 유전자는 면죄부인가?" 「통합연구」 16/1(2003): 187-208.
양형주. "성서적 관점에서 본 동성애: 성경은 동성애에 관해 무엇을 말하고 있는가?" 「성서마당」 (2007년 여름호).
여기동 외. "한국 남성의 동성애 성정체성 발달과정과 정신건강." 「정신간호학회지」 15/3(2006): 289-298.
여운송. "성경은 정말 동성애를 반대하나-김근주 교수 '성경 저자들은 동성애 개념 알지 못해…고대 텍스트 곧바로 현대에 적용하니 문제'." 「뉴스앤조이」 2020. 06. 17.
______. "본질에는 관용을, 비본질에는 철퇴를?…보수 교단들의 막무가내 '반동성애 사상 검증'." 「뉴스앤조이」 2020. 11 .05.
______. "반동성애 운동, 진리에 대한 신념 아닌 '정치적 전략'." 「뉴스앤조이」 2020. 10. 23.
오병선. "동성애자의 인권의 내용과 한계의 법적 접근." 「제26회 세미나 자료집」(생명문화연구회, 2004): 37-46.
오성종. "동성애 문제에 대한 신약신학적 · 영성신학적 고찰." 「성경과 신학」 제81권(2017).
오정진. "동성혼으로 말해 온 것과 말해야 할 것." 「가족법연구」 23/1(2009): 187-212.
오철우. "'성 정체성 장애' 사라질 듯." 「사이언스 온」 2013. 01. 09.
유선명. "동성애 관련 구약본문의 핵심논점." 「개혁논총」 제43권(2017).
유영대. "교회언론회 논평 '헌재는 군형법 92조의 6, 합헌 판결해야'." 「국민일보」 2016. 05. 23.
윤가현. 『동성애 심리학』. 서울: 학지사, 1997.

윤진숙. “동성애자에 대한 사회적, 법적 고찰.” 「법학연구」 19/2(2009): 277-297.

이경직. 『기독교와 동성애』. 서울: 기독교연합신문사, 2006.

______. “구약에 나타난 동성애.” 「기독교신학저널」 2(2002): 307-336.

______. “로마서에 나타난 동성애.” 「기독교신학저널」 4(2003): 211-240.

______. “신약에 나타난 동성애.” 「기독교사회윤리」 5(2002): 179-208.

______. “플라톤의 ‘향연’ 편에 나타난 동성애.” 「기독교사회윤리」 3(2000): 221-248.

이덕환. “미국헌법의 동성혼에 관한 고찰.” 「비교사법」 12-1(2005): 409-436.

이동호. “동성애와 관련된 국가인권위원회의 청소년보호위원회 권고문에 대한 윤리신학적 비판.” 「신학과 사상」 46(2003): 332-353.

이문균. “다문화 시대의 대학 선교: 동성애와 기독교.” 「대학과 복음」 10(2004): 27-56.

이미영. “가톨릭교회의 동성애에 대한 관점 1.” 「갈라진 시대의 기쁜소식」 868(2009): 22-25.

이민규. “성경으로 동성애를 논하는 것이 어디까지 가능할까?” 「성경과 신학」 81(2017).

이민선. “역사의 발자취를 찾아서- 역사 속 인물들의 삶에도 동생애 녹아들어.” 「시사인 뉴스피플」 2010. 08. 03.

이병희. “빌 게이츠 ‘지갑 열게 한’ 에이즈 최고 전문 한국인.” 「조선일보」 2017. 10. 19.

이보라. “인권위, 국내 최초 공문서에 ‘제3의 성’ 인정.” 「경향신문」 2019. 03. 29.

이본영. “독일, 남 · 여 아닌 ‘제3의 성’ 공식 인정.” 「한겨레신문」 2017. 11. 09.

이상경. “동성애 군인의 규제에 대한 헌법적 재조명.” 「세계헌법연구」 6-2(2010).

이상규. “동성애 문제의 교회사적 고찰.” 『동성애, 21세기 문화충돌』. 용인: 킹덤북스, 2016.

이상원. “동성애는 정상적인 성적 지향인가?” 「신학과 실천」 16(2008): 140-174.

______. “데리다의 환대 개념의 정치적 긴장성 — 고대정치철학적 해석과 사유를 중심으로.” 「한국정치학회보」 51/4(2017. 09.).

이승규. “장신대 반동성애 운동본부, 과도한 장신대 공격 논란.” 「노컷뉴스」 2018. 08. 16.

이요나. 『동성애, 사랑인가?』. 서울: 지혜문학, 2008.

이용필. “장신대, 성소수자 위해 ‘지지게’ 깃발 든 학생들 조사.” 「뉴스앤조이」 2018. 05. 21.

______. “[통합4] 장신대 임성빈 총장 인준 ‘부결’.” 「뉴스앤조이」 2020. 09. 21.

이용희. “세계 속의 동성애 추세와 한국 교회 대응 방안.” 『동성애, 21세기 문화충돌』. 용인: 킹덤북스, 2016.

이우찬. “동성애에 대한 기독교 윤리적 접근.” 「대학과 복음」 4(2000): 150-169.

이은혜. “잉글랜드성공회, 동성애 ‘전환 치료 금지’ 지지.” 「뉴스앤조이」 2018. 07. 09.

이인식. “동성애 운명인가 선택인가 — 특이한 뇌구조와 게이유전자 밝혀져.” 「과학동아」 136(1997): 100-105.
이정구. “관심이 지나쳐 ‘텃세’… 귀농인은 괴로워.” 「조선일보」 2017. 06. 30.
이정훈. 『교회 해체와 젠더 이데올로기』. 서울: 킹덤북스, 2018.
이종원. “동성애에 대한 교회의 바람직한 태도.” 「한국기독교신학논총」 64(2009): 281-304.
이창영. “사목자료-생명 윤리에 관한 교회의 가르침(6) — 동성애.” 「사목」 281(2002): 153-167.
이태희. “동성애, 과연 인권의 문제인가?” 『동성애, 21세기 문화충돌』. 용인: 킹덤북스, 2016.
______. 『세계관 전쟁』. 서울: 두란노, 2016.
이희원 · 이명호 · 윤조원. 『페미니즘 차이와 사이: 젠더 지형의 변화와 페미니즘 문화연구』. 서울: 문학동네, 2011.
임세정. “프랑스 개신교, 동성 결혼 사실상 인정.” 「국민일보」 2015. 05. 18.
이희철. “화해의 현상으로서 환대.” 「한국기독교신학논총」 86/1(2013).
임희모. “타자와 환대의 선교: 레비나스 철학과 선교신학의 만남.” 「한국기독교신학논총」 56/1(2008. 04).
장서연. “성적지향 · 성별정체성에 따른 차별 실태조사.” 「국가인권위원회 연구용역보고서」, 2014.
장창일. “성소수자 축복기도 이동환 목사, 2년 정직 처분.” 「국민일보」 2020. 11. 01.
장헌일. “동성애 차별금지법안 문제점과 입법반대운동.” 『동성애에 대한 기독교적 답변』. 서울: 예영커뮤니케이션, 2011.
전귀연 · 구순주. “동성애 가족에 대한 연구 고찰.” 「가족과 문화」 10-2(1998): 165-188.
전혜원. “[팩트체크] 동성애 때문에 에이즈? 홍준표 주장 틀렸다.” 「시사IN」 2017. 05. 01.
정경호. “낯선 손님을 대접하는 아브라함과 사라의 환대의 밥상.” 「기독교사상」 2013년 9월호.
정동섭. “상담심리학자가 본 동성매력 장애: 동성애는 죄인가, 병인가, 대안적 생활스타일인가?” 『동성애, 21세기 문화충돌』. 용인: 킹덤북스, 2016.
정봉관. “홍옥임 · 김용주 동성애 정사(情死) 사건 — 철길 위에서 갈가리 찢겨 나간 ‘금지된 사랑’.” 「신동아」 2007. 08. 08.
정승화. “근대 남성 주체와 동성사회적(homosocial) 욕망: 프로이트의 오이디푸스 서사와 멜랑콜리 이론을 중심으로.” 연세대학교 대학원 석사학위논문(2002).
정욜. “동성애자, AIDS 예방과 낙인의 경계선에서.” 「진보평론」 27(2006): 150-159.

______. "HIV감염인과 에이즈 환자는 세금도둑? 그 말이 더 해롭다." 「오마이뉴스」 2017. 06. 28.
정원범. "동성애에 대한 기독교 윤리적 반성." 「신학과 문화」 19(2010): 155-184.
정재진 · 전영평. "동성애 소수자의 차별저항과 정책변동." 「한국행정연구」 15/4(2006).
정정숙. "동성애를 위한 상담." 「상담과 선교」 8-1(2000): 84-100.
정종훈. "동성애에 대한 기독교윤리적인 입장의 모색." 「신학논단」 30(2002): 341-352.
정혜신. "헬라 동성애의 특성과 사회적 역할." 「서양고전학연구」 10(1996): 79-119.
조 달라스/하다니엘. 『당신의 가정에 동성애가 찾아올 때』. 서울: 하늘물고기, 2020.
조성은. "'동성애 · 이슬람 없는 청정국가'? 혐오 현수막 논란." 「프레시안」 2020. 03. 13.
조재헌. "동성애에 관한 법적 고찰." 「헌법학연구」 8-3(2002): 146-178.
조철옥. "포스트모더니즘 범죄이론에 의한 동성애 합법화 연구." 「한국공안행정학회보」 27(2007): 204-241.
종원. "러시아 LGBT 투쟁의 역사와 오늘: 평등과 정의를 꿈꾸는 사람들." 「너 나 우리 '랑'」(행동하는성소수자인권연대 웹진).
지형규. "프란치스코 교황의 동성 결합법 지지 발언, "가짜 뉴스"인가?" https://advocacy.jesuit.kr/bbs/board.php?bo_table=webzine&wr_id=116&wmode=1 (2020. 11. 11.)
천수연. "호남신대 2019학년도부터 '동성애자 입학 금지'." 「노컷뉴스」 2018. 07. 28.
최미랑. "'성평등'은 왜 '양성평등'이 됐을까." 「경향신문」 2017. 12. 20.
최샘 · 정채연. "데리다의 환대 윤리에 대한 법철학적 성찰." 「중앙법학」 22/1(2020. 03.)
최승현. "성소수자 위한 '무지개 교회' 지도." 「뉴스앤조이」 2018. 09. 04.
______. "비신자 63.7% '예수님이라면 동성애자를 하나님의 자녀로 인정할 것'… 개신교인은 38.4%." 「뉴스앤조이」 2019. 11. 04.
______. "법원, 반동성애 운동가를 '가짜 뉴스 유포자', '악질 포비아 유튜버' 표현한 것, 인격권 침해 아냐." 「뉴스앤조이」 2020. 08. 24.
______. "예장고신, 전방위적 사상 검증… '목사 · 신학생 · 교수, 동성애 옹호 시 처벌 및 입학 · 임용 금지'." 「뉴스앤조이」 2020. 10. 05.
최유진. "레티 러셀의 교회론: 정의와 환대의 공동체." 「장신논단」 48/1(2017.03).
최진우. 『환대: 평화의 조건, 공생의 길』. 서울: 박영사, 2020.
최창모. "히브리 성경의 성(Sex)와 성(Gender)." 「인문과학논총」 36(2001): 99-122.

최현아. “동성애를 보는 프랑스의 두 얼굴.” 「시사IN」 2013. 05. 09.

최희경. “미국의 동성애에 관한 연방대법원판례.” 「법학논집」 8-1(2003): 33-54.

편집부. “교황, 동성혼인과 동성 결합 명확 구분.” 「카톨릭 뉴스 여기에」 2020. 11. 10.

한국기독교사회문제연구원 편. 『정의, 평화, 창조 질서의 보전 세계대회자료집』. 서울: 민중사, 1990.

한인섭 · 양현아 편. 『성적 소수자의 인권』. 서울: 도서출판 사람생각, 2002.

허순철. “미국헌법상 동성애.” 「공법학연구」 9/1(2008. 02.).

허정은 · 박경. “동성애자의 동성애 관련 스트레스 및 우울과 자살사고(自殺思考)간의 관계.” 「심리치료」 4-1(2004).

허호익. “동성애에 관한 핵심 쟁점- 범죄인가, 질병인가, 소수의 성지향인가.” 「장신논단」 38집(2010).

______. 『야웨 하나님』. 서울, 동연, 2020.

______. 『한국의 이단기독교』 개정증보판. 서울: 동연, 2020.

홍순원. “동성애에 대한 문화윤리적 연구.” 「한국기독교신학논총」 64(2009): 259-280.

홍은영. “푸코와 생물학적 성 담론.” 「철학연구」 105(2008).

황재하. “ 美 기독교 단체 ‘동성애 치료, 무지의 소산’ 사과.” 「머니투데이」 2013. 06. 21.

Augustine. *City of God*, IV. xv, 23.

American Psychological Association. “Appropriate therapeutic responses to sexual orientation in the proceedings of the American Psychological Association, Incorporated, for the legislative year 1997.” *American Psychologist*, 53/8(1998).

Annamarie Jagose/박이은실. 『퀴어 신학』. 서울: 도서출판 여이연, 2017.

Bahnsen, Greg L./최희영. “죄악으로서의 동성애.” 「상담과 선교」 8-1(2000): 29-65.

_______. 『성경이 가르치는 동성애』. 서울: 베다니, 2000.

Bailey, D. S. *Human Sexuality And The Western Christian Tradition*. London: Longmans, 1955.

Barth, K. *Church Dogmatics* III/4. Edinburgh: T&T Clark, 2004.

Boersma, Hans. 『십자가, 폭력인가 환대인가』. 서울: 기독교문서선교회, 2014.

Braidwood, Ella. “Holocaust Memorial Day: How the pink triangle became a symbol of gay rights.” *Pink News, January* 26(2019).

Briar Whitehead/이혜진. 『나는 사랑받고 싶다: 관계중독, 동성애 그리고 치유하시는 하나님』. 원주: 웰스프링, 2007.

Calvin. 『칼뱅주석 로마서』. 서울: 크리스찬다이제스트, 2013.

Comisky, Andrew. 『동성애, 온전한 변화를 위한 시작』. 서울: 웰스프링, 2007.

Derrida, J./남수인. 『환대에 대하여』. 서울: 동문선, 2004.

Deyoung, Kevin/조계광. 『성경이 동성애에 대한 답이다』. 서울: 지평서원, 2017.

Eileen, Flynn. "동성애 문제에 대한 가톨릭의 입장과 개인적 제안." 「사목」 제262호(2000).

Erwin W. Lutzer/홍종락. 『동성애에 대해 교회가 입을 열다』. 서울: 두란노서원, 2011.

Ford, C. S. & Beach, F. A. *Patterns of Sexual Behaviour*. London: University Paperbacks, 1965.

Foucault, Michel/문경자 · 은영. 『성의 역사 2, 쾌락의 활용』. 서울: 나남출판, 1996.

_______/이규현. 『성의 역사 1, 앎의 의지』. 서울: 나남출판, 1996.

Freud, Sigmund/김명희. 『늑대인간』. 서울: 열린책들, 2003.

Furnish, Victor Paul/이희숙. 『바울의 네 가지 윤리적 교훈: 결혼, 동성애, 교회와 여성, 정치』. 서울: 종로서적, 1994.

Gagnon, Robert A. J. *The Bible and Homosexual Practice*. Nashville: Abingdon Press, 2001.

Green, Jene E. *Jude And 2 Peter: Baker Exegetical Commentary on the New Testament*. Grand Rapids, Mich.: Baker Academic, 2008.

Grenz, Stanley J./김대중. 『환영과 거절 사이에서: 동성애에 대한 복음주의의 응답』. 서울: 새물결플러스, 2016.

Guest, Deryn 외/퀴어성서주석 번역출판위원회. 『퀴어 성서 주석』. 서울: 무지개신학연구소, 2021.

Harvey, John F. "Updating Issues Concerning Homosexuality." *The Journal of Pastoral Counseling* 28(1993).

Helminiak, Daniel A./김강일. 『성서가 말하는 동성애: 신이 허락하고 인간이 금지한 사랑』. 서울: 해울, 2003.

Hume, B. "동성애자에 관한 교회의 가르침." 「사목」 222(1997): 118-123.

Jagose, Annamarie/박이은실. 『퀴어 신학』. 서울: 도서출판 여이연, 2017.

Jernigan, Dennis/하다니엘. 『동성애, 정체성 그리고 교회에 대한 솔직한 답변들』. 서울: 하늘물고기, 2017.

Jipp, Joshua W. 『환대와 구원: 혐오·배제·탐욕·공포를 넘어 사랑의 종교로 나아가기』. 서울: 새물결플러스, 2019.

Johnson, W./B. Berzon(ed.). "Protestantism and Gay and Lesbian Freedom." *Positively Gay*. Berkeley: Celestial Arts, 1992.

Jones, Santon L. 『동성애, 어떻게 볼 것인가?』. 서울: IVP, 2002.

Jones, Stanton L. and Yarhouse, Mark A. *Homosexuality: The Use of Scientific Research in the Church's Moral Debate*. Bethany House Publishers, 2010.

Kant, I. *Lectures on Ethics*. London: Methuen, 1979.

Koenig, John/김기영. 『환대의 신학』. 서울: 한국장로교출판사, 2002.

Kiefer, Otto/정성호. 『로마의 성풍속 I』. 서울: 산수야, 1995.

Kinsey, Alfred C. *Sexual Behaviour in the Human Male*. Philadelphia: Saunders, 1948.

Larocque, Gonzague de. 『동성애: 동성애는 유전자 때문인가』. 서울: 웅진씽크빅, 2007.

Laurence, R./최기철. 『로마세국 쾌락의 역사』. 서울: 미래의 창, 2011.

Loader, William R. G. 외/양혜원. 『동성애에 대한 두 가지 견해: 성경은 무엇을 말하며 어떻게 적용할 것인가』. 서울: IVP, 2018.

Lutzer, Erwin W./홍종락. 『동성애에 대해 교회가 입을 열다』. 서울: 두란노, 2011.

MacNutt, Francis. 『동성애 치유될 수 있는가?』. 서울: 순전한나드, 2006,

Moltmann, J./김균진. 『오시는 하나님』. 서울: 대한기독교서회, 1996.

Money, John, Gay. *Straight, and in-between: The Sexology or Erotic Orientation*. New York: Oxford University Press, 1988

Norah Carlin & Collin Wilson/이승민·이진화. 『동성애 혐오의 원인과 해방의 전망』. 서울: 책갈피, 2016.

Norah, Carlin. 『동성애자 억압의 사회사』. 서울: 책갈피, 1995.

Ratzinger, Joseph A. "동성애자 사목에 관하여- 가톨릭 주교들에게 보내는 서한." (1986. 10. 01.)

Right, David F/David K. Clark and Robert V. Rakestraw (ed.). "Homosexuality, The Relevance of the Bible." *Readings in Christian Ethics: Issues and Applications*. Grand Rapids: Baker, 1996,

Rogers, Jack. 『예수, 성경, 동성애』. 서울: 한국기독교연구소, 2015.

Russell, R. M./여금현. 『공정한 환대: 서로 다른 사람들이 사는 세계에서 낯선 이들을 받아들이시는 하나님의 환영』. 서울: 대한기독교서회, 2012.

Schmidt, B. W. 『역사로 본 구약성서』. 서울: 나눔사, 1988.

Seneca. *Moral Epistles XLVII.* "On Master and Slave."

Sorads, Marion L. *Scripture and Homosexuality: Biblical Authority and the Church Today*. Louisvile, Kentucky: Westminster John Knox Press, 1995.

Spong, J. S. 『성경과 시대착오적 폭력』. 서울: 한국기독교연구소, 2007.

Stendahl, K. "Biblical Theology, Contemporary." *Interpretaion Dictionary of the Bible Vol. 1*. New York and Nashville: Abingdon, 1962.

Stott, John/양혜원. 『동성애 논쟁: 동성 간의 결혼도 가능한가?』. 서울: 홍성사, 2006.

Swartley, W. 『동성애: 성서적 해석과 윤리적 고찰』. 서울: 대장간, 2014.

Tamagne, Florence/이상빈. 『동성애의 역사』. 서울: 이마고, 2007.

Verdon, J./이병욱. 『중세의 쾌락』. 서울: 이학사, 2000.

Whitehead, Briar. 『나는 사랑받고 싶다: 관계 중독, 동성애 그리고 치유하시는 하나님』. 서울: 웰스프링, 2007.

Wilson, Colin, & Tyburn, Susan/정민. 『동성애자 해방운동의 역사: 사슬끊기』. 서울: 연구사, 1998.

"'인생은 아름다워' 드라마 둘러싼 동성애 논박, 수면 위로." 「가톨릭뉴스 지금여기」 2010. 06. 09.